当代上海研究论丛

(第5辑)

当代上海研究所 编

文匯出版社

前　言

本论丛是我所不定期编辑出版的上海地情研究成果汇编文集，2005年5月由上海社会科学院出版社出版第1辑，此后，陆续出版过2辑。2017年，编辑部从"上海国际航运中心建设的历史回忆和现状研究"研讨会、"上海国际商贸中心建设的历史回忆和现状研究"研讨会、"上海国际经济中心建设的历史回忆和现状研究"研讨会和"上海建设全球科创中心的历史积淀和现实条件"研讨会提交的论文中精选了38篇，汇编成《当代上海研究论丛·第4辑》，由上海人民出版社出版，以便继续与各位读者资源共享，与社会各界共同探讨。2018年，市地方志办公室发起"地方志编纂研究"征文活动，我们与市地方志办公室研究室合作，从应征的近百篇来稿中，甄选35篇，汇编成册，是为《当代上海研究论丛·第5辑》。

当代上海研究所前身为1986年成立的《当代中国·上海卷》编辑部。作为《当代中国》丛书上海卷编辑委员会的办事机构，中共上海市委原副书记陈沂担任《当代中国·上海卷》编委会主任。该机构由上海市委宣传部直接管理。1992年，《当代中国·上海卷》编委会由上海市地方志办公室代为管理。1997年，《当代中国·上海卷》编辑部更名为当代上海研究所。2013年，当代上海研究所划归上海市地方志办公室管理，作为其下属单位。

作为上海市地方志办公室的下属机构，当代上海研究所的宗旨和业务范围是：编写、出版当代上海历史文献资料、书籍，举办国内、国际学术交流活动。具体说来，即：承担地方志和年鉴编纂理论的探讨和研究，组织当代上海社会、经济、文化发展重大问题和长江三角洲区域发展问题的研究及当代上海与中国、当代上海与世界重大课题研究。

除了《当代上海研究论丛》外,当代所每年选定一个主题出版一本《长江三角洲发展报告》、每两年编辑出版一本《21世纪上海纪事》(2016年前为每三年一本)。编辑出版书籍外的另一项重要工作即不定期独立或与相关单位合作,召开各种形式的学术研讨会。

此外,当代所还承担横向课题研究。

"以研究立所,以成果强所"是当代所的宗旨。

全方位、立体化、综合性是当代所开展学术研究追求的目标,恳望同仁和各界人士指正、合作。

编　者
2021年1月21日

目　录

前言 / (1)

第一辑　方志理论研究

新时代方志的内涵特征及性质研究 / 曹建忠(3)
从画到图：方志地图的近代化探析 / 王　慧(12)
民国地理总志编纂及其近代化变革研究 / 郭墨寒(28)
近代方志出版中的财务问题研究 / 何沛东(44)
方志的学术性问题浅析 / 汤学恒(64)
浅议新时期灾害志的编纂 / 雷卫群(74)
十年来(2008—2017)晚清慈善史研究综述
　　——基于中国知网的统计分析 / 赵佳佳(84)
章学诚史志关系理念再认识 / 潘捷军(97)
试论《新安志》中注释的方法、特点及史料价值 / 关　欣(105)
民国《察隅县图志》的资料来源和历史地理学价值 / 李　论(113)
李林松与《嘉庆上海县志》研究 / 沈永清(127)

第二辑　方志实践及案例研究

清末民初江南地区乡绅参与公益事业的模式探析
　　——基于国家与社会关系的视角 / 王媛元(143)
关于方志馆的地方文献征集的探索
　　——以上海通志馆新馆为例 / 吕志伟(161)
从《汶川特大地震抗震救灾志》的编纂特点解析大事件志的编纂 /
　　颜小忠(167)
从行政化到法治化的实践与思考
　　——安康市汉滨区三十年修志历程回顾 / 方　琛(177)

十堰地区散佚旧志考略 / 严忠良(185)
政治空间实化的文本叙事
  ——以明代潮州新辟属县方志编修为例 / 吴丹华(197)
明遗民李世熊与康熙《宁化县志》的编撰 / 张凤英(211)
提升服务能力以驱动地方志事业的发展 / 符思念(221)
山东新城王氏家族对地方的贡献
  ——以《新城县志》为主要研究载体 / 高莉莉(228)
新时代背景下的重大事件志编纂探究 / 孙众超(239)

第三辑 地方志与地方史关系研究

试述城市史的研究与编撰 / 臧秀娟(251)
关于地方志和地方史关系问题的思考 / 陈庆明(261)
论新视野下口述史与地方志的编修 / 李学成(267)
略论方志与专史的编纂 / 孙晓东(275)
浅论方志与地方史的关系 / 田　平(286)
《中华民国省区全志·河南省志》与《分省地志·河南》关系研究 /
  朱丽晖(296)
视角、层级与内容：地方史编纂特点刍议 / 胡锭波(309)
康熙云南方志与地方文化互动探究 / 毛丽娟(319)
档案工作与方志编修的关系研究 / 耿崇桑(330)

第四辑 地方志与年鉴关系研究

地方综合年鉴组稿面临的困难与对策 / 俞富江(343)
试述年鉴编纂创新思考
  ——以《普洱年鉴》为例 / 龙　麟(351)
年鉴编纂规范与年鉴学范式的构建 / 齐迎春(361)
新时代的年鉴发展研究 / 杨光华(369)
论年鉴价值与编纂信息化 / 方利宏(378)

第一辑
方志理论研究

新时代方志的内涵特征及性质研究

曹建忠

方志的性质是方志学研究的核心问题,也是长期以来方志研究中争论不休的话题。"方志性质是方志学全部理论的立足点,又是编修地方志的出发点和指南,它对修志工作具有'核能'作用。无论是从事方志理论研究,还是从事修志实践,首要课题就是把握方志性质。"[①]性质是指事物的本质,是一个事物所具有的区别于其他事物的根本属性。方志的本质是由方志的性质决定的。马克思主义哲学告诉我们,事物不是孤立存在的,总是与周围环境发生着千丝万缕的联系,并在不断运动发展变化。方志是人类社会活动的产物。方志的产生发展总是与社会发展和需要相联系。运用马克思主义普遍联系和永恒发展的观点来看,人类和社会活动不断地运动发展,方志及其理论也在不断地发展演进。所谓"盛世修志",正表明方志总是与科学技术、政治、经济、文化等环境条件相互联系,并随之共同发展进步的。在现代科学技术飞速发展,互联网、大数据和智能化、信息化等成为重要特征的新时代,方志的内涵更加丰富,所表现出的时代特征越趋明显。因此,研究方志及其规律,彻底弄清方志的本质,就必须将其置于新时代的背景下,从研究方志的性质、特点等属性问题着手,对新时代方志的性质是什么的这个首要问题进行理论探索。

一、新时代方志的内涵特征

现代科学技术日新月异。随着信息技术的飞速发展和应用,人类

---

① 王晖:《方志性质、特征和文献属性》,《广西地方志》2004年第1期。

社会已进入了一个以大数据、互联网为重要特征的全新时代。新时代也在改变着人们的思维理念。作为人类和社会活动的产物，新时代方志因现代生产工具、材料、科学技术、社会环境等因素影响而呈现出一定的时代特征，表现出明显的时代趋势要求。具体如下：

（一）管理信息化。在信息化时代，网络新媒体等传播媒介的普及应用正在改变公众的阅读习惯。图文资料信息的智能加工管理、智慧生成、挖掘、抽取、编辑、集成等成为可能，极大方便了公众生活。同时，信息化、网络化、大数据等技术手段也逐渐应用到方志理论研究和实务管理之中，信息论、控制论、系统论等方法论逐渐应用于方志研究和编纂工作之中，新方志在观念、编纂、内容、体例、理论、手段及利用等方面都有很大的创新。以"三网一馆两平台"为核心内容的全国数字方志与信息方志建设工程的实施带动，大量的方志网站建立运行，网上方志馆、数字方志馆、智慧方志馆以及方志数字化加工、信息化管理、网络化运行、远程化利用等成为新的时代发展趋势。

（二）方向明晰化。新时代方志工作的政治方向愈加明确。马克思列宁主义、毛泽东思想、邓小平理论、"三个代表"重要思想、科学发展观和习近平新时代中国特色社会主义思想已成为新时代方志事业发展的基本指针和根本遵循。"修志要修人民创造历史之志。"[①]尊重人民群众的历史主体地位，突出反映人民群众的智慧和力量，坚持人民群众创造历史的马克思主义群众观和历史观，"以人为本"，已经确立为人民修志的理念，摒弃了封建社会旧志充斥英雄创造历史、过分夸大统治阶级和官僚士绅作用的不良倾向，这是新时代方志与封建旧志书最本质的区别。

（三）体例规范化。新时代方志体例更加规范，门类设置更趋科学，篇目布局更加合理，内容表述更加得当，门类之间的相互关系和逻辑性更加清晰，志书体例和整体布局更加科学。形成了横分门类、纵

---

① 郑云淇：《以"三个代表"重要思想为指针为人民修好地方志》，《新方志理论与实践二十年——中国地方志协会 2004 年度学术年会论文集》第 38 页，方志出版社，2005 年。

向记述、述而不论、寓论于述,以事系人、生不列传、统合古今、详今略古等编纂原则和范式。在方志编修和审查时加强了体例关的审查,并将其写入《全国地方志事业发展规划纲要(2015—2020年)》,使方志的体例范式和结构布局有了制度保障。

(四)工作常态化。基本形成"党委领导、政府主持、负责地方志工作机构组织实施、社会各界广泛参与的工作体制;逐步形成了将地方志工作纳入各地国民经济和社会发展规划、地方政府工作任务,实现了'认识、领导、机构、编制、经费、设施、规划、工作'到位的工作机制"。① 国家、省(市、区)、市、县(区)各级都设立了方志工作常设机构和专门工作部门,配备了专职人员,并制定了地方志书每20年左右一编修的规划。方志已经成为党和政府工作的重要组成部分。"每一轮志书编修工作完成后,负责地方志工作机构在编纂地方综合年鉴、搜集资料以及向社会提供咨询服务的同时,启动新一轮地方志书的编修工作。"② 彻底改变以往盛世才修志、修志时才成立临时机构并抽调人员的被动局面,实现了方志工作常态化,形成有利于方志事业持续发展的良好格局。

(五)治理法治化。伴随着全面推进依法治国的伟大实践,方志事业也进入依法治理的新阶段。"全国各级地方志工作机构采取多项措施、多种手段,坚持依法治志。"③2006年国务院第467号令公布的《地方志工作条例》,是我国有史以来第一部关于地方志工作的全国性行政法规,从根本上改变了历史上靠行政命令编修地方志的传统局面,结束了地方志工作无法可依的历史,标志着我国地方志事业进入有法可依、依法修志的法制化发展阶段。2015年8月国务院办公厅印发《全国地方志事业发展规划纲要(2015—2020年)》,将"坚持依法治志"列为六大基本原则之一,标志着我国地方志从依法修志走向依法治志,从法制化迈入法治化的新发展阶段。同年,国家方志部门组织了

---

① 国务院办公厅《全国地方志事业发展规划纲要(2015—2020年)》,《中国企业档案》2016年第3期,第56—57页。
② 中华人民共和国国务院令第467号《地方志工作条例》,2015年5月18日。
③ 冀祥德:《论依法治志》,《中国地方志》2016年第5期,第22—33页。

多次全国性专题研讨和征文评奖等学术交流研讨及理论研究活动。2016年3月"加强修史修志"首次写入《中华人民共和国国民经济和社会发展第十三个五年规划纲要》,修史修志首次上升为国家文化发展战略。同年,中国地方志指导小组及其办公室领导李培林、冀祥德分别以《坚持依法治志,推进地方志事业全面发展》①和《论依法治志》在《中国地方志》上撰文,就依法治志作了深刻论述和阐释。同时地方志立法的各项准备工作业已启动。这些都为建立方志工作的制度机制,推进我国地方志事业持续健康发展提供了法治保障。

(六)发展事业化。2015年颁布的《全国地方志事业发展规划纲要(2015—2020年)》,从国家层面将地方志定位为"事业","在对方志的定位上,有了从'工作'到'事业'的变化","把地方志定位于一项工作与定位于一项事业是有本质区别的。"②表明新时代方志的发展已经进入了事业化发展新阶段。方志已由单一地编修志书的较为单纯的方志工作,发展成为多业并举的方志事业。"地方志事业正从'一本书主义'转变为志、鉴、库、馆、网、用、会、刊、研、史'十业并举'",③全面发展的方志事业,实现了修志、识志、管志、用志、存志和理论研究等多项事业齐头并进,同步发展的方志事业发展新格局。新时代方志已由单纯的编修志书的单项工作,发展为包含多项工作的方志事业体系,方志的内涵和外延都得到质的扩充和提升,工作的内容更加丰富,方志事业的发展前景更加广阔。

二、时 代 属 性

方志是一方地情和大众生产生活历程的符号记录,随着人类和社会活动的发展而不断演进,在不同的社会发展阶段和不同的历史背景

---

① 李培林:《坚持依法治志,推进地方志事业全面发展——在纪念国务院〈地方志工作条例〉颁布实施10周年座谈会上的讲话》,《中国地方志》2016年第7期,第7—10页。
② 冀祥德:《论依法治志》,《中国地方志》2016年第5期,第22—33页。
③ 冀祥德:《以习近平新时代中国特色社会主义思想为指导,全面推进地方志事业转型升级》,《中国地方志》2017年第12期,第4—8页。

下,有不同的内涵定义,表现出不同的性质、特点等时代属性。

我国方志历史悠久,源远流长,有文字可考的已有两千多年的发展历史。成书于春秋战国时期的《周书》,已出现"方志"一词。方志肇启于春秋时期,萌芽于秦汉时期的地记,经过汉晋隋唐的形成发展,到宋元时期体例逐渐成熟、形式渐渐完备,明清进入兴盛时期。方志在发展过程中,其内涵总是与其所处时代的政治、经济、社会和生产力发展水平相联系,并不断发展演进。在不同的时代和社会背景下,表现出了不同的侧重和趋向,发挥着不同的社会功用。在秦汉方志萌芽时期,以记事为主,"志者,记也,记事的书和文章都可以叫志"。① 在以《汉书·地理志》为代表的汉唐时期,史、地、志界限并不分明,"历史的时、空不可分,故写历史必记及地理"。② 有较多偏重地理的倾向,故有"地理书"之说,后又有"地理说"和"历史说"的争论。民国时曾有"史地两性"之说。这些认识和观点,有其特定的时代内涵和实际功用,基本反映了其所处的时代属性,具有积极的历史意义,促进了方志及方志理论的演进发展。

新中国成立后,对方志性质、特点的研究探讨更加广泛深入,出现了许多研究成果和理论观点。在这些理论观点的指引下,方志事业也取得了丰硕成果。反过来,时代的发展变化和方志事业的丰硕成果,又促进方志研究和理论认知的发展演变。现代科技飞速发展的新时代,赋予方志更加明显的时代内涵,以往对方志性质的一些理论认知相形之下已不尽准确和全面。简单地用"百科全书""政书""地理书""历史书""科学专著"等定位方志,显然已与时代发展的需要不相适应。多媒体环境下,公众获取信息的渠道更加丰富,与网络相比较,方志已不再是记述全面的"百科全书",但仍然是较为丰富翔实的地方区域性资料性著述,地方自然、地理、经济、社会、政治、军事、人文等都有反映,既能资政,也可治学。一些学术研究或自然科学的实践实验都

---

① 熊铁基:《秦汉文化志·导论》,上海人民出版社,1998年。
② 陈安泽:《旅游地学大辞典》,科学出版社,2013年。

要先从方志中获得相关物候气象、土壤地情等初步信息资料。从记述的内容看,它除了记述政务政事活动外,新时代方志更多的笔墨和视角则聚焦于人民群众的首创精神和发展斗争实践,更多地体现"以人为本"的基本编纂要求和马克思主义指导思想的根本观点,因此,也不是单纯的所谓"政书"。从记述的体例及篇幅结构看,方志虽然不是地理书,但却能反映地方地情地貌、气候灾异等地情事项;也不是单纯的历史书,但却能反映地方发展脉络;更不是科学专著,但却能为科技实践提供资料借鉴和指导。因此,在新时代,方志的功用和内涵更加丰富,依然是可信的、翔实的地方资料性著述,发挥着权威、可信的地方区域资料库重要作用。

三、学 术 属 性

（一）方志具有学术属性

方志是社会活动的产物,是人类和社会活动的抽象和符号记录。其创造过程由社会、编纂、方志、受众四个要素构成。社会(包括社会发展斗争实践和自然现象)通过一定规范的方志编纂总结抽象成符号记录,也就是方志书,通过受众阅读利用,为社会实践提供借鉴,亦即发挥"资治"等作用。同时,受众和志书编纂者也是社会实践者,他们的活动离不了社会存在,同时也影响社会活动。在这个活动过程中,四个要素涵盖的内容都很广泛,都处在不断发展演进之中,有很多未知和不确定性,都需要深入研究,并构建相应的理论体系,因而具有重要的学术研究价值。在四个构成要素中,社会是复杂多样的,只有深入研究社会发展斗争实践和自然现象、人文地理等社会事象,才能抽象、挖掘出最本质最有价值的东西,为方志编修提供丰富的材料素养;研究编纂的方法、体例、规范等问题,寻找最佳方法途径,从而为生产高质量的志书提供智力支持;研究方志书籍,探索规律性东西,既可发挥其"资治""教化""存史"等功用,也可为方志编纂提供借鉴;研究受众,针对其需求和阅读利用习惯,调整编纂思路方法和方志产品传播利用渠道及形式,有利于提升方志服务能力和成效。

```
        社会
       ↗  ↖
     ↙      ↘
  受众 ⇄     ⇄ 编纂
     ↘      ↗
       ↘  ↙
        方志
```

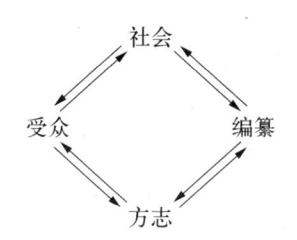

方志活动及学术研究要素构成示意图

（二）方志是学术研究成果

方志具有学术属性，其学术性蕴含在志书资料之中，发挥"资治"和学术借鉴参考功用。志书是人类智力活动的结晶，是学术研究结果。志书在编纂和利用过程中都离不开学术活动，每个具体环节都蕴含着学术性和学术价值。在资料收集、整理分析、体例确定、编纂、利用等过程中都可能应用系统论、控制论、信息论及归纳、演绎、类比、分析等学术研究的方法手段，都有学术研究活动的过程存在，但志书不应是纯粹的学术著作，在方志编纂成书过程中，"述而不论"已成为业界学界的共识。同时方志所要反映的是一方地情概貌和人民群众发展斗争的实践历程的真实记录，所需要的真实性、记录性决定了其不能是学术专著。

（三）方志具有与时俱进的学术品格

方志学是不断发展的科学，是社会实践的产物。随着社会的发展进步，方志学术研究也在不断与时俱进，吸收先进的理论成果，提升学术品格。方志尽管历史悠久，但长期以来学术地位并不是很高，在学术上常被归入地、史学科，直到近代才出现了专门研究方志的方志学。1949年后，方志事业有了蓬勃发展，在以马克思主义观点和方法论的指导下，方志理论研究深入开展，成立了各级学术机构，开办了一些学术刊物，现"已出版各种志鉴理论著作1 000多部，发表论文6万多篇"。[①] 一

[①] 国务院办公厅《全国地方志事业发展规划纲要（2015—2020年）》，《中国企业档案》2016年第3期，第56—57页。

些致力于方志学术研究的有识之士和专家学者，正在积极推动方志学由三级学科转变为一级学科，并主张构建其完整的学科体系，建设其二级和三级学科，进而逐渐发展成为一门独立学科，应用独立学科的学术思想指导方志学术研究，推动方志理论研究不断发展，构建与时代要求相适应的新时代方志学理论体系，并在实践中不断地检验和发展方志理论。

四、实 践 属 性

方志的发展需要社会发展提供支持，它的发展速度和水平受社会发展的直接影响。反过来，社会的发展进步也受益于方志积累和提供的地情资料，以及"资治"借鉴等服务。因此，方志的政治观点要与时代的政治制度相适应，不可能脱离社会环境和时代需要而存在。这是方志实践属性的基础。新时代方志实践属性就是要充分发挥党委领导、政府主持、地方志工作机构组织实施、社会各界广泛参与的工作体制机制的优势，明确方志是党和政府工作的重要组成部分，紧扣时代发展脉络走向，坚持马克思主义的政治立场，坚持正确的指导思想，牢固树立"以人为本"的理念，在修志、用志、研志、存志、管志、传志等方志实践过程中，目光多向基层、多向群众聚焦，做到为党和政府服务同为人民群众服务的统一，真实全面地记录、传承新时代党领导人民群众从事的波澜壮阔的改革发展的奋斗历程，充分发挥方志"资治""教化""存史"等作用。为党委政府科学决策服务，为人民群众日益增长的需求服务。"为当代提供资政辅治之参考，为后世留下堪存堪鉴之记述。"[①]真正把"修志问道，以启未来"的实践品格贯穿于方志实践的全过程。

五、结　　论

方志是社会活动的产物，是人类和社会活动的抽象和符号记录。

---

① 《李克强总理重要指示》，《中国地方志》2016年第1期。

它是地方性资治"官书",也是地域性资料性著述。新时代方志具有马克思主义与时俱进的理论品质,随着人类社会和科技的发展不断发展演进。在以互联网、大数据为代表的新时代,笔者认为新时代方志应该是由特定机构,按特定体例编纂的,连续记述地方性经济社会(含政治、军事、宗教及科学技术等社会发展变迁变化)等发展和区域性自然、地理、人文、历史等状况的资料性政务著述。这个论断包含三个层面的含义:一是由特定机构著述,体现了依法修志的法定原则,非法定机构不得随意编修地方志;二是方志具有特定体例和约定俗成的编修规范,从而与一些记述地方性资源或特定物事的著作区分开来,如《××县民俗》《××县酒文化》《××地区昆虫资源调查》《××市旅游风景名胜古迹览要》等不属于方志范畴,不能认定其为专业志;三是将方志定义为资料性政务著述,体现了志书的"官修""官书"性质,强调方志是政府工作的重要组成部分,方志编修是政府应当承担的工作事务,不是可有可无的额外负担。政务著述的定语,也突出彰显了新时代方志的根本任务,就是记录、传承党和政府领导一方群众在地方区域改革发展中波澜壮阔的奋斗历程,更好地发挥方志的"资治""教化""存史"等功用。同时,在志书编纂时必须把政治关放在首位,要有马克思主义立场观点,在记述的重点和角度的把握上,要充分体现"以人为本"的理念,尊重群众的首创精神,解决好为谁服务的关键问题。在志书利用、研究时,也要充分考虑其当时的政治经济环境和编纂者的阶级立场,从而作出符合当时实情的客观的分析判断。

(曹建忠:甘肃省灵台县地方史志办公室)

从画到图：方志地图的近代化探析

王 慧

方志收录地图的传统源远流长,王庸在谈到方志与地图的关系时曾说:"中国古来地志多由地图演变而来。其先以图为主,说明为附。其后说明日增,而图不加多,或图亡而仅存说明,遂多变为有说无图,与以图为附庸之地志","原吾国古代地图,绘法不精,事实之不能以图绘表明者,多以文字说明扶助之"。① 这指的是最早的图经,"图"即地图,"经"即关于图的文字说明。到了宋代,方志逐步定型,图作为记、志、传、图、表、录的六体之一,成为方志必备体裁。

地图可以直观地展现地形、山川、道路和城郭的分布,表现事物的细节,使读者如见其形、如临其境。正如章学诚所说:"开方计里,推表山川,舆图之体例也。图不详而系之以说,说不显而实之以图,互着之义也。文省而事无所晦,形着而言有所归,述作之则也,亥豕不得淆其传,笔削无能损其质,久远之业也。要使不履其地,不深于文者,依检其图,洞如观火,是又通方之道也。"②

西晋裴秀编绘《禹贡地域图》十八篇,并创《制图六体》:"制图之体有六焉。一曰分率,所以辨广轮之度也;二曰准望,所以正彼此之体也;三曰道里,所以定所由之数也;四曰高下,五曰方邪,六曰迂直,此三者各因地而制宜,所以校夷险之异也。"③尽管裴秀的"制图六体"仅仅解决了把立体转到平面的问题,并没有解决非球面地物投影到平面

---

① 赵中亚选编:《王庸文存》,江苏人民出版社,2014年,第199页。原载《禹贡》半月刊,第2卷第2期,1934年9月16日。
② 章学诚著,叶瑛校注:《文史通义校注》,中华书局,1985年,第635页。
③ (唐)房玄龄等:《晋书·裴秀传》,中华书局,1974年,第1039—1040页。

的问题,但是从制图学的观点看,"制图六体"除了没有提出经纬线和地图投影外,几乎提到了制图学上应考虑的所有主要因素。① 韩昭庆认为古代能施测的范围很小,在一定范围内可以把地球球面看作平面,"(制图六体所考虑的因素)可以满足当时应用的要求",这或许是我国古代制图不需要考虑地图投影的原因。②

地图流传过程中存在着"精亡粗存"现象。方志地图由于可以和文字一同被翻刻,故流传甚多、甚广,因此我们平常能看到的古地图多半是收藏在方志中的,③但是古今方志中的地图都无法代表同时期地图绘制的水平,除极少数外,古代方志地图都不采用"制图六体"和"计里画方"原则,而是运用了中国传统山水画的某些绘画法则,缺乏数学基础。④ 邱新立认为出现这种现象的原因在于自晋裴秀以后,地图的制图实践大致分为两支:一支吸收裴秀的制图理论,以"计里画方"网格为编绘地图的数学基础,并与地貌的形象绘法以及地图符号相结合,用此法绘制的地图虽数量不多,但体现中国科学制图发展的水平。另一支仍旧延续古老舆地图的绘法,无严谨的数学控制和比例,无严格的地理方位要求,仅保持图内各要素相对位置的正确。如绝大多数方志中的地图即属此类。他认为方志地图的发展主要表现在绘制方法的进步上,尤其是图符图注的设计与布局。⑤ 李孝聪指出中国古代地图不如西方人的地图那么精确是因为"造送官府的地图主要体现山川大势、疆域政区、城镇道路。官府只要了解所辖地域的疆界,相邻地区和各级官府的名称、数目与驻地的相对位置,并不需要精确的地理

---

① 中国测绘史编辑委员会:《中国测绘史》第一卷,测绘出版社,2002年,第106—109页。
② 韩昭庆:《制图六体新释、传承及与西法的关系》,《清华大学学报(哲学社会科学版)》2009年第6期,第115页。
③ 韩昭庆:《中国地图史研究的由今推古及由古推今——兼评余定国〈中国地图学史〉》,《复旦学报(社会科学版)》2009年第6期,第79页。
④ 阙维民:《中国古代志书地图绘制准则初探》,《自然科学史研究》1996年第4期,第335页。
⑤ 邱新立:《民国以前方志地图的发展阶段及成就概说》,《中国地方志》2002年第2期,第73页。

坐标。至于地形冲要、户口和应交粮赋的数额,利用文字注记,或贴张红纸条就够了,并不影响使用"。正是这种"实用主义"的需要使中国的许多地图强调示意,而非示形(精准地标注)。① 可以看到,先进的制图方法对方志地图的绘制影响并不大,明末清初西方制图学传入中国,一直到清末,除个别志书外(如章学诚《湖北通志》、谢启昆《广西通志》),绝大部分志书地图仍然沿用传统的绘制方法。

在谈到方志地图弊端时,章学诚说:"近代方志,往往有图,而不闻可以为典则者。其弊有二:一则逐于景物,而山水摩画,工其绘事,则无当于史裁也。一则厕于叙目凡例,而视同弁髦,不为系说命名,厘定篇次,则不可以立体也。夫表有经纬而无辞说,图有形象而无经纬,皆为志书列传之要删。而流俗相沿,苟为悦人耳目之具矣"。② "况夫方州之书,征名辨物,尤宜详赡无遗,庶几一家之作,而乃流连景物,附会名胜,以为丹青末艺之观耶? 其亦不讲于古人所以左图右史之义也夫?"③当时不少方志虽然有图,但这些图完全流于形式,变成点缀时髦的装饰品。他认为"八景之图"命名庸陋,构意勉强,无所取材,故志书中应一律削去,不留题咏,以严史体。④ 他呼吁提高志书中的图绘质量,要求"诸图开方计里,义取切实有用,不为华美之观,具营汛驿铺里甲诸图,俱关政要,而篇幅繁不可删"。⑤ 孙诒让在《瑞安县志局总例六条》中强调图的作用,要求方志编修要提高图的质量和测绘的精确度,"凡考证方舆,以图学为最重,地志往往疏略不讲,而顾崇饰名胜,侈图八景,轻重倒置,通学所嗤"。在具体测绘方面,孙诒让建议:"由局延请精究测彝专家,周历各乡,将村庄市镇山形水道一一测明方位斜直,距数远近,计里开方,分别精绘",注重实地勘察,"不可疏舛简率,徒费

---

① 李孝聪:《古代中国地图的启示》,《读书》1997 年第 7 期,第 142 页。
② 章学诚著,叶瑛校注:《文史通义校注》,中华书局,1985 年,第 732 页。
③ 章学诚著,叶瑛校注:《文史通义校注》,中华书局,1985 年,第 365—366 页。
④ 章学诚著,叶瑛校注:《文史通义校注》,中华书局,1985 年,第 737 页。
⑤ 章学诚编著:《章氏遗书》第 19 册,文物出版社,1982 年,第 11 页。

丹书。至于各地胜景,则略赅于以上各图之内,不用另绘专图,以祛芜冗"。① 刘光谟也提出:"参用西人行军测绘地法,原测地绘图之法,则方志更为有用之书也"。② 自此之后,方志地图才终于有了新的发展。

一、内容选择更多元实用

清以前方志地图内容简单、种类单一,主要是疆域图(县境图)、城池图(府治图或县治图)、衙署图(官署图)、学宫图(文庙图或书院图)等。这些图可以分为两类:其一为,山川城郭方位平面地图,以纪实为主要目的;其二,俯瞰式山川图画,多数直接标上地名,目的是为说明山川形势位置。③ 到了清代,地图种类增加,内容更加实用。有历史地图,如历代沿革图、历代城郭图、历代疆域图、历代河口图等;有水利图,如河渠图、湖泊图、运河图;有交通运输图,如漕运图、水陆道里图;有各级别的行政区图,如府治图、州治图、县治图、城厢图、城分区图、乡都图、都隅图、村庄图、乡保市镇图、街道图等,其他还有校场图、义仓图、谷仓图、考棚图、书院图、城隍庙图等。光绪《昆新两县续修合志》,除《昆新两县疆域图》《昆新县城图》《重建昆山县丞署图》《重建新阳县署图》《重建昆山巡检署图》《重建新阳巡检署图》《马鞍山图》《学宫图》外,还有历史地图《督学试院旧图昆山新阳县疆域图》,仓署图《重建新阳丰备仓图》《重建昆山仓署图》《重建新阳仓署图》《重建昆山积谷仓图》,城隍庙图《玉山书院图重建昆山城隍庙图》《重修新阳城隍庙图》,监狱图《重建昆山典史署图监狱图附》《重建新阳典史署图监狱图附》等。④

在地图的内容选择上,府县域图的中心往往是府县官廨、府县学、

---

① 谭其骧主编:《瑞安县志局总例六条》,《清人文集地理类汇编》第二册,浙江人民出版社,1990年,第645页。
② 王葆心:《方志学发微》,湖北省地方志编纂委员会办公室,1984年,第212页。
③ 吕季如:《〈古今图书籍集成——山水典〉上水版画研究》,花木兰文化出版社,2012年,第28页。
④ (清)金吴澜、李福沂修,汪堃、朱成熙纂:光绪《昆新两县续修合志》卷首图,清光绪六年刻本。

书院,还有宗教寺庙以及为备饥荒而建的"义民仓""赈济仓""永丰仓"等,多展现政治、宗教等公共建筑,却看不到任何集市、街坊和其他私人生活空间。董枫在对崇祯《泰顺县志》、雍正《泰顺县志》和乾隆《温州府志》中的三幅《泰顺县境图》对比后发现,三幅图主要记录的都是县域之中的建置、铺递、庙宇、桥梁、隘口、山脉六项内容。他认为维持地方社会运转的驿路交通系统和教化、祭祀等是地方官员所关注的对象,这体现着官方对地方控制方面的关切;而远离县治的南部地区,并不受地图绘制者所重视,县域地图在绘制的时候显然根据地理认知作了选择。① 葛兆光指出方志地图只是标注若干政治与宗教的公共建筑,却没有任何集市、街坊和其他私人生活空间,这种"目"中无"人"、大"公"无"私"的方志地图暗示着在国家与政府的对照下,日常生活和私人空间在这些士人的观念世界中没有重要性。② 潘晟通过对明代方志中地图编绘意向的研究,发现方志中最基本的县志的舆图数量有相当一部分是按一定的程式编绘的,主要包括县境(疆域)、县治(县城)、官署、儒学这几类图,有些还包括地方景致图(一般是八景)。他认为方志地图的阅读对象主要是努力服务于王朝统治的地方官吏,这些方志地图反映着地图绘制者和关注方志的官员们所关注、预设的事务以及他们的价值观所在。③

民国时期这一现象始有改变。民国《上海县续志》除了有沿革图、县境总图、24幅县境分图外,另有《租界略图》《淞浦源委暨江海关合图》等。民国《川沙县志》卷首则出现了新式学校图《公立小学校图》《惠北小学校图》,公共设施图《公共体育场图》《中山公园图》《川沙县模范公墓图》,交通运输图《上川交通公司路线总图》等图。④ 民国《嘉

---

① 董枫:《清代地方的地理认知与社会控制——以泰顺县研究为中心》,复旦大学博士论文,2010年,第41—49页。
② 葛兆光:《古舆图别解——读明代方志地图的感想三则》,《中国典籍与文化》2004年第3期,第4—6页。
③ 潘晟:《明代方志地图编绘意向的初步考察》,《中国历史地理论丛》2005年第4期,第115—124页。
④ 方鸿鎧、陆炳麟修,黄炎培纂:民国《川沙县志》,1937年上海国光书局铅印本。

定县续志》已经有《嘉定地位鸟瞰图》《嘉定全境干河干路简明图》《浏河图》《吴淞江图》和城区图及三十二个乡的乡图,共37幅图。① 应注意到地图既反映客观现实,也夹杂着绘图者的主观意识,是绘图者对地方认知的展现。地理认知的产生往往滞后于地方实际情况的转变,是一个复杂而漫长的过程,而地图种类的增加、内容的变化,显示方志地图向更多元、更实用、更科学的方向发展,这也正是这个过程的体现。

二、科学测绘始用于方志地图

牛若麟在崇祯《吴县志》序记载方志纂修过程时写道:"纂修经始于崇祯辛巳孟春之朔,脱稿缮本于壬午仲春之望,周一岁逾四十有五日,寒暑昼夜无间。编摩摹写各图,则自辛巳孟夏月朔出郭,绕境涉湖,舟中吮墨,返再扃户,凡两阅月,五易楮始成。布衣徐霖竭心目之力多焉。"②由此可知,崇祯《吴县志》是在旧志的基础上,经过实地勘察继而绘制成图。

近代修志者开始注重方志地图的科学性。如,同治《苏州府志》修志《凡例》曰:"旧志各图粗存,大略方位远近皆不可据。咸丰初,苏城以防堵绘图始用新法,履地实测,成九邑全图。同治初,奉旨绘苏省全图,郡设舆图局,亦因其法皆视旧图为准,今参用两图,缩绘入志。"③秦缃业在光绪《无锡金匮县志》序提及:"其旧图则讹舛滋甚,杨君昌祄曾在江苏舆图局,足履手量,不同沿讹袭故。爰取其法,复周历测量,绘为新图。"④"惟期限苦迫,涉历未周,疏脱之病亦间有之,因取其法,重加审测,阙者补,误者正。"⑤

为了保障地图的科学性,近代苏南地区方志地图资料多来源于专

---

① 范钟湘、陈传德修,金念祖、黄世祚纂:民国《嘉定县续志》,1930年铅印本。
② (明)牛若麟修、王焕茹纂:崇祯《吴县志》牛若麟序,崇祯十五年刻本。
③ (清)李铭皖、谭钧培修,冯桂芬纂:同治《苏州府志》修志凡例,清光绪八年江苏书局刻本。
④ (清)裴大中、倪咸生修,秦缃业等纂:光绪《无锡金匮县志》裴大中序,清光绪七年刻本。
⑤ (清)裴大中、倪咸生修,秦缃业等纂:光绪《无锡金匮县志》凡例,清光绪七年刻本。

业部门的舆图。光绪《松江府续志》和《青浦县志》亦皆采用同治四年苏省舆图总局的测绘舆图,并根据本地情况对地图略加增补。光绪《松江府续志》"据同治四年新测舆图,重加校阅,惟舆图所载河道犹为简略,兹复按方补绘为《全境水道图》一幅",①光绪《青浦县志》"自同治四年奉部测绘舆图,计里画方,测向量高下,著有成书。今首列开方全境图暨城池图,皆用新测"。② 同治二年(1863),为勘查各省疆界,清廷通令各省测制舆图。同年在苏州设立属江苏布政司管辖的苏省舆图总局,是地方各省设立舆图局之始。同治四年(1865)四月制订《苏省舆图测法绘法条议图解》,最终编成《江苏全省舆图》四册。这次测绘舆图被普遍应用到苏南地区方志中。民国《青浦县续志》"今据太湖水利工程局测绘图",③这时的方志地图,已经有比例尺、图例、方向等要素。一方面这是由于各地专业测绘机构成立,图册公开印行,修志者可以相对容易地获得专业地图;另一方面也反映出修志者对地图科学性的认同。

有的方志舆图的绘制则是利用本县清丈局测绘所得。如,民国《宝山县续志》曰:"卷首冠以各图,大率根据清丈时所测绘,惟原图注列名称,间有舛误者,重行厘正之。"④清光绪三十三年(1907),宝山县为开办土地清丈业务,成立清丈局。清丈及办事人员大多为宝山县绘丈学堂毕业生。民国《宝山县续志》绘图者吴人豪即为宝山县清丈学堂毕业生。⑤ 民国《南汇县续志》绘图者朱鬵鹏曾任上海市土地局丈务主任,与朱祖尧合著《测量车图说》。

有的方志地图为修志者聘用专业人员实地测绘所得。光绪《松江府续志》绘图者吴昂锡、闵萃祥,操舟往来,测量县境,依晋裴秀之议,作华亭县境图,考核水道尤详。⑥ 民国《上海县续志》雇用绘图员谢家

---

① (清)博润修、姚光发等纂:光绪《松江府续志》凡例,清光绪十年刻本。
② (清)汪祖绶等修,熊其英、邱式金纂:光绪《青浦县志》凡例,清光绪五年尊经阁刻本。
③ 于定等修、金咏榴等纂:民国《青浦县续志》凡例,1934年刻本。
④ 张允高等修,钱淦、袁希涛纂:民国《宝山县续志》凡例,1921年铅印本。
⑤ 吴葭修、王钟琦纂:民国《宝山县再续志》卷十七清丈志,1931年铅印本。
⑥ 徐侠:《清代松江府文学世家述考》上册,生活·读书·新知三联书店,2013年,第379页。

实,以便从事测量绘制全邑实测地图。① 民国《嘉定县续志》聘请童世亨任测绘主任。童世亨曾参与测绘山东、直隶、奉天三省沿海地图,遂立精研地理之志,先后在上海务本女塾、龙门师范学堂及南京高等师范学校任地理教员,留学日本,1914年辞职回沪,创办中外舆图局。测绘一项花费巨大,民国《嘉定县续志》有如下记载:

> 一为局用预算,计每月局用一百九十二圆,以二年算,共需银四千六百零八圆;一为测绘预算,计每月经费一百圆,以十九个月算,共需银一千九百圆;一为市、乡征访预算,计每区津贴四十圆,以十九区算,共需银七百六十圆;一为本局开办、测绘置器一次用途,共计一百四十圆。以上四项,合成银七千五百零八圆,刊板刷印经费不在其内。
>
> 在测绘一项下,又分为:
>
> 置备测量及绘图仪器,全部计八十圆。
>
> 测绘主任每月薪水计三十圆。
>
> 测绘员每月薪水十八圆,饭资四圆,下乡舟车零用六圆,计二十八圆。
>
> 测绘副员每月薪水十二圆,饭资四圆,下乡舟车零用六圆,计二十二圆。
>
> 测绘用役二人,每月薪膳七圆,计十四圆。
>
> 预备费计六圆。
>
> 以上诸项,除置备仪器八十圆为一次用途外,其余各项合计银一百圆,以每月测绘一乡计算,指现在一市十八乡,实则一乡之中包含旧时之二乡。应需十九个月,共计一千九百圆。
>
> 全县三百四十九图,每图以二日计,假如春秋佳日毫不停顿,尚须二年之久。而刘河、吴淞江、沪宁铁路尚不在内。更以夏日酷暑,冬日冰雪,中间再有不时之风雨,不能实地测量……今按张

---

① 吴馨、洪锡范修,姚文枬等纂,秦锡田续纂:民国《上海县续志》卷末叙录,1918年上海文庙南园志局刻本。

测绘员自民国十年十一月起,十二年一月止,计测量十五个月。钟测绘员自十一年九月起,至十二年七月止,计测量十一个月。二人合计共测量二十六个月,按照预算已溢出七个月,每部每月应需预算一百圆,已不足经费银七百圆之巨。①

而在实际操作中,有时并不能按计划顺利实施。遇有风雨冰雪不能实地丈量时,测绘需延期完成,花费也相应增加。"雨水过多,停办二十余日","暑日酷烈,测绘员迭次请假","将来深恐十九个月不能竣事",1921年10月制定的修志预算为七千五百零八圆,第二年7月,预算溢出,姑以一万五百零八圆为度,仅测绘一项,就需加银一千四百六十四圆。1927年1月,"图样虽已绘竣",但"细密合式","粗率欠工","相形之下,尤为见绌,必须另行雇人摹绘,始为完美"。最终绘制地图三十八幅,付上海铸丰公司石印。

但是碍于修志经费和专业技术人员不足,大多数方志仍难以保证在编纂时绘制新图。直到1929年国民政府颁行《修志事例概要》,规定各省通志馆编拟的志书舆图应由专门人员以最新科学方法制绘精印,订列专册,以裨实用。② 1946年内政部修正公布的《地方志书纂修办法》进一步要求志书舆图应以最新科学方法制绘、精印,订列专册。③ 此后,新地图的顺利使用才得以实现。

三、绘图者科学素养有所提高

修志题名中,很少署绘图者的名字。近代苏南地区方志④中,题

---

① 范钟湘、陈传德修,金念祖、黄世祚纂:民国《嘉定县续志》叙录,1930年铅印本。
② 《修志事例概要》,《内政公报》1930年第2卷第12期,第77—79页。
③ 《地方志书纂修办法》,《行政院公报》1944年第7卷第6期,第7—8页。
④ 苏南地区是明清以来江南的核心区域,其行政区划在该时段中屡有变迁。苏南地区,与苏北相对,是江苏省长江以南地区的统称,其地域包括今南京市、镇江市、常州市、无锡市、苏州市所辖地区。这里使用冯贤亮《疆界错壤:清代"苏南"地方的行政地理及其整合》(《江苏社会科学》2005年第4期)对苏南地区的界定,"将苏州、松江、常州与太仓直隶州一起作为一个苏南的整体加以考察,在地域上,则是在长江以南、镇江以东"。这一区域无论从地缘关系紧密性、经济发展整体性还是文化习俗共通性等方面来看都可以作为一个整体。

名列出绘图者的方志有：光绪《重修华亭县志》、光绪《松江府续志》、光绪《娄县续志》、光绪《金山县志》、光绪《青浦县志》、民国《南汇县续志》、民国《青浦县续志》、民国《宝山县续志》、民国《崇明县志》等。

表1　近代苏南地区方志绘图者简表

年代	志书名称	绘图者	籍贯	专业
光绪	重修华亭县志	庄仁锦	—	—
光绪	松江府续志	吴昂锡	华亭县	精于水利之学
光绪	松江府续志	闵萃祥	华亭县	兼擅书画，书法苏轼，画宗恽南田
光绪	娄县续志	沈铦	娄县	工分隶书，善画山水
光绪	金山县志	夏启承	—	—
光绪	青浦县志	宋云麟	盱眙县	—
光绪	青浦县志	赵庆澜	青浦县	少遂以篆刻为业，当时县内碑板，大半出于赵庆澜之手。还善雕刻竹木，作品缜密工雅，为得者珍藏
光绪	南汇县志	朱兆璜绘图	—	—
光绪	南汇县志	沈向荣摹刻	南汇县	—
光绪	武进阳湖县志	余文钺	—	—
光绪	无锡金匮县志	杨昌礽	—	—
光绪	宜兴荆溪县新志	朱恩霈	—	—
光绪	江阴县志	张彔	—	—
宣统	太仓州志	洪保婴	太仓县	—

(续表)

年代	志书名称	绘图者	籍贯	专业
民国	南汇县续志	朱矞鹏	南汇县	上海市土地局局丈务主任,与朱祖尧合作《测量车图说》
民国	青浦县续志	陈豪	—	工诗,擅书画
民国	青浦县续志	朱云樊	青浦县	工书画,精篆刻
民国	宝山县续志	吴人豪	宝山县	宝山县清丈学堂毕业生
民国	崇明县志	苏人权	崇明县	擅国画山水、人物、花鸟、禽兽,又擅金石书法,尤工行书
民国	崇明县志	施曾陶	崇明县	画家
民国	嘉定县续志	童世亨	嘉定县	精研地理之志,留学日本,创办中外舆图局
民国	上海县续志	谢家实	—	—

由上表可知,在民国以前,方志舆图的测绘,并不是由专业测绘人员完成的。这些绘图者往往擅长书画,精于篆刻,任用他们绘制舆图,看重的是他们的绘画才能。这时的"地图与绘画并没有被严格区分为两个独立的学科,地图的绘制者,往往是画师"。① 他们通常是本地人,熟悉本地的地情地貌。也有一些由懂得中国传统测量技术的编纂者兼任,如吴昂锡、闵莘祥兼任光绪《松江府续志》协纂和光绪《重修华亭县志》分纂,沈铦兼任光绪《娄县续志》采访。民国时期的方志已经开始聘请专业的测绘人员为方志绘图。例如民国《南汇县续志》绘图者朱矞鹏是上海市土地局丈务主任,曾与朱祖尧合作撰写《测量车图说》。民国《宝山县续志》绘图者吴人豪是宝山县清丈学堂毕业生。民国《嘉定县续志》绘图者童世亨精研地理之志,留学日本,归国后创办

---

① 龚缨晏:《象山旧方志上的地图研究》,浙江大学出版社,2015年,第49页。

中外舆图局。方志绘图者开始由具有科学素养和专业知识的人员担任,保证方志地图科学性和准确性。

近代以来,苏南地区已有相当数量的方志采用图例和开方计里绘制地图。光绪《松江府续志》、光绪《青浦县志》、光绪《宝山县志》、光绪《重修华亭县志》、光绪《嘉定县志》、民国《吴郡志》、民国《青浦县续志》、民国《崇明县志》皆采用计里画方地图。"近世舆图,皆准实测,分经列纬,区画方里",同治《苏州府志》将省舆地测量局图稿缩成方幅,为总图,并分绘内境外沙各乡区,附标沙状界域,为分图,共十二幅地图,以绘图新法并参用咸丰、同治两次履地实测绘制而成,虽因缩绘和刻印等技术未免失真,但较旧图方位、比例的粗略失当,要可信得多。民国《南汇县续志》和民国《青浦县续志》则在地图中标识有比例尺、图例和方向,表明方志地图已经完成由古代山水画向科学测绘地图的转型。

四、方志地图的数学要素科技含量增多

地图要素是构成地图的基本内容,一般分为数学要素、地理要素和辅助要素。方志地图的数学要素包括地图投影、比例尺以及方位标等。传统方志地图多采用对景法,即将实物形象地绘在地图上,可将图与实物一一对应,对景图不是按比例绘成,方位、距离标识也不够准确。这种图类似于中国画的画法,山则画山,水则绘水,域池则画一座城,"逐于景物"之图颇多。① 对于传统的志书地图来说,尽管方位和比例尺是地图不可缺少的基本要素,但数学要素并不是首要准则,志书地图的绘制准则多反映于图符图注的设计与布局上。地图方位的取向和叙述的"混乱",具有明显的皇权观念,没有一种可资遵循的权威原则。志书地图受到矩形雕版尺寸的约束,导致比例总是失真。即使经过实测绘制的志书地图,也会因雕版尺寸的制约而失其比例。志书地图虽然由于其薄弱的数学基础而影响它成为中国古代地图发展的主流,但它吸取了中国传统绘画中图像表现的精华,深深地扎根于中

---

① 张安东:《清代安徽方志研究》,黄山书社,2012年,第288页。

国传统文化的沃土之中,使它历经千百年而终究未衰。①

随着技术发展,观念转变,近代方志地图的图符简化,画感减弱,符号性增强,从地图学发展的角度讲,这是一种进步。如投影方法的使用,同治《上海县志》就有"用西洋画体故与各图笔法小异"的江南机器局图。这幅图用几何透视法绘成,虽然没有严格按照比例建立点与点的投射关系,但是这种原始的投影方法绘制地图,显示出方志地图已经受到西学的影响,在绘制方式上已发生变化。

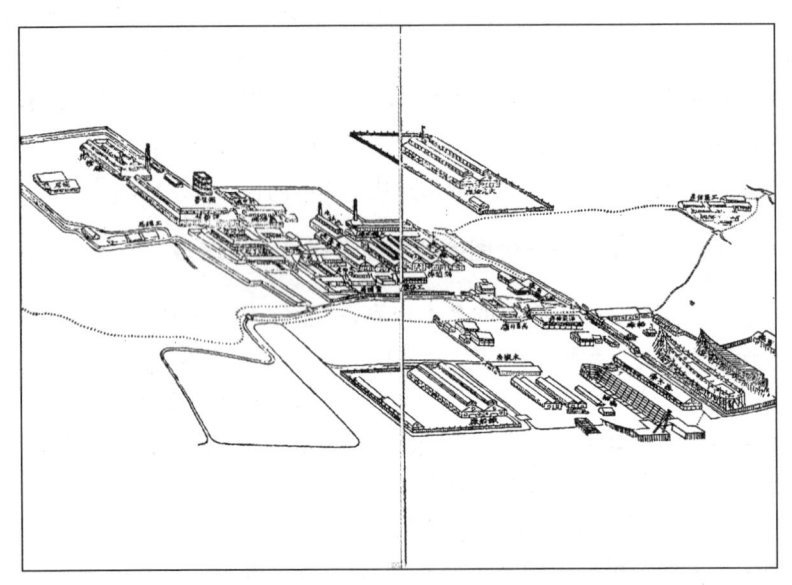

图1 江南机器局图(图源:同治《上海县志》)

再如从计里画方到方位标、比例尺和图例等使用。这里以光绪《宝山县治全境图》与民国《宝山县续志全县区域图》对比来说明。

光绪《宝山县治全境图》使用计里画方的作图方法,在右下方标示方向为"上北下南,开方十里"。在裴秀的"制图六体"的第一"体""分

---

① 阚维民:《中国古代志书地图绘制准则初探》,《自然科学史研究》1996年第4期,第335—341页。

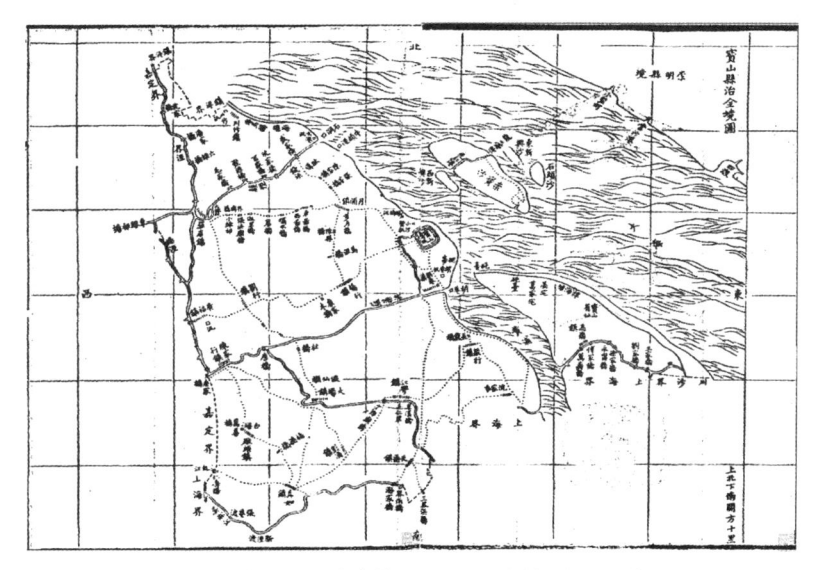

图 2 光绪宝山县治全境图（图源：光绪《宝山县志》）

率"即是求距离的比例尺，而"计里画方"则是在"分率"的基础上，进一步按面积缩制的比例尺，这种标注方式相当于现代地图中文字表达式的比例尺，但从整张方志地图的全局看，这一种要素的精确表达在整张地图中所占的比例相当小。

民国《宝山县续志》的舆图不仅使用方位标、比例尺和图例，而且还在县境各图附有说明：

一是图系依据清丈局实测舆图就覆查所得，略加修正，故与原图稍有异同。

一图中附注市镇村集一以本志所载现状为准，惟长兴沙村集限于篇幅不及备注。

一环海各沙有为前志及原图所未详者，兹据覆查情形一律加入。①

---

① 张允高等修，钱淦、袁希涛纂：民国《宝山县续志》凡例，1921年铅印本。

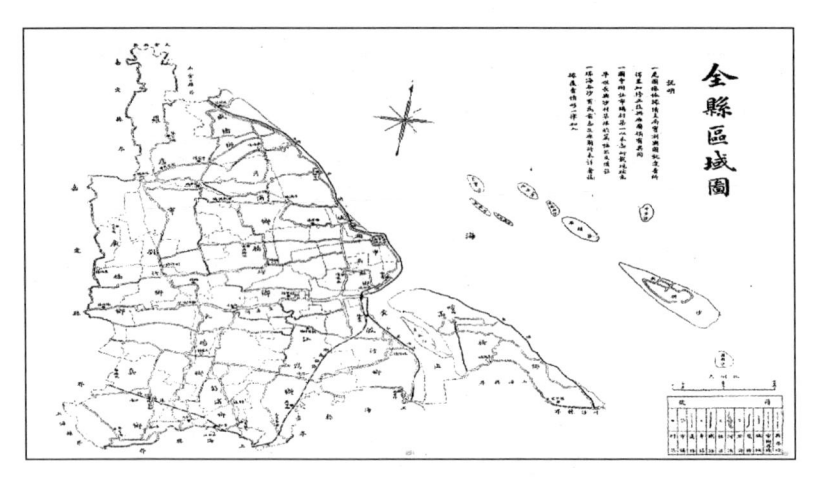

图 3 民国宝山县全县区域图（图源：民国《宝山县续志》）

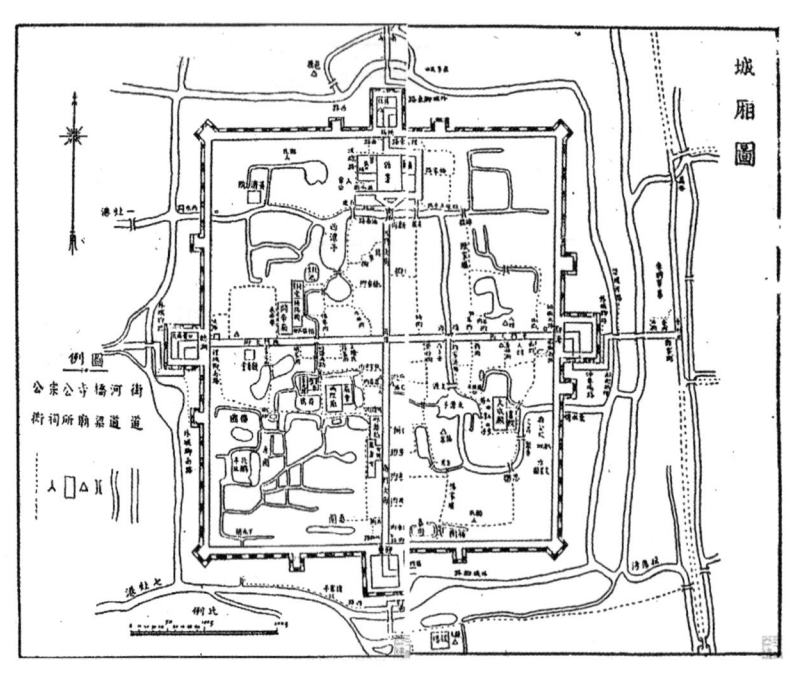

图 4 民国南汇县城厢图（图源：民国《南汇县续志》）

从民国南汇县城厢图可以看出,这时的方志地图已经有相对完整的地图要素,包括方位标、比例尺和图例,地图上的街道、河道、寺庙、公所、宗祠、公廨等都有不同的符号予以标注。方志地图要素的逐渐完备,体现了方志地图的规范性和科学性逐渐增强。

综合而言,传统方志地图作为文字的补充,反映文字无法清楚表达的内容,这种先天对文字的依赖和附庸,也意味着传统方志地图科学性的缺失。即使现在地图测绘已相当精确,大多数方志在修纂时还是从国家通用的舆图中截取一部分附于书前、书中或书后,并不会为修志重新进行测绘,修纂地方志只是进行文字方面的写作。这当然是在测绘设备和人才等条件受限的情况下不得已而为之,但从另一方面,也体现了地图在方志中的附庸地位。

(王慧:中国社会科学院当代中国研究所)

民国地理总志编纂及其近代化变革研究

郭墨寒

民国时期志书编纂取得不小成绩,相关研究成果也积累不少。然而有关民国地理总志编纂方面仍缺乏系统的研究,甚至总志数量都没有一个确切数据,总志的编纂情况更缺乏梳理,本文初步展开以下研究,以廓清其貌。

一、前人研究及地理总志概念厘定

北京图书馆编《民国时期总书目(1911—1949):历史·传记·考古·地理》(1994)①对民国地理志书进行归类并做提要,并对民国地理总志作比较系统的归纳,但存在一些缺憾,如没有收录完整的地理总志数据,有一些不属于地理总志被收录,不过仍然对本文的研究有重要参考价值。赵夏的《一部颇有价值的民国方志——评白眉初及其〈中华民国省区全志〉》(2001)②指出"题名全志,当为各个省区一览表,同民国之前的地理总志在形式上可以说没有太大的区别……",对此书内容及其作者白眉初进行初步评论,但是文中关于方志与总志的概念比较混乱,没有一个清晰的认识。有关"方志"和"总志"概念混淆或是学界的常见情况,出现这种混淆概念的情况主要因为是方志与总志之间的杂糅关系,因此本文十分必要对地理总志这个概念进行厘定,

---

① 北京图书馆编:《民国时期总书目(1911—1949):历史·传记·考古·地理》(上、下两册),北京图书馆出版社,1994年(1998年重印),第776—777页。
② 赵夏:《一部颇有价值的民国方志——评白眉初及其〈中华民国省区全志〉》,《中国地方志》2001年第6期。

首先就从方志与地理总志的关系进行探讨。

历来学者对于方志和地理总志关系的观点,从总志的归属无非分为两种,一种认为总志属于方志,一种是总志不归属方志。

民国时期方志学家李泰棻的《方志学》(1935)论述"方志之沿革"则将历来方志归类为总志类、方志类和专志类三大种类。① 傅振伦在《中国方志学通论》(1935)认为方志的种类有一统志、总志、通志、郡县志、合志、乡土志、都邑志、杂志八种,②将一统志、多省汇编的总志与各地方志、杂志归为方志类。刘光禄的《中国方志学概要》(1983)按照行政区划和记事范围将方志分为一统志或区域志、省志、府志、州志、县志、都邑志、乡镇志、专志九大类。黄苇等著《方志学》(1993)根据行政区划将方志分总志、通志、府志、州志、厅志、县志、军志、路志、道志、市志、乡镇志、卫所志、边关志、土司志、盐井志、设治局志、特别区志、盟志、旗志、地区志、区志二十一种。除此之外,陈光贻的《中国方志学史》,③张革非编的《中国方志学纲要》④等方志学著作都把总志归为方志的一类。《中国方志大辞典》将总志收录到"方志书名"目录下。《辞海·历史地理分册》载"方志,记述地方情况的史志,有全国性的总志和地方性的州郡府县志两类"。⑤ 这个概念的归纳是极其笼统且不科学,"记述地方情况的史志"这个解释十分粗浅,到底以什么方式记述地方哪些情况没有说明,最后的核心"史志"也是一个容易混淆的概念,地方志和地方史是有很大区别,谭其骧先生早有专门的论述。另外方志又不单只是州郡府县志,还有省通志、乡镇志、村志、里志、卫所志等,也有把乡土志统归方志者。

---

① "由中朝以至地方,大至州郡,小至村镇,神州之广,几于无地无志。其著者,总志类,如唐李吉甫《元和郡县志》……一统志皆是也;方志类如宋叶隆礼《契丹国志》、宇文懋昭《大金国志》……此外书虽非志,然其所记,实为方志一部或一门者……",李泰棻:《方志学》,商务印书馆,1935年,第7—9页。
② 傅振伦:《中国方志学通论》,商务印书馆,1935年,第3—4页。
③ 陈光贻:《中国方志学史》,福建人民出版社,1998年,第19—27页。
④ 张革非:《中国方志学纲要》,西南师范大学出版社,1992年,第5—7页。
⑤ 《辞海·历史地理分册》,上海辞书出版社,1978年。

当然,总志归属方志的观点事出有因,古人书目将总志和各地方志统归为地理类,或简称为地志,如晁公武的《郡斋读书志》将这些归为地理类,《四库全书总目》"古之地志,载方域、山川、风俗、物产而已,其书今不可见……然踵事增华,势难遽返。今惟去泰去甚,择尤雅者录之。凡芜滥之编,皆斥而存目。其编类,首宫殿疏,尊宸居也。次总志,大一统也。次都会郡县,辨方域也。次河防,次边防,崇实用也。次山川,次古迹,次杂记,次游记,备考核也。次外纪,广见闻也……"①没有用方志来统称这些"都会郡县志书",清人储元升"地志有四,曰一统志,曰通志,曰府志,曰县志,就中惟县志为地未甚广,记载较详",②将一统志和通志、府志、县志归为地志一类。古代常用"地志"一词统称地方志书,以上所载"地志"应是比较广的含义,而非专指有一定体例的方志,民国有些方志学家把具有较广含义的地志理解为方志,后人则延续前人观点,以致以讹传讹。

另外,总志和方志确实存在紧密的关系,这也是混淆其概念和范畴的原因之一。总志编纂资料来源于地方呈报,甚至就来源于方志,如康熙二十五年撰修一统志,"圣天子垂拱之余,命纂修一统全书,内外臣工咸奉厥职,大自藩省,下至郡邑,莫不有志,以供撷取"。③ 再是,总志编纂对各地方志的编纂有深刻影响,"《太平寰宇记》增以人物,又偶及艺文,于是为州县志书之滥觞",④《大清一统志》对于各省通志的编纂有重要影响。⑤

即使总志和方志之间有着紧密关系,但也存在诸多差异。首先,编纂的志义不同,中央编纂总志的一重要目的是大一统,所以也称"一

---

① 《四库全书总目提要·卷六十八史部二十四》。
② 转引自黄苇等编:《方志学》,复旦大学出版社,1993年,第23页,原出处《平望镇志》,储元升序,里人公辑,西郊草堂抄本。
③ 转引自巴兆祥:《大清一统志的编修对清代地方志的影响》,《宁夏社会科学》2004年5月第3期。
④ 《四库全书总目提要·卷六十八史部二十四》。
⑤ 巴兆祥:《大清一统志的编修对清代地方志的影响》,《宁夏社会科学》2004年5月第3期。

统志",而方志侧重于记载,以记录信息为主;再是记载范围不一样,总志是以全国为记载对象,方志是记载一个地方的书籍,所以谭其骧在论及地方志与总志时,特别声明要分清楚地方志和总志。①

随着方志学的发展和深化,方志的概念逐渐理清,方志的范畴也趋明朗。《中国方志大辞典》规定:"方志,即地方志。它是以地域为单位(主要是行政区划),按一定体例,综合记载一定时期的政治、经济、文化及自然方面的书籍……中国方志的类型有主体与支流之分,主体类型主要是按行政区划而定,如通志(省志)、府志、州志、厅志、县志、乡土志、里镇志、岛屿志(卫志、关志、道志、盐井志、土司志也属此类)等;支流类型就自然对象而分则有山志、水志、湖志、塘志、河闸志等,就人文对象而分则有书院志、古迹志、寺观志、游览志、路桥志等。"方志主体是各级行政区划的综合记载志书,支流是专志,其中总志并不属于其中。②

也有一些学者认识到总志与方志的差异,朱士嘉的《中国地方志综录》按省一级行政区划收录各地方志,总志不在其收录范围。民国时期的《国立北京大学图书馆方志目》也按照省级行政区收录各地方志。中国科学院北京天文台所编《中国地方志联合目录》按省市级行政区划收录各地方志,总志也没有收录其中。以上三种方志目录,既没有把总志列入其中,也没有把专志归为其类,也正体现出"方志"的特定概念清晰明朗化,方志是按照一定体例综合记载某一区域(一般是各级行政区划)综合记载一定时期的地理、政治、经济、文化方面的书籍。

方志概念的理清与范畴的明朗化,也利于理清其与专志、总志的关系。专志因记载某专项事物,体例不一、类别多样,与方志综合记载和一定体例的特征形成鲜明对比,也可以单独归类于方志之外,即减少归类的诸多麻烦,也便于统一标准和数据统计。总志因记载范围、内容等与方志也有诸多差异,不属于某一地方的记载,也单独归一类。

---

① 谭其骧:《长水集续编》,人民出版社,1994年,第269页。
② 《中国方志大辞典》编纂委员会:《中国方志大辞典》,浙江人民出版社,1988年,第1页。

总志、方志、专志都统归为地志，逻辑关系就更加清晰。在这里我们引用古人常用的"地志"，来对方志和总志、专志之间的范畴进行理清。（如图1）

根据以上的研究，对地理总志的概念和范畴进一步认识。从编修群体而言，地理总志可以分为两种，一种是官修，如《大元一统志》《大明一统志》《大清一统志》，由中央发号施令，各地向中央呈送资料，往往是已成书的"通志"。还有一种是私修，编修者对地理重视，既有编纂又有研究性质，如顾祖禹的《读史方舆纪要》和顾炎武的《天下郡国利病书》等。

图1 方志与总志关系图

从结构形式而言，有三种类型，《太平寰宇记》《元丰九域志》采取既用门类，也用区域的分目方式，《大元一统志》《大明一统志》《大清一统志》《舆地广记》只用区域分目，南宋的《舆地纪胜》和《方舆胜览》则纯用门类分目。① 综合而言，有"总论（门类）""区域分目（省、府、县）"和"总论＋区域分目"三种形式。

地理总志几个要素，首先是以一个国家为记载范围，有时受资料呈交时间和战争等情况影响，未能记录全部范围，但是总体趋向是以国家为记载范围；其次，地理总志是综合性记载，不是某项内容的专业记载，虽然不能面面俱到，但至少是综合记载的结构，不同时代侧重内容不一样，综合记载也有所偏向。

综上所述，地理总志是以全国为记载范围按照一定体例综合记载一定时期的地理、政治、经济、文化方面的地志书籍，在结构形式上，有"总论（各门类）""区域分目"和"总论＋区域分目"三种形式。

---

① 郭声波：《唐宋地理总志从地记到胜览的演变》，《四川大学学报》2006年6期。

二、民国地理总志成果

根据以上对于地理总志概念和范畴的认识,在《民国时期总书目(1911—1949):历史·传记·考古·地理》整理的基础上,删除一些不符合的地志,增加里面缺少书目,将民国时期编纂的地理总志成果加以总结归纳,如下表所示:

表1 民国时期地理总志

	名　称	编纂者	版　本	出版时间	形　制	内容概要
1	中国地方志	李九华	稿本	1912年左右		流域和区域划分
2	中华地理全志	孔廷璋、郑宇、杜席珍编译	中华书局	1914年9月初版,1918年再版(删减版)	800页25开精装	绪论、本论(五卷)
3	地理(中国篇)	景亮钧	著者刊	1916年	52页16开	总论26节、地方各论15节
4	大中华地理志	林传甲	商务印书馆	1917—1920年		京兆、京师、直隶、吉林、河南、福建、安徽、山西、江苏、湖北、山东、浙江、江西
5	民国地志	白眉初	北京高等师范学校	1921年	2册(674页、864页)22开	总论之部共2册(绪论、疆域、地文地理上)、(地文地理下、人文地理)
6	中华民国省区全志	白眉初	北京师范大学史地系	1924—1927年	已出版5册(496页、637页、785页、778页、892页)16开精装	5册,第一册京、直、绥、察、热志,第二册满洲三省志,第三册鲁、豫、晋省志,第四册秦、陇、羌、蜀志,第五册鄂、湘、赣志

(续表)

名称	编纂者	版本	出版时间	形制	内容概要
7 近编中华地理分志	王金绂	求知学社	1924年9月初版	4册,存2册(284页、309页)22开	全4册
8 中国分省地志	王金绂	商务印书馆	1927年5月初版	2册(392页、455页),22开精装	分省,共三十三编
9 中国区域志	张其昀	上海商务印书馆,南京中山书局	甲编1928年,乙编1936年	甲编2册611页,乙编2册439页	
10 中国地理新志	杨文洵、葛绥成	中华书局	1935年		绪论:地球、中华民国总说、自然地理、人文地理;按流域和高原分省记录
11 分省地志		中华书局	1936年	共?册,存9册	河南、山东、江苏、山西、浙江、广西、四川、台湾

三、地理总志的近代化变革

经历清末新政革命,中国在政治、军事、卫生、教育等方面都走上近代化之路,志书编纂也步趋其路,而且体现在多个方面。

(一)编纂者身份的变化

传统时期总志的编纂,多为国家行为,因此编纂群体也主要是官员群体,和民国时期个人编修为主的情况大不相同。民国总志的编纂者,多为接受过新式教育的文化人,有相对扎实的地理学知识储备,具体情况如下表:

表2 民国总志编纂者身份情况表

编纂者	教育背景与身份	其 他 著 作
李九华	民国初年高等师范讲席	暂无资料
孔廷璋	翻译者	暂无资料
杜席珍①	米脂女校创办者,懂西学,精研天文地理②	翻译《数圣芳标》(1915年)
林传甲	近代教育学家、地理学家、方志学家	《黑龙江乡土志》《易县志》《直隶志》《河南志》《京师志》《浙江地理志》《江苏地理志》等③
白眉初	人文地理学家,北京高等师范学校教授,中国地学会总编辑	《近代二十四藩建撤考略》《外蒙始末纪要》《西藏始末纪要》《蒙古详图》《地理哲学》等
王金绂④	北京高等师范毕业,专攻地理学,毕业后在西北大学任教,陆续在国立北平大学、北京师范大学、东北大学授课	《欧战与新潮》(1923年)、《近编中华地理分志》(1924年)、《中国分省地志》(1927年)、《中国经济地理》(1929年)、《西北地理》(1932年)、《外蒙地志》(1934年)、《新标准高中自然地理学》(1934年)、《西北之地文与人文》(1935年)、《现代外蒙之概观》(1936年)等

① 杜席珍,1850—1933,陕西米脂县人,出生书香门第,幼读私塾,精研天文地理,兴办新学教育,曾创办米脂女校,译有《数圣芳标》(1915)和《中华地理全志》等。
② 参考清光绪《米脂县志》,http://www.dsjng.com/newsinfo.asp?id=297。
③ 黄苇:《中国地方志词典》,黄山书社,1986年,第318页。
④ 王金绂,1894年出生于河北省丰润县韩城镇西欢坨村,后考入北京高等师范学校,历史地理部攻读本科,毕业后在西北大学任教,陆续在国立北平大学、北京师范大学、私立中法大学中国学院、朝阳学院、东北大学法学院等处讲师。他著述颇多,有《欧战与新潮》(1923)、《近编中华地理分志》(1924)、《中国分省地志》(1927)、《中国经济地理》(1929)、《西北地理》(1932)、《外蒙地志》(1934)、《新标准高中自然地理学》(1934)、《西北之地文与人文》(1935)、《现代外蒙之概观》(1936)。

(续表)

编纂者	教育背景与身份	其他著作
张其昀	南京高等师范学校文史地部毕业,商务印书馆编辑,中央大学地理系教授,浙江大学史地系主任	《中国民族志》《中国经济地理》《中国地理学研究》《政治地理学》等①
杨文洵②	日本早稻田大学师范科留学,中学校长,浙江省教育厅科长	《普通教育新地理(教科书)》(共8卷)、《中学地理教科书》《中外地理大全》(共12卷)、《地学概论》等。③
葛绥成④	师范学校毕业,中华书局编辑,中华地学会创立者,大夏大学、暨南大学、无锡国学专科学校的地理教员	《中国近代边疆沿革考》《沙国之交通》《浙江分省地志》《中国地理概况》《世界交通地理》《世界文化地理》《地图绘制法及读法》《地理丛谈》等,还有遗稿《地图绘法》《外国地名释义》及大量《日记》稿和三部地理词典。⑤

民国地理总志的编纂人员,或为新式教育的受益者,或精通西学,对西方地理学知识掌握较全面,同时不少为地理研究者和地理教育者,因此地志编纂和近代西方地理学有紧密关系。

---

① 唐涛、吴晓主编:《地理学家辞典》,远方出版社,2006年。
② 杨文洵,1880—1935,浙江江山人,少时在衢郡中学堂读书,1905年公费去日本早稻田大学师范科留学,回国后在江山官立高等小学堂、浙江省立第八中学等地任教,浙江省教育视学,1916年受聘于上海中华书局。
③ 衢州市文史资料研究委员会:《近代江山县教育人物志》,《衢州文史资料第七级》,1989年,第196—197页。
④ 葛绥成,1897—1978,浙江东阳人,出生贫苦农家,1914年从师范学校毕业后,进入中华书局当编辑,后创建中华地学会,兼任大夏大学、暨南大学、无锡国学专科学校的地理教学,主持过《地学季刊》编印。
⑤ 褚绍唐:《记地名词典编纂家葛绥成》,《辞书研究》1985年第2期。

(二)宗旨和功能的革新

"一统志"等总志的编纂,其编纂的宗旨是为了国家大一统,为统治者提供参考书籍。民国时期总志的编纂宗旨和功能都发生了变化,更加强调志书的教育功能,并非只是统治者的参考工具,也是政治、军事、商业、学术、新闻等各团体的重要参考。

《中国地方志》在"编辑大意"中载:"谨就平日所习,辑为一帙,更以教育之宗旨,归纳于本科之中,综计编辑大意,其注重者约有数端。一曰实业富国之基也,凡各省之农业、水产、林木、矿物等皆属焉。一曰道路交通所需也,凡铁路、航路、电线等皆属焉。一曰民事培邦本也,凡城镇警区及选举区皆属焉。其以学识浅陋之人,当国体变迁之际,乃欲讲习繁赜重要之学科,微特不克穷其奥窔也,其中之舛讹漏略,将不能以更仆数矣。兹当开讲之始,谨志数语于简首,尚希诸同学有以教之。"①从中可知作者编纂此总志宗旨是为教育,对认识本国实业、交通、民事等有重要教育参考作用。

《中华民国省区全志》"用途宽广","此书为地理教员参考书要品,若军政、实业、新闻各界,科学、文学、政治经济学、社会学及旅行诸家,凡留心祖国者,皆宜购阅"。②

(三)资料取材多元化

传统的总志编纂资料取材往往由地方向上呈报,总志的编纂也催生各省通志的编纂。民国时期总志的编纂在资料来源方面,与传统时期发生不小的变化。《中华民国省区全志》在"本书十大特色"中记述资料来源方面"参考鸿博:尽搜古籍,编考中外新书,广探杂志,日剪报纸,调查函牍达千余件满载两笥,躬亲游览,周谘博访"。③相当部分内容翻译或参考外国有关中国的记载,如孔廷璋等1914年

---

① 李九华:《中国地方志》,中国科学院文献情报中心,《中国科学院文献情报中心藏稀见方志丛刊(98—100)》,国家图书馆,2014年,"编辑大意"。
② 白眉初:《中华民国省区全志》(京直绥察热五省区志),北京师范大学史地系,1924—1927年,第1页。
③ 白眉初:《中华民国省区全志》(京直绥察热五省区志),北京师范大学史地系,1924—1927年,第1页。

编的《中华地理全志》以日本西山荣久所著《支那大地志》①为蓝本,从体例、内容、结构看来,几乎是西山荣久《最新支那大地理》整部著作的译文。②

(四)体例结构的变化

民国总志与"一统志"相比较,体例结构变化十分明显。《中国地方志》(1912)结构上以地域分五编记述,主要以流域为分类标准,再各地域又分省记述,各省先记省位情况,再记省内各类情况、省属州县沿革表及省现势,总体结构如下表:

表3 《中国地方志》结构表

第一编 北带黄河流域	顺天府、直隶省、山东省、山西省、河南省、陕西省、甘肃省、新疆省
第二编 中带扬子江流域	湖北省、湖南省、江苏省、江西省、安徽省、浙江省
第三编 南带珠江流域	福建省、四川省、广东省、广西省、云南省、贵州省
第四编 关东三省	奉天省、吉林省、黑龙江省
第五编 北部及西部	北部、西部其他省
第六编 结论	对于全国之关系、对于世界之关系

(资料来源:根据李九华民国初年编《中国地方志》统计)

《中华地理全志》(1914),结构参考西山荣久所编的《最新支那大地理》,分为本部、东三省、新疆省、蒙古、西藏及青海五卷,各卷记总论、地文地理、人文地理和地方志,其结构如下:

---

① 书名与原书不对应,应是《最新支那大地理》,或许编译者故意更改,参考(日)西山荣久:《最新支那大地理》,大仓书店,1914年。
② 虽然《中华地理全志·例言》中第一条载"以日本西山荣久所著《支那大地志》为蓝本并参考法人列谷尔所著《中国》、法人黎夏尔所著《中国坤舆志》,及英美人所著各种地志",这句话有一半也是翻译自《最新支那大地理》的凡例。

表4 《中华地理全志》结构表

绪论	
第一卷上 中华本部各省志	总论、中华北部、中华中部、中华南部
第一卷中 中华本部沿海志	沿海志
第一卷下 中华本部人文地理	政治、社会、实业、交通
第二卷 东三省	总说、地文地理、人文地理、地方志
第三卷 新疆省	总说、地文地理、人文地理、地方志
第四卷 蒙古	总说、地文地理、人文地理、地方志
第五卷 西藏及青海	总说、地文地理、人文地理、地方志

（资料来源：根据孔廷璋等1914年编译的《中华地理全志》目录统计）

林传甲于1918年至1921年主编的《大中华地理志》，分省分册记载，省下记载体例如下（以湖北省为例）：

表5 《大中华地理志·湖北省地理志》结构表

第一篇 总论	湖北省地理志之名义
第二篇 位置	纬度、经度、经纬度与日月朔望关系、与列星关系、东界、南界、西界、北界、十二月二十四节气星晷刻物候
第三篇 地文地理	六十九县区划、水陆形势、大别山脉、大洪山脉、方山及各支派、巴山山脉、荆山山脉、武陵山脉、巫山山脉、幕阜山脉、长江巴峡水道、荆河水道、长江与湖水合流水道、长江与汉水合流水道、汉水水道、清江水道、入江诸水、汉涢水广水、入汉陉蛮各水、入汉丹白各水、西南黔西各水、江南湖泽、江北各湖泽、湖北各水泉、湖北气候、雨雪量风向、地质、矿物、植物、动物
第四篇 人文地理	种族、语言、衣服饮食、居处器用、崇孔教、信佛老、清真教、基督教、婚丧礼、省议会及自治、省行政官制、道行政官制、县行政官制、督军及省城军备、镇守使及各属军备、墩台及军舰、警察行政、水上警察、财政岁入、财政岁出、各关税、征收局、盐井盐池盐法、司法、教育行政、普通教育、实业专门教育、社会教育、实业行政、农业、工业、商务及货币、京汉铁路及川汉铁路、粤汉铁路及大冶铁路、轮船航路、电政、邮政

(续表)

第五篇 地方志	武昌县、鄂城县、嘉鱼县、蒲圻县、咸宁县、崇阳县、通山县、通城县、大冶县、阳新县、汉阳县、夏口县、汉川县、黄陂县、孝感县、沔阳县、黄冈县、黄安县、黄梅县、蕲春县、蕲水县、麻城县、罗田县、广济县、安陆县、随县、云梦县、厅山县、厅城县（以上江汉道）、襄阳县、宜城县、南漳县、枣阳县、谷城县……（以上荆南道）
第六篇 结论	对于全国之关系、对于世界之关系

白眉初1924年至1927年主编的《中华民国省区全志》实则是《民国总志》续编，《民国总志》是"总论"部分，而"省区全志"则按区域分八册记载，如《京直绥察热五省区志》《满洲三省志》《鲁豫晋三省志》《秦陇羌蜀四省志》《鄂湘赣三省志》等，各省记载结构为总说、通商场、道县汇志、山水湖泊、政教民俗、实业等。

王金绂1924年编《近编中华地理分志》，结构上分为绪论、总述、京兆地方、直隶省、山东省、河南省、山西省、陕西省、甘肃省、热河特别行政区、察哈尔特别行政区、绥远特别行政区、四川省、湖北省、湖南省、江西省、安徽省、江苏省，省以下记载结构为"甲疆界及面积""乙自然状况""丙经济状况""丁民生状况""戊临近两省之比较"等。1927年王金绂又编《中国分省地志》，是前书的补充完整，增加了浙江省、福建省、广东省、广西省、贵州省、云南省、奉天省、吉林省、黑龙江省、新疆省、西藏、西康特别行政区、甘边宁海辖区、外蒙古，志书最后部分附录各类统计表。

张其昀1928年至1935年编的《中国区域志》按区域分编记述，先总论中国自然区域概况，后分为黄河三角洲、太湖区域、长江三角洲、东南沿海区域、粤江三角洲、岭南山地、海南岛、云贵高原、西南三大峡谷区、四川盆地、秦岭汉水区、陕甘盆地、黄河上流区、山西高原、海河流域、东北二大半岛、关东草原、塞外草原、蒙古高原、准噶尔盆地、塔里木盆地、西藏高原，最后以"中国国富概况"为结论，对中国区域划分提出许多新的观念。[①]

[①] 张其昀：《中国区域志》（甲、乙编），中华文化出版事业委员会，1958年，目次。

杨文洵、葛绥成1934年编的《中国地理新志》，结构上分为绪论、总说、长江和浙江流域、粤江和闽江流域、黄河和沽河流域、热察高原、辽河和黑龙江流域、青海高原、康藏高原、塔里木河流域、蒙古高原等，各区域分省记述，各省记述内容结构根据各省情况稍有调整，大致为位置及名称、区域及面积、地势、川泽、气候、形势、沿革、人口、言语及风俗、教育、交通、商埠及设备、贸易、工业、名胜等。

这些民国地理总志的结构设计深受西方地理学影响，在区域分论时往往以自然地理划分为基础，比如河流流域、山脉、高原等，各省分论方面记述自然地理、人文地理。而且结构设计更加科学合理，"总论"存在各个层次结构，分省记述下还有"地方志"记载，分类更加详细明确。

（五）内容记载的近代化

和体例结构变化紧密相关的是志书的内容，内容记载是民国总志近代化的核心部分。

1912年李九华编的《中国地方志》按流域和地理分布分为五编，分别是北带黄河流域、中带扬子江流域、南带珠江流域、关东三省、北部及西部。记录各省的位置、境域、地势、民事区划及职官表、地势、军政区划、建置大意、选举区、山脉、河流、海岸、商埠、气候、风俗、道路（铁路）、电线、物产（矿产）、农业、林木、水产、动物、工业、古今沿革、现势等。此书编纂处于新旧交替之际，省以下既保留了清朝"府""州""县"的行政区划，又采用了民国行政设置，如财政部、交通部、农林部、工商部等。[①]

孔廷璋、郑宇、杜席珍编译的《中华地理全志》，按区域分为中华本部、东三省、新疆、蒙古、西藏及青海五卷，又以省分节记载，各省内容分别为总说（面积人口·名称·疆域·首府·地方·形势）、地文地理（地质·山志·气候·水志·湖沼·动植物之分布·矿物等）、人文地

---

① 李九华：《中国地方志》，中国科学院文献情报中心，《中国科学院文献情报中心藏稀见方志丛刊(98—100)》，国家图书馆，2014年。

理(住民及人口・言语・农产物・工商业・交通等)、地方志。①

《中华民国省区全志》"内分沿革、疆域、地势、气候及与外国关系,尤详述商埠都会,主要县邑、村镇,并山水、湖海、海岸,政治、教育、民族、风俗,若车船、邮电、矿、农、工商业、海关之输出入额,尤克详尽"。②

《民国地志》和《中华民国省区全志》本是一套书,《民国地志》总述全国疆域和地文地理,③"省区全志"记载各省的总论(道县纲目・沿革・疆界・气候・地势・与外国关系・社会情况)、道县都邑志略(开埠・县邑・新设行政)、山水湖泊、政教民俗(政治组织・学校・宗教・种族・风俗)、实业(交通・矿业・农业・畜牧・工业・商业)等。④

《近编中华地理分志》及《中国分省地志》主要记载自然状况、经济状况、民生状况。

《中国区域志》记载各地概要、气候、水系、地势、农产、矿产、森林、贸易、都市、山脉、交通、风俗、民生、幅员、边防等。⑤

从以上各部总志内容的归纳分析,可以明显看出这些总志重视实用的内容。一是整体与各个地方的自然地理方面,诸如气候、地质、地形、地貌、河流、山川等,传统的总志更加重视山川走势,但是诸多地文地理没有记载;二是有关各地的人口、民族、语言、教育、风俗等人文地理方面,特别是交通、物产、贸易、商业、工业、农业、畜牧业等经济相关内容,传统志书很少涉及,但都成为新式民国总志的重要内容。

四、结　　语

民国时期地理总志的编纂呈现出近代化各种特征:编纂者从传

---

① 孔廷璋、郑宇、杜席珍等编译:《中华地理全志》,中华书局,1914年。
② 白眉初:《中华民国省区全志》(京直绥察热五省区志),北京师范大学史地系,1924—1927年,第1页。
③ 白眉初:《民国地志》,北京高等师范学校,1921年。
④ 白眉初:《中华民国省区全志》(京直绥察热五省区志),北京师范大学史地系,1924—1925年,目录。
⑤ 张其昀:《中国区域志》(甲、乙编),中华文化出版事业委员会,1958年。

统官府成员转变为多数是受西式教育影响的教育研究者;资料取材不局限于各省呈报资料,资料来源和收集方式更加多元化;体例结构受近代西方地理学理论影响,摒弃一些传统保守的体例,吸收西方科学的布局,体例发生重要深刻的变化;内容适应时代的发展和需求,发生了根本性的变革。这些构成了总志近代化的核心部分。

(郭墨寒:复旦大学历史学系)

近代方志出版中的财务问题研究

何沛东

一部书籍的出版涉及多项财务问题,主要包括资金的筹措、书籍编印的耗费、书籍的定价以及余资、售书款的处理等。对于中国古代书籍相关财务问题,之前学者研究的并不多,一方面可能是因为这些问题较为琐碎,未能引起他们足够的重视;另一方面中国古籍中有关此类的材料少且不易获得,如周启荣(Kaiwing Chow)教授所言,"尤其是书籍的印刷量、成本、价格的资料,较之于西欧书籍印刷史研究中所能找到的资料,可谓凤毛麟角,这些资料的缺乏导致研究中国书籍市场十分困难"。[①] 近些年来,陆续出现了一些关于中国古代书籍价格的研究成果,这些研究揭示了书价的一些变化规律,以及其与当时经济环境和时代背景的联系,但材料多来源于书商和藏书家买卖书籍的记录,对图书最初的定价及依据则少有探讨。

地方志是我国传统文献的重要组成部分,现存旧方志约占古籍总量的十分之一。地方志的出版是一项复杂的文化工程,需要地方官绅通力协作才能较好地完成,其编印过程中存在的财务问题较之普通古籍更多,但"过去在研究图书业时,学界不把地方志作为重要的参考资料",相关材料又分散于数千部方志中,[②]因此对于中国古代方志出版过程中财务问题的探讨更是寥寥无几。关于修志资金来源的论述仅

[①] 周启荣:《明清印刷书籍成本、价格及其商品价值的研究》,《浙江大学学报(人文社会科学版)》,2010年第1期;第5—17页。

[②] 戴思哲著,陈玮译,何朝晖审校:《明代方志出版中的财务问题》,《浙江大学学报(人文社会科学版)》,2011年第1期,第114—130页。

张英聘《明代南直隶方志研究》,①刘正刚、李贝贝《清代广东志书编纂经费来源研究》,②杨军仕《明代地方修志经费浅析》③等少数著作。戴思哲(Joseph Dennis)《明代方志出版中的财务问题》一文,通过对明代五百多种方志中记载的相关信息进行整理分析,得出"明代中后期地方志的成本可少至10两银子,多达370两,每页的成本从0.091两到0.437缗不等",此文是迄今为止探讨方志成本为数不多的成果之一,能将方志成本计算得如此精细,实属难能可贵,但其未能考虑每种方志的实际印数等因素,致使其结论的可靠性与准确性显得不足。至于方志的定价和修志余资的处理,以及能够较为完整表现地方志编印过程中财务活动的研究成果则尚未见到。

晚清民国时期,修志者似乎更加注重方志编印过程中财务活动相关信息的保存,本文通过对这些信息进行整理和分析,尝试对近代编印出版方志过程中所涉及的一些主要财务问题进行探讨。

一、近代方志出版的主要经费来源及鼓励捐资修志的措施

"修志经费的保证是方志事业的基本保障。方志编修的特殊性决定了对经费的特殊需要方式,修志经费的充足与否,极大地影响着方志编修工作能否顺利进行。"④很多旧方志因经费不足导致编印工作一拖再拖,甚至因此而散佚,清人刘文淇曾感叹道:"各地方修志郑重迟延者,多因经费难筹。"⑤若有充足的经费支持,人员、时间、材料等都会有较好的保证,编印志书的质量会相对较高;反之,无充足的经费支持,则方志的编印往往草草了事,即使完成出版,也多为低劣之作。因

---

① 张英聘:《明代南直隶方志研究》,北京:社会科学文献出版社,2005年版,第157—162页。
② 刘正刚、李贝贝:《清代广东志书编纂经费来源研究》,《中国地方志》,2011年第9期,第42—47页。
③ 杨军仕:《明代地方修志经费浅析》,《史志学刊》2015年第2期,第110—114页。
④ 沈松平:《方志发展史》,杭州:浙江大学出版社,2013年版,第183页。
⑤ 刘文淇《青溪旧屋集》,清光绪九年刻本。

此经费充足与否,不仅影响着修志工作的进程,还在很大程度上影响着志书的质量。

官修制度确立后,政府财政出资成为方志编修的主要经费保障,①此种情况一直持续至今。加税或抽税以充修志经费在晚清民国时期也是常事,如光绪二年龚宝琦任金山知县,"其时松属六邑一厅咸开局纂修邑志,惟金山以经费无着尚未举办,琦请于大宪每亩抽捐八文,集两之赀以充公费。奉批如所请"。②又如民国时期,南平县以一部分串票费充修志经费,"串票费每张征钱三十三文,解省银每两米每石各解钱一百文,全年解省钞票一千六百五十五元,余作县用。民国五年以三文充修志经费"。③绅民捐资亦是近代筹措修志经费的主要手段,其中有官绅自愿捐款的,亦有向百姓劝捐、摊派的。④从方志的记载来看,政府财政拨款、税收、捐资三种应是近代编修方志最主要的经费来源。此外还有借用、挪用地方其他项目资金或变卖公有资产等用来修志的,如宣统《高要县志》之编印资金来源于原保卫团局经费,"重修县志之议倡始于民国四年……以经费无出议而未行。七年主邑局者周君葆真、罗君杰三。时保卫团局奉令停办,众议将停办保卫团局经费移充修志之用,于是经费始有绪矣"。⑤又如,民国时期,大足县以变卖原义仓田作修志经费:"十七年设立县初级中学,划义仓地址建筑校舍,变卖义仓田充建筑初中及修志经费。"⑥当然,一部志书的出版,往往需要多方面的资金支持,如光绪《靖边县志稿》,虽然规模小,修纂时间短,耗费不多,但其资金仍有三种来源:"一、入五堡修庙余款钱二百有二串零。二、入书院存息钱三十一串整。三、入县正堂丁捐

---

① 沈松平:《方志发展史》,杭州:浙江大学出版社,2013年版,第184页。
② 光绪《金山县志》,清光绪四年刊本。
③ 民国《南平县志》,民国十年铅印本。
④ 如刘正刚、李贝贝在《清代广东志书编纂经费来源研究》(《中国地方志》2011年第9期,第42—47页)一文中就指出,清代广东省修志经费的捐资方式有:官绅民的主动捐资、官绅联合劝捐修志、强行摊派式的募捐三种。
⑤ 宣统《高要县志》,民国二十七年重刊本。
⑥ 民国《大足县志》,民国三十四年铅印本。

钱三百串。"①又如民国《和平县志》修志经费来源亦由三部分构成:"三十三年七月,县志印刷完竣,由修志馆发行。修志用费共约二十万元,其来源:(1)呈准在县地方款拨给五万元。(2)其他公款及发售志书预约款。(3)曾前县长枢捐助五千元,系任内先后垫出,志馆经费蒙作捐款。"②

虽说政府财政拨款、税收和捐资是近代方志编修的三种主要经费来源,但当时社会动荡不安,特别是清末民初,许多地方政府所收税赋也多用于军费、行政等紧要项目,根据各省情况稍有调整。宣统《续纂山阳县志》的编修者对地方财政渐渐无力负担修志经费的状况即深有体会,"此次修志有较前志难焉者,前志修于同治癸酉,经费拨自河库银若干两,部署一切游刃有余,盖其时公帑尚裕,官府亦乐于助成,近则库空如洗,罗掘俱穷,其难一。"③则地方修志活动常需借助绅民的捐资来维持,"窃思修志之费,原藉多士捐资"。④ 因而一些学者认为募捐是地方修志的主要资金来源,如王家范先生就曾讲过编修地方志的资金"绝大部分是靠地方募捐"。⑤ 为了鼓励捐资修志,除了官员首先捐资以作表率外,近代的地方政府和方志纂修者往往还会采取如下措施:

(一)将捐资者报当地官府、上级官府甚至是中央政府请求表彰。这种措施往往按捐资的多少来决定上报官府的等级,捐资少者由本地政府表彰,捐资多者由上级政府表彰,表彰的主要形式是赐予匾额。如光绪《富阳县志》的主事者议定:"捐数以洋银五元为合格,不能五元者尽可罢捐,其有捐至二百元者,由官给匾奖励,五百元者,详请府宪给匾,一千元者,请抚院给匾。"⑥又如山东巡抚钟祥曾上折皇帝,为修

① 光绪《靖边县志稿》,光绪二十五年刻本。
② 民国《和平县志》,民国三十二年铅印本。
③ 宣统《续纂山阳县志》,民国十年刻本。
④ 道光《两当县志》,道光二十年抄本。
⑤ 《在方志中阅读中国——对话华东师范大学历史系教授王家范》,《解放日报》2015年3月13日,第21版。
⑥ 光绪《富阳县志》,清光绪三十二年刊本。

光绪《长清县志》等项目捐资的绅民请求表彰:"高唐、长清二州县,前因文庙建立年远、日渐倾颓,均须大加修理,其长清县志书亦久未纂辑,必应重刊,经该州县等倡捐廉俸,各绅士等咸愿捐襄……兹据查明均系实捐实用,由藩司刘斯嵋详请照例奖励,前来臣查定例,绅士商民人等乐善好施、急公报效,捐银数十两及一百两以上者,给以花红匾额,由督抚自行核办,捐输在二百两以上者,准其请叙。"①

(二)列捐资者姓名于志中,或将其事迹写入方志传记,以彰来者。此种举措在近代方志中较为常见,捐资者姓名多被列于志书的卷首或卷尾,如"义举恒藉夫众擎,芳名宜垂诸不朽,有出资出力襄成斯志者,悉登姓字于简编。修辑者附各图后,捐输者载杂志备考后。彰前人之光,为后来之劝,亦俾数典者不忘祖云"。②"捐修志书银数多寡不同,其为好善乐输、急公慕义无以异也,标其姓氏著于简端以劝来者。"③另有许多将捐资修志之人或事记入志书传记中的,如嘉庆《东流县志》之《义行传》所载:"周三纲:贡生,性好善,尝建乐安亭。妻金氏,亦好施。……今届修志,亦竭力捐输。"④

(三)志书出版后发给捐资者样书。如道光《长清县志》之编修者决定志成之后,凡捐资十两以上者均送志书一部,且所赠志书材质据捐资数不同而有所差异:"此次修志颇费参稽乃得成书,因与邑人共议,凡捐银二十两以上者,送白纸本一部,十两以上者,送竹纸本一部。"⑤到了民国时期,此种情况又出现新的形式——预约券或预售券,在志书未完成时发售以筹资,志书出版后可凭此券领书,为了鼓励人们踊跃购买,一般预约券的售价较将来志书定价要低,如"遂有发起预约券之议,券四百余张,每张计银币五元,先收三元,不足则酌量拨垫,如是出资者得书,书成而款不虚,人心乐从者众,一举而三善。"⑥

---

① 光绪《高唐州志》,清光绪三十三年刊本。
② 道光《长清县志》,道光十五年刊本。
③ 嘉庆《琼东县志》,清嘉庆二十五年修,民国十四年铅印本。
④ 嘉庆《东流县志》,清嘉庆刻本。
⑤ 道光《长清县志》,道光十五年刊本。
⑥ 民国《新登县志》,民国二十一年铅印本。

（四）其他。上述三种鼓励绅民捐资的措施在近代较为普遍，各地根据实际情况，可能采取一些适于本地的举措，如光绪年间天柱县续修县志，部分绅民捐资襄助，当地政府允许外地捐资者入天柱县籍，并将其事迹记入志中："萧东森：原籍湖南宝庆府人，迁柱贸易三十余年，今岁创修志书、考棚，捐银一百两入籍……杨祚口：原籍湖南沅州府人，祖胜泰迁居贵州思州府，同治八年移居柱城南厢，今岁创修志书邑志，捐银五十两入籍。"①

总之，多样化的资金来源，为近代修志事业提供较为可靠的经费保障。近代很多地方政府财政拮据，各地采取的鼓励措施，在一定程度上增加人们捐资修志的热情，缓解修志资金紧张的局面。当然，绅民捐资修志也存在一些弊端，例如民国《怀集县志》纂修者就认为募捐经费易导致歪曲事实的情况出现："修志经费或专向邑中富户监生耆老人等派捐，其甚者，或捐入节孝、乡行，遂至斗米佳传贻议秽史，此修志之大弊也。"②但此种情况毕竟是少数，并不能抹杀绅民捐资对近代方志事业的发展所起到的重要作用。

二、近代方志的生产成本分析

地方志的生产成本一般包含编修成本和刻印成本两大部分，具体来讲"像其他出版者一样，地方志的出版者需要购买原材料和生产设备，支付编纂人员和工匠的报酬，提供工人饮食，打点协助编纂和撰写序言的人员，以及支付出版过程中运输、贮存等零杂费用"，③这些是方志编印过程中的一些主要开支，当然各地情况不同，修志开支项目亦不尽相同。中国古代方志少有详细记载修志的各种开销，晚清民国方志中此类信息的记载逐渐多了起来，甚至能够看到一些较为完整的开支清单，从这些材料中我们或许能够了解到一些近代方志出版的开销

---

① 光绪《续修天柱县志》，清光绪二十九年刻本。
② 民国《怀集县志》，民国五年铅印本。
③ 戴思哲著，陈玮译，何朝晖审校：《明代方志出版中的财务问题》，《浙江大学学报（人文社会科学版）》，2011年第1期，第114—130页。

情况,举例分析如下:

光绪《广平府志》(63卷,首1卷)卷末所附《银款付数》云:

> 付印志书三百部纸张,银肆百柒拾两贰钱壹分。付局用(关聘、薪水、节敬、酬议各项),银壹千贰百陆拾伍两陆钱肆分。付抄写(志书毛边格子纸并刻版各项),银贰拾两柒钱叁分。付刻志书六十四卷工价,钱伍千壹百伍拾肆千文。付印志书三百部工价,钱陆百拾千文。付抄写志书字工,钱肆百叁拾伍千伍百玖拾捌文。付拓十属碑记(大小二百八十八张),钱玖拾伍千肆百文。付局用月费随封节赏各项,钱叁百柒拾七千文。付局用(火食、煤炭、油烛,暨杂用各项),钱壹千叁百肆千捌百叁拾捌文。付由津运回(印志书纸张脚力),钱肆拾千文。付藏版大木架(并做夹板工料),钱伍拾壹千壹百肆拾文。付添印(粉连纸志书二十部,工料包做),钱壹百陆拾千文。付续赏(刻字匠修补讹字,印书匠拆订),钱贰拾千文。

文中有"收兑银(贰千伍百玖拾伍两壹钱捌分共入),钱捌千贰百肆拾肆千柒百柒拾陆文"的记载,按照此比例来算的话,当时1两银子约能兑换3.177千文钱,那么编修和刻印志书的费用总计约13 828.692 2千文(约合4 353.75两白银),其中320部志书的刻版、印刷、纸张费用约为7 417.857千文(约合2 334.86两白银),占开支的一半以上。刻版的工价即有5 154千文(约合1 622.28两白银),此项又占刻印费用的绝大部分。志局人员开支也较大,开销的项目多,甚至还有"节敬"等项,计花费约为5 702.776 2千文(约合1 795.02两白银)。

光绪《海盐县志》(22卷,首1卷末1卷)卷末"修刊邑志经费数目"有载:

> 支委员测量舆图经费洋八十元。支县幕友复核赋额修金洋四十元。支府县房、纸笔费洋二十四元。支绘图及誊写底稿洋五十一元。支刻资洋一千零七十四元,连双算计字六十三万零,每字一文八毫,刻图钱八十千文,改刻及红样对,签钱三十千文。支

刻局什物船只、复查水道及刻匠来盐,又苏州载书、载板、杂项洋八十一元。支书板架洋十六元。支刷印二百零三部,洋三百三十二元。共支洋一千六百九十八元。洋价照时每元作钱一千一百八十文及一千零六十文不等。余存洋十二元,并入发售价内续印。

光绪《海盐县志》的编印费用总计1 698元,其中刻版、印刷费1 406元,刻印费占总花费的五分之四强。最大的开支为刻版费1 074元,占全部费用的将近三分之二。共支测量、绘图、刻图经费100余元,而此志卷首仅附图15幅,由此看来,每幅图的制作成本也很大。

光绪《靖边县志稿》(4卷)卷四《捐修靖边志稿钱数》有载:

计设局两月共出薪水钱二十六串,外纸张、刻工并刷印五百十部,共费钱五百三十三串零。

每部志书的成本价为1.096串,印刷工本费为1.045串,由于志书规模小,修志时间仅两月,编修费用只有26串钱,因而此志的成本价与印刷工本价相差不大。

光绪《续纂句容县志》(20卷,首1卷末1卷)卷首《计开出入各项列后》载:

支总纂薪水洋捌百元。支采访薪水洋叁百元。支纂修薪水洋捌百元。支誊录校对薪水洋贰百元。支笔墨纸张拓碑洋叁拾元。支局用伙食洋肆百元。支各处劝捐川资洋叁百肆拾元。支刻资洋壹千叁百元。支三百部纸张洋捌百元。支印刷装订洋贰百元。

此志编印总计花费5 170元。占比例最大的为刻印费2 300元,其中刻版费1 300元,占刻印费的一半以上。其次为修纂人员薪水2 100元。光绪《续纂句容县志》的总纂为桐城派文人萧穆,并非本地士绅,加之名气及学识等原因,仅其一人的薪水即约为所支薪水总数的一半。可见,有时总纂、分纂等人员的薪水,特别是聘请的外地著名学者的耗费,也是修志过程中一笔不小的开支。

光绪《昆新两县续修合志》(52卷)卷末《附列捐资》载:

昆山县知县金吴澜，自三年九月起至五年七月止连闰二十四个月又两月局饭，共捐局费钱九百七十八千文。署新阳县知县丁廷鸾、兼理新阳县知县金吴澜、署新阳县知县钱宝清、代理新阳县知县赵沛然、署新阳县知县查以观、新阳县知县李福沂，自三年九月起至五年七月止连闰二十四个月又两月局饭，共捐局费钱九百七十八千文。前四川永宁道汪堃捐刻资钱七百千文。云南按察使李德莪捐刻资洋二百元合钱二百二十二千文。翰林院编修朱成熙卷刻资洋二百十六元、钱二百四十文，合共钱二百四十千文。运同衔选用知县李绷捐刻资洋一百四十九元、钱三百六十五文，合共钱一百六十五千七百五十五文。四川巴州知州胡书云捐刻资钱一百千文。两年总理局费除支用外逐月节省共余洋五百一十四元、钱四百八十九文，合钱五百七十一千二十九文。以上除两县合捐局费按月支用外，共捐刻资钱一千九百九十八千七百八十四文。一，支刊刻昆新续修合志五十四卷计钱一千五百二十五千七百七十七文。一，支刷印二百二十六部纸张装订共钱三百二十八千七文。内连四纸二十部，每部二千四百八十二文，赛连纸二百六部，每部一千三百五十二文。一，支续刷一百部共钱一百四十五千文。此次刷印志书，除由县分呈各宪及两县留存并送两学，总分纂、采访、捐资诸人外，余立印薄登记，以备各署饬取。板存敦善堂，如有自备纸工赴堂刷印，不取板资。此外未经捐资之人，情愿领取者，每书一部，议缴部半赛连纸工价，合钱二千二十八文，俟积成数，以便续刷。

上文所示，志书的编修费用和刻印费用是不同的人员分别捐赠的。金吴澜等人共捐局费 1 956 千文，除去志局两年的花销，余 571.029 千文，编修志书共计花费 1 384.971 千文。刻版印刷共花费 1 998.784 千文，刻印费用明显比修志花费大，其中刻版费计 1 525.777 千文，仅刻版费一项就比编修费用高。

民国《怀安县志》(10 卷，首 1 卷)卷十《修志经过》载：

兹察县志编修，行将竣事，而印刷费用，尚属无着，亦应预先筹划,以免临时搁延,拟向各学校乡镇村,及法团士绅民众,先售预约五百部,每部四元,约可得价二千元。而印刷费用,预计每部以五百叶算,如用八裁中国毛边,三号铅字,加之照相制版,装订配套,每部至少须洋两元。如印七百部,需洋一千四百元之谱,即由预售志价内扣发,余数拨还地款。如此综计,则编志费用,若照减一分纂计算,每月实支一百六十七元,八个月共需洋一千三百三十六元,再加临时录事费三十元,印刷费一千四百元,约计二千七百六十六元。而售志收入,如得二千元,尚不足七百余元,届时即请由地方款内核销。至余志二百部,拟由第二科保管,以备分别呈送各机关,及文化团体,并备地方人士,随时购买,每部定价五元。

按文中所述,若印刷志书700部的话,编印志书总计花费2 766元,其中编修花费1 366元,印刷费1 400元,印刷费较编修费稍高,两者各占一半左右。

民国《平坝县志》(6册)卷首《志乘志》有载:

开支经费,计分五项述如左:(由经费局筹者)十四年设局时之开办经费是也,数壹百元;(由罚款内筹者)十四年开局后每月开支由县公署行政处分上之罚款筹给,计在县长江任内共收壹千伍百零叁元肆角捌仙;(由国历款筹者)志稿整理在十八年县长刘钟荫任内即将着手,殊甫由国历款提成项下筹出伍百元,刘卸任去,此款遂专案移交后任(此款原存征收局,后因教育局积欠学田丁粮,征收局将之扣抵,遂以下列之款开支);(由文庙租筹者)十九年整理志稿之经费即为本年苗田租之豆七石,谷三十石,又二十年补上年欠费谷十二石;(由教育局筹者)即审查会之招待费等共壹百元。全志叁百部,连地图合算共计壹拾捌万玖千叁百页(有改印之页数在内),总共付去印刷费大洋贰千零捌拾贰元叁角。自贵阳运志至平城,去费大洋捌元(此费亦自文化基金内开支)。按县中原用新板滇洋呼小洋,开国纪念币、袁头币及其他前清各省铸币呼大洋。本志在县长江任内收支者多为小洋,开办费壹百元是国币,县署来之壹千伍百零叁元肆角捌仙是小洋。整理时豆每石合贰拾元，榖每石合捌元。审察时壹百元。印刷时，印费贰千零捌拾贰元叁角，校对费贰百肆拾元。筹印时收□及开会点心等，运输费捌元等是大洋收支。每部定大洋陆元。如印成时决算不敷，由文化事业经费内弥补。

以上花费除"县署来之壹千五百零叁元肆角捌仙是小洋"，其余均为大洋，同时期平坝县"滇洋每元合国币七角五分"，①则"壹千五百零叁元肆角捌仙"小洋合 1 127.57 元大洋，"国历款筹"之 500 元被挪用，不计入修志经费内，编修、印刷约花费大洋 4 138.87 元，其中印刷费为 2 082.3 元，占其开支总数的一半左右，比例最大。

近代方志因其性质、修志经费等的限制，基本上不追求材料装帧等的精工细作，它们的价值主要体现在内容上。每部方志的成本，与耗费的时间、人工，采访编修的复杂难易程度，刻印的用材、人工的质量，地图的数量及质量，志书的卷数，印刷的数量，以及当地的社会经济发展水平等都有关系。从上述材料及分析可以看出，刻印（包括人工及材料）费用和修志人员开销（包括薪金、伙食费等）是近代编修方志的主要开支。多数情况下，刻印（包括人工及材料）费用占修志成本的一半左右，甚至更多，成为编印志书的最大开支，光绪《顺宁府志》的编修者就认为编修方志"经费梓印为巨，修费次之"。② 其中占晚清雕版印刷方志刻印费用大部分的是刻版（包括书版的材料、运输及人工等）费用。清末民国铅印、石印等新型印刷技术的普及，降低了书籍印刷的成本，但印刷费用依然是修志费用较大的组成部分，多数仍占修志费用的一半左右。方志地图若要重新测量绘制的话，需要购买专门的测量设备，聘请专人进行测量和绘制，耗费亦巨，如上述光绪《海盐县志》，又如民国《上海县续志》的修志预算总计为 7 508 元，而仅测绘预算就 1 900 元，其中还不包括购置测量设备等开销。③

---

① 铁道部财务司调查科查编：《湘滇线云贵段经济调查总报告书》，民国十九年(1930)编印，第 160 页。
② 光绪《顺宁府志》，清光绪刊本。
③ 民国《嘉定县续志》，1930 年铅印本。

方志的修纂多为官方主持,政府有能力组织地方士绅,以较低的代价为修志服务,这些地方士绅本身出于对乡邦及地方文献的热情等原因,在方志编修过程中甚至会无偿劳动乃至捐款修志,亦有很多凭借几个人自发努力而完成方志编修工作的例子,因此在经费短缺的情况下也能够最大程度减少编修人员的开支,但方志的刻印则大多需要借助商人和工匠来完成(许多刻版所需的材料和工匠可能外地才有),材料和人工均需按照市场价格进行付款,这些只能按照商业规则进行,一些方志已编修完成却无钱刻印终至亡佚。如光绪年间,徐成敩主持续修《甘泉县志》,因"则经费无多",则"不开局用,不支薪水,钞胥委之书吏,采访托之荐绅,收掌归之提调,校对属之幕宾,纂修之事则成敩自任",但活字印刷的工费纸张等则需"自行筹款发给"。① 戴思哲曾言,方志出版过程中"有些费用如雇佣刻工、为其提供膳食要用货币支付,一般来说是不可避免的;而有些花费,比如编纂人员的报酬,则可以通过招募志愿者来缩减或完全省去"。② 近代修志经费紧缺,方志编修者可能尽量压缩志书的编修费用,而社会动荡不安,物价飞涨,致使方志的刻印费时常高于编修费用,如(民国)《新纂云南通志》因资金短缺加上货币贬值,志稿成书后拖了几乎四年的时间才将其付印,因此编修者认为筹措经费刊印志稿的环节最为困难:"由编纂以迄竣工,几十有八年,而其间尤以刊印工艰料巨,尤称困难。"③

三、近代方志的定价及依据

一直以来,地方志多被视为官书,"和历书一样,方志是不能由私家坊间编纂刊刻的,那是地方官的政绩之一,其凭借官府的力量,或秉承中央政府之命去做,完成后交由书坊剞劂刷印,而绝不允许坊间私

---

① 光绪《增修甘泉县志》,清光绪七年刊本。
② 戴思哲著,陈玮译,何朝晖审校:《明代方志出版中的财务问题》,《浙江大学学报(人文社会科学版)》,2011年第1期,第114—130页。
③ 民国《新纂云南通志》,民国三十八年铅印本。

自刊刻流通"。① 虽说如此,但明清时期官府对于方志的买卖(出口除外)也没有特别严格的禁止,清初董说曾拿粟换得一部《平凉志》,并作诗一首:"贾人持《平凉志》八册,余倒瓶中粟易之,作《平凉志》:明朝食粥那须计,倾瓶换得平凉去。平凉要害古边州,难著书生闲习气。锦心绣口一字无,只载古来豪杰事。可蓝山边戎马地,赫连曾展秋鹰翅。蒙恬迹指鹑觚城,会盟坛想贞元置。谁人得似韩招讨,屹然身蔽萧关道。"②官绅文人重金购买方志的例子也不在少数,如阎兴邦言:"予性酷嗜山水,未第之前,尝欲负书剑,遍游天下名山大川。于是登泰岱,陟嵩岳,南浮江淮,直抵滇黔,所过名区古迹,则必徘徊瞻眺,尽兴乃止,然犹未足餍好游之意也。因不惜重价,购各省郡邑志书,晨夕披阅,为目想心游之一助。"③大约到晚清民国时期,方志买卖的现象已经相当普遍。方志作为一种书籍商品在市场上流通,影响它价格的因素很多,本文在此处不考虑作为商品流通之后的方志价格,而是通过对方志文本中记载的相关资料进行分析,尝试探讨方志的原始定价及其依据。

近代一些方志中没有其成本的相关信息,仅记载定价,有些指出了方志的工本价即售价,如:

道光《长清县志》(16卷,首末各1卷)末页左下角有两排字:"白纸印本工价大钱壹千壹百文,竹纸印本工价大钱陆百文。"价格印于末页,类似于现代书籍版权页的标价,大概也是其售价。

光绪《高唐州志》(8卷,首1卷)附记有载:"每部连函工价共纹银壹两,十路绅耆愿收藏者,将工价送学衿发,刷订若干部并分散各庄,庶合州之人咸得观览,岁久修校得有初印本易于考证也。"此处并没有要公开售卖方志的意思,仅说可以工本价送予"愿收藏者",其本意应是"售价"即为工本价。

光绪二十九年以活字版重印康熙《太平府志》(40卷),按知府周炳

---

① 沈津:《谈谈古代线装书的印数》,《收藏》2010年第9期,第111—113页。
② 董说:《平凉志》,载董说《丰草庵诗集·洞庭雨编》,南浔刘承干嘉业堂刊本。
③ 乾隆《柳州县志》,民国二十一年活字重印版。

的说法,"俟书成发交三县分领,每部价大洋五元,饬三县散诸官绅分领,缴价款无失而志有成,此一举而两善"。① 因为是重印方志,成本价仅包含活字排版、印刷等相关费用,五元的定价如何而来也无从得知,但此价可能已超出了普通百姓的购买能力,因此才饬令"官绅分领"。

民国《古田县志》末页所附出版信息显示,整部县志共三十本,"每部定价国币四十元"。②

民国《上杭县志》卷末《题捐志》有载:"查核此次经张、温二县长先后拨地方羡款,均非见金,修订期中及钞蒋志费已不敷支应,开审查会乃决议募捐办法二种,已详前叙。全志每部定价八元,预约半价,先期并予以九折、九五折之优待。"为了鼓励捐资、筹资修志经费,预售价仅为定价的一半。

以上信息显示出了一些近代方志的定价信息,至于其标价的依据,光绪《高唐州志》说明其"售价"为工本价,其他则无从得知。还有一些方志不仅记载志书编纂印刷等的开支情况、印刷数量,还标出了价格,通过对这些材料的分析和对比,我们可以了解到方志编印成本与其定价之间的关系,如上文分析编印方志成本时所提到的几个例子:③

光绪《昆新两县续修合志》共印 326 部,计花费约 3 383.755 千文,若不分连四纸本和赛连纸本的话,平均每部志书的成本价为 10.379 千文。连四纸本每部印刷工本费为 2.482 千文,赛连纸本每部印刷工本费首印为 1.352 千文,续印每部为 1.450 千文。纸质较好的连四纸本应为赠送上级或官绅的,销售的为赛连纸本,其售价为 1.5 部赛连纸本的价格,合钱 2.028 千文,则其售价远远低于成本价,与印刷工本费相差无几。

民国《怀安县志》(10 卷,首 1 卷)预计印刷志书 700 部,共计花费

---

① 康熙《太平府志》,光绪二十九年以活字本。
② 民国《古田县志》,民国二十九年重修。
③ 下文中所指成本价由编印志书的花费除以印刷志书的数量而来,(印刷)工本费基本上是指印刷所需的人工、材料等费用,未包含刻版的相关费用。

2766元,平均每部志书成本价为3.95元,工本费至少为2元。按文中之意,以上数字应为志书编修接近完成时工作人员对修志成本及定价的预估,那么编修费用的估计或相差不多,实际消耗的印刷费用可能随着时间的推移而增长,从而高于预估的价格,因此每部志书的工本费应该比2元要多,成本价亦会高于3.95元。预售价为4元,基本上与成本价一致,志书出版后定价为5元,或稍高于成本价。

民国《平坝县志》(6册),共印300部,花费大洋约4138.87元,其中印刷费为2082.3元,则每部成本价约为大洋13.79元,印刷工本费为大洋6.941元,定价为6元,定价不及成本价的二分之一,比印刷工本费少大约1元。

亦如民国《渠县志》(12卷)卷末《证误启示》载:"县乘以民初审修,二十一年铸印,中因款巨,屡见稽延,自陈君铭勋长教养工厂事,始集议付梓以完胜志,预计全县一千部工料之需、日时所费拟定六千五百元,竣事每部六元五角。"编修费用志中未详,仅知其预计印刷1000部的工本费为6500元,即每部的印刷工本费为6.5元,拟定价亦为6.5元,则此志是以印刷工本费作为其售价的。

至民国后期,通货膨胀严重,货币贬值,物价飞涨,一些地方的志书定价不得不随之一涨再涨,如(民国)《和平县志》(20卷,首1卷末1卷)卷末《第七次修志纪事》所载:"三十一年一月五日在县政府开续修县志会议,会议决议第四条:发售志书预约每部国币五十元。(三十一年)十二月年月二十九日评议会第三次开会:……第二日议决呈请县政府拨助印刷费五万元,预约志书每部定一百五十元(三十二年十二月又议定每部再增加一百元)。(三十二年)十月八日凌副馆长复携款赴赣县与大东书局江西印刷第二厂订定,志遂开始印刷,志馆款少,只印二百四十部。三十三年七月县志印刷完竣,由修志馆发行。修志用费约共二十万元。"志书的预售价从民国三十一年一月议定的国币50元,涨到十二月末的150元,民国三十二年十二月再涨至250元。最终志书修纂出版共用约20万元,印刷志书240部,每部成本价约为833.33元,预售价为250元,虽然经过两次提价,最终的预售价仍远远低于成本价。

仅记载售价的例子中,光绪《高唐州志》明确指出其售价即为工本价;同时记载修志开支和定价的材料有五则,其中光绪《昆新两县续修合志》、民国《渠县志》、民国《平坝县志》、民国《和平县志》的定价远远低于修纂志书的成本价,与它们的印刷成本价相当,有的还低于印刷成本,民国《怀安县志》的定价分为预售价4元和销售价5元,预售价与成本价相当,销售定价略高于成本价。可知它们的定价多数低于其成本费,基本上与印刷工本费相当,可能近代的方志定价多是以其印刷工本费为依据的。森正夫曾说过:"方志并非商业性的出版物,获利不是它的主要目的。"①谢彦卯也有过类似的观点:"清代官刻书志在传播文化知识,不以牟利为目的,书价相对稳定,基本上和纸张工料成本相当。"②从材料记载来看,他们的观点大致不差。"资政、存史、教化"为方志的主要功用已被广泛认可,到了近代,方志更是多了一层启迪士民爱乡爱国的意义,这些也是近代政府、机构、个人编修地方志的主要目的,当然为了达到这样的目的,方志就必须要得到广泛的流通和保存,决定方志的编修出版不可能像一般商业书籍那样去追逐利润,因此它的定价往往低于成本价,仅与其印刷的工本价相同,甚至以低于印刷工本费的价格出售。

但即使近代方志定价相对较低,可能也超出当时普通人的购买能力。如《昆新两县续修合志》于光绪六年刊印,售价为2 175文钱,约合1.31两白银,以当年的平均价格算,大约相当于1.235石大米或1.4石小麦;光绪二十九年以活字版重印康熙《太平府志》售价大洋五元,约合3 650文钱或3.31两白银,大约相当于1.263石大米或1.732石小麦;《高唐州志》于光绪三十三年出版,售价为1两白银,以当年的平

---

① 参看戴思哲著,陈玮译,何朝晖审校:《明代方志出版中的财务问题》,《浙江大学学报(人文社会科学版)》,2011年第1期第114—130页;森正夫:《清代江南デルタの郷鎮志と地域社会》,《東洋史研究》,2004年第62卷第4号,第153页。
② 谢彦卯:《中国古代书价研究》,《图书与情报》2003年第3期,第85—87页。

均价格算,大约相当于 0.381 石大米或 0.523 石小麦;①若一石米够一个成年人吃三个月的话,这些差不多是一个普通的三口之家半个月或一个月左右的口粮。民国二十一年出版的《渠县志》售价 6.5 元,民国二十一年出版的《平坝县志》售价为 6 元,民国二十三年出版的《怀安县志》售价为 4 元和 5 元。《平坝县志》中记载当时的粮价为"豆每石合贰拾元,穀每石合捌元",书中记载当时平坝县公安局局长月薪 45 元,分局长月薪 20 元,一等至三等警长月薪分别为 8 元、7.2 元、6.4 元,一等至三等警士月薪分别为 6 元、5.6 元、5.2 元,②若不考虑地域差异等因素的话,同时期一部方志的价格相当于一名普通警察的一个月工资,可以购买大约二分之一到四分之三石穀。也就是说近代很多时候,买一部方志的钱,差不多够普通家庭半个月到一个月的生活,因此以有限的收入去高价购买方志显然不是一般家庭可以承受的。

四、修志余资及售书款的流向

修志资金如光绪《昆新两县续修合志》、光绪《上虞县志》那样"收支合讫"③"捐用核讫"④的很少见,有一些地方的修志资金较为充裕,在志书完成编印之后,仍有盈余,另外销售志书也会得到一部分收入。那么志书完成、志局解散之后,这些修志余资和售书款将会被用于何处,近代一些方志中对这一部分资金的流向也有所交代。

部分地方将修志余资和售书款存留以备将来方志续修、续印之用,如光绪《昆新两县续修合志》之售书款"俟积成数以便续刷"。⑤ 又如光绪《海盐县志》的编修者打算将"余存洋十二元,并入发售价内续

---

① 银钱比价和粮价参考王宏斌:《晚清货币比价研究》,开封:河南大学出版社,1990 年,第 111—112 页;皮明勇:《晚清军人的经济状况初探》,《近代史研究》,1995 年第 1 期,第 14—35 页。
② 民国《怀安县志》,民国二十三年铅印本。
③ 光绪《昆新两县续修合志》,清光绪六年刻本。
④ 光绪《上虞县志》,清光绪十七年刊本。
⑤ 光绪《昆新两县续修合志》,清光绪六年刊本。

印"。①

  亦有很多修志余资和售书款被用作他处的,当然这些款项多被用于地方公益事业,如修建堤坝、寺庙等。光绪《惠州府志》记载修固黄塘堤之资来源于修志息银:"黄塘堤:在丰湖书院之右,长亘里余。同治十年知府刘湁年以堤就倾圮,行者时遭覆溺,谕绅士筹款兴修。至十三年春,始将旧存修志息银叁百余两培筑坚固。"②光绪《平遥县志》载知县奉命补种桑树之资,亦是来源于修志经费:"光绪七年知县锡良奉札补种桑林,在修志经费项下提银三百两,为桑种之资。"③地方志本身就具有"教化"功能,编修地方志是地方文教事业的重要组成部分,或许有此缘故,近代更多的修志余资会被优先用于地方的科教文化事业,以修建学校或文庙、购买文化用品等项目居多,如光绪《重修通渭县志》载通渭县西关义学的经费即为修志余资:"光绪二十年起,在西关隍庙行宫添设义学一所,聊广教育修金照本城给送每年应需经费,查修志捐款核算竣工尚有盈余,尽数并归书院发典生息,以供西关义学之款。"④嘉庆二十二年怀远县扩建真儒书院,"……凡增建屋五间,重修屋六间,用钱口百口一口千零,其资则以修志经费之余充焉。"⑤嘉庆十一年,泾县知县率县人扩建文昌宫,"时值兴修县志,门楼、正殿、横屋经费系修志所余,司事者,俱志局分纂采访诸人。"⑥光绪年间,《上虞县志》的售书款则被用于购置书籍,藏于书院:"惟陆续售销志书及置备各物,除皮书□用外变价发卖之洋另购书若干部,永存经正书院。"⑦

  可能当时修志余资被挪作他用的情况较为普遍,因此有些志书中会专门交代,这些款项仅能用作志书的续修续印,不能被用于他处。

---

① 光绪《海盐县志》,光绪二年刊本。
② 光绪《惠州府志》,清光绪十年刊本。
③ 光绪《平遥县志》,清光绪八年刻本。
④ 光绪《重修通渭县志》,清光绪刻本。
⑤ 嘉庆《怀远县志》,清嘉庆二十四年刊本。
⑥ 嘉庆《泾县志》,民国三年重印本。
⑦ 光绪《上虞县志》,光绪十七年刊本。

如民国《陆川县志》的编纂就要求修志余资用于置田生息,作为"修志租",交由专人打理,对于企图挪用者,甚至不惜在文中立规矩:"古县长捧支暨邑人捐助一款计共得银三千五百八十圆六毫,除支劝捐夫马刊刷工价纸张墨汁等费外约存银一千四百四十余圆,按之市价可得铜钱一千贯八百千,公议将此项购置田业,交宾兴董理兼管,名曰修志租,作为每阅三十年续修之费,所有三十年以前租金,只可增置田业,无论何项公益,不得挪用,下届仿此。如有违反,即由原捐各位后人群起环攻,共维此举,合附数行,以当验佐此识。"①

一些地方资金不足,志书编印完成后,或许还有欠款,那么售书得款就会首先用于还款,如"辛巳修邑志,收合邑公捐钱一千六百余千,在局诸公纂修缮写俸资四百千,饭食一百八十千,刻工版价二百四十千,纸墨价二百千,买雷姓田五百六十五千,所收之钱无余矣,碑碣装潢等费须于书价偿之"。②

总之,近代的修志余资和售书款部分被用作方志的续修和续印,部分被用作地方公益事业,还有一些售书款被用作偿还修志欠款。从修志余资被用于投资生息以备将来修志之用的做法,可以看出当时修志者的远见卓识,是值得我们学习和借鉴的。

方志的编印是一项重大的地方文化工程,涉及的财务问题在很大程度上会影响到一部志书的出版进度、质量、流传广度等。近代方志事业的主事者用他们的智慧开源节流,为修志事业筹集到充足的资金并减少了不必要的开支,保证方志编印的完成;他们不追逐利润,将远低于成本价的印刷工本费作为方志的定价依据,以期志书能够广为流传,并且将修志余资用于志书的续修、续印和其他公益事业,难能可贵。上述材料和分析不仅使我们对近代地方志出版过程中的财务流程有一定的了解,对我们现代方志事业的发展亦有很多的启发。当然,此结论的得出,是建立在现阶段笔者所能见到的材料

---

① 民国《陆川县志》,民国十三年刊本。
② 同治《太湖县志》,清同治十一年刊本。

基础之上,或许并不能反映近代方志出版过程中财务问题的方方面面,但是通过这些,我们可以对它们有一些大致的了解,以便于将来的深入研究。

(何沛东:复旦大学历史学系)

方志的学术性问题浅析

汤学恒

新修地方志的学术性问题屡屡引发争议。究其原因,综合相关研究,大致在于以下几个方面。

一是存在对方志和方志编修工作的片面看法。肖先治等人认为方志是资料书、工具书,学术性不强,而且是"众手成志",其中学者很少;有的认为方志编修方法简单,不过就是收集资料,归纳整理,删繁就简,文字润色,没有多少学术性,即便有些学术性,也属于目录学、编纂学方面的,与其他学科无法比拟。王晓华等则指出方志是资料性著述,既不广征博引,也不成一家之言,因此不是学术性著作。二是方志基础理论发展的需要。方志界对方志性质的认识是不断变化的。20世纪80年代中期新方志修纂过程中,方志是资料性著述的观点为多数人所接受。到90年代中期,修志界对资料性著述的定性感到不满,要求突破资料性著述的观点,从而提出加强方志学术性的要求。例如第三次全国方志工作会议以后,有专家终于提出"方志的属性是学术性综合性社会科学著述","要把方志修成学术著作,提高方志界的社会地位"。修志虽是政府工作,但方志编修工作始终处于附属的地位,市场经济条件下,这个问题更为严重,于是开始转而向学术界寻找方志的地位。由于方志是资料性著述,其学术性不能与社会科学各学科相比较,有些修志实践人士因而产生提高方志学术性的要求。三是提高方志质量的需求。第一轮修志成果出现不少缺点、问题,受到学术界部分专家激烈的批评,学术性重视不足是其原因之一。如何提高方志的整体性、科学性和社会价值,修出精品良志,需理论上的进一步研究提高,方志的学术性增强是其重要方面。

笔者认为,消除对方志和方志工作的片面认识,需要方志界自身的努力工作和必要的宣传推介,必须对方志理论的发展、方志质量的提高与方志学术性的关系给予高度重视。

一、方志学术性的具体含义

讨论方志的学术性和学术品位,自然要先对学术性做出界定,紧扣学术性这个中心环节,否则容易混淆方志的学术性及其学术品位的提高与精品良志的编纂的差别。

关于学术的含义,韩章训、梁滨久、李迎春等的文章都采用《说文解字》和民国梁启超的解释,最后归结为新编《辞海》和《现代汉语词典》对于学术的定义：较为专门、有系统的学问。这无疑非常正确。个人觉得值得推荐的是张国刚、乔治忠《中国学术史》的说法："学术乃是人们针对各种专门问题,以追求认识的正确性与深刻性为目标的研讨过程及其成果,它以较为系统的理性见解实现于社会对事物的形式、内容、性质、意义、发展趋向以及事物间的深层内在联系等问题进行思辨并作出解答,有着摆脱利益制约的趋势和不苟同于众的相对独立性。""学术的根本精神是摒弃盲从、迷信和狭隘短视的趋利欲念,追求理性认识的真理性。"所以学术是不断深入研究的过程和结果,学术的灵魂是创新,学术的特征是超越狭隘的功利观念,学术的境界是自由和独立。

韩章训认为方志学术,就是指专门系统的方志科学,方志的学术性就是方志科学在方志中的具体表现。梁滨久先生认为志书的学术性就是志书能够达到学术要求的属性。方志学术性的具体表现可以归纳为以下几个方面：

其一,系统性。这是志书学术性整体性要求。按照现阶段方志科学理解,包括观点的正确、结构的合理、体裁的完备、资料的全面系统翔实准确、记述的得体以及图表的合理安排等。这里特别要强调资料记录的准确。李迎春强调地方志学术性表现的一个重要方面,是志书是否准确地记录了资料。这里说的是"准确"而非"正确",因为"准确"

这个词是客观的,而是否"正确",则可能是仁者见仁智者见智,甚至在不同时候有不同见解,难以真正判断正确与否。一部志书的学术性如何,首先要看资料是否翔实、准确、全面、系统,是否违背现代科学的基本常识,是否为现代科学研究提供某些方面的基础资料等。

其二,专门性。这是对志书学术性的个性化要求。任何一门学科都有自身学术性的独特内涵。志书性质是资料性的著述,学术性主要体现在资料性之中,表现为对资料的取舍、考证、编排,以及对资料的分析、归纳和提炼,而不是理论分析、观点提炼和系统论证;志书内容广泛而又具有地域性、连续性、广泛性和可靠性;志书在方法上是"事以类从、类为一志、因事立目","述而不作"仍然是其基本原则。所以,我们不能拿别的学科的学术性来要求志书,比如不能拿理论论著的论点明确、论据充分、论证周密来要求志书;也不能拿史书的体现历史发展规律性来要求志书。

其三,学术性。这是对志书学术性提出的创新性要求,也是最高层次的要求。对于综合性地方志书来说,也是各个门类的记述。每个门类的记述,都须有严谨的学风,要运用相关学科的理论和知识,使用该学科的术语,吸纳该学科的最新研究成果,不能违背该学科的学说、知识和方法。按照学术创新的要求,在体例篇目、内容资料、特色表达、编写方法、文体文风等方面,也可以有所创造,为方志理论研究提供新经验、新观点、新方法。比如续志篇目从实际出发,既延续前志,又有所变化,显示出历史和地域的特色;查证核实档案和其他记载的错误;对史实的不同说法,经过考证,提出新说;组合处于零散状态的事物,体现新的编排思路,寄寓新观点;依据独到的编纂思想,体现时代与地方特点,采用新的体例结构或篇目设置方法,运用新的体裁或编写方法,合理地表达出类目之间的联系,等等,都是学术性的具体体现。

2007年沈永清《关于提高新方志学术品位的思考》一文,提出地方志的学术价值由两个层面构成,一是指在志书编纂实践活动中能够为方志学科研究提供的新编纂成果,为方志学的构架提供新的学术研究成果,二是志书能为各学科的研究提供翔实、系统、科学的资料,特别是新发现的能补充、纠正已有历史定论的资料。这是说得很有道理的。

根据以上表述,显然方志的学术性含义和标准与方志质量标准内容上有很多重叠之处。但是质量标准是全面的,而学术性标准则突出纵深发展和深度。

二、方志学术性问题的分歧与争论

笔者在学习过程中发现,各位论者还是存在一些分歧的。梁滨久在《内蒙古史志》2011年第三期刊文曾综述各方研究的四个观点,基本涵盖了分歧的主要方面,主要表现为:

第一,志书的学术性寓于资料性之中。志书的学术性主要体现在对资料的取舍、考证、编排和对资料的分析、归纳、提炼上。梁滨久引胡巧利的观点,"志书是一种著述,并不是原始资料的简单汇编,而是经过了编纂者对原始资料的取舍、加工、整理、归纳和提炼,其中融会了编纂者的观点和思想,是一种创造性的劳动"。

第二,地方志书的学术性就是科学性。陈桥驿认为地方志的学术性"用最简单的意思表达,就是科学性"。地方志书增强学术性的几个方面是总体设计要和谐,门类安排要得当,内容记述要翔实准确,地图绘制要科学,照片选择要严格,二者与志书的文字部分要密切配合。

第三,志书的学术性就是它的著述性。黑龙江方志办柳成栋的《论方志的著述性》提出方志的著述性已成为衡量志书质量高低的重要标准,成为衡量志书体现学术性如何的重要尺度。这个观点侧重从体例角度讨论问题。早在清代乾隆时期方志学界就已分为著述和纂辑两派,形成著述体、纂辑体两种体例。柳成栋认为志书不是属于纯粹的编纂学范畴的子学科,而是自有其独特性的,其大量篇幅是著作,或者说是依据资料和考证进行著作的。如概述、专志、人物及某些考录,多出自专纂、总纂之手。他们在编纂中有笔削独断的权能。而在若干专题上,尤应擅著作之能,通过著作,贯彻宗旨,体现方针政策,使其成为利今惠后的一方之书。因此,著述性即指在编纂者的主观意识支配下,集中表现于方志的整体性、论理性、资料性和导引性。地方志的学术性与著述性相辅相成,并通过著述性来体现。

笔者认为,这三种观点已经是大家的基本共识,只不过表述上稍有侧重。但是,柳成栋又提出变志书的"述而不作"为"述而有作",表明他倾向于下面一种观点:

加强志书的学术性就是要加强述中之论。饶展雄说:"方志以记述资料为主,但在叙述中可作简短而精辟的论,而不是泛论、长篇大论,也不是传统方志中的那种有专门一段的议论。"而志书记述时进行的简而精的议论,体现其学术性。但饶展雄又提出传统方志并不存在述而不论的原则,而是有述有论或可论可不论。又以《广州市志》为例说明新方志虽应以述为主,但也应述中有论,两者统一于以述为主的述论结合之中。方志的志书以述(资料)为主,就是体现其以资料为主的属性;述(资料)时进行简而精的议论,以体现其学术性。这是一条与时俱进之法,可以提高地方志的学术地位。韩章训、柳成栋、沈永清的观点与之近似,都倾向于突破述而不作的观点。例如柳成栋主张志书有作有论,主要是指在各种"述"体中一定要有"作"。这种"作",不是空论、泛论,而是要在事实的基础上揭示事物发展的大势大略、兴衰起伏,彰明事物发展的因果关系,总结经验教训,反映事物发展规律。另外,各分志前的无题小序中也可以"作"。这种"作",或是对于大势的简论,或是对于某些规律、特点的结论。如《淮阴市志·人物》小序:"淮阴市旧处黄、淮、运交汇处,控扼交通襟喉,每承平之世,四方辐辏,有人文荟萃之誉;战乱之时,干戈云集,多武功显赫之材。这是本卷所载人物的重要特点。"人物传中也应该有论。人物传中的论,应以史带论,论由史出,切忌空论。"史略""绪论"则不受此限。"绪论"还可以用策论的写法,这种写法虽然最难,然而,写得好也最易出彩。饶展雄进而反对志书只记"是什么",不能讲"为什么",写了"为什么"就是不合志体,"为什么"的任务应由其他学科去完成。他认为任何事物都不是孤立的,它与因果有必然的联系,也存在着逻辑性和系统性,只有写清楚"为什么"才能展现事物的全貌,才能起到教育的作用。他还主张可以有前瞻性议论。传统方志是不主张有前瞻性的议论的,新方志可以突破这个框框,体现志书资政作用。

另外一种观点认为,方志的学术性就是方志要记录具体的学术成果,或者为学术研究提供更具体的新资料新启示。仓修良先生的《方志学通论》就对有些志书详细记录地方学术文化史的内容加以称赞。专家学者对于各学科的学术性成果的记录自然是非常赞赏的。周永光提出"一部志书的学术性强,就是因为它的某些篇章载有前所未有的资料,在一定的学科一定的领域中具有创见性,增添了新内容"。沈永清也认为记述学术成果就是方志学术性的一个重要方面。广州市方志办曾新的文章提出,方志的学术性除了从学术性的概念内涵角度阐发、从方志编纂实践角度总结,还应该从涉及相关学科记述的内容去实证。文章以地理学科为例,分析证明了方志学术性的存在。

最后一种观点认为,地方志的学术性方向是成为"中国式地方史"。陈野认为,地方志的学术化是向地方史发展,其工作有五:一是从思想认识上树立地方志即中国式地方史的观念;二是从加强方志的学术性考虑机构、人员问题;三是跳出志界现有模式的局限,进入史学范围来对体例作多方面的变革和尝试;四是提高入志资料的质量,对入志资料作学术意义上的研究、探讨;五是综合运用资料(包括入志资料和搜集到的所有资料),将地方志工作引向地方史研究。

从各家观点表述看,两个问题争论比较重要,可以进一步讨论。

一个是述而不作的原则是否应该突破,一个是地方志的学术化是否就是向地方史发展问题。

对于前一个问题,笔者认为主张坚持述而不作和主张突破述而不作的专家,在具体的观点上有很多一致点。如以述为主,观点寓于资料之中;在志书的体裁中,除志体以外,记、录等体裁都允许论的存在;不搞泛论、长篇大论等。差别在于要不要、可不可废除"述而不作"的原则,在于可不可以有理论性、前瞻性的论述。笔者认为述而不作的原则是否应该突破,应该由管理部门来作决定,而不应有理论性、前瞻性的论述。因为这种论述的存在,既受志书篇幅的制约(特别是综合性志书),更受主客观因素的制约。志书编纂者的主观之论,当然是力求客观地反映事物的本质及发展规律,从而提高读者的认识,达到资政的目的。问题是作者的主观认识一定会受到客观的限制,包括政治的、时代的制约和事物本身发展过程的限制,正确的结论是不可能轻易获得的。更不要说作者自身地位、立场和认识能力可能存在错误,从而出现论述的错误。如果我们认同《地方志工作条例》对地方志书的定性,即"地方志书,是指全面系统地记述本行政区自然、政治、经济、文化和社会的历史与现状的资料性文献"的话,那就没有必要急于对志书的记载作出虽然明确,但却需要留待实践进一步检验的结论。

至于地方志的学术化是否就是向地方史发展问题,笔者认为需要在实践中进一步探索。这个问题首先涉及史志的区别以及与学术性的关系。许多同志论述过史志的区别,笔者不再赘言。根据前面我们的叙述,志书的学术性客观存在,我们在实际工作中努力提高它就是了。但是,是否向地方史靠拢就是学术性提高了的表现呢?答案是否定的。史志有别,决定了他们的学术性有不同的内涵,这种内涵不同绝不是学术性高下的不同。如果仅仅是为了提高志书的学术性,而主张向地方史靠拢,实际上取消了地方志的学术性质,把地方志完全变成地方史这种著述。另外许多先贤主张突破述而不作、主张把志书性质定为著述、主张向地方史靠拢,都是为了提升地方志学科地位和社会地位,直接为现实政治服务,为了更好地发挥地方志的作用,现在管理部门实际上已经统筹考虑了史志的编纂。史志本为一家,志书客观上又是为史著提供资料准备的。志界进入地方史编纂,进一步阐明历史与社会发展规律,可能更能起到资政育人的作用,但以此提升学科地位,则没有意义。前引陈野女士的观点,严格说那是加强地方志学术性的对策。而地方志的学术性是什么并没有论述。陈野主张地方志不能成为独立的学科体系,在民国以前地方志是一种处于萌芽状态的地方史和专门史,现今地方史应该走向史志合一的道路;地方志在整个社会的学科体系中,就是处于二级学科的地位。地方志即使被授予一级学科,也不能改变其在历史学科体系中的二级地位。

三、方志学术性提高的制约因素

最后应该讨论方志学术性提高的方法。学术性是志书质量的一个重要方面,志书学术性的提高也是一个渐进的持续不断的努力过程。

志书学术性的第一个制约因素是它的官书性质。李铁映在全国地方志第二次工作会议上讲话中说:"方志是'官修'的地情书、国情书。对各级政府领导来说,修志可以说是'官职''官责'。"因是"官书",所以要由政府出面组织编纂,搭建编纂机构,提供财政经费,出版也需政府审查批准。志书印出后其主要作用则是"资治""辅政",也就是说地方志不是私家著作,"官书"是方志存在的"基本形式"。作为"官书",方志编纂要以主流意识形态为指导,遵循官方意图,体现政府意志,所记述的内容要符合党的路线、方针、政策,符合国家利益,不能任由学者自由发挥。编者的主体意识、表现风格、独特的语言表述习惯是受到限制的。这是矛盾的对立,又是辩证的统一。必须把握学术工作的政治方向,同时给编者一定的学术自由,才能使志书充满创新的活力,从而更具个性魅力,提高官书的学术品位,更好地为辅政资治服务。

志书学术性的另一个制约因素是它的组织方式所产生的人才制约。学术界一个重要观点主张专家修志,这在现阶段是很难完全做到的。中国封建社会修志传统悠久深厚,作品丰富,许多文史专家参与其中,出了许多优秀的作品,这说明专业人才的重要。修志工程庞大复杂,要求组织严密,协调性强,如此浩大的文化工程靠个人是无法完成的,只有靠政府来主持编纂,才能尽快收集到大量有用的资料。政府动员各方参与,不能保证参与者都达到一定的学术水平,而第一轮修志之后也产生过志书质量问题的争论。剔除意识形态因素和可能的误解,争论反映的应该是专家和一般修志队伍的认识分歧,反映的是志书学术性的欠缺。

志书学术性的第三个制约因素是志书的持续性。志书是需要连续不断编纂的,现在的规定大致是二十年一修。而志书的学术性提高是需要时间的累积和人力物力的支持的。仓修良先生提议过,每一轮志书编修时都要对上部志书加以修订。志书的研究如能不断深入,其学术性无疑能得到不断地提高。但是从实际情况出发,这个要求难以完成,相当多数的志书是达不到高端的学术水准的。

因此,方志学术性增强和品位的提高应该有一个逐步的过程和合乎实际标准,它符合全面提高志书质量的要求,又有不同于一般志书质量的更高要求。笔者认为,前述志书学术性表现的三点内容,可以作为志书学术性提高的原则标准和跨越的阶梯。

前述方志整体性的要求是方志学术型品质的最基本标准。如梁滨久提出要以胡乔木同志所说的"做学问"的精神和态度,广泛搜集资料,认真地整理和精细考核资料,慎重选取入志资料,制订严谨、科学的志书篇目,精心撰写每个篇章节目,以再创作的态度搞好志稿的合成总纂,在出版校对环节上不放过任何一点疏漏,这是保证方志学术性的基础工作和前提,使志书的整体达到科学性的要求,成为严谨的资料性著作。在此基础上同时满足志书学术性的个性化标准。例如注意方志资料的区域性、广泛性、连续性、原始性之特点;坚持"事以类从、类为一志、因事立目"的基本记述方法和"述而不作"的基本原则。许洪新先生提出继承传统方志学术规范也是很重要的,他认为传统方志学术规范主要有:标明出处、记述考证、异说并存、附辑文献、"按""注"点析、开列书目,这可能是比较高的学术性标准了。

方志编纂的创造性是其学术性的最高要求,这是编纂工作努力的方向。我们应该创造条件实现。民国学者王葆心总结清代顾炎武的修志主张,提出"亭林之意:一、必其人有学识;二、必收天下书志略备;三、必身历其地,而覆按得实;四、必须以岁月;五、文字不尚晦涩"。对于当代修志来说,提高学术品位的主体是志书的编纂者,因此必须聘请专家学者参与编修新方志。重视社会调查是提高志书学术品位的重要方法,好的专题调查有助于志书学术品位的提高,沈永清、钱志祥、杨贤兴等的文章都论述调查研究对提高方志学术性的作用。最重要的是主纂和分纂参与学术研究是方志学术属性提高的关键,主编(纂)必须长期从事地情研究和资料考订,形成深厚的学术积累。同时充分吸取学术界对地情研究的成果,这都是志书学术性高低的决定性因素。

(汤学恒:上海市黄浦区地方志办公室)

浅议新时期灾害志的编纂

雷卫群

记录自然灾害是地方志的优良传统,旧志里有灾异志。编纂新方志以来,一些志书对自然灾害的记述方式进行了探索。首轮《唐山市志》单独把"唐山大地震"升格为"编"进行记述。2009年,在国家层面编纂《汶川特大地震抗震救灾志》的带动下,地震受灾省份、各参与灾后重建的省份,也编纂了相应的地震灾害志或灾后援建志等。2017年6月,江苏启动编纂《"6·23"特大龙卷风冰雹盐城抢险救灾暨灾后重建志》。这些志书的编纂,不同于旧方志中的灾异志,而是把一次次具体的自然灾害事件作为志书的记载主体,笔者暂归类其为灾害志。

一、编纂灾异志是地方志的优良传统

中华民族5 000年文明发展史,从某种意义上说,也是5 000年不屈不挠抗击自然灾害的历史。自《汉书》列"五行志"有比较准确的灾荒记录出现以来,正史均效仿其体例记录各种灾荒事件。地方志多也按其例,专列灾异志,记录本地包括地震、洪灾、风灾、旱灾等在内的各种自然灾害。

清宣统元年(1909)首次编修、历经五次编修和整理补充的《江苏省通志稿》,是自清康熙六年(1667)建江苏省后纂修的第一部省志稿本,全稿本分为大事、方域、灾异等22志,共392卷,约1 000万字。其中,《灾异志》设3卷,分别是第一卷"周秦汉至元"、第二卷"明"、第三卷"清",基本包括上至西周下到清末江苏的风灾、旱灾、水灾、地震等各种自然灾害。这些珍贵的历史资料具有极高的科学价值和丰富文化价值。

康熙七年六月十七日（1668年7月25日晚）在山东南部发生的郯城地震,震级为8.5级,造成了重大的人员伤亡和经济损失。这次地震波及江苏全省,给江苏产生了很大的破坏作用,《江苏省通志稿·灾异志》记载：圣祖七年六月,"（州志）是月十七甲申日戌时,江南北同时地震,海州、赣榆城崩,官廨尽倾,民无全舍,惟文庙独完。沭阳亦然。又地裂,沙涵水飞,深者数十丈。越日,苏州、高淳、昆山、华亭、青浦、上海、南汇、宜兴、如皋皆地生白毛。"[1]这种记述方式只能简单记载这次地震的发生,至于所造成具体的人员伤亡、财产损失以及各级政府组织的抗震救灾行动,均无进一步的资料保存下来,更没有办法将抗击自然灾害的做法记录并传承下来。

二、新时期编纂灾害志是对地方志优秀传统的发扬

古代社会由于条件所限,志书对自然灾害的记述并不完整,许多应对自然灾害的做法没有完整保存,有的甚至是无法考证、谬误流传。

随着当代资料收集能力的提高,新方志对于自然灾害的记载,已经远非旧志能比较。新中国成立后,我国也发生了各种自然灾害。首轮、二轮志书中已有志书进行了探索,如2009年出版的《临澧县灾害志》即属此类。

1976年7月28日,河北省唐山、丰南一带发生强度里氏7.8级,造成24万多人死亡,16.4万人重伤,当时也是震惊世界的重大事件,相关抗震救灾情况在首轮编纂的《唐山市志》中设"第三编 唐山大地震",近15万字,"第四编 重建唐山",30万字。这部分内容的编纂,为汶川特大地震灾后重建规划方案的制订,提供很好的参考。从全国两轮编纂出版的志书来讲,在自然灾害编纂入志书的实践中,《唐山市志》做了较好的探索。

四川是我国地震灾害多发的一个省份,在首轮志书中,编纂有《四

---

[1] 缪荃孙、冯煦、庄蕴宽等,《江苏通志稿·宗教志列女志灾异志》,第1067页。江苏古籍出版社2000年版。

川省志·地震志》,综合、系统地记述四川省的地震情况,其内容是综合性的,不同于《唐山市志》中的"唐山大地震"编。目录对比如表1。

表1 《四川省志·地震志》与《唐山市志》"唐山大地震"目录对比

《四川省志·地震志》	《唐山市志》第三编 唐山大地震
概述	
第一篇 地震地质	第一章 地震地质
第一章 区域地质构造	第一节 区域地质
第二章 新构造	第二节 发震构造
第三章 活动断裂带	第二章 地震历史
第二篇 地震纪实	第三章 地震前兆
第一章 地震记事(上)	第一节 宏观前兆
第二章 地震记事(中)	第二节 微观前兆
第三章 地震记事(下) 附:公元前26年~公元1985年四川强震简目	第四章 震征实录
第三篇 工程地震	第五章 震害
第一章 地震烈度	第一节 参数与烈度分区
第二章 地震区划	第二节 震害纪实
第三章 强震观测	第六章 抗震救灾
第四篇 地震监测	第一节 抢险救灾
第一章 人工值守地震台站	第二节 自救互救
第二章 遥测地震台网	第三节 慰问支援
第三章 地震地壳形变测量	
第四章 地下水动态和水化观测	
第五章 群众业余地震监测	

(续表)

《四川省志·地震志》	《唐山市志》第三编 唐山大地震
第五篇 地震预报	第七章 测报预防
第一章 地震预报现状和思路	第一节 测报
第二章 地震预报方法	第二节 预防
第三章 地震预报实例	
第四章 松潘、平武地震预报对策	
第五章 西南地震预测预防协作区	
第六篇 地震科研与科普	
第一章 科研单位	
第二章 科研项目	
第三章 科技情报	
第四章 学术活动	
第五章 地震科普	
第七篇 管理机构	
第一章 地震工作机构	
第二章 管理制度改革	
附录 一、文存 二、专题资料 三、统计表 四、名表	附一 地震遗迹 附二 表彰及纪念性活动 附三 影视文艺作品

《唐山市志》在记录唐山大地震的形式上，已经不同于传统的修志方式。它把"唐山大地震"这一事件，从第一编"地理"中的第五章"自然灾害"第四节"地震灾害"中，单独升格到"编"的层次，较为系统、详细地记述事件的发展全过程。从现在的角度看，虽未能单独编纂成书，但却是地方志记述重大自然灾害的一个重大变化。

2008年5月12日,四川汶川发生特大地震。2009年,中指办开始组织编纂,2016年出版发行的《汶川特大地震抗震救灾志》,是新中国成立以来第一部由国家层面组织编纂的专题性志书。① 相比之前几次地震所留传下来的资料,《汶川特大地震抗震救灾志》是一个里程碑性的志书。

在国家层面编纂《汶川特大地震抗震救灾志》的带动下,地震受灾省份、各参与灾后重建的省份,也编纂相应的地震灾害志或灾后援建志等。这批灾害志的出版,标志我国地方志对自然灾害记载的深化,是对传统编纂灾异志文化的继承与发扬,丰富了地方志的内涵,是方志文化的新发展。

三、新时期灾害志的编纂特点

研究已经编纂的灾害志,相比综合性的志书,其特点比较明显。灾害志作为一个新的志种,其编纂有其显著的特点,也有一些待研究和解决的问题。

(一)新时期灾害志志名修饰语较多

近来编纂的一些重大事件志中,灾害志以外其他类型的志名非常简单。如《北京奥运会志》《上海世博会志》《广州亚运会志》《深圳世界大学生运动会志》《南京青奥会志》等,志名与事件名称高度统一。以《汶川特大地震抗震救灾志》为代表的一批灾害志,志名则比较复杂。

《唐山市志》对唐山大地震的记述是分两部分进行,第一卷第三编名为"唐山大地震",记述地震的情况,中间没有加"抗震救灾"。"唐山大地震"之后,单独设第四编"重建唐山",200页30万字。

全国各地对汶川特大地震编纂的志名比较复杂,志名除了"汶川特大地震"外,均加了各自不相同的修饰语。中央层面叫《汶川特大地震抗震救灾志》,其他的有《汶川特大地震四川抗震救灾志》《汶川特大地震陕西抗震救灾志》《汶川特大地震上海市对口支援都江堰市灾后

---

① 《人民日报海外版》(2016年05月14日第04版)。

重建志》《汶川特大地震江苏援建志》等。

2016年6月23日,江苏盐城市阜宁、射阳部分地区遭受龙卷风冰雹特别重大灾。2017年6月,江苏省政府办公厅部署志书编纂方案时,志名为《"6·23"特大龙卷风冰雹盐城抢险救灾暨灾后重建志》(简称《龙卷风志》),修饰语更多,志名更复杂。

(二)灾害志编纂工作启动迅速

重大自然灾害发生突然,事件进展迅速。其指挥、执行组织为临时性的,事件结束后很快撤销,人员解散。这些特点导致了灾害志资料收集的时效性,因此灾害志的编纂应尽早尽快启动。

《汶川特大地震抗震救灾志》编纂,也是在抗震救灾中就开始进行。2008年5月12日地震爆发,9月下旬起草编纂实施方案等文件,11月6日成立汶川特大地震抗震救灾志编纂委员会并部署工作。

2016年6月23日,盐城市龙卷风冰雹特大自然灾害发生后,江苏省地方志办公室,及时建议省政府加强救灾资料的收集整理,得到省政府领导的高度重视,要求省应急办、省民政厅组织市、县政府和参战单位协同,在抗灾救灾工作取得阶段性成果的同时,抓紧开展灾害应对工作评估总结,成果及时立卷存档。要求地方志部门做好业务指导工作。盐城市委、市政府高度重视,主要领导多次听取抗灾救灾相关资料整理情况汇报,提出明确要求,市委办公室、市政府办公室下发通知,全面征集抗灾救灾相关资料。省、市、县地方志部门深入灾区实地调研,指导做好资料收集整理工作。2017年6月,灾后重建即将完成之际,正式启动编纂工作。《龙卷风志》编纂介入早,很多参与抢险救灾的各级人员,直接为编纂志书提供资料,或者提出自己的建议和看法。

灾害志的编纂方法,是典型的边收集资料边整理资料,边撰写初稿,边修订边定稿。早介入"事件",事件过程中收集资料进行编纂,越来越成为编纂此类志书的共识。

(三)灾害志内容记述扩展

灾害志不同于常见的综合性各类志书,也不同于省志中的专业志。灾害志以灾害发生、抢险救灾和灾后重建的过程为线索,依次展开记述,与事件相关的方方面面,都是志书的收录范围。

《汶川特大地震抗震救灾志》,共 11 卷 13 册、1 400 万字。11 卷分别为《总述》《大事记》《图志》《地震灾害志》《抢险救灾志》《灾区生活志》《灾区医疗防疫志》《社会赈灾志》《灾后重建志》《英雄模范志》及《附录》。

《龙卷风志》重点记述重大灾情,中央、省领导重要指示、批示,省委、省政府部署要求,各级党委和政府及各有关部门组织抗灾救援情况,灾情发生造成的人员伤亡和财产损失、灾后人员安置情况,各地组织开展救援捐助情况,灾后重建系列情况等内容。全志拟设 11 章,约 50 万字。

除文字记录之外,丰富的图片资料也是灾害志的特点之一。《汶川特大地震抗震救灾志》不仅在各卷中有插图,还单出 1 卷《图志》,共计 900 多页,包含了航拍图、测绘图和现场照片。《龙卷风志》设立图版,更加直观地记录灾情记述灾害灾情、抢险救灾的全过程,更加形象地展现灾后重建的成果。

选择《汶川特大地震抗震救灾志》《龙卷风志》《汶川特大地震四川抗震救灾志》3 部灾害志的内容进行比较,《汶川特大地震抗震救灾志》《汶川特大地震四川抗震救灾志》下设分志,《龙卷风志》为章节体,内容见表 2。

表 2 《汶川特大地震抗震救灾志》《龙卷风志》《汶川特大地震四川抗震救灾志》篇目比较

汶川特大地震抗震救灾志	龙 卷 风 志	汶川特大地震四川抗震救灾志
总述	图版	总述·大事记
大事记	综述	
图志	大事记	

(续表)

汶川特大地震抗震救灾志	龙 卷 风 志	汶川特大地震四川抗震救灾志
地震灾害志	第一章 突发灾情	灾情
抢险救灾志	第二章 组织领导	
灾区生活志	第三章 抢险救灾	抢险救灾
灾区医疗防疫志	第四章 医疗救助	医疗防疫
社会赈灾志	第五章 物资供应	赈灾
	第六章 过渡安置	
灾后重建志	第七章 恢复重建	灾后重建
	第八章 社会捐赠	
	第九章 宣传报道	
	第十章 监督管理	
英雄模范志	第十一章 先进表彰	人物
附录	附录	附录

（四）新时期编纂灾害志注重志书的"资治"功能

《唐山市志》特别注重志书的"资治"功能,用第三编"唐山大地震"和第四编"重建唐山",记载唐山大地震和灾后重建的过程及成果。"唐山大地震"中写道:"抗震救灾取得了巨大成就,但这场灾害也沉重地告诉我们:唐山是多震地区,要牢记在城市建设中必须提高建筑物的抗震能力,把对地震的预防摆在重要地位,要提高地震预报的科学水平,最大程度地减少灾害损失。"[①]第四编"重建唐山"共30万字,以第三编"唐山大地震"两倍的篇幅,从"规划""勘测设计""投资"到"县镇建设",共12章,完整记述了从1976年到1986年10年的抗震救灾、

[①] 唐山市地方志编纂委员会,《唐山市志》,方志出版社,1999年11月第1版362页。

重建唐山全过程。这些资料不仅对唐山,对全国来说,都是十分宝贵的"资治"功能。

2012年出版的《汶川特大地震江苏援建志》(简称《江苏援建志》),在对灾后重建的重视程度上与《唐山市志》相仿,下表对比了两者的框架结构,可以看出《唐山市志》编纂的前瞻性,以及两者对灾后重建现实作用的着力。

表3 《唐山市志》第四篇"重建唐山"与
《江苏援建志》框架对比表

《唐山市志》第四编"重建唐山"	江 苏 援 建 志
第一章 规划	概述
第二章 勘测设计	大事记
第三章 投资	第一章 组织领导
第四章 清墟搬迁	第二章 抢险救灾
第五章 建筑施工	第三章 重建规划
第六章 房屋建筑	第四章 住房援建
第七章 市政建设	第五章 基础设施援建
第八章 公用事业	第六章 公共服务设施援建
第九章 环境卫生	第七章 产业援助
第十章 园林绿化	第八章 智力支持
第十一章 环境保护	第九章 资金物资捐助
第十二章 县镇建设	第十、十一章 市、县(市、区)对口援建
	第十二章 英模人物

2017年,江苏省政府办公厅组织编纂的《龙卷风志》,其编纂条目的拟定也体现出了志书的"资治"功能。江苏省政府明确要求,"全面客观记述灾害灾情、抢险救灾和灾后重建全过程","全面、客观、系统地记述江苏省坚决贯彻党中央、国务院决策部署,奋力做好盐城市

'6·23'龙卷风冰雹特别重大灾害抢险救灾、过渡安置和灾后重建工作的全过程,充分体现中国共产党牢记宗旨、关切人民福祉的执政理念和社会各界的无私大爱,真实展现盐城受灾地区灾后重建的崭新面貌"。①

江苏省政府办公厅主任是组织抢险救灾的组织者之一,在启动会议上,以亲身经历者的身份明确指出,以志书的形式全面、客观、系统地记述灾害灾情、抢险救灾的全过程和灾后重建的丰硕成果,具有十分重要的现实意义和历史意义。编纂好这本志书是对这场特大灾害最全面、系统、权威的记载,不仅为今后抗击自然灾害、科学恢复重建提供完整翔实的经验资料和重要史料,而且对打造美丽乡村、推进"两聚一高"新实践也具有借鉴作用。

在《江苏省通志稿·灾异志》中,也有龙卷风的记载。但这样详细地为一次龙卷风灾害修志,在江苏地方志的历史上属第一次。江苏省政府非常重视编纂《龙卷风志》,将其纳入省政府2017年度十大主要任务百项重点工作中,也只有这种重视程度和现下的条件为编纂提供了可能性。

综上,单独为一次具体的自然灾害编修志书,是方志界的一项新工作。现代资料收集能力的提高,使灾害志的编纂成为可能。灾害志的编纂,将地方志的"资政、存史、教化"功能进一步放大,特别是"资政"功能,把政府处理自然灾害的经验得以总结,为类似事件提供参考。编纂灾害志,既有现实的"资政"意义,也是方志文化新时期发展的结果。同时,灾害志作为一项新的志种,仍然有很多理论问题有待进一步研究和解决。

(雷卫群:江苏省地方志办公室研究室)

---

① 《省政府办公厅关于转发省地方志办公室"6·23"特大龙卷风冰雹盐城抢险救灾暨灾后重建志编纂方案的通知》,苏政传发〔2017〕161号。

十年来(2008—2017)晚清慈善史研究综述
——基于中国知网的统计分析

赵佳佳

慈善事业是民间社会主体开展的旨在帮助社会困难成员的救济行为,它体现了人类社会的良知,对维护社会稳定、培育良好社会风尚等具有重要的积极作用。中国慈善事业的发展"往事越千年",但直到晚清才开启近代转型过程。随着当代中国社会问题的凸显及对慈善事业发展的呼唤,以及对近代社会研究的不断深化,晚清慈善事业逐渐成为学界的重要研究对象。近十年来,在慈善人物、慈善组织、慈善活动、宗教慈善、地域慈善、慈善与媒体关系等领域出现了一批重要的研究成果,本文在梳理已有成果的基础上试图努力归纳出一些值得进一步关注的问题,以供学界同仁批评和讨论。

一、慈善人物研究

近代以来,战乱频仍,灾荒不断,窳败羸弱的清政府不能及时作出有效应对。为挽救社会危局,地方有识之士开始主动承担起稳定社会秩序、赈济各类灾害、教养困难人群的责任,从而在中国近代史上出现了一批有重要影响力的慈善家,他们在中国慈善事业的近代转型中发挥了关键作用,也成为慈善史研究的重要对象。

慈善家个体研究。晚清慈善群星中,余治(1809—1874)、冯桂芬(1809—1874)、郑观应(1842—1921)、谢家福(1847—1897)、施善昌(1828—1896)、盛宣怀(1844—1916)等是目前学界较为关注的几位。王卫平认为余治"以劝善为己任",在改革乡约、编演戏剧、编写蒙养教材、编纂刊刻善书等方面做出了较大贡献,但他的慈善活动并没有展现出时代性的变化,仍属于传统慈善。① 刘昶从传播方式的角度,详述余治在编纂善书、绘图募捐、创作善戏等方面所做的多样化努力与创新,认为正是这种多样化增强了他在慈善活动中的动员能力,成就他慈善"活动范围广""事业规模大"的特点。② 陈才训专门研究了余治的"善戏"创作活动。③ 冯桂芬和余治年龄相仿,在江南开展慈善事业过程中和余治有深入接触,相比余治,冯桂芬的慈善活动已经出现新的时代性特征,一是救助对象范围扩大,不以道德为救助依据;二是创办洗心局等新型慈善机构,从以养为主转变为教养兼施。黄鸿山和王卫平认为冯桂芬的慈善理念和实践出现变化,主要因为其1860年避居上海期间受到西方思想影响,以及被太平天国战事震撼。④ 郑观应是维新思想家,也是晚清著名的慈善家,所著《盛世危言》有专篇论述慈善,陆文学高度评价郑观应的慈善思想,认为其慈善思想的核心内容在于两点:一是国家应对"穷民"承担更多责任,二是希望国人多行善举,多出慈善家。⑤ 郑观应还是一位虔诚的道教徒,道教积德立功的观念对其有重大影响,⑥他的慈善思想具有明显的因果报应观念。谢家福是晚清义赈的主要发起人之一,靳环宇认为他为义赈组织的运行奠定了基本制度和规范,对于晚清和民国时期的慈善组织运作具有范式意义。⑦ 施善昌是19世纪末主持义赈的核心人物,也是吴江施氏家族的核心人物,但由于各种原因,鲜有关于施善昌慈善事业的专论,靳环

---

① 王卫平:《晚清慈善家余治》,《史林》,2017年第3期。
② 刘昶:《劝善与传播:简述余治慈善传播方式的多样化》,《江南大学学报(人文社会科学版)》2016年第3期。
③ 陈才训:《余治的"善戏"创作与清代劝善运动》,《北京社会科学》2014年第10期。
④ 黄鸿山、王卫平:《晚清思想家冯桂芬近代慈善理念的确立及其实践》,《江海学刊》2009年第1期。
⑤ 陆文学:《何以"中华未能?"——论中西文化交映下的郑观应慈善公益思想》,《电子科技大学学报(社科版)》2012年第2期。
⑥ 马平安:《长生、济世及一统:郑观应与近代道教》,《世界宗教研究》2017年第1期。
⑦ 靳环宇:《谢家福与晚清义赈制度的创立》,《西部学刊》2013年第3期。

宇和周秋光从总体上对施善昌的办赈经历和特点及其对中国红十字会的成立所做的贡献进行了梳理,可以说填补了这方面的空白。① 盛宣怀是洋务派著名人物,并在外交、教育、工商业发展和慈善等多方面有重要影响,由于历史原因,其在晚清义赈和慈善事业发展中的贡献被湮没在档案中,近年来,随着研究的深入,盛宣怀慈善事业开始受到学者的关注。如刘畅认为盛宣怀的慈善活动在较大程度上推动了近代慈善事业的发展,并对民族发展、文化传承、国家富强做出了贡献。② 关于盛宣怀慈善活动的研究有助于还原其本人形象,从而使对其的历史评价更加客观公允。此外,应宝时、陈雨亭、刘绍宽、石赞清、朱葆三等人的慈善活动和思想也有学者进行论述,③这反映了晚清慈善人物研究的深化和拓展。

慈善家群体研究。晚清慈善家多因地缘、业缘或其他社会关系形成具有一定影响的群体,如以余治为中心,形成一个包括冯桂芬、郑观应、李金镛、谢家福、严佑之、经元善、熊其英等人的江南慈善家群体。冯氏与余治的关系前文已有所介绍,兹不赘述。郑观应曾称余治为"老友",二人可称忘年交。余者如谢家福诸人皆为余治弟子。黄鸿山和王卫平认为晚清江南慈善家群体的慈善活动范围广、规模大、办法新、社会动员能力强,在赈灾、保婴、慈善教育等方面贡献甚多,影响巨大,而余治等人将从事慈善事业作为自我实现的主要途径则预示着"职业慈善家"的出现。④ 由于他们当中的许多人为江苏籍,并开办实

---

① 靳环宇、周秋光:《施善昌与晚清义赈》,《福建师范大学学报(哲学社会科学版)》2012年第1期。
② 刘畅:《盛宣怀与近代慈善业发展史》,《兰台世界》2015年第10期。
③ 杨斌:《石赞清与晚清湖南水上救生事业》,《贵州大学学报(社会科学版)》2015年第5期。陈可畏:《应宝时与晚清江浙的慈善事业》,《浙江师范大学学报(社会科学版)》2016年第6期。孙邦金:《动物福利与建设慈善社会——从刘绍宽论西人禁止国际禽羽贸易谈起》,《温州大学学报(社会科学版)》2011年第3期。林伟龙、林伟钿:《晚清潮州商人的慈善活动——以陈雨亭为例》,《韩山师范学院学报》2013年第1期。应芳舟:《朱葆三慈善事业述论》《浙江海洋学院学报(人文科学版)》2008年第1期。
④ 黄鸿山、王卫平:《晚清江南慈善家群体研究——以余治为中心》,《学习与探索》2011年第6期。

业,也被一些学者笼统地称为"江苏实业家"群体,郑传龙和姜新重点关注他们在清末维新期间的慈善事业,认为他们在积极改变公益慈善理念,改革慈善内容,改造慈善公益形式等方面推动中国慈善公益事业从传统走向现代。① 总体来看,晚清时期实业家和商人群体从事慈善活动的越来越多,如晚清徽商对徽州社会救济事业的扶持。② 兰天祥认为其原因有三:一是社会发展的需要,二是商人经济实力增长的需要,三是商人在内外因素促动下对自身的认识改变。③

二、慈善组织和机构研究

晚清是中国慈善开始近代转型的关键时期,这种转型不仅体现在慈善家的思想理念中,也体现在慈善家借以实现慈善理想的慈善组织和机构中。总体而言,晚清慈善呈现出传统与近代交相辉映、专门机构与综合组织共存发展的格局,既有基于中国传统救济模式的善会善堂,也有引进西方现代模式的红十字会,既有发挥全国性核心作用的义赈组织,也有地方性的慈善组织和针对某一社会问题专设的诸如洗心局之类的组织。从慈善转型视角看,黄建圣和马宁发现,受西风东渐和中国社会剧变的影响,传统善会善堂在运转模式、社会功能、慈善理念、慈善内容等方面出现了新的特点,开始向近代慈善组织转型。④ 黄鸿山认为洗心局和迁善局等近代慈善组织的出现表明晚清慈善组织与传统慈善组织"肉体"救助明显不同,已经开始采取监禁、强迫教育和强制劳动等手段,以达到矫正和改造道德不良者思想的目标。⑤ 黄鸿山和王卫平更进一步指出,在"教养兼施"的旗号下,晚清"教养

---

① 郑传龙、姜新:《维新时期江苏实业家慈善公益事业述评》,《武汉理工大学学报(社会科学版)》2008年第1期。
② 张小坡:《论晚清徽商对徽州社会救济事业的扶持——以光绪三十四年水灾赈捐为例》,《安徽大学学报(哲学社会科学版)》2009年第5期。
③ 兰天祥:《近代商人从事慈善活动的原因分析》,《贵州社会科学》2008年第4期。
④ 黄建圣、马宁:《晚清善会善堂向近代慈善组织的转型》,《南通大学学报(社会科学版)》2008年第3期。
⑤ 黄鸿山:《"拯救灵魂"的努力:晚清洗心局、迁善局的出现与演变》,《史林》2009年第4期。

局""教养工厂"等机构的广泛设立,从语源学的角度看,是后来"劳动教养"的滥觞。① 除此之外,有学者对不同地方、不同类型的慈善组织做了专门论述,林秋云对沪北栖流公所加以专题讨论,认为栖流公所除承担各种善举外,还具有近代监狱的职能。② 胡忆红研究了湘潭县积谷局,认为积谷局在赈济贫乏和保障积谷等方面承担了重要的责任,同时也积极介入保甲、团练、祭祀等地方事务,成为晚清湘潭基层社会的控制者,反映了近代民间慈善组织社会功能的扩张。③ 黄雁鸿探讨了晚清澳门华人慈善机构同善堂的创立背景。④ 傅亮和刘玉斌对晚清时期红十字会本土化的过程和特点进行了梳理总结,认为中国红十字组织初期并没有承担救护伤兵的职能,实际上只是救护难民。⑤ 蒋露初步对中国红十字会医院创设的背景和过程做了梳理。⑥ 周秋光和王猛发现,从晚清开始,中国慈善救助的主体开始由政府转为民间慈善组织,慈善组织的善款来源、救济范围和救济区域都表现出广泛性,救济手段也运用了电报、电话、报刊媒介等先进方式。⑦

三、慈善活动研究

慈善组织开展的各类活动对于慈善功能的标识和发挥、慈善理念的传播、困难人群的救济以及社会秩序的稳定等有着重要意义,是研究慈善问题的关键切入点,从活动主题看,目前学界主要关注义赈、义

---

① 黄鸿山、王卫平:《从"教养兼施"到"劳动教养":中国劳动教养制度起源新探》,《河北学刊》2010 年第 3 期。
② 林秋云:《"变质"的慈善:晚清沪北栖流公所初探》,《清史研究》2017 年第 4 期。
③ 胡忆红:《晚清民间慈善组织湘潭县积谷局研究》,《求索》2011 年第 7 期。
④ 黄雁鸿:《晚清澳门华人慈善机构同善堂的创立背景》,《中国文化研究》2009 年第 1 期。
⑤ 傅亮、刘玉斌:《清末民初红十字会的本土化》,《苏州科技学院学报(社会科学版)》2016 年第 4 期。
⑥ 蒋露:《晚清至北京国民政府时期的中国红十字会医院(1904—1927)》,《湖南工程学院学报(社会科学版)》2012 年第 1 期。
⑦ 周秋光、王猛:《近代中国慈善组织:转型背景下的运作机制及其内外关系与作用》《求索》2014 年第 1 期。

演、书画助赈、彩票发行等。

义赈是晚清民间士绅发起的救荒行动,学界关于义赈的研究主要有整体性和分地区分时段两种类型。整体性研究方面,许多学者对晚清义赈的兴起原因、活动特点、历史价值、道德意义和历史局限等进行了梳理,取得了共识。①但也有一些争论仍在继续,如许多学者将"丁戊奇荒"期间江南士绅前往苏北赈灾的行动视为近代义赈的开端,而朱浒认为此次行动在本质上仍是江南自明清以来地方性救荒传统的某种延伸,因此作者强调在理解近代中国的社会变迁时,要高度重视内在传统资源的能动作用。② 义赈之所以能够发挥重大作用,离不开较之传统救灾体制先进的制度设计,而这一制度的创立与谢家福等慈善家有直接关系。靳环宇认为谢家福主导创立的晚清义赈制度,既包括宏观层面的三位一体的义赈组织制度,也包括微观层面具体保障义赈组织运行的募捐制度、宣传制度、公信制度、局厂制度、褒奖制度等。这些制度对于晚清和民国时期的慈善组织运作都具有范式意义。③赖祥周和刘志鹏专门探讨了晚清义赈组织的政治整合功能,认为义赈组织在价值整合、国家整合方面取得了显著功效。④ 分时段分区域义赈研究方面,郝平和翟军对丁戊奇荒中山西和河南两地的赈灾行动进行比较,发现除官赈以外,河南以义赈为主,山西以洋赈为主。⑤ 董传岭认为在晚清山东赈灾活动中,民间与国家的良性互动与合作,使民间赈灾活动在晚清山东赈灾中发挥举足轻重的作用,成为官赈的必要

---

① 黄祐:《晚清时期民间义赈活动探析》,《广西社会科学》2008年第12期。冷兰兰:《晚清义赈:举措、动因及伦理价值》,《伦理学研究》2013年第6期。贺永田、石莹:《试评晚清义赈》,《延边大学学报(社会科学版)》2009年第3期。
② 朱浒:《"丁戊奇荒"对江南的冲击及地方社会之反应——兼论光绪二年江南士绅苏北赈灾行动的性质》,《社会科学研究》2008年第1期。
③ 靳环宇:《谢家福与晚清义赈制度的创立》,《西部学刊》2013年第3期。
④ 赖祥周、刘志鹏:《晚清"丁戊奇荒"中乡村义赈慈善组织的政治整合功能探究》,《南方农村》2014年第5期。
⑤ 郝平、翟军:《丁戊奇荒之晋豫比较——以豫为中心的考察》,《开封大学学报》2011年第3期。

补充。①

  随着研究视角的多样化和研究范围的扩展,作为戏剧史重要研究对象的义演逐步进入慈善研究和近代社会史研究视域。刘兴利认为伶人义赈是中国传统慈善救济事业发展演变的自然产物,并非"舶来品"。② 晚清时期,中国的义演中心有两个,分别是京津地区和上海,张秀丽和岳鹏星认为,京津地区慈善义演的产生主要源于惠兴女学事件,其演出的目的主要是助学,与上海地区慈善义演主要用于筹款赈灾不同,③郭常英和蒋泽航认为1906年至1907年间发生的"徐海水灾"实现了义演南北呼应、协同共举的一致性,掀开了中国慈善义演从多元并立到南北联动的全新一页。④ 郭常英和岳鹏星在另一篇文章中着重探讨都市义演活动的兴起原因和成效以及在构建社会网络过程中的积极作用,认为义演促进近代慈善事业的转型。⑤ 刘怡然从社会学的角度分析晚清上海的剧场义演在构筑新型社会关系方面的重要作用,认为上海的剧场义演既是社会—政治变迁的产物,也影响了社会结构和政治生态的变化。⑥ 岳鹏星和郭常英强调慈善义演顺应着时代的变迁,包含着极其丰富的现代性内容,构成了时代场景中的重要一环。⑦ 总体而言,关于晚清慈善义演的研究方兴未艾,还有很大扩展空间。

  书画助赈也是晚清慈善活动的重要构成。学界对书画助赈的研

---

① 董传岭:《晚清山东的民间赈灾活动》,《历史教学(高校版)》2009年第11期。
② 刘兴利:《伶人义赈非"舶来品"——与朱浒先生商榷兼答孙玫教授》,《民族艺术》2015年第5期。
③ 张秀丽、岳鹏星:《剧资兴学:清末京津地区慈善义演的发源》,《音乐传播》2017年第1期。
④ 郭常英、蒋泽航:《南北并举:清末"徐海水灾"筹赈中的慈善义演》,《音乐传播》2017年第3期。
⑤ 郭常英、岳鹏星:《寓善于乐:清末都市中的慈善义演》,《史学月刊》,2015年第12期。
⑥ 刘怡然:《慈善表演/表演慈善:清末民初上海剧场义演与主流性实践》,《开放时代》,2014年第4期。
⑦ 岳鹏星、郭常英:《晚清都市空间中的慈善、娱乐和社群认同——以慈善义演为视点》,《广东社会科学》2017年第5期。

究从多方面展开,如谢圣明从书画社团发展的角度,强调慈善性质的书画助赈社团是近代书画社团的滥觞,促进了传统文人雅集向功能性互助合作的方向发展。① 陶小军结合广告业的发展认为,助赈活动的社会公益性助推鬻艺启事完成了由公益广告到销售广告的转变。② 高俊聪从媒体与书画助赈的关系角度重点分析《申报》对书画助赈兴起的促动作用。③ 另外,早在晚清时期,中国已有通过彩票发行筹资赈灾的做法,刘力认为晚清本土彩票最初兼有公益性和社会性,④赈灾旗号既为晚清彩票的合理化提供了道义支撑,也在一定程度上规避了其因"迹近赌博"而可能招致的官厅禁令,⑤但由于清廷的衰微和社会控制力的下降,晚清彩票逐渐背离"为诸善举"的初衷泛滥成灾而遭遇禁绝。⑥ 由此可见,彩票真正实现社会公益的目的必须有稳定有力、廉洁高效的政府管控和支持。

四、教会慈善研究

近代以来,晚清政府在帝国主义坚船利炮下被迫开放,引发西方教会的大量来华,他们中的一些团体和教士充当了帝国主义的帮凶,但也有一些教会组织和传教士目睹中国人民的苦难而参与到慈善事业中,应该给予客观评价。周秋光和曾桂林认为西方教会慈善经历了殖民传教色彩逐渐淡化并趋向世俗化的过程,他们举办的慈善事业客

---

① 谢圣明:《助赈书画社团——近代书画社团的滥觞》,《艺术百家》2013 年第 S2 期。
② 陶小军:《"助赈启事"与晚清书画鬻艺活动——以〈申报〉相关刊载为例》,《文艺研究》2017 年第 9 期。
③ 高俊聪:《〈申报〉与晚清书画助赈的初兴》,《郑州轻工业学院学报(社会科学版)》2015 年第 5 期。
④ 刘力:《社会与公益——浅析中国近代彩票与传统射彩的区别》,《福建论坛(人文社会科学版)》,2010 年第 2 期。
⑤ 刘力:《晚清"义赈"与中国近代早期彩票》,《云南社会科学》2009 年第 6 期。
⑥ 刘力:《"为诸善举"至"迹近赌博":近代社会变迁中晚清彩票业的流变》,《中国社会经济史研究》2014 年第 1 期。

观上对近代中国社会也有较明显的积极影响。① 贺永田和吴赟指出尽管传教士们的慈善事业主观上抱有实用主义的传教动机,但在客观上帮助了众多中国民众,并在一定程度上促进了中国近代慈善事业的转型。② 许晓云、温乐平等通过对西方教会在九江的慈善活动的梳理也认为,西方教会在九江创办新式教育、西式医疗、慈幼恤老等慈善公益活动推动了近代九江社会的转型。③ 西方教会团体往往分属于不同的教派,因此也有学者对不同教派慈善活动进行梳理,如周玲和唐靖论述柏格理及循道公会在昭通所做的公益事业,指出他们的活动客观上促进了滇东北地区社会的发展,但这些事业毕竟属于外国教会管辖,其动机常不可避免地招致中国官民的共同质疑。④ 在教会慈善活动中,慈善医疗和教育受到的关注度较高,李传斌⑤和陈占山⑥分别梳理晚清教会医院慈善医疗的演变以及潮汕地区的教会医疗慈善活动,曾桂林认为传教士创办的孤儿院、盲童及聋哑学校开展的教学活动,开启了近代中国的慈善教育。⑦ 也有学者对著名传教士的慈善活动做专题研究。李喜霞和罗文通过考察李提摩太从事慈善活动的动因、方法及其个人慈善观念的转变等,认为洋教思想和观念成为近代中国社会慈善思想的一个来源。⑧ 张大海认为青州赈灾改变了李提摩太的慈善理念,使以他为代表的传教士开始对中国晚清社会从事另一种

---

① 周秋光、曾桂林:《近代西方教会在华慈善事业述论》,《贵州师范大学学报(社会科学版)》2008年第1期。
② 贺永田、吴赟:《晚清基督教慈善事业述论》,《江西师范大学学报(哲学社会科学版)》2014年第5期。
③ 许晓云、温乐平、刘秀君:《施善与传教:西方教会在九江的慈善公益事业》,《江西师范大学学报(哲学社会科学版)》2011年第6期。
④ 周玲、唐靖:《柏格理及循道公会在昭通所做公益事业论述》,《学术探索》2012年第7期。
⑤ 李传斌:《晚清教会医院慈善医疗演变述论》,《安徽史学》2015年第6期。
⑥ 陈占山:《西方教会在潮汕的医疗慈善活动与影响》,《汕头大学学报(人文社会科学版)》2011年第6期。
⑦ 曾桂林:《近代中国慈善教育事业的历史考察》,《井冈山大学学报(社会科学版)》2015年第1期。
⑧ 李喜霞、罗文:《论李提摩太的宗教慈善活动及其理念——以〈亲历晚清四十五年〉为中心的考察》,《宁夏社会科学》2014年第5期。

启蒙工作,促进了中国的近代化进程。① 由此可见,总体上学界对于教会慈善的评价已趋向正面。

五、区域慈善研究

晚清时期,西风东渐,沿海得风气之先,慈善事业发展较好,也是目前学界关注度最高的地区,因此与晚清慈善事业的不平衡对应的是慈善研究的不平衡。周秋光和曾桂林论述近代港澳台地区的慈善事业的发展,认为由于西方慈善观念不断渗透,港澳台地区的慈善事业体现出中西慈善文化碰撞与交融的特点:一是教会慈善组织传入与发展,使得三地的慈善组织"西化"色彩日益浓郁,二是受闽粤善堂影响较深,华人慈善团体蓬勃兴起且与内地联系紧密。② 周淋燕从兴起背景、发展历程、主要特征和社会影响等方面论述晚清华东地区的慈善发展,③张宗鑫初步考察了晚清山东慈善事业,认为由于传统的以养济院为核心的救济系统开始瓦解,以及外国传教士影响下教会慈善的不断发展,山东慈善开启艰难的转型。④ 李茹在近代化视野下考察晚清长江上游地区的慈善事业,认为不同于沿海地区社会力量的推动,长江上游地区的新式慈善事业几乎皆得益于政治力量的推动,显现出强烈的政治因素。⑤ 许德雅对晚清时期西北地区慈善事业的发展加以讨论,认为作为传统慈善延续和发展的常态慈善和灾荒救济仍然是这一时期慈善事业发展的主流,该地区慈善事业的发展明显滞后于同时期京津地区和江南地区,但它同样起着缓解社会矛盾、稳定社

---

① 张大海:《互动与博弈——李提摩太"丁戊奇荒"青州赈灾分析——以〈万国公报〉为中心的考察》,《宗教学研究》2010年第1期。
② 周秋光、曾桂林:《近代港澳台地区的慈善事业述论》,《福建师范大学学报(哲学社会科学版)》2008年第6期。
③ 周淋燕:《晚清华东地区慈善事业研究》,湖南师范大学2011年硕士学位论文。
④ 张宗鑫:《晚清山东慈善事业探析》,《临沂大学学报》2011年第5期。
⑤ 李茹:《略论晚清长江上游地区的慈善事业——置于近代化视野下的审视》,《绵阳师范学院学报》2010年第7期。

会秩序等作用。① 由此可见,中国慈善事业晚清出现了全国范围内的近代化转型,但由于经济发展水平的差距,沿海地区的慈善得风气之先而独占鳌头,内陆地区落后于沿海地区。

六、媒体与慈善

慈善事业的传播和慈善影响的扩大需要借助一定的媒介,晚清以来出现的近代报纸因为销量逐步扩大、种类逐步增多、读者覆盖人群广泛而为慈善传播提供了不可多得的平台和载体。《申报》是近代中国影响最大的报刊媒体之一,自 1872 年创刊之后,以各种形式刊载了大量关于慈善救济事业的文章,内容涉及灾荒介绍、救荒方式探讨、西方救济行动介绍、中西方救济模式对比、募捐启事、募款公告等,《申报》馆本身也成了义赈的一个重要的活动据点,因此《申报》和慈善的关系,特别是《申报》与晚清义赈的关系,成为学者关注晚清慈善发展的重要着眼点。郭恩强以传播的关系视角为切入点讨论《申报》对新社会关系与交往方式的形塑意义,认为《申报》与赈济组织之连接传输,私人圈子社会交往的扩展等密不可分。② 杜涛重点分析《申报》的灾荒新闻,认为在持续不断的灾害报道中,《申报》走出了一条参与救灾与促进报业发展双赢的道路,对中国近代灾害新闻和慈善事业的兴起发挥了积极的作用。③ 总体而言,学者普遍认为报纸媒体对晚清慈善事业的发展起了重要推动作用,在此过程中,报纸也因为报道灾情而受到关注得到发展。④ 另外,还有学者对于报纸、慈善、商业市场的形成有所论述。⑤

---

① 许德雅:《晚清时期西北地区慈善事业述评》,《宝鸡文理学院学报(社会科学版)》2012 年第 4 期。
② 郭恩强:《作为关系的新闻纸:〈申报〉与晚清义赈》,《新闻与传播研究》2016 年第 6 期。
③ 杜涛:《晚清〈申报〉的灾害新闻》,《社会科学辑刊》2015 年第 3 期。
④ 皮国立:《中西医学话语与近代商业——以〈申报〉上的"痧药水"为例》,《学术月刊》2013 年第 1 期。
⑤ 高俊聪:《〈申报〉与晚清书画助赈的初兴》,《郑州轻工业学院学报(社会科学版)》2015 年第 5 期。

七、研究展望

整体而言,近年来关于晚清慈善的相关研究呈现迅速增长的发展势头,并取得了一系列可观的研究成果,出现了地域集中化趋势,如从现有研究者的地域分布看,苏沪地区高校如苏州大学、上海师范大学是主要集中地,可以看作晚清慈善研究的重要基地。然而现有研究存在一些问题,如研究主题不平衡,内容仍需扩展;研究方法较为单一,尚需综合创新;区域选择不平衡,有待扩充深化等。为此,需要在以下几方面继续着力。

首先强化慈善史料搜集整理。史料的搜集整理是历史研究的基本工作,晚清慈善作为中国慈善事业发展史的关键一环是社会史研究的一个重要领域,尽管改革开放以来众多学者在慈善史料的编纂方面做出了重要贡献,但大量的慈善史料如慈善组织的章程的会史、慈善人物的日记和来往信函、相关报纸和档案记载的慈善活动等散见于全国各地的图书馆、档案馆,这些丰富的史料搜集整理需要耗费大量的时间精力,必须实现学术界的跨地区合作,从而实现分专题、分类型的史料编辑和出版。

其次拓展现有研究内容和范围。通过近十年对晚清慈善人物和组织的研究,晚清慈善活动图谱梗概已经基本成型,但仍需进一步细化,以期达到对其全面的了解。一是加强区域慈善研究。晚清慈善虽以江南慈善的发展最为繁荣,但晚清慈善是一个各地区慈善活动共同组织的整体,目前的研究多偏重江南地区的慈善活动,应该加强对中西部地区慈善活动、慈善组织、慈善人物的研究,同时为避免出现地方叙事碎片化现象,还需将地方慈善嵌入全国慈善的整体视野下,通过与沿海地区慈善活动等的对比寻求其异同点。二是深化慈善人物研究。目前对于慈善人物的研究总体上仍略显单薄,尚有一些在近代慈善事业发展中有重要影响和地位的慈善家没有进入研究视野,如同是晚清江南慈善家群体重要成员的严佑之、熊其英等,在近代上海慈善史上占有重要席位的葛绳孝,近代著名丝织商慈善家陈煦元、南浔刘氏刘镛刘锦藻父子等,不一而足。为扩大人物研究范围必须加强史料搜集整理工作,综合奏章、地方志、族谱、信件、个人著述等相关记载钩沉其生平行善事迹及慈善活动影响。除此之外,学界对于已经纳入研究视野的慈善家的关注点重在其生平事迹的梳理,对指导其慈善行为思想理念挖掘不够深入,由于生活环境、区域文化和经济发展水平、生平时限等各不相同,各类慈善人物绝非仅有单一同质的整体面向,而是有着各种不同思想及感情的鲜活人物,以此来看,还需进行对各类慈善人物的比较研究。

再次要创新研究方法。晚清慈善既非对中国传统慈善的完全继承,也非对外来慈善的简单模仿,而是中外各种慈善理念和慈善行为碰撞的产物,有必要通过比较研究的方法对同时期中外慈善人物、慈善组织的活动进行综合对比,从而加深对近代中外关系、中西文化交流、近代中国社会的认知。同时由于晚清慈善掺杂着政治、经济、文化、宗教、社会等各类影响因素,因此,晚清慈善研究并非某个单一学科的领地,必须综合政治学、经济学、社会学、文化学、宗教学、艺术学等各类学科研究方法,开展综合性研究。

(赵佳佳:西南大学马克思主义学院)

章学诚史志关系理念再认识

潘捷军

如何认识和妥善处理史志关系,是地方史志编纂事业的一块重要基石,也是中国史学史和方志学发展史上的一个重大问题。长期以来"史书说"是史志学界对志书性质的主流意见,持此说者远多于"地理书说"等其他认识。而其之所以根深蒂固,相当程度上源于章学诚的权威论见。章学诚在《文史通义》等经典著作中确曾明确提出过"志乃史体"说,"志属信史"等也确是其就方志性质所强调过的问题,甚至也已为史志学界所基本认同。但时至今日,重新梳理并再度审视章学诚的史志关系理论,对推进地方史志学科建设和地方史志编纂实践意义重大。

一、"志乃史体"说的辩证考析

首先,章学诚确曾明确指出:"志乃史体",①"志者,史之一隅也",从而从不同层面阐述两者的关系。② 梁启超在《地方的专史就是方志的变相》一文中说:"方志,从前人不认为史,自经章氏提倡后,地位才逐渐提高。"从一个侧面也可见志与史的"依附"关系。另外还要承认,既然"志"属于"史"的范畴,那它当然具有史的特质,也正是在此意义上,章学诚还曾强调"志属信史",既然"志"属于"史",当然应具有"信史"的品质,这一点应无任何疑义。章学诚还曾从不同方面论述过史学的独特价值和编纂方法,例如:"史学所以经世,固非空言著述也",

---

① 章学诚撰,叶瑛校注,《文史通义校注(下)》:《答甄秀才论修志第一书》,中华书局1985年版(版本下同),第749页。
② 《文史通义校注(下)》:《和州志皇言纪序例》,第565页。

并强调"学者不知斯义,不足言史学也",这为如何遵循史学规律、编好方志具有重要指导意义。

其次,在考辨"志乃史体"说时,还应关注中国方志发展史上史志"同源异流"的客观变化。章学诚也认为:"传志之文,古无定体。"①众所周知,当今严格意义上的规范形式方志直到南宋才正式定型。"宋以前的方志,常详于地理而略于人文,主要记载山川形势,疆域沿革,土地物产,人口税赋,等等,内容不出地理书范围。到了宋代,方志除了记载同于前代志书内容外,特详于人文历史方面,……自此以后,体例相沿。体例为之一变,方志走向定型,并直接影响后代方志。"②既然方志史上史志不分、史志一体曾为常态,而且"方志与历史的关系最纠结",③两者从"合二为一"到"一分为二"确也经历了漫长历程,因而笔者以为后人不必为此过于苛求章学诚。

第三,即使肯定章学诚史志关系的科学理念,承认其"志属于史而又不同于史"的合理成分,还是要实事求是看到其思想的局限性和学说的不足之处。暂且不论其中不乏因其与戴震等考据派(纂辑派)激烈论争而导致的矫枉过正,客观上看,其理论仍有一定局限和偏颇。如在史志关系上,晚清王棻就毫不客气地批评道:"其大弊在欲仿史。"谭其骧也曾尖锐批评章学诚的传统史志观是"迂阔之谈,并不可取"。章学诚在史志关系上的贡献,正如有学者评价,"在建立史学理论体系的同时,参照史学理论建立了方志学理论体系。章氏提出了以史入志的想法,用史学理论要求方志编纂,这是一大进步,可惜没有完成转型。"④"时至今日,当方志已经成为一门独立学问的时候,他的有些说法显然就不合时宜了,特别是方志就是地方史的理论,在今天看来就不太确切,尽管方志仍具有地方史的性质,属于史的范畴,但决不能说

---

① 《文史通义校注(下)》:《和州志列传总论》,第615页。
② 彭静中:《中国方志简史》,四川大学出版社1990年版,第163页。
③ 王晖:《新方志理论研究管窥》,《中国地方志》2014年第4期。
④ 钱茂伟:《以史入志:章学诚方志学核心理念的再认识》,《中国地方志》2004年第5期。

是地方史。"①

史志学界对章学诚的"志乃史体"说已耳熟能详且多有认同,故本文对此暂不予赘述。但对于"志"属于"史"却并不等同于"史",长期以来却为学界所忽视,这也是在章学诚史志关系理论上亟待梳理甚至需予澄清的实质所在。

二、"今之方志,不得拟于古国史"的关系理念

梁启超在《中国近三百年学术史》中强调:"'方志学'之成立,实自实斋始也。""能认识方志之真价值、说明其真意义者,则莫如章实斋。""方志虽然源远流长,但在明以前诸史艺文志和诸家书目中皆与其他地理著作并列于一门类,未予区别。……自章学诚著《方志略例》,倡方志之学,'方志'一称,渐为世所常用。"②这都清晰阐明了章学诚对中国方志史发展所作的重要贡献。其实我们不妨作一种假设:如果章学诚真的将"史"与"志"混为一体而固执一说、固守一端,那么客观上就不可能有其为地方志事业所作的独特贡献,自然梁启超等大家也未必会作此评价。

(一)"志乘为一县之书,即古者一国之史也,而世人忽之"③

对历来"剪不断"又"理还乱"的史志关系,其实章学诚早有认识,他曾指出:"志乘为一县之书,即古者一国之史也,而世人忽之。"那么,"世人"因何而"忽"? 又"忽"在何处? 他还指出:"州县志乘,比于古者列国史书,尚矣。"④其实梁启超也有相应分析:"春秋时,各国皆有史……由今日观之,可谓为方志之滥觞。"⑤他为此还有"最古之史,实为方志"的判断,可见他也是根据古代中国行政区划实际情况所作的判断。即就今日中国行政版图而言,不少当初之"国"早已为现今的省

---

① 仓修良,中国地方史志协会编:《中国地方史志论丛》第324—330页。
② 《中国历史大辞典》,上海辞书出版社2007年版,第636页。
③ 《文史通义校注(下)》:《永清县志前志列传序例》,第716页。
④ 《文史通义校注(下)》:《和州志政略序例》,第613页。
⑤ 梁启超:《中国近三百年学术史》,第206页。

级以至市县级行政区划所替代,在此意义上看古国之史当然是"地方"之"志",所谓时过境迁、与时俱进也。正如章学诚所言:"今天下大计,既始于州县,则史事责成,亦当始于州县之志。"因此"国史征于外志,外志征于家牒,所征者博,然后可以备约取也。"①

（二）"今之方志,不得拟于古国史也"②

上述思想之外,章学诚还曾明确地表示:"今之方志,不得拟于古国史也。"他从以下几方面作了阐述:

一是"志"与"史"当需"严名分"。如方志既需与史有所关联,又应"避僭史之嫌";而且"修史,必将于方志取其裁。"③

二是章学诚之所以强调"今之方志,不得拟于古国史也",问题的关键不在于"史",一定意义上恰恰在于"志"。他曾尖锐地指出:"今言国史取裁于方志何也?"乃"今之所谓方志,非方志也。""方志既不为国史所凭,则虚设而不得其用,所谓瓠不瓠也,方志乎哉?"④

三是为编好规范的"志",章学诚又进一步提出一系列辩证理念和相应的编纂方法,例如:

——"志之为体,当详于史"。⑤ 他认为:"志(虽)为史裁,(但)全书自有体例。志中文字,俱关史法,则全书中之命辞措字,亦必有规矩准绳,不可忽也。"⑥(注:括号内字为笔者所加)从而在史志之间划定了较为清晰的界线。

——"史体纵看,志体横看",⑦对两种体裁所作的这种概括性定位,显然直接影响了后世直至当代志书"横排门类,纵述史实"编纂原则的制定与遵循。

---

① 《文史通义校注(下)》:《州县请立志科议》,第545页。
② 《文史通义校注(下)》:《和州志列传总论》,第617页。
③ 《文史通义校注(下)》:《方志立三书议》,第530页。
④ 《文史通义校注(下)》:《州县请立志科议》,第544页。
⑤ 《文史通义校注(下)》:《方志立三书议》,第531页。
⑥ 《文史通义校注(下)》:《答甄秀才论修志第一书》,第751页。
⑦ 《文史通义校注(下)》:《与石首王明府论志例》,第786页。

——"史文有讹谬,而志家订正之"。① 正因为两者具有志为史基、史从志出这种辩证关系,章学诚又强调方志编纂应"详人之所略,异人之所同,重人之所轻,而忽人之所谨"。进而达到"补史之缺,参史之错,详史之略,续史之无"之目的等。

显然章学诚不仅认为史志不可简单混为一谈,而且对两者关系作了一系列规范清晰的阐述。如果都能遵循上述理念,那么就能妥善处理史志等各方面关系,从而"方志之中,则统部取于诸府,诸府取于州县,亦自下而上之道也。然则州县志书,下为谱牒传志持平,上为部府征信,实朝史之要删也。"进而达到"家乘谱牒,一家之史也;部府县志,一国之史也;综纪一朝,天下之史也。比人而后有家,比家而后有国,比国而后有天下,惟分者极其详,而后合者能择善而无憾也"。②

(三)"记注"与"撰述"的辩证思维和科学方法

如果全面系统地考察章学诚的史志关系思想就会发现,他既非将两者机械等同,也非简单就事论事。何炳松认为:"章氏对于中国史学上的第一个大贡献,就是记注与撰述的分家。……这是章氏独有的特积。"③笔者以为,这也是章学诚"史""志"之所以不同的一个重要理念和重大贡献。

章学诚认为:"整辑排比,谓之史纂;参互搜讨,谓之史考,皆非史学。"④那么什么才是科学规范的史学思维和研究方式?为此他提出了两个重要概念:"记注"与"撰述",也即史料汇编(记注)和史著(撰述)两种形式。他还借用《周易》"圆神""方智"用语作了如下阐述:"撰述欲其圆而神,记注欲其方以智也。记注欲往事之不忘,撰述欲来者之兴起,故记注藏往似智,而撰述知来拟神也。"⑤也就是说,记注要求分类清楚,内容包揽无余。他在其他场合又称之为"比类""比类纂辑"和

---

① 《文史通义校注(下)》:《答甄秀才论修志第二书》,第757页。
② 《文史通义校注(下)》:《永清县志列传序例》,第698页。
③ 《何炳松文集》第二卷,商务印书馆1997年版,第226页。
④ 《文史通义校注(上)》:《浙东学术》,第485页。
⑤ 《文史通义校注(上)》:《书教下》,第47页。

"整齐故事"等;撰述要求见解精辟,预知未来(他在其他场合也称之为"著述""专门著述"等)。

更确切地说:"记注"盖指史料的保存与编纂而言,它只是对过去有关事实的记载,要求尽量做到"赅备无遗",因而在体例上有一定规制;而"撰述"的目的在于"知来",成一家言,故体例不拘常格,贵在创新。尽管章学诚承认"撰述"和"记注"性质不同,作用也不一样,两者"本自相因而不相妨碍",不过相比较而言,他认为"撰述"比"记注"更为重要,真正的史学是"撰述"而非"记注",故"整辑排比,谓之史纂;参互搜讨,谓之史考,皆非史学"。即他追求的不是以汇编、整理史料、考辨史事为目标的"记注",而是对材料"抉择去取"而形成的寓含自己思想观点、能成一家之言的"撰述"。① 而且"在章氏心目中,撰述是第一位的,记注是第二位的。然而二者又是交相为用,缺一不可。记注的存在价值主要体现在保存原始资料,供撰述所剪裁,并解决撰述在剪裁史料之后挂一漏万的后顾之忧,一言以蔽之,即记注为撰述服务。"② 按这一思想理念,我们也可以把方志视为"记注",而把史著视为"撰述",如此,两者关系既密切关联又各自侧重,这才是章学诚作为史志大家的过人之处。

总之,章学诚既承认"志"属于"史",同时又强调"本非地理专门","志"不同于"史"更不等于"史",从而阐明了史志间的相互关系,初步确立了方志学在史学总体框架体系中的地位,同时也为后人在此基础上进一步探索开辟了空间。

三、章学诚史志观的传统认识与现实发展

在对史志关系的认识上,一方面,史志学界基本继承章学诚的史志观,如瞿宣颖就认为:"方志者,地方之史也。"③李泰棻则认为"方志

---

① 朱政惠、陈勇:《章学诚的史学批评理论及其借鉴意义》,《史学史研究》2010年1期。
② 廖晓晴:《章学诚"史意"说考辨》,《文史哲》(济南)2012年第4期。
③ 瞿宣颖:《志例丛话》,上海商务印书馆1934年《东方杂志》第31卷第1号。

者,即地方之志,盖以区别国史也,在中央谓之史,在地方谓之志,故志史即史",①等等。其实,按前述分析,这中间有对章学诚史志思想误读的成分,但它恰恰又在不同时期、不同层面上影响地方志书的规范编纂和事业的科学发展。如"后世学者多受其影响,或将方志归入地理,或将之归入史学,很少有人注意到方志本身的特性"。②

另一方面也要看到,长期以来学界也并不完全认同传统陈见,同样有所不同,有所创新。例如自民国起就不乏科学论见,黎锦熙便提出"史地两性,兼而有之"和"地志之历史化""历史之地志化"的主张。③梁启超《龙游县志·序》则进一步提出"有良方志然后有良史"的主张。王棻也旗帜鲜明地提出"志虽史之支流,而其体实与史异"的观点等等。这些主张既直接影响当时书的编纂,客观上又为方志既属于史学体系又不完全等于史学的学科最终定位奠定了基础。史志关系的这种理念也直接影响方志编纂实践。如在志书总体框架上,顾颉刚明确指出:以往"历史的研究,偏重纵的方面,横的方面几乎没有注意到",而地方志是"以地区为中心,用'横'的叙述方式而写作的史书",但如过于"偏于横剖,而缺于纵贯,则因果之效不彰"。④ 这也为后来志书"横排门类""纵述史实"等编纂原则的创立提供了有益借鉴。

随着研究的持续深入,特别伴随着20世纪80年代新时期两轮大规模修志实践的推动,在史志关系问题上,仓修良的观点很有代表性,并逐渐成为史志学界共识:"地方志不等于地方史,更不同于历史地理。总的来说,它虽然具有地方史的性质,但内容却比地方史来得丰富,记载的面远比地方史来得广阔,而地方史的内容又比它来得专与深,两者虽有相同之处,却并不等同。因此地方史不能代替地方志,地方志也代替不了地方史。方志就是方志,有它自己的特性,决不能以地方史的尺度来要求,否则编写出来的就不可能是地方志。"在此基础

---

① 李泰棻:《方志学》,河北人民出版社1990年版,第1页。
② 牛润珍:《再论方志属性与方志学学科建设》,《中国地方志》2005年第9期。
③ 黎锦熙:《方志今议》,岳麓书社1984年版,《方志学两种》第21—22页。
④ 顾颉刚:《中山大学语言历史学研究所计划书》,《宝树园文存》卷1,第300页。

上,笔者曾以独特的"工"字图为例解释史志关系,即把图中的"⊥"形结构视为"方志编纂",而把上面的"一"视为"历史研究",说明方志编纂是历史研究的基础,历史研究则是在方志编纂基础上的深化,以此形象阐明两者"志为史基""史从志出"和"志者史之积,史者志之成"的辩证关系。①

综上所述,长期以来史志关系不仅是学界关注的焦点,也是史志编纂实践的一个难点。事实上正因为这个关系未处理好,现实中很多成果似志非志、似史非史的现象较为普遍,也对史志编纂事业发展形成一定制约。我们也注意到:"二十世纪后期方志学理论研究,发生新的路标转向,总的趋势是脱离历史学而力图成为一门独立学科,形成了与历史学截然不同的方向选择。"②尤其是2006年,国务院《地方志工作条例》已将志书正式定性为"资料性文献",从而被史志学界视为"彻底告别了'史书''地方史'乃至'地理书'等传统观念"。③ 在这种趋势影响下,"如果说方志学是一门独立的学科,在上世纪80年代还有许多人不认可的话,如今说这个话,反对者不会很多了。"④

特别需要关注的是,中央有关部门已于2015年发文明确指出:"地方史编写与地方志工作密切相关","具备条件的,可将地方史编写纳入地方志工作范畴,统一规范管理。"⑤从而既为史志关系研究提出了一个富有挑战意义的新命题,也为史志编纂事业拓展了新空间。从这个意义上说,重新梳理审视章学诚的史志关系理论不仅适逢其时,而且必将对推进地方史志学科建设和地方史志编纂实践产生重大影响和深远意义。

(潘捷军:中国地方志学会)

---

① 潘捷军:《"史""志"关系辨析》,《福建论坛(人文社会科学版)》2012年第7期。
② 梁耀武:《"新史学"的兴起与方志学》,《史学史研究》1999年第2期。
③ 王晖:《新方志理论研究管窥》,《中国地方志》2014年第4期。
④ 姚金祥:《方志学学科体系研究浅说》,《上海地方志》2014年第4期。
⑤ 中宣部办公厅、国家新闻出版广电总局办公厅:《关于进一步做好地方史编写出版工作的通知》("新广出办发〔2015〕45号")。

试论《新安志》中注释的方法、特点及史料价值

关 欣

罗愿(1136—1184),字端良,歙县呈坎人。父罗汝楫,北宋政和二年进士,官至龙图阁学士。① 罗愿"博学好古,法秦汉,为词高洁精炼",②备受朱熹推崇,著有《新安志》《尔雅翼》《鄂州小集》等书。他为了编纂《新安志》,"益访故老求遗事","纲罗金石之文",不仅运用了计簿、正史、国典、"杂家稗说"、图经等资料,还参考了家谱、碑记等资料。③ 因而,不管是在志书的正文中,还是在注释中,都有大量引用文献的痕迹。应当说《新安志》是一部极具价值的志书。它"叙述简括,引据亦极典",④为后世志书所宗。志书中的注释因引文审慎、考证精详而富有特色,具有重要的史料价值。

一、注释的方法

罗愿在《新安志》中作注的目的主要有二:一是"广异闻",丰富读者的地理知识。在注中,他说:"《吴志》,武疆、叶乡、东阳、丰浦四乡先降,贺齐表请以叶乡为始新县,而《严州图经》称淳安县本歙县东乡新定里之地。……然今遂安,有武疆山、武疆溪,则又当兼武疆乡地,故

---

① 宋濂:《宋学士文集》卷四十四《徽州罗府君墓志铭》,万有文库,商务印书馆,第779页。
② 汪舜民:弘治《徽州府志》卷七《人物·文苑》,天一阁藏明代方志选刊(下册),第54页。
③ 罗愿:《新安志》,《宋元方志丛刊》(第八册),第7599页。
④ 纪昀:《四库全书总目提要》卷六十八《史部·地理类一》,河北人民出版社,2000年,第1824页。

录之广异闻。"①二是述旨趣,阐述作者的编修原则。在编写婺源山阜时,他注文中指出:"山川之名岁久不可强通,而《新经》每山之下,辄为臆说解之,今皆不取。"②另外,在记述黄墩湖时,他在注中称:"灵洗事见《祥符经》,与欧阳公所书张龙公事相类,姑载之。自余鳄滩、鼍井及祁门蛟潭之属尤怪诞无补者,皆不录。"③可见,罗愿是以注释的方式来说明编写中所应当遵循的原则的。总之,罗愿注释志书是为了"广异闻"、述旨趣。

志书注释就是编者在编纂方志的过程中在相关内容下添加个人的解释和说明。这些注释往往是对史事作考证,包括州县沿革、风土人情、名胜古迹等内容,体现了编者的判断和选择。罗愿在编纂《新安志》时采用了补缺漏、备异同、正讹误的注释方法。

第一,补缺漏。凡是正文中未提及或语焉不详的内容,罗愿一律在注文中详细考证,悉心增补。例如他在注文中对黄山的称谓来历作补充说明,他说:"《黄山图经》云,改黟山为黄山,而《祥符州图经》乃云改黄山为黟山。今按郦道元注《水经》云,浙江又北历黟山,县居山之阳,故县氏之,然则黟县本以黟山得名,未闻前世谓之黄山也。至天宝中,好道家之说,故以黄帝为尝游于此,因名之耳。"④另外,在编写婺源僧寺时,正文称,"黄莲院在万安乡,唐咸通中置","国宁东尼院在县东,唐中和年中置",注文中分别记载:"《院记》咸通创基,光化四年赐名","《祥符经》云刺史汪武置"。⑤ 其实,罗愿的注释行为属于"自注",即编者在个人的行文中加上按语或注释,以实现对某一问题的阐述、说明或考辨。上述作注方法,不完全是为了弥补志书编纂过程中的不足,而是突出了志书的重点内容,使志书结构更加合理。

第二,备异同。同一史事,各家记载不一,各持异辞,罗愿将各家

---

① 罗愿:《新安志》卷三《歙县·沿革》,《宋元方志丛刊》(第8册),第7632页。
② 罗愿:《新安志》卷五《婺源·山阜》,《宋元方志丛刊》(第8册),第7661页。
③ 罗愿:《新安志》卷三《歙县·水源》,《宋元方志丛刊》(第8册),第7637页。
④ 罗愿:《新安志》卷三《歙县·山阜》,《宋元方志丛刊》(第8册),第7635页。
⑤ 罗愿:《新安志》卷五《婺源·僧寺》,《宋元方志丛刊》(第8册),第7665页。

说法收入注文并加以考证。若不能判断是非，便加上"不可晓""未必然""未知果否"等案语，以备异闻。否，则云"非""非是"。例如关于率山的由来，他在注中说："唐卢潘引此以解《山海经》中率山，今地理志率山乃作蛮中，不可晓。"①有关鱼亭山的历史，他在注中称："按黟县旧有四亭八墅，鱼亭其一也。《方舆》所说似以为停留之停，未知果否。"②另外，他参见多种文献资料，以求得对史事的认识。例如关于苦溪名称的由来，正文指出："苦溪水在县东南，从扬之水下抵深渡，名曰八十里苦，其中乱石磋磋，洪港斗折，淙流腾激，其疾如箭，虽山峡不过，故名苦溪。"他在注文中说："右按《寰宇志》所云如此，而《新经》辄云，以傍有苦竹坞为名，非是。"③有关僧寺建置的时间，正文称，"天王院在丹阳乡，唐乾符元年置，天复二年赐额"，而注文指出："《州新经》云天福二年建，非。天福是后晋年号，南唐不以为称，此自唐昭宗天复耳。"④应当指出：备异同的注释方法，使《新安志》具有重要的史料价值。

第三，正讹误。罗愿在注文中指出相关文献或传统观点在某一问题上的谬误，并以考辨的方式予以纠正。例如徽郡始置新都郡，"立府于始新"，贺齐为新都都尉，罗愿引郦道元的《水经注》说："吴立始新都尉于歙之华乡，令贺齐守之。后移出新亭。按华乡即始新县，华一作叶，而贺齐乃新都都尉。"他进一步指出，"言始新都尉者，误也。"⑤再如唐永泰元年祁门人方清作乱一事，他在注文中说："《新唐书》云：'苏州亳土人方清，因岁凶为盗，依黟歙间，东南厌苦。诏李光弼分兵讨平之。'或云亳土人，或云苏州豪土，皆误也。"⑥这里，罗愿指出了正史中所存在的谬误。不难看出，罗愿通过注释的形式就一些细节问题作了具体的考释。

总之，罗愿在志书中大量注释，不仅体现了他扎实的学术功底，保

---

① 罗愿：《新安志》卷四《休宁·山阜》，《宋元方志丛刊》(第8册)，第7647页。
② 罗愿：《新安志》卷五《黟县·山阜》，《宋元方志丛刊》(第8册)，第7674页。
③ 罗愿：《新安志》卷三《歙县·水源》，《宋元方志丛刊》(第8册)，第7683页。
④ 罗愿：《新安志》卷五《婺源·僧寺》，《宋元方志丛刊》(第8册)，第7664页。
⑤ 罗愿：《新安志》卷一《州郡·治所》，《宋元方志丛刊》(第8册)，第7606页。
⑥ 罗愿：《新安志》卷四《祁门·沿革》，《宋元方志丛刊》(第8册)，第7652页。

留了一些有价值的史料,还纠正了史书及传统观点的谬误,为《新安志》成为志书中的典范奠定了基石。

二、注释的特点

通览全志,志书中的注文在正文中占有一定篇幅,它呈现出旁征博引、引文审慎、内容驳杂三大特点。

第一,旁征博引。罗愿在相当长的时间里历经艰辛编纂了《新安志》,①通过对各类史料的区分和运用,使它成为方志史上的杰作。②这些,除了在正文中有体现,在注释中亦有一定的反映。为说明情况,兹列表如下。

表1 注释中征引的文献

	类别	主要征引文献
史部	正史	《汉书》《三国志》《宋书》《晋书》《南齐书》《陈书》《南史》《隋书》新旧《唐书》
	古史	《资治通鉴》
	旧事	《国朝会要》
	杂传	《真宗名臣传》《孝行录》
	职官	《唐六典》
	地理	《禹贡》《水经注》《太平寰宇记》《黄山图经》《宋志》《祥符经》《严州图经》
	谱系	《许氏家谱》

资料来源:《新安志》。

从上表可见,罗愿在给志书作注时征引了大量史书,包括正史、地理书、谱系等资料。应当指出,罗愿在修志过程中认识到谱系资料的

---

① 参见肖建新的《〈新安志〉的编纂历程考述》,中国地方志,2010年,第4期。
② 参见阿风的《〈新安志〉的史源考察》,安徽大学学报(哲学社会科学版),2017年,第2期。

重要性,如为许逖所作之传就是运用行状、家谱资料的典型。文中说:"许司封逖,字景山,歙州人。唐睢阳太守远五世孙,曾祖儒不乂朱梁,自雍州入于江南,终身不出,祖稠仕江南参德化主军事。父规尝羁旅宣、歙间,闻旁舍呻呼就之,曰:我某郡人也。"在这段文字后面,有两处较长的注文。一是在"许司封逖,字景山,歙州人"后自注道:"《题名碑》言,许逖祁门人,而安定先生为许俞作传言黟县人,今从欧阳公所作行状,言歙州"。另一处是在"父规尝羁旅宣、歙间"后,该注释说:"欧阳公言逖世家歙州,而许氏家谱乃云规尝羁旅宣、歙间,岂是时侨居之日尚浅,故云尔耶。"①不难看出,罗愿已经使用行状、家谱等资料来编纂志书。总之,从注文引用书籍的数量、范围看,罗愿在为志书注释的过程中确实是"旁征博引"。

第二,引文审慎。注释中的引文来源广泛,内容可靠,可实现不同资料间的互相印证。

首先,对有争议的史料予以备异,不妄下结论。例如在叙述绩溪沿革时,注释说:"《方舆》《寰宇志》皆言以华阳镇为县,而新、旧《唐书》乃云北置,则北野县在当时尚未废也。昔先正苏公来县自号其诗为《华阳杂咏》,则有取于《方舆》《寰宇志》所载,《旧唐书》作渍溪,他皆作绩溪。"②在叙述黟县沿革时,他根据《水经》《旧唐书》的记载,在文中指出黟县由来的不同说法,一是"县居黟山之阳";二是"黟与黱同,以县南墨岭出石墨"。在这段文字后,加上一句注文:"《寰宇志》又言:置在黟川因名。"③可以说罗愿借用各种文献资料加强对史事的认识,对不能确定的内容以注释方式予以保留。

其次,对不同记载加以悉心考辨,以辨别真伪。例如文中谈到"薛邕为歙州刺史",在它后面有一段具有考辨性质的注释文字:"《旧唐书》本纪及徐浩传、《新唐书》李栖筠传皆言:邕以侍郎为歙州,唯《新

---

① 罗愿:《新安志》卷六《先达·许司封》,《宋元方志丛刊》(第8册),第7682—7683页。
② 罗愿:《新安志》卷五《绩溪·沿革》,《宋元方志丛刊》(第8册),第7666页。
③ 罗愿:《新安志》卷五《黟县·沿革》,《宋元方志丛刊》(第8册),第7672页。

唐》李泌传称自左丞贬。按唐崔巨《宣州观察使去思颂序》称：邕在宣九秋。今上纂序命纠正于仙台。则是德宗即位后，自宣歙观察使方为左丞耳，在大历中未为此官也。然邕至建中元年十月，又以左丞坐赃为连山尉，故《新书》致混其文耳。"①在陈表是"新安都尉"还是"新都都尉"的问题上，注文中有一段考释，"《吴志》陈武传称，诸葛恪以表领新安都尉，按是时新都未改新安，兼丹阳部内别无郡名新安者，又《吴书》云新都都尉陈表，则表为新都无疑，当由下文表受赐，后人二百家在会稽新安县，因致误耳"。②可见，罗愿在参考相关载籍基础上，对存疑之处作了精心考证，力求准确无误。

第三，内容驳杂。赵不悔在给《新安志》作序时说："罗君以儒学蚤驰隽声，惟其博物洽闻，故论载甚广，而其叙事又自得立言之法，读者必能辨之。"③在赵不悔看来，罗愿"博物洽闻"，从而"论载甚广"。就志中注释而言，这点是可以肯定的。例如歙县太平兴国寺藏有十六幅画像，正文称："唐末，寺僧清澜与婺州僧贯休、游休为画十六梵僧象，相传国朝尝取入禁中，后感梦歙僧十五六辈求还，遂复以赐。"注文引《野人闲话》，指出："贯休当王氏建国时来居蜀中龙华精舍，水墨画罗汉十六身并一佛二大士，皆古貌，与佗画不同。或曰梦中所睹觉后图之，谓之应梦罗汉。蜀主曾宣入内，叹其笔迹狂逸，经月却付院中。……然则应梦之名久矣，今两载之"。④可见罗愿以"备异闻"的方式使注释内容更加丰富。另外，志中记述章氏二女搏虎救母的故事，注文说："《新唐书》但云，幼女搏虎，又无姓名。而《祥符经》载其父母姓氏特备，且云二女俱搏虎，今县南陈村，山上有大姑、小姑庙云。又城阳山下有孝子庙，不得其姓名。"⑤

总之，罗愿自注的特点是十分鲜明的，即旁征博引、引文审慎、内

---

① 罗愿：《新安志》卷九《牧守·薛邕》，《宋元方志丛刊》(第 8 册)，第 7742 页。
② 罗愿：《新安志》卷九《牧守·陈表》，《宋元方志丛刊》(第 8 册)，第 7734 页。
③ 罗愿：《新安志》，《宋元方志丛刊》(第 8 册)，第 7599 页。
④ 罗愿：《新安志》卷三《歙县·僧寺》，《宋元方志丛刊》(第 8 册)，第 7641 页。
⑤ 罗愿：《新安志》卷八《义民·章氏二女》，《宋元方志丛刊》(第 8 册)，第 7721 页。

容驳杂。实际上,这些特点决定了注文有丰富的史料价值,而这一切都是与罗愿的学识、品德与勤奋分不开的。

三、注释的史料价值

在对《新安志》作注时,罗愿补缺漏、备异同、正讹误。且行文中的注释有旁征博引、引文审慎、内容驳杂的特点,这些说明了它的注释是有一定价值的,在注释中,不少征引的文献已散佚。在今天来看,通过注释不仅能窥见宋代书籍的种类,还可以运用一些珍贵的史料。

首先,在地理沿革上,罗愿在注中补充记载了一些有价值的史料,例如关于徽岭的情况,正文中只对其方圆四至作了概述,但在注中作了详细说明:"王荆公为江东提刑时,有度麘岭诗,用此旌麘字。又有诗云:晓度藤溪霜落后,夜过翚岭月明中。则又用此翚雉字。然《太平广记》载绩溪有大徽村,又宣和中改州为徽。说者以为取此岭为名,则徽字近是。"①关于问政山的由来,注文对正文作了补充,"问政之名见于碑记及豫章黄太史所书问政先生语后,盖其始因方外得名。而《祥符经》云:唐光化中有聂道士隐居于此,刺史陶雅深所推重,尝访以为政之要,故名问政山。恐于义未尽"。②

其次,在历史人物上,罗愿在注中引用不同史料,为人物研究保留不少资料。例如有关大魏太尉羽祖先的情况,文中称:"唐郑公之后",注文在征引不同材料的基础上指出,"《真宗名臣传》云,羽自言郑公十四世孙。按陈无已作《魏嘉州铭》,称司徒薹之子,别居歙之婺源,其后四世而至羽,然则羽乃郑公十世孙耳。"③关于汪华归唐的情况,他在注中辩驳说:"《新唐书》本纪,王以武德四年九月甲子归唐,而杜伏威传及王雄诞传,乃载王与雄诞战,览者因以为先战后服。以《资治通鉴》考之,王九月归唐,十一月自与伏威将雄诞战,是时王与伏威皆已受唐命,战自其私忿,非因战之后始归唐也。按唐告称其识机慕化,远送款

---

① 罗愿:《新安志》卷五《绩溪·山阜》,《宋元方志丛刊》(第8册),第7669页。
② 罗愿:《新安志》卷三《歙县·山阜》,《宋元方志丛刊》(第8册),第7637页。
③ 罗愿:《新安志》卷六《先达·大魏太尉》,《宋元方志丛刊》(第8册),第7681页。

诚,则是王自知天命,非战而后服明矣。今唐告见存,其辞则李百药、颜师古所作,可以考信,故国朝赐庙额父子并称忠云。"①

最后,在风土人情上,罗愿不仅运用文献资料,还结合现实情况,在注文中给出合理解释。例如有关黟县的石墨井,他在注中引《寰宇记》记载的内容,指出"墨岭山上有穴,中有墨石软腻,土人取为墨,色甚鲜明,可以记文字"。同时,他还强调:"按今石墨岭墨极糜烂,乃未闻采以书者,用以染皂,色深而香,不假他物也。"②通过罗愿的论述,为徽墨的研究提供一定的史料。

总之,《新安志》的注释保存了不少有价值的史料。需要注意的是,与传统史书中的注释不同,《新安志》不再重视对名物训诂的注释,而是更加注重"惩妄""论辩""备异"。同时,为志书作注,这一现象在宋代并不多见。可以说罗愿开了为志书作注的先河,因而除了对志书的正文作研究,加强对其注文的研究也是十分必要的。

(关欣:安徽师范大学历史与社会学院)

---

① 罗愿:《新安志》卷一《州郡·祠庙》,《宋元方志丛刊》(第8册),第7614页。
② 罗愿:《新安志》卷五《黟县·古迹》,《宋元方志丛刊》(第8册),第7675页。

民国《察隅县图志》的资料来源和历史地理学价值

李 论

民国《察隅县图志》编纂者刘赞廷,生于19世纪70—80年代,卒于20世纪50年代,名永燮,字燮丞,河北河间府人。清末,在代理川滇边务大臣赵尔丰麾下任西军中营哨官。民国初年,历标统、边军分统、代理巴安知县、①川滇西部边防司令②等职。1921年,解甲归田。1923年,入清史馆。1929年,入蒙藏委员会。1930年,随唐柯三入藏处理"大白事件"时,瞻化失守,理化告急,刘赞廷先赴甘孜拦阻藏军。藏方派昌都噶伦阿丕交涉,定于德格会晤。进行之际,适逢1931年"九一八"事变,唐柯三先行回京复命,留刘赞廷在甘孜处理善后事宜,至和平解决,终其事。其间,刘赞廷有机会检钞了赵尔丰处的大量档案,加以诠释,并自著笔记。后任南京中央蒙藏委员会委员。1953年,重庆文史馆成立,刘赞廷以代理西藏镇守使资历入馆,任馆员。刘赞廷一生留下大量记载康藏的手稿,于20世纪50年代末为重庆图书馆收购。1960年,中央民族文化宫自重庆图书馆借调刘赞廷手稿。历时2年余,民族文化宫将其复制为油印本,总计约"50种、94册",③印制100套,流传于世。

察隅是西藏东南地区的重要地域,在清末被视为"康藏之门

---

① 杨长虹:《〈刘赞廷藏稿〉研究》,载《中国藏学》2006年04期。
② 四川省档案馆编:《近代康区档案资料选编》,成都:四川大学出版社,1990年,第25页。
③ 另有104册、80余卷、200多万字一说,似为重庆图书馆进行手稿整理时所清点数目。袁佳红、张海燕:《〈刘赞廷藏稿〉述略——兼论刘赞廷〈藏稿〉的整理与研究》,载《重庆图情研究》2011年02期。

户、国防之重镇",古代一般以"杂瑜""咱瑜"或"杂夷"呼之。宣统元年(1909),康藏战事倏起,时任代理川滇边务大臣的赵尔丰令程凤翔率军驱逐藏兵。随着杂瑜一带被"收复"归中央政权,赵尔丰在川边实行的改土归流政策也推行至此。一方面,为巩固改流成果,遂计划将所辖之地划分设治。另一方面,以英国为主的外国势力对康藏地区的渗透日益加深,对中央政权所辖同英印边界的勘定、划分也逐渐明晰。赵遂拟将杂瑜改为察隅县,隶属昌都府,由于地理位置关键,察隅县也成了探讨近现代乃至于今天中印边界的一个焦点。

晚清民国时期,关于康藏地区的记载远较内地为少,对康藏地情的记载又偏详于藏而略于康。民国以后,在旷日持久的中央与西藏地方政府关于地方权力的争夺中,金沙江以西的康区地域又长期为西藏地方自治政府所占据,导致积极探求康藏地情的各界人士难以涉足,清末民国时期记载波密、科麦(桑昂曲宗)、察隅等地的地情资料更是十分稀缺。刘赞廷历川边康区四十载,[①]其随军征战途中,涉足川边康区绝大部分地域。通过实地调查和公私档案所得,编修出图志三十多种,[②]可谓空前。其中,《察隅县图志》是刘赞廷所纂修的这三十多种方志之一。在以往的研究中,该志书成了研究清末藏东南地区营边政策

---

① 刘赞廷在川边康区经历四十年之说,已有学者通过民族文化宫油印本《康藏资料》一书得到论证。疑《中国地方志总目提要·四川省地方志述评》所记"历边十四载"有误。参见杨长虹:《〈刘赞廷藏稿〉研究》,载《中国藏学》2006年04期;王开队:《刘赞廷与近代康区方志编修》,载《中国地方志》2010年03期。

② 刘赞廷地方志系后人从手稿整理所出,具体数量尚无定论。《中国地方志联合目录》载录刘赞廷所纂方志有36种,分别为《康定县图志》《炉霍县图志》《甘孜县图志》(附俄洛志)《德格县图志》《瞻化县图志》《白玉县图志》《邓科县图志》《石渠县图志》《泸定县图志》《丹巴县图志》(附倬斯甲)《九龙县图志》《雅江县图志》《道孚县图志》《理化县图志》《义敦县图志》《定乡县图志》《稻城县图志》《巴安县图志》《得荣县图志》《太昭县图志》(附工布设治局)《嘉黎县图志》《昌都县图志》《贡县图志》《武城县图志》《察隅县图志》(附原梯县、归化州)《科麦县图志》《硕督县图志》《同普县图志》(附隆庆)《察雅县图志》《宁静县图志》《盐井县图志》《波密县图志》《九族县图志》(附达木)《冬九县图志》(附白马冈)《恩达县图志》《定青县图志》。中国科学院北京天文台主编,《中国地方志联合目录》,北京:中华书局,1985年,第798—800页,第852—854页。版本下同。

和勘定国界必不可少的参考文献,但对于志书本身价值的探讨,特别是在对地情资料的发掘方面仍有待深化。笔者就资料来源和历史地理学价值方面对这一志书进行论述。

一、《察隅县图志》概况及其资料来源

学界一般将刘赞廷遗留下来的,包括奏议公牍、条约、传记、游记、物产记、交通记和地方志等资料,总称《刘赞廷藏稿》。① 而《察隅县图志》的原始材料,正是《藏稿》中的方志类的一小部分。目前,有资料表明这批《藏稿》的底稿藏于重庆图书馆,并且在整理之中。②《察隅县图志》除民国稿本外,今尚有1962年民族文化宫油印本流传。《中国地方志集成·西藏府县志辑》收录该志,因油印本"书品较差,无法影印",③遂在基本保持志书的原貌的前提下,进行了整理排印。陈家琎主编《西藏地方志资料集成》(第二集)中亦收录该志,经过整理后拟名为《察隅县志略》,并将志书当中所附材料辑于志后单独列出,并通过档案材料作了补遗。

刘赞廷涉足康区四十年间,亲历了很多重要的历史事件,各县图志多著有自己实地考察所得。据《懒兵日记》记载,刘赞廷于光绪三十一年(1905)十一月十九日于盐井县与新军后营管带程凤翔初次晤面。腊月,随程凤翔克复闷空,继而转战桑昂曲宗。宣统元年(1909),刘赞廷于察窪岗西渡怒江,二月二日行至热金,与程凤翔告别,奉命转回昌都,自热金而行。④ 而《图志》中所记程凤翔进入桑昂、杂瑜(察隅)等情

---

① 《刘赞廷藏稿》产生地域时代背景、类辑目的、刊印及流传,以往已有论述。参见杨长虹,《〈刘赞廷藏稿〉研究》,载《中国藏学》2006年04期。
② 详情见袁佳红、张海燕:《〈刘赞廷藏稿〉述略——兼论刘赞廷〈藏稿〉的整理与研究》,载《重庆图情研究》2011年02期;傅晓岚,《名人手稿修复方案及技法——以重庆图书馆刘赞廷手稿修复为例》,载《图书馆工作与研究》2012年02期;重庆图书馆网站http://www.cqlib.cn/ctdt/201306/t20130619_28155.html。
③ 《中国地方志集成·西藏府县志辑·出版说明》,成都:巴蜀书社,1995年。版本下同。
④ 详见《懒兵日记》。陈家琎主编,刘赞廷撰:《西藏地方志资料集成》(第二集),北京:中国藏学出版社,1997年,3—6页。版本下同。

况,已是宣统元年七月以后之事。笔者认为,志书中的大多数材料,绝大部分不是由作者通过自身的实地考察所得,而多取自具有官方性质的档案文献。

由于察隅地处险要,乃用兵之所,故要考察当地局势,对大局的把握必不可少。刘赞廷在清末民初长期作为前线军事官员,对清廷积极争取这一地区的背景甚为重视。为了更好地体现出这一地区的地理意义,志书中辑录清末川、滇两督及边务大臣所致的电文,附于沿革一门后,详列如下:

  滇督致边务大臣电(滇督李经羲因划线事致赵尔丰电)
  川督致滇督(川督赵尔巽就划线事复滇督李经羲电)
  边务大臣致川督电①

在缺乏文献记载的地域,解读亲临其境官员的奏议公牍,自然成为掌握当地地理情况的关键切入点。《图志》即采录了管带程凤翔、州判段鹏瑞、察隅委员苟国华等人的奏牍,以及与他们相关的其他函件。这几位官员是察隅一地的亲历者,刘赞廷与之相识相交,自然比其他人更为接近和准确地了解察隅详情,所搜集材料也更加注重依循线索、以类相从。在保持各部志书体例大体一致、要素相对完整的前提下,作者将这些奏议公牍集中附于沿革、治所、森林、矿产、垦殖、商情等门类,详列如下:

表1 《察隅县图志》所附奏议公牍表②

门类	函件名称
沿革	程凤翔详报进军杂瑜情形禀
	边务大臣谕程凤翔

---

① 刘赞廷撰:《察隅县图志》,《中国地方志集成·西藏府县志辑》,第161—164页;陈家琎主编,刘赞廷撰:《西藏地方志资料集成》(第二集),第18—19页,第138页。
② 表中函件名称一部分似为刘赞廷所拟,一部分为《西藏地方志资料集成》(第二集)所补。刘赞廷编纂:《察隅县图志》,《中国地方志集成·西藏府县志辑》,161—209页;陈家琎主编,刘赞廷撰:《西藏地方志资料集成》(第二集),第18—19页,第138—152页。

(续表)

门类	函件名称
沿革	程凤翔就洋人插旗事呈边务大臣（附批语）
	程凤翔就洋人插旗事续禀边务大臣（附批语）
	程凤翔呈报杂瑜乡情和倮俪①民俗禀
	程凤翔复桑昂左贡拟分区设治布划情形
	程凤翔复桑昂波密交界及珞瑜妥坝情形
	计抄桑昂杂瑜至波密程站于后
	程凤翔禀工布江达杂瑜方位名称考究函（程凤翔查核旧籍地情多与事实不合禀）
	程凤翔禀倮俪民情风俗（程凤翔缕陈安抚倮俪情禀）
	程凤翔禀派扎噶入倮查探情形
	程凤翔段鹏瑞会禀先行查勘倮俪界址
	段鹏瑞禀报查勘上下杂瑜情形
治所	札委苟国华为察隅县委员
	委管杂瑜热巴委员知州衔补用直隶州州同苟国华议禀
	杂瑜委员禀勘定设治处所由
	委管杂瑜热巴委员知州衔补用直隶州州同苟国华谨禀
森林	管带新军后营程凤翔有勇能取漆造纸及呈验石锅由
	后营管带程凤翔禀割漆各情形一案由
	程管带禀蚌蛤不合用多损坏由
	管带禀鸡贡产竹各情形由
	程管带复收到竹帘由

---

① 倮俪，古代对西南一部分少数民族的称谓，过去文献一般称"猓猡"。今依照相关成果，下文一律作"倮俪"。

(续表)

门类	函件名称
矿产	管带新军后营程凤翔申呈验银样纸漆由
	批新军后营程管带禀由滇购运器具及银矿纸漆桑种并讯各案等项由
	程凤翔禀矿引已获请添工开办
	程凤翔申送炼出净银查验
	程凤翔呈银厂近情
垦殖	示谕内地农民到杂瑜开垦

除采录各种函件外，志书还多以官员的实地考察收获为基础资料。如"道路"一门，即采用"经县知事苟国华重勘设台"后的材料，所记与程凤翔所经之路大体相同。原梯龚拉、妥坝等地在清末之时极少有汉人活动，从未有汉文文献介绍其详略，官员夏瑚前往招抚这些地方的居民时，把所见所闻记录在案。刘赞廷撰原梯、归化二地情况时，即以夏瑚经历及其所得，引以记述察隅县以西、波密以南妥坝（归化州）一地的民俗、物产等情况，并辑录《夏瑚日记》以为引证。可见，刘赞廷虽未参与察隅及其附近地区的官员活动，但所撰图志是建立在对当地深入了解的前提下，已十分接近于民国元年以前察隅地区的真实情形。

二、《察隅县图志》的历史地理学价值

《察隅县图志》采用平目体，分二十一门，约三万五千字。察隅地区在清末即有段鹏瑞《门空图说》、程凤翔《杂瑜地理》两种方志。① 虽然《图志》并不是该地最早的方志，但其文本量超过同时期其他方志对

---

① 近年研究成果中已有学者提出，地方志相关目录应将《杂瑜地理》著录在列。参见赵心愚：《清末藏东南方志类著作〈门空图说〉、〈杂瑜地理〉考论》，载《民族学刊》2013年03期。

这一地区的记述。又因其涉及近代中印边界的勘界问题,①所以志书本身也长期为人所关注。刘赞廷编纂这部志书,虽一直未能刊印,但其中已自成一体,蕴含作者的地理学思想。故其历史地理学价值不容低估,主要表现在以下几个方面:

(一)详细记载勘界始末

由于麦克马洪线的划定,近代中印边界一直是一个复杂的问题,至今仍未解决。程凤翔进入察隅时期,麦克马洪线尚未被提出,即有了清政府的勘界行动。《图志》的"方位"一门则明确记录了这一时期察隅四界划定情况,其云:

> 其疆域,北至竹瓦寺小河,与科麦县界;东以怒江,与盐井县界;东南至瓯玉,以江东属云南德钦县,江西属察隅;南至压必曲龚,与原梯龚拉保俰界;西以呷空山,与妥坝界。②

程凤翔进抵杂瑜后,探得"若杂瑜俰侾交界之处,在东南三站之压必曲龚,以小溪为界,英人尚在阿子纳之外,不知是何地名等语",③把杂瑜和俰侾之间的界线大体确定在压必曲龚。赵尔丰则批示把划界问题归结到"只在投英与未投英之间",采取"如未投英,将来自必收归我属为主"④的积极行动。后来洋人在压必曲龚插旗一事,因程凤翔未能明察,赵尔丰便以"惟该管带如此大之事并无详查,率尔具禀,荒谬绝伦,言之可恨",⑤对程凤翔勘界不力加以斥责。至查清"(洋人)见龙旗,即谓不宜入境","因查讯居民已投诚我朝,领有护照"。⑥ 至此,复杂的杂瑜划界问题才算告一段落。在此过程中,清廷也比较注意勘界带来的影响。比如对于原梯招抚问题,赵尔丰向程凤翔指示道:

---

① 关于中印边界问题的研究,详见吕昭义:《中印边界东段的几个问题》,载《历史研究》1997年04期;吕昭义:《英属印度的战略边界计划与赵尔丰、程凤翔对察隅边防的巩固》,载《南亚研究》2006年01期;秦和平:《20世纪初清政府对西藏察隅等地的查勘及建制简述》,载《中国边疆史地研究》2009年01期。
② 刘赞廷撰,《察隅县图志·方位》,《中国地方志集成·西藏府县志辑》,第187页。
③ 刘赞廷撰,《察隅县图志·沿革》,《中国地方志集成·西藏府县志辑》,第167页。
④ 刘赞廷撰,《察隅县图志·沿革》,《中国地方志集成·西藏府县志辑》,第170页。
⑤ 刘赞廷撰,《察隅县图志·沿革》,《中国地方志集成·西藏府县志辑》,第172页。
⑥ 刘赞廷撰,《察隅县图志·沿革》,《中国地方志集成·西藏府县志辑》,第173页。

>如彼已投英国，无再收之理，仍以好言慰之，可告其彼既投英，我若再收，英国必将用兵于彼也。无论收不收，总以厚赏，使其欢欣而去。①

能够看出，赵尔丰于招抚、划界之事，虽有积极进取之意，但又十分谨慎。时边政大员已认识到：

>滇缅紫线已定之处，恐难挽回。我国现情岌岌，尤不可轻言用兵，刻与强英相角。惟英谋打通印缅，穿插藏地，俯瞰川滇，用心至为险狡。②

基于上述形势，赵尔丰面对划界问题，更多是出于一种战略上的考虑，这就使得察隅地区划界，与国家之间的关系、当地的人心向背有很大的关系。招抚政策的推行，意在使未加入任何势力阵营的土著居民产生内向诉求，以便守卫版图，在国界问题上争取主动。

需要说明的是，我国古代的行政区划的界线并不一定明晰，对边疆的认识也不太全面。随着中国逐渐被卷入近代国际秩序之中，边疆危机愈发严重，清政府对边政观念也出现重大变化，对边界"线"的要求也趋于严格。主掌川边军政的赵尔丰也深刻认识到："政治无积久而不要，事机贵因时而制宜。中国幅员辽阔，凡于边地，非事羁縻，即成瓯脱。"同时赵尔丰还有着"以现在局势而论，尺寸之土皆当早为经营，不可再落人后"③的高瞻远瞩，对"尺寸之土"的所有权十分重视。《图志》将这一系列函件次第列出，可以反映出察隅置县时，甚至对压必曲龚以南的俾僳等民族进行管辖，把边疆界线向南推移。这一勘界过程，为今天察隅县的划界原则提供依据。

（二）准确反映设治情况

清末拟设察隅县，因民国元年失陷于藏军，未果。《图志》对于察隅设治的原因，在"沿革"一门中记述得较为清晰：

>宣统元年，缅甸与云南划界，英人欲打通印缅，囊括西藏，由

---

① 刘赞廷撰：《察隅县图志·沿革》，《中国地方志集成·西藏府县志辑》，第170页。
② 陈家琎主编，刘赞廷撰：《西藏地方志资料集成》（第二集），第19页。
③ 陈家琎主编，刘赞廷撰：《西藏地方志资料集成》（第二集），第15—16页。

高黎贡岭上循雪山直至西藏以西,为瓯脱之地。时逢藏乱未清,无法顾及。川督与边务大臣会商,先以兵进驻杂瑜,遴员勘界,以防英人北侵,是为察隅县设治原意。①

可以说清廷之所以在察隅(杂瑜)一地设治,主要是出于政治和军事上的考虑。刘赞廷在编纂《图志》时,认识到该地"得之则可以自固,失之则不能自守",②军事意义重大。故志书中所辑录与设治相关的材料,以围绕军事为主来展开。由于程凤翔考察时未能完全细查地形、地名,造成察隅县委员苟国华在设治选地时,混淆绒密、热巴二地。经过勘察地情,站在生产与军事视角上综合考虑,苟国华在禀报赵尔丰的函件中,提出了以绒密为治的建议:

> 查热巴地形凹下,大半已种水田,且山形水势不及绒密之合度。绒密地形高平,较热巴稍宽,若修城垣将东北边之银通坪包罗在内,可以括地步,可以据山险。且该处得天然之利,东北依山,西南临河,即不筑城亦无虑,随在均能灌溉,遍山皆是松树,水火就便,木料有余,以之设治,亦甚合宜。③

刘赞廷总括设治地点为"踞昂楚河、龚曲江二水合流之处",④简明扼要,准确概括了材料中的关键信息。

(三)详述交通情况

交通对于地区的发展关系重大。察隅县在清末民初属于军事重地,交通问题就更为关键。据笔者了解,今日的察隅县境仅有一条区道,通行不甚便利。《图志》"关隘"一门中,反映出察隅在晚清为"西南之通衢"这一重要信息。"道路"一门,按照北、东、南、西的顺序,分别总结概括出察隅治数条道路。如东路,"出治东南行,九十里札巴,八十里却达,逾板厂山,一百二十里至瓯玉。渡怒江,东南通维西县之树

---

① 刘赞廷撰:《察隅县图志·沿革》,《中国地方志集成·西藏府县志辑》,第161页。
② 刘赞廷撰:《察隅县图志·关隘》,《中国地方志集成·西藏府县志辑》,第192页。
③ 刘赞廷撰:《察隅县图志·沿革》,《中国地方志集成·西藏府县志辑》,第189页。
④ 刘赞廷撰:《察隅县图志·治所》,《中国地方志集成·西藏府县志辑》,第187页。

莫汛,东德钦县。"①今天若要从察隅通往维西、德钦一带,则必须依赖汽车等交通工具,北走然乌,经左贡、芒康诸县,沿怒江东岸直下,方能到达。而《图志》所记载人行道路,多为当时程凤翔等人行军时所总结而成,今天或不复存在,或鲜为人知,所记道路与今日已大相径庭。程凤翔向赵尔丰禀呈的多封函件中,详细记载行军路线。《图志》即采用别见之法,指出县知事苟国华重勘与程凤翔所经大略相同,便于读者参阅志书时,将不同叙述作为参照对证。

《图志》在记载道路的同时,留下大量地名。这些地名,多为程凤翔等人进入察隅一带时,向沿途当地居民询问后所确认。今天中国的西藏地图中,在察隅附近,尤其是邻近察隅西、南两面,其地点、地名存在较大空白。《图志》的交通资料,或对察隅及其附近地域的历史地图补白有重要的参考意义,能够体现其地名学上的价值。另外,《图志》所记经压必曲龚,通原梯龚拉,最终南通缅甸之阿萨密这一段道路,从今天的地图上已无从查阅。又如赵尔丰谕程凤翔的函件中,要求程凤翔探查察隅至波密的行军道路,并指示"波在何方,路好走否,此时能进兵否,暗查,切不可声张令人知也"。② 在地形复杂的康区,交通运输线的保障,往往成为军队作战胜负的关键。从赵尔丰和程凤翔的来往函件中大致可以看出,程所禀录从察隅到波密的"一羊肠小道",有可能就属于当时的军事秘密。因此,《图志》记载这些道路,其价值之高自然不言而喻。

(四)保存经济生产史料

《图志》的地质、花果、森林、鸟兽、药材、矿产、垦殖、商情等门类,高度概括当地的物产情况。察隅是兵家要地,拟设县时,经济在很大程度上是为了保障军事而运作的。

就"地质"一门而言,从近代科学角度来看,英法探险家在19世纪中期便对康区的地质问题有过分析。国内讨论西康地质第一人,非任

---

① 刘赞廷撰:《察隅县图志·道路》,《中国地方志集成·西藏府县志辑》,第191页。
② 刘赞廷撰:《察隅县图志·沿革》,《中国地方志集成·西藏府县志辑》,第170页。

乃强莫属。① 其讨论内容,主要是通过考察岩层来判断地层年代和地质构成结构。而刘赞廷撰"地质"一门,尚不具备此等科学认识,仅对土地肥瘠如何、适合何种农作物生长等讨论。这一记载,实际上是对察隅地区农业情况的概述,对军队基本物资保障和当地政权的巩固有参考价值。

刘赞廷认识到,察隅地区与其他康藏地区的高原气候迥异。山脊因与河谷海拔相差大,所以海拔越高,气温越低;河谷地带温暖湿润,呈现出和康藏高原不同的景象,拥有不同的物产。《图志》在"森林"一门后附以程凤翔取漆造纸,并设厂经营等情形的函件,直接反映当地资源的采集和利用情况。康区矿藏丰富,其中金矿居多,多县于清末民初创办或计划开办金厂。而察隅主要产银,《图志》将程凤翔采银设银厂函件附于"矿产"一门后。函件中除对出产银的数量、质量作出禀呈外,还阐述一些因气候等自然环境和人力资源等因素造成生产障碍的情况。如采银期间,勇丁多因酷暑致病,又缺乏药品而致死亡。还有因"烟瘴甚盛,镇日溟濛,数武即盲目无睹",②造成银矿难寻。类似情形的出现,使得当地出现对汉人生产知识和劳动力迫切需求的现象。

(五) 载录附志,反映民俗

原梯、归化县二地因材料极少,《图志》将其附于察隅县后。《图志》载入附志,可以将其视为一部别出心裁的"合志"。

中国古有"十里不同风,百里不同俗"之谓。察隅与其以南地区有相似之处,如"迷信鬼神重巫降神附体,能至阴曹查人之善恶"。③ 不同之处,从宗教来看,察隅地区向为藏传佛教影响,《图志》中"寺院"一门胪列出在察隅境内的黄教(格鲁派)、红教(宁玛派)、黑教(苯教)各寺

---

① 任乃强撰:《西康图经·地文篇》,新亚细亚学会,1933年,第36—37页。
② 刘赞廷撰:《察隅县图志·矿产》,《中国地方志集成·西藏府县志辑》,第203页。
③ 刘赞廷撰:《察隅县图志·风俗》,《中国地方志集成·西藏府县志辑》,第211页。

院名称及其大体分布、人数；①而察隅以西、以南地区各聚居区地理环境相对封闭，"言语不同，风俗各异"，"以奇石老树或家传之凶器为尊，各族有各族之神圣"，②仍处于宗奉"万物有灵"的原始宗教形态。从社会地位来看，察隅一地显然受到藏地土司制度和等级观念的影响，"重礼，凡见土官站足直目，将舌吐于口外，鞠躬至九十余度不敢抬头"；③而妥坝南以至缅甸佬摆夷各小部落，"人皆裸体，架木为室，曲藤为盘，无礼节，见人呆笑以为恭敬，本族联婚，无谓尊卑"，④不受康藏地区传统等级秩序的束缚。

附志载于《图志》之后，这种在合志之间出现的不同表述，恰恰能够反映出不同地域之间的人文差异。

（六）记述地方重要人物

《图志》中并无"人物"一门，却在其他门类中提及了相关人物。如程凤翔、段鹏瑞、苟国华等人，均是提供地方重要地情资料的官员。此外，还有清末川边改土归流时期在察隅一带的主要活动者。在"遗迹"一门，刘赞廷记录了骁勇善战、誓死守城而因公殉职的前营帮办蒋洪喜，这一人物不见于其他文献，仅《图志》数语可考。湖南贡生夏瑚是招抚察隅以西、以南"野人"的重要角色，《图志》即附以"夏瑚轶事"和《夏瑚日记》记录。夏瑚右耳有一肉瘤，大如鸡卵，人称"包包老爷"，以此而闻名于世。刘赞廷将民国二十四年⑤于康定见行商人问及"包包老爷生否"一事，以记录这一人物数十年后产生的影响的形式，给介绍

---

① 刘赞廷撰：《察隅县图志·宗教》，《中国地方志集成·西藏府县志辑》，第209—211页。

② 刘赞廷撰：《察隅县图志·原梯县》，《中国地方志集成·西藏府县志辑》，第213页。

③ 刘赞廷撰：《察隅县图志·风俗》，《中国地方志集成·西藏府县志辑》，第211页。

④ 刘赞廷撰：《察隅县图志·原梯县》，《中国地方志集成·西藏府县志辑》，第213页。

⑤ 《中国地方志总目提要·西藏自治区》以此为判定依据，将《察隅县图志》的记录下限标示为"民国二十四年（1935）"。而《中国地方志联合目录》中，将《察隅县图志》注记为"记事至民国初年"。金恩辉主编：《中国地方志总目提要》，台北：汉美图书有限公司，1996年。中国科学院北京天文台主编：《中国地方志联合目录》，第853页。

夏瑚一节画上圆满的句号，体现叙述的完整性。

刘赞廷号称清末民初康藏边地的一支笔，尤以其"懒兵诗"而著称。在介绍蒋洪喜、夏瑚二人时，还附以诗句佐证，不仅更为生动地记载了地方历史人物，诗句中多流露出作者对所述人物的崇敬，同时也表达了作者本人的爱国情怀。

三、《察隅县图志》的不足

《图志》能够全面翔实地反映当地在宣统元年（1909）至民国元年（1912）间的各种情况，但也存在一些缺憾。主要体现在以下几点：

第一，《图志》所录数据不准确，缺乏科学依据。如刘赞廷所纂三十多部县志的"方位"一门中，均有"经纬度"数值，此数值多以"北经东纬"表述，且数值不合常理，原因未明。

第二，《图志》是一部私修方志，作者编纂时更多依赖的是他人的成果。由于大部分材料均为未加编辑和改动的原文辑录，虽完整地保存了原始文献，但使志书的原创性大打折扣。

第三，《图志》多依赖文字记述。传闻《刘赞廷藏稿》中存有大量照片、地图，而1960年后民族文化宫油印本中，多数图志仅选一幅地图作为备存资料。而今传《察隅县图志》名曰"图志"，惜无图存，疑在流传过程中散佚。在描述疆界、地形、方位、道路等情况时，文字描述的局限性便暴露无遗。近年来有学者宣称："微缩这一地域的区域范围、山川地貌、人口资源分布等情况，反映其政治归属的是地图。在直观而形象的《杂瑜全境舆图》和军队驻防表前，一切文字的论证似乎都是多余的！"[①]可见，过于依赖文字记述的《图志》缺乏一定的直观性。

四、小　　结

民国《察隅县图志》所辑录的大多数为原始资料，具有较高的历史

---

① 秦和平：《积极进取：对清代民初中央政府在西藏东南地区加强统治的认识》，载《西南边疆民族研究》第1辑，云南大学出版社，2001年11月。

地理学价值。在以往的研究中,研究者多得以通过查阅保存的档案等途径,对《图志》中所辑录的奏议公牍予以补遗、归谬,甚至替代。然而,作者将相关奏议公牍以区别地域、区分类别的形式,体现在不同地区、不同门类上,并依照函件的时间、逻辑顺序次第排列,较好地体现出各种事物的来龙去脉。依照这样的资料分类,能够成为研究者方便查阅、深入研究的捷径。

作为一部地方志,《图志》较好地保留了传统方志的体例。志文极少加入带有个人感情色彩的论断和解释性语言,符合传统方志"述而不论"的纂修要求。此外,《图志》注重体现空间范围内人类活动的动态发展,而非仅局限于反映简单的地理沿革变化和带有结果性质的地理现象。"存史、资政、育人"一般被认为是方志所具有的三大功能,相比于民国雨后春笋般出现的各地乡土志和各种康区专题著作,刘赞廷《图志》在"教化育人"这一层面上略逊一筹,但在存史、资政方面尤为突出卓著。

总体来看,尽管《图志》存在着些许缺憾,但瑕不掩瑜,该志门类众多、叙述详尽、资料丰富、各类要素齐全,且集聚了赵尔丰、程凤翔、段鹏瑞、苟国华、夏瑚等清末藏东南重要官员对当地考察的成果,带有较为浓厚的清末政治军事色彩,在研究近代察隅地区的地理情况方面,是一块不可替代的"敲门砖"。

(李论:复旦大学历史学系)

李林松与《嘉庆上海县志》研究

沈永清

《嘉庆上海县志》二十卷，前有序文五篇，后附小序一篇，清王大同等主修，李林松主纂。

李林松（1770—1827），字仲熙，号心庵，上海县闵行镇（今上海市闵行区江川路街道）人。清嘉庆元年（1796）进士，授户部主事。嘉庆十三年，先后任广东乡试副考官与广西乡试副考官。嘉庆十六年（1811），其母在京病逝，全家从北京扶柩回闵行。嘉庆十八年（1813）主纂《嘉庆上海县志》，"于旧志多所辩证，体例终而该"。嘉庆十九年（1814）修纂《嘉庆松江府志》。道光三年（1823）应金华令黄金生之聘，主纂《道光金华县志》。晚年，对故里的建设仍颇为关心，对河防、漕运、社仓、赈灾等提出过可行的建议，著有《吴淞江岁修议》。①

李林松身处清乾隆、嘉庆、道光年间，正是清朝由盛转衰的历史时期，他终身追求学问，乐于著述解惑，始终胸怀乡愁，倾心于编纂地方志，形成一定的方志观，推动地方公益，造福于乡民，誓为故乡立德、立言、立功。笔者认为，对地方志编纂而言，李林松是清乾嘉道时期的方志人，对地方而言是清乾嘉道时期典型的上海乡绅。

《嘉庆上海县志》②凡例曰："前明颜《志》统括十门。《武功》《朝邑》例也，后志无之。今仍分十门，而子目按类，各附其下。"李林松主纂《道光金华县志·凡例》亦曰："志之病，莫大于多分门类，康、韩所以独绝古今也。"

---

① 参见新编《闵行区志》第524、525页，上海社会科学院出版社，1996年版。
② 上海府县旧志丛书《上海县卷·嘉庆上海县志》，第800—1346页。

笔者认为《嘉庆上海县志》，体例是明《万历上海县志》的继承创新，资料全面系统，地情特色鲜明，文献资料价值取向多元，编纂特色彰显了李林松的方志观，对于新方志具有借鉴意义。

一、体例是《万历上海县志》的继承与创新

（一）框架结构

《万历上海县志》①十卷，明万历十六年（1588）颜洪范修，张之象、黄炎、姚遇、张所敬、顾成宪、黄体仁、朱家洁等同纂。

卷首有国史副总裁、郡人陆树声序。上海县旧志序5篇。上海县域、县城、公署、儒学图4幅。分志设：地理、河渠、赋役上和赋役下、建设、秩祀、官师、选举、人物、艺文、杂志10门卷。

《嘉庆上海县志》卷首有：分巡苏松太兵备道、监督海关钟琦，知县王大同与三位署理知县陈文述、卢焌、叶机序5篇。凡例由资料来源、体例、记载时空、明水利为民生大计、志为政事之书、亦用史例等20条，规范编纂体例。分志设：疆域、水利、赋役、建置、职官、选举、人物、艺文、志余、叙录10门20卷。

从框架结构考察：《嘉庆上海县志》继承《万历上海县志》的框架结构。相同之处是：（1）序为全志的导读。（2）均为门目体，以纲统目，纲举目张。创新之处是《嘉庆上海县志》卷首设凡例20条，规范全志编纂体例。

（二）门类设置

《万历上海县志》仿《武功》《朝邑》例，设：地理志——分野、疆域、乡保（村里附）、镇市、风俗（岁序附）、形胜（园亭附）、古迹、河渠志——海、江、浦、诸水、水利（堰闸附）、赋役志——田粮、税课、鱼课、物产、户口、贡赋、徭役、匠班、屯田、军需、盐课、盐榷、建设志——公署、儒学、仓库、城池、兵卫、邮递、津梁、坊巷、寺观、丘墓（义冢附）、秩祀志——祠庙、［坛壝］、官师志——历官表、官迹、选举志——科贡表、辟召、荐

---

① 上海府县旧志丛书《上海县卷·万历上海县志》，第172—340页。

举、封赠、录荫、例贡、儒士、武举,人物志——贤达、孝友、方介、文学、武功、义行、隐逸、游寓、贞节,艺文志——书籍、法帖,杂志——仙释、方艺、祥异、兵灾、遗事,计10门62目。

《嘉庆上海县志》仿《万历上海县志》例,设:志疆域——图目、沿革、界至、乡保、镇市、古迹、风俗、物产,志水利——海、黄浦、吴淞江、支水、历代治水诸绩、古今治水议略,志赋役——户口、田数、赋考、芦课、蠲缓、役法、关榷、盐法、积贮、荒政,志建置——城署、诸署、学校、书院、兵防、坊卷、桥梁、津渡、坛庙、寺观、第宅园林、冢墓,志职官——历官表、官绩,志选举——表一进士举人,表二贡生、武进士、武举人、表三辟荐、表四封爵封赠、录荫钦赐、职衔封赠、监贡、武职,志人物——列传、独行、文苑、隐逸、艺术、方外、流寓、列女,志艺文——经部、史部、子部、集部、金石,志余——兵灾、祥异、遗事、辩证,叙录——郭志郑志颜志史志范志序、历修姓名、嘉庆上海县志小序,计10门65目。

从门类设置考察:《嘉庆上海县志》与《万历上海县志》相同均为10个门类。其不同之处在于:(1)撤销秩祀志,将其子目并入建置。(2)将地理改名为疆域,河渠改名为水利,建设改名为建置,官师改名为职官,杂志改名为志余。(3)增设叙录。即对《万历上海县志》的门类进行撤并,为10门类的10%;更名,为10门类的50%;增设,为10门类的10%。相同的有赋役、人物、艺文,为10门类的30%。

从其门类所辖目考察:《万历上海县志》为10门62目,《嘉庆上海县志》为10门65目,后者增目3。《嘉庆上海县志》与《万历上海县志》相同的目有:乡保、镇市、古迹、风俗、物产、海、黄浦、吴淞江、支水、户口、寺观、冢墓、坛庙、历官表、官绩、辟荐、封赠、录荫、隐逸、游寓、兵灾、祥异、遗事23目,为65目的35%。改名的有:田数、赋考、役法、盐法、荒政、芦课、蠲缓、积贮、城署、诸署、学校、书院、兵防、桥梁、津渡、第宅园林、进士举人、贡生、封爵、武进士、武举人、监贡、武职、列传、独行、文苑、方外、列女、经部、史部、子部、集部32目,为65目的49%。新增的有:图目、沿革、界至、历代治水诸绩、古今治水议略、关榷、坊巷、金石、辩证、志序、历修姓名、嘉庆上海县志小序12目,为65目的18%。删除的有:分野、形胜、屯田、贤达、孝友、方介、义行、法帖、仙释9目,为《万历上海县志》62目的15%。

《嘉庆上海县志》对《万历上海县志》门类与目的增、删、改名在其凡例中亦有说明:例1:增设"图目"。其凡例曰:"古志曰图经,重图学也。兹首列古今诸图,俾览者了然于迁改之迹。"例2:删除"分野"。其志凡例曰:"旧志皆载分野,无论偏隅一邑,实测为唯。即古说纷纠,孰归一是。今谨遵高宗纯皇帝御制诗注,芟去此门。"例3:增设"历代治水诸绩,古今治水议略"。其志凡例曰:"水利为民生大计……附以治绩、议略,以俟莅斯士者留意焉。"例4:增设"辩证"。其志凡例曰:"旧志有误处,今据各书考证,仍附辩证于后。"

由上可见,《嘉庆上海县志》仿《万历上海县志》体例,设10门,门下设65目,均为类目体,以类统目,并根据时代的变迁,对《万历上海县志》门、目进行承、改、增、删,使其获得"纲举目张,分门别类,事增于旧,文省于前,洵善本也"①的评价。笔者认为,亦是其体例继承创新的具体再现。

(三)体裁运用

《嘉庆上海县志》首列"凡例"20条,阐明编纂体例、资料来源、人物、选举、风俗等入志原则。明确指出:"志为政事之书。今所记载,水利、田赋、兵防、关榷为详,前贤议论可施行者附焉。若列传之文,不能尽抄家传,亦史例也。"其体裁有图、小序、按、附、传、表、志。

1. 图

从地方志出现之时,它就与图结下不解之缘。不少学者认为图是方志的鼻祖,地方志由图演变而来,"无图不成书,有志必有图"。其志凡例曰:"古志曰图经,重图学也。兹首列古今诸图,俾览者了然于迁改之迹。"志疆域·图目设有"古上海镇隶华亭境图""古上海镇市舶司图""上海未分青浦南汇图""今上海县全境图""古学宫图""今学宫图"

---

① 王大同:《嘉庆上海县志》序。

等图12幅,图均有简要的文字说明,读者览其图,读其说明文字即可明上海之发展脉络和当时的现状。

2. 小序

小序是志书中著述性最强的体裁。最早出现小序的是宋咸淳四年(1268)潜水友重修《临安志》,每门设立"序"。①《嘉庆上海县志》继承传统体例,在卷十二志人物,用百字说明人物入志的时空标准;卷十八志艺文,用百字说明艺文来源:"兹从各书采补应载诸类,视旧较详,近人撰述之可存者亦著于篇。"小序主体则是卷末李林松撰写的《嘉庆上海县志》小序,小序末曰:"从《诗》《书》小序例,作十序十则缀卷末。"十则小序是其志各门类的提示与导读。

3. 按

按亦是志书体裁之一,其价值主要是补体例之缺,释内容之隐晦,评历代的得失和抒现实之情等。其志在图目"古上海镇隶华亭境图"说明中"按:徐硕撰志时至元二十五年,在仆散翰文请立县之前,以故松江府犹隶嘉兴路。后三年,从翰文请则立上海,始以府直隶两浙行中书省,而不复为嘉兴属府矣。故《元史》与徐《志》小异。又按:其时虽未立县,而税务以上海名,仓以上海名,巡检以上海名,驿铺以上海名,盖已巨镇繁剧著称,不独以浦名也。今条系如右,以志县名所缘云尔。"卷一志《疆域·古迹》"沪渎,在县北十里。……按:水凡独流入海,谓之渎。"卷十二志《人物·秦裕伯》"按从秦氏家谱及裕伯《却聘书》,其先扬州高邮人。祖知柔避乱至上海。裕伯从父良颢宦游,以大名籍登第。后寓扬州,复避地归上海,明祖手书三聘,入朝为待制。出知陇州。致仕居长寿寺里,即裕伯题桥处。据此,则裕伯生卒皆在上海,且其祖、父墓俱在上海,自应入本邑人物。其祖知柔则应载入《流寓》。若《明史》竟称大名人。盖据登第籍贯而书,亦非无据也。"其志"按"对图、志文进行注释、考证、纠误,由此提升资料性文献价值。

---

① 《中国方志大辞典》第221页,浙江人民出版社,1988年版。

4. 附

附亦为方志传统体裁之一。其志卷一志《疆城·镇市》"旧镇市附""乌泥泾镇，在二十六保二十一、三十一图，二十八、九图，……嘉靖间，被倭寇焚掠，久作平畴……"以二百余字记乌泥泾镇的兴衰、消失和现状。卷二志水利，吴淞江，附"吴淞江非《禹贡》'三江之一'辨……其误不待辨"。此附以千字反复论证吴淞江非《禹贡》"三江"之一，为后人留下准确史实。附作志文的补充，文献佐证，由此提升资料性文献价值。

5. 传

传即人物传，历来是方志的重要组成部分。其志卷十二至十七计6卷为人物志，为20卷的33%，记载量计159页，24万版面文字为全志版面文字的24%。其中卷十二、十三为列传，入传人物起自唐至清嘉庆，有合传、单传两种，记传主280多名。卷十四有独行、文苑2目。独行记载自宋至嘉庆人物230多名，文苑记载自宋至清嘉庆人物200多名，并附类传。卷十五有隐逸、艺术、方外、流寓4目。隐逸记载自宋至清嘉庆19人；艺术记载自宋至清嘉庆110人；方外记载自宋至嘉庆26名；流寓记载自宋至清嘉庆57人。卷十六、十七列女记载自元至正十六年至清嘉庆十七年列女1 400名。志人物门共记载各类人物2 400多人。其凡例规范入传人物标准，曰"志人物，则分县以前皆邑人也。例宜统载南、青二志所遗，尤宜采撷，仍注应补某志。若两志已自采及者不复列，以省剿袭。分县后专志邑籍，川沙虽经分隶，然学校未分，统为邑人可矣"。其志志人物尤重列女，列女为2卷，11.3万版面文字，记载列女1 400多名，分别为志人物卷卷数的33%，版面文字的47%，入传人数的58%。其志列女无题序曰："凡节妇已故者，书守节若干年。七十以上者，加书年至若干。未满三十年者加书'没'字，明合例也。现存者，书现年若干。"方志一般坚持"生不列传"原则，但其志列女记有现存列女332人，为列女记载总数的23%。其中最年轻者"雷氏女……现年42岁"，高寿者"周氏……现年一百又一岁"，从一定意义上讲反映李林松对列女的敬畏之情。

6. 表

表为方志的传统体裁之一。其志卷八志职官,设历官表,表首置表序,后按元、明、国(清)朝设表体,元表栏设(年代)、达鲁噶齐、县尹、县丞、主簿,明表栏设明(年代)、知县、县丞、主簿、典史,国(清)朝表栏设国朝(年代)、知县、县丞、主簿、黄浦司巡检、吴淞司巡检、典史,同时设元、明、国(清)朝教谕、训导表,国朝(清)分巡苏松太道,提标右营游击、右营中军守备表,用表体反映元、明、清三朝官员,折射其县级层面官员设置的演变轨迹。卷十志选举设表一进士、举人,表二贡生、武进士、武举人,表三辟荐,表四封爵、封赠、录荫、钦赐。表体前设小序,后按宋、元、明、清为序,逐一收录进士、举人等人名。

其志表体2卷为20卷的10%;表体版面文字18.5万字,为全志版面文字18.9%,收一表胜千言之效。

7. 志

志是志书的体裁之一,用于各类专志、分志(篇、卷),是志书的主体。"横排竖写"记载各事类的历史与现状。其志除传体(志人物)6卷、24万版面文字,表体卷八志职官、卷十志选举2卷,18.5万版面文字外,余则均为志体,即志体为7门12卷,记述量55.5万版面文字,分别为10门的70%、20卷的60%、总记述量的57%。志为《嘉庆上海县志》的主体。志文正如其凡例所言:"兹采诸史,各直省通志,各府县志及私家撰述诸书,详加校补,颇增旧观。"是具有"传疑是正,考信有征"的方志文献。

由上可见,《嘉庆上海县志》体裁以志为主,辅以图、小序(述)、按(述、注、纠、补)、附、传、表、志,诸体并用,用记、注、纂辑之法,全面系统地记录上海县自然与社会的历史与现状,体例继承创新,体裁运用多元,结构合理,纲举目张。其后俞樾、方宗诚等纂的《同治上海县志》以《嘉庆上海县志》为蓝本,成一代名志。所以《嘉庆上海县志》"不失为承先启后之名著也。"①

---

① 《上海文献丛刊·上海地方志综录》,第32页,1948年上海市文献委员会编印,2016年2月16日复印。

二、资料全面系统，县情特色鲜明

《嘉庆上海县志》记载地域在其凡例中明确："疆域、水利、赋役、建置等门，凡事关政令者，皆以今疆域为限，无论青浦、南汇，听彼志载，即川沙亦归新设抚民厅所辖矣。惟兵防及邻境，以全营制。冢墓间附其旧列者。川沙尚未有专志，仍旁注识之。"记载时限上溯源头，重点则是元至元二十九年（1292）上海立县之时，下限嘉庆十七年（1812）为详今略古的通纪体县志。

其志门类设置（见上文门类设置）先自然后社会，涵盖上海一县的自然、经济、政治、人文、历史与现状，是一县资料性文献。

其志资料全面系统，县情特色鲜明。兹择其要略述之。

（一）扼要记载上海沿革

"上海，今松江府属县。"唐天宝十载立华亭县，其东北为华亭海，见《元丰九域志》秀州军事下，盐场名也，即今县境。熙宁七年即于华亭海设市舶提举司及榷货场，为上海镇。上海之名始此。元至元二十八年，从仆散翰文请析华亭县东北境之长人、高昌、北亭、新江、海隅五乡，始升镇为上海县，为上县。明嘉靖二十一年，巡按舒汀建议分县，割上海西北之北亭、新江、海隅三乡，及华亭集贤、修竹二乡之半，立青浦县。三十二年给事中朱某议废复故。万历元年，郡人给事中蔡汝贤议复青浦，仍以原境隶之。六年，青浦知县屠隆请割华亭集贤乡、上海新江乡之未尽者以益青浦。清雍正四年，将浦东长人乡立南汇县。嘉庆十年，两江总督陈大文，以上海高昌乡二十二保滨海之十五图与南汇十图，分隶川沙抚民厅。十四年，划界理事，则上海所莅之境，惟高昌乡十之九，长人乡十之三，计保十二，计图二百十四矣。[①]在两千余字的记载中扼要再现上海的历史源流与演变脉络。即县域原为华亭县东北之盐场称华亭海，熙宁七年华亭海设市舶提举司及榷货场，华亭海亦称上海镇，至元二十八年上海镇升格为上海县。明嘉靖二十一年

---

① 参见上海府县旧志丛书《上海县卷·嘉庆上海县志》，第833页，以下只标页码。

青浦县立,割县域北亭、新江、海隅三乡也。三十二年废青浦复故。万历之年复青浦。嘉庆十年立川沙抚民厅,十四年县境高昌乡十五个图割之。至此,上海县仅有高昌乡十之九,长人乡十之三,计保十二、图二百十四。

(二)图经溯古,乡里称今

"古上海镇隶华亭境图""古上海镇市舶司图""上海未分青浦南汇图""今上海县全境图""乡保区圕图"①以图体形象再现历史原貌,为上海沿革脉络的画面佐证。

乡保目先载县旧有五乡。析青浦、南汇、川沙抚民厅后上海仅长人、高昌二乡。长人乡分存者凡三保,高昌乡凡九保。"兹就各保之所统区图,以其土名析著之,便省览也。颜志时未分南汇,有旧里村名,姑以旧籍附载于后,若执此以问村民,恐鲜有知矣。"后按十六保、十八保、二十一保、二十二保、二十三保、二十四保、二十五保、二十六保、二十七保、二十八保、二十九保、三十保顺序记录各保所辖区图,并注明具体地名,如"十六保领图十四、十八图,闵行镇……""三十保领图十一、一图,诸翟镇张方庙……",②以翔实资料记载乡保区图之现状。

(三)水利、兵防、关榷、田赋等门著显尤多,资料尤为全面系统

以水利为例。志水利为卷二、卷三,记述量7.2万字,版面文字为全志版面文字的7.3%。卷二先记载海、黄浦、吴淞江与支水。海"按:今邑境自分南汇、川沙后,海疆皆非所辖矣。虽然,防海之计邑为要,故循旧例冠篇首"。黄浦志文外另有"附说"再现其现状。吴淞江志文外,另附李林松撰《吴淞江非〈禹贡〉'三江之一'辨》。③卷三历代治水诸绩,"旧志有未详者,采各史补之"。《治绩》起自"周烈王十五年,楚春申君黄歇治水松江、导流入海"历宋、梁、唐、吴越、宋、元、明至清"嘉庆十六年,巡道钟琦檄知县王大同浚外内城河,城内肇家嘉浜、方浜。九

---

① 见814—823页。
② 第834—836页。
③ 《上海李氏易园三代清芬集》第57—61页,闵行区图书馆编,浙江大学出版社,2017年5月版。

月竣工"。古今治水议略"议已施行者,各采附《治绩》各条下,其或统论大势,及议而未行,行而不果者,汇于此,可互考云"。《议略》始于"宋景祐初,范仲淹守乡郡,上书宰相,具言水利。"历元、明、清,至"邑贡生曹锡桐《西南乡水利议》"。①

(四)凸显县情特色

其志凡例曰:"旧志所载为七邑所同者,如土产、方言之类,应归府志记载。今取其为吾邑所独者存之。"

物产详记:谷之属与木棉。"木棉,邑土所宜,其利视谷麦为溥,种植较华、娄为多。特为考其原始,录其法与其器于后。布棉所成,其市吾邑独盛,故凡贸易名色皆详焉。"略记蔬瓜之属,杂植、果之属,药之属,竹木与水族。②由此再现上海县情特色。

方言记载量为千字。明确"方言同吴音,而视府城稍重"。③

由上可见,《嘉庆上海县志》在全面系统记载上海县域内自然与社会诸方面的历史与现状的同时,注意凸显县情特色。

三、文献资料价值取向多元

《嘉庆上海县志》上承《万历上海县志》下启《同治上海县志》,是承前启后的名志。其资料采自诸史、各直省通志、各府县志及私家撰述诸书,详加校补,颇增旧观。旧志有误处,今据各书考证,仍附辨证于后。旧所引诗文,今据本集概录原文。旧志遗事,半属独行、文苑者分隶其门。其他琐事,采撷补之。④由此可窥见,其志是嘉庆时代的上海县之资料性文献,具有多元价值取向。

(一)存史价值

《嘉庆上海县志》问世至今已逾200余年,其间《同治上海县志》以其志为蓝本,《民国上海县续志》《民国上海县志》,新编《上海县志》所

---

① 参见第846—896页。
② 参见第843—846页。
③ 详见第842—843页。
④ 参见《嘉庆上海县志》凡例。

选用嘉庆十八年之前资料均有其志的内容,其存史价值已为历史所证明。

（二）资政价值

其志凡例明确"志为政事之书"。故水利、田赋、兵防、关榷、荒政为详。尤其是水利为民生大计,从历史到现状作全面系统记录,其资政价值是不言而喻的。

（三）教化价值

人是方志记载的主体,其志记人物2 400多人,记载量24万字,占全志24%。列传记其简历与业绩。例1,唐"顾谦……名流高其风,咸就见焉。祀乡贤"。① 例2,明"叶中行……为时呼为'钱塘一叶清'。……又曰：'惟钱塘之江水与君万古而俱清'云云"。② 例3,列女所记列女之一,"香民永贞,鹤沙里人。甲子六月十六日,倭贼欲犯之,氏骂不绝口,刃下死"。③ 人物所记乡贤、官宦、列妇等均有其教化价值,亦为今人树立爱国爱乡爱土的乡贤精神,其教化价值不应低估。

（四）学术价值

其志沿革所记"其东北为华亭海,见《元丰九域志》秀州军事下,盐场名也,即今县境。……华亭海设市舶提举司及榷货场……为上海镇。上海之名始此。……二十八年……始升镇为上海县"。④ 此内容对上海地名源流具有学术研究价值。志水利所记古今治水议略对于吴淞江、黄浦江与境内河道的治理均有学术研究价值。其志所记赋役、建置的文献资料对于嘉庆十八年之前的经济、城市建设、教育等均有学术研究价值。

由上可见,《嘉庆上海县志》的文献资料具有存史、资政、教化、学术等多元价值取向。

---

① 第1123页。
② 第1126、1127页。
③ 第1212页。
④ 第833页。

四、彰显的编纂特色

（一）重视资料搜集、整理

《嘉庆上海县志》之前，清朝已于康熙二十二年、乾隆十五年、四十八年修有三志，下至嘉庆十七年时已有三十年。前志"更置不一，纂补为多，前志递仍旧稿，复衍墨漏所未免"。因此李林松注重搜集资料，考核整理，"兹采诸史，各直省通志、各府县志及私家撰述诸书"，详加校补，颇增旧观。笔者认为，志书为资料性文献，编者应尤重资料搜集、整理、考证，提升志书的学术品位。此书卷一志疆域就转引有《元丰九域志》《元史》《越绝书》《水利志》《大清一统志》《万历上海县志》《至元嘉禾志》《吴郡记》《集韵》《吴郡石像铭》《渔县咏》《吴中苦雨》《晋书》《寰宇记》《吴郡图经》《汉书注》《云间志》《南汇志》《说文》《南越志》《南史·高昌国传》《本草纲目》《广州记》《农政全书》等数十种文献书籍。

（二）注重地图运用

卷一志疆域以图目开卷，旨在"俾览者了然于迁改之迹"（见上文图体）。新方志编纂中特别是第二轮志书似有轻视地图之疑，有的甚至全志仅有一幅×××行政区划图，理应借鉴之。

（三）注重资政

其志认为志书为政事之书，重在资治。因此用前置法将水利设为卷二、卷三，并详记历史与现状。详记兵防、关榷、田赋（见上文），旨在资治。

（四）注重地方特色

物产、方言不载松江府 7 县所共有者，仅记上海县的特有之事物（见上文突现县情特色），旨在略共性突出个性，展示地方特色。

（五）注重人物，关注女性入志

其志记人物 2 400 多人，记述量 24 万字，版面为全志版面文字的 24%，凸显出人是志书记述的主体。记载列女 1 400 多人，在世者 332 人（见上文）。李林松凸显"名教之防、闺阁为重"的编纂思维。方外目为元代蒋女士立传:"蒋女士,鹤沙人……年十三,梦白衣大士摩其顶,……茶田比日五色烟起……异香经日不散"。①卷十八志艺文"闺秀吟咏即附于集部之后,"②集部记载《寨兰阁小咏前集晚集》等女子诗文集③22部,女作者21人。其志将众多女子入传,实属难能可贵。

由上可见,《嘉庆上海县志》编纂特色与李林松的方志观,可为新方志编纂作借鉴。

《嘉庆上海县志》"刻成后,不逾年,即有邑人陆庆循曾专门撰写《嘉庆上海县志修例》一卷。对于去取分类,详加辩证。……陆民之言,洵为李志诤臣,然年代悠远,考证实难,况严限相迫、书籍不备、欲求尽善、势有不能。详近略远,实为古今志书之通病。平心而论之,则李志固不失为承前启后之名志也"。④

(沈永清:上海市闵行区地方志办公室)

---

① 第1203页。
② 第1281页。
③ 第1300页。
④ 《上海文献丛刊·上海地方志综录》,第34页,1948年上海市文献委员会编印,2016年2月16日复制。

第二辑
方志实践及案例研究

清末民初江南地区乡绅参与公益事业的模式探析
——基于国家与社会关系的视角

王媛元

清末民初,中国进入"国家现代化"建设进程,但由于国库空虚,政权衰弱,国家权力难以完全进入乡村基层,乡绅在基层社会发挥巨大的作用。正如查尔斯·蒂利所言,"在现代化进程中,后发现代化国家的现代资源总是稀缺的,需要国家动用国家的力量把稀缺的现代化资源动员集中起来,以推动国家的现代化进程"。[①] 由于内忧外患和政府乡村公共服务的缺乏,乡绅这一传统社会中平民与官府的缓冲阶层,在政府的鼓励下,承担了大量公益事业。国家通过推行地方自治等,以各种方式鼓励乡绅参与公益事业之中。各地乡村筑桥铺路、修补水利工程、乡里鳏寡孤独的扶持照顾、灾害来临时期的灾民救济以及学堂建设等公益事业,到处都有着乡绅的参与。本文旨在从国家与社会关系的视角,在清末民初江南地区乡绅参与公益事业的模式中寻找乡绅参与公益事业产生的影响。

一、问题的提出与研究综述

乡绅参与公益事业的传统由来已久,如清代的《牧令书》所言:"地方利弊,生民休戚,非咨访绅士不能周知……况邑有兴建,非公正绅士不能筹办;如修治城垣、学宫及各祠庙,建育婴堂,修治街道,俱赖绅士

[①] Charles Tilly, *The Formation Of National States In Western Europe*, Princeton: Princeton University Press, 1975, p5.

倡劝,始终经理。"①自古"皇权不下县",县级以下行政和公共服务就必须依靠"居乡之士"这群"特殊的会读书的人物"②参与进行。

中国一直以来就是农业大国,分散性的小农经济和统一性的大一统国家之所以能够长期协调并存,很大原因就是有乡绅这一阶层作为国家与地方的"平衡器"存在。从系统组织原理上讲,小农经济往往使得社会缺乏能够把各个地域联系起来的组织力量,③而乡绅这一阶层"渗透于基层的非官僚的社会化组织力量,形成了国家官僚机构枝干下的广泛而稳固的根基,从而把一个巨大的农业社会不可思议地组织起来了"。④ 作为认同国家意识形态的知识阶层,乡绅扮演着县以下社会组织中的地方领袖角色,他们参与乡村治理,有利于国家政权的稳定。而参与公益事业,正是乡绅参与地方治理的重要方式之一。他们对公益事业的参与,尤其在缓解自然灾害的危害、减少灾荒年间的暴动可能性、减弱社会的不稳定因素、传承和传播文化道德等方面,起到了积极而重要的作用。

鸦片战争后,伴随着西方的资本输出和殖民侵略,中国被迫参与到国际劳动分工之中,成为世界体系的边缘地区之一,并受着中心区域即西方国家的影响。同时,近代意义上形成于西方世界的国家与社会的关系,是在西方强势的政治与经济力量背景下被赋予了普遍的意义,这种形成过程也推动了中国国家政治与社会结构的变迁。⑤ 在中国这场发生于19世纪末20年代初的史无前例的社会变革中,清政府的"新政"被视为中国社会转型的开端,经过这一转型,中国开启了"国家现代化"建设的路程。国家政权开始向下延伸,以调动更多的社会资源进行国家现代化建设。

---

① (清)徐栋编:《牧令书》卷七《取善》。
② 费孝通:《中国绅士》,惠海鸣译,中国社会科学出版社2006年版,第41页。
③ 金观涛,刘青峰:《兴盛与危机——论中国社会超稳定结构》,法律出版社2011年版,第24页。
④ 同③,第33页。
⑤ 郁建兴,江华,周俊:《在参与中成长的中国公民社会——基于浙江温州商会的研究》,浙江大学出版社2008年版,第35页。

清末民初的江南地区,由于邻近通商口岸,商业贸易频繁,经济富足,与国外交流较多,处于内外思潮变革的前沿地区,且明清以来,江南文化繁盛,科举在全国独占鳌头,江南乡绅人数众多且势力强大,在时局动荡和科举废除境况下实业救国思潮涌现,传统的"四民结构"有所松动,看重文化道德的绅士阶层与重视金钱利益的商人阶层之间发生对流。肖邦齐提出在20世纪初中国的内核区域,绅士大都具有商业身份,当绅士进入到商务领域以后,那么无论富商有无"顶戴"(身份),都可以依凭功名之士履行绅士的功能。在这种情况下,"士农工商"的分界变得模糊不清,这一现象从语源学的角度上,表现为19世纪末20世纪初"绅商"的命名。① 本文研究的乡绅,是指包括"绅商"在内的,与地方政府共同管理当地事务的地方精英。②

　　正如丹尼尔所言,"不论我们如何执迷于天启神示,稍后又热衷于变革,但社会结构本身——包括生活方式,社会关系,规范和价值体系是不可能在一夜之间颠倒过来的。权力结构可以迅速变革:新官到任,新的晋升道路很快开通,新的指挥基地转眼建成。可这种剧烈转变大多只限于权贵的循环。社会结构的改变要缓慢得多,特别是风俗习惯和约定俗成的传统"。③ 事实证明没有任何一个民族可以尽弃其传统重新开始。每一个民族的传统都有其特殊的"现代化"问题,中国传统的基本价值与中心观念在现代化要求之下如何调整与转化的问题,不单纯是语言文字的,生活的实践尤为重要。④

　　以往对于乡绅与政府的研究中,多聚焦于乡绅与政府之间的行政模式,探寻国家与社会互动。在早期的西方研究中,以卡尔·马克思

---

① R. Keith Schoppa, *Chinese Elites And Political Change: Zhejiang Province In The Early Twentieth Century*, Massachusetts: Harvard University Press, 1982, P60.
② [美]瞿同祖:《清代地方政府》,范忠信,何鹏,晏锋译,法律出版社2011年版,第265页。
③ [美]丹尼尔·贝尔:《资本主义文化矛盾》,赵一凡等译,生活·读书·新知三联书店2003年版,第53—54页。
④ 余英时:《试论中国文化的重建问题》,《中国思想传统的现代诠释》(论文集),江苏人民出版社2003年版,第37—67页。

和马克斯·韦伯为代表的学者,认为乡绅阶层与国家权力是相对抗的关系,不受国家政权的影响和管束,是一种独立存在的群体。这种观念是出于对二元化国家与社会的认识,所提出的对抗性是国家与基层乡绅的关系状态。在他们看来,由于乡绅阶层和乡村的自治,国家政权无法进入乡村,因此乡绅阶层和民众所组成的自治共同体是独立于国家存在的。在这种状态下,乡绅参与公益事业便也是出自地方需要,与国家政权无关。

随着学者对中国社会进行实证研究的增多,有学者提出中国的国家与社会并非二元对立关系,是具有同构性的状态。虽然国家政权在不断向乡村社会进行渗透,但始终无法达到直接控制的状态,必须依靠地方乡绅作为国家与社会的中介,进行间接控制,绅权被视为国家政权在基层的延伸。这一观点的代表学者有:费孝通、张仲礼、萧公权、金观涛等。

也有学者提出,国家政权与绅权的关系并非对抗和独立,也并非仅仅是贯彻国家政权统治的延伸,而是一种同时受自上而下国家政权影响和自下而上的民意影响的中间层。地方乡绅由科举选拔,与国家的政治权力和意识形态具有一致性,同时又与本地的乡民有着共同的利益,在乡间有着不同于平民的权威,因此可以动员民间资源做事,也可以向官府反映民意和民需,在国家和乡村之间发挥着沟通的作用,在公益事业中,国家与乡绅是一种合作关系。早期相关的学者有:瞿同祖、李怀印、杜赞奇、黄宗智等。

20世纪80年代以来,国内学者开始大量关注这一领域。相比于欧美学者在新范式上的提出,国内学者更倾向于历史资料的叙述和区域研究,岑大利、徐茂明、郭剑鸣、李世众、徐祖澜等对相关乡绅参与公益事业的研究多聚焦于江南、山西、湖南、江西等区域的个案研究或单项的水利、教育等方面的研究,对乡绅参与公益事业的模式论述缺乏全面的探寻。

本文聚焦清末民初江南地区乡绅参与公益事业的模式,探寻的主要问题是:这些乡绅如何参与到公益事业中去发挥自己的力量?在这背后国家又是否发挥了推动作用？国家政权建设进程中的中国，政府是如何影响社会进行地方自治的？

二、政府引导乡绅：官导绅办

清末民初时期，国家时局动荡，中央政府的政权稳定性也较差，国家财力不足以应对各地基础设施建设、救灾、社会生活保障等方面的问题，必须大量调动社会资源。对于大型工程，政府需要依靠掌握大量社会资源的乡绅阶层参与进行。政府赋予乡绅以正式权力，一方面为了加强对地方的掌控，将乡绅阶层划入国家政权体系之中；另一方面期望依靠乡绅调动更多民间资源推进国家建设，促进国家政权的稳定。因此，国家常常会通过不同方式引导和鼓励乡绅参与公益事业，以乡绅调动社会资源，减轻国家财政压力，应对政权不稳定的问题。

《张文襄集·奏议》中曾记载，在19世纪末到20世纪初的中国，修筑铁路是各地的重大事件，这些事件的参与者有政府，也有士绅和商人。虽然修筑铁路在当时被认为是政府重要事件，但是许多铁路的修建都有民间力量的参与，尤其在洋务运动后期政府资金不足的情况下，地方修筑铁路的需求都是由民间商业巨子参与进行的。[①] 可见，对于一些国家工程涉及地方以及国家财力无法独立完成的项目，政府通常动员乡绅参与其中。笔者总结了三种方式。

一是发布相关政府奖励条例，以政府的嘉奖吸引乡绅参与公益事业。政府针对需要进行的工程，如建桥修路、水利设施建设等，出台相关条例和政策，鼓励乡绅出资、筹款、捐物以及利用其在乡间权威发动社会资源，分担政府人、财、物的压力，并依据出资的多少和参与程度予以不同的政府褒奖。中华民国五年(1916)十二月三十日的《浙江公报》刊登《浙江修筑省道奖励条例》，[②]其中表明"第一条，本条例为奖励修筑省道出力人员及捐助经费者而定"。根据不同的参与程度，制定

[①] 参见毛艺林：《清代士绅阶层参与地方事务管理的原因与作用》，《兰台世界》，2014年第9期。

[②] 《浙江公报》中华民国五年十二月三十日，一千七百二十三号，第6页。

明确的奖励条例：

第五条，各县绅董商民应得之奖励劳绩如左。

1. 自行捐助以为提倡者；2. 热心劝捐项较多者；3. 担任修筑省道若干里丈者。

第六条，各县绅董商民具有前条各项之一者，由县知事查明呈报办事处禀呈，省长核给奖励如左。

特别奖励，勋章、中央奖章、本省奖章、勒碑记功、匾额；

寻常奖励，本省奖章、匾额、传谕嘉奖、特质奖品；

……

第十条，凡捐助在一万元以上者，由省长呈请中央给予勋章；

第十一条，凡捐助在五千元以上者，由省长呈请中央酌给奖章；

第十二条，凡捐助在一千元以上者，由省长酌给勋章；其捐助在一千元以下者，亦得由省长酌量给予本省奖章或匾额。

第十三条，凡捐助田地房屋材料等项者，概照时值估计，其奖励查照第十、第十一、第十二条办理；

第十四条，凡捐助在一千元以上，经募在五千元以上者，除照章给奖外，并于道路就近之站勒碑记功；

第十五条，凡担任修筑省道一段，其经费在五千元以上者，如系个人捐助，即用该捐助人名，将其修筑一段定名为某某路；如系团体或一乡合资捐助即用某团体或某乡为名。

由该条例可见，条例五中可得奖励的分别是捐钱捐物者、募捐者、负责修筑者。首先，按照当时的生活水平，能够捐钱捐物达一千元以上，必定是富贵人家，或为富商或为世家；其次，能够募集到钱款，就需要一定的社会威望和影响力，同时也需要良好的人脉，也必定为地方精英；最后，担任修筑省道，依然需要出钱和出力，非乡绅不能及也。由此可见，有财力、有社会威望、有能力的人，才能得到政府嘉奖，而这些也只有乡绅会具备。同时，政府所赋予的勋章、勒碑记功、命名等嘉奖，也正是乡绅阶层所看重的。这些名誉奖励，有利于提高其社会威望和影响力,也自会得到乡绅阶层的响应和参与。

民国时期国家重视教育事业,但由于战乱不已,政府财政匮乏,教育经费不足,政府对于义庄办学给予厚望。1916年内务部通咨各省要求捐建义庄时请注重教育,以补政府之不逮。① 对于办学成绩出色的义庄,政府给予褒奖。如无锡胡氏义庄、寨门严氏义庄均因办学成绩出众获得教育部颁发的一等奖章,②常熟张氏孝友义庄也因此获得大总统颁发的特奖匾额一方。③ 这也进一步提高了乡绅参与的积极性。因为义庄受到嘉奖意味着不仅仅是乡绅捐建义庄的善举得到政府的确认,"更是一次扩大家族社会影响力的有效途径"。④

二是县官等官员开会动员乡绅参与公益事业。县官作为一县之长,是国家正式权力的拥有者和国家政策的贯彻者。乡绅作为具有影响力的地方精英,具有充分调动各种当地资源的能力,很多具体事务执行都离不开乡绅。一般情况下,乡绅乐于与当地正式官员保持友好状态,以作为一种政治交换,利于办理自身事务。因此,若该地水利工程、道路桥梁等基础设施建设需要修缮、学校需要兴办,官员会对乡绅进行动员,说服其捐款、募捐或提供人力。

张仲礼根据大量方志等资料对19世纪中国的绅士分析后提出,有时绅士受命于官宪办事,或协助官府办事。有时候官吏们倡议某些事,让绅士去干或者放手推行,⑤如在江浙地区"地方官员曾委托乡绅创办学校、征收庙产和一些教育捐,修理校舍"。⑥ 根据魏丕信的研究,

---

① 《学事一束:内务部通咨各省捐建义庄请注重教育》,《教育杂志》,1916年第8卷第5号,第33页。
② 参见《教育部褒奖捐资兴学者》,湖北教育厅公报,1931年第9期,第6页;《无锡严氏私立学校二十周年纪念册》,1922年,吴县教育局档案 I05-001-0574,苏州档案馆藏。
③ 参见《呈大总统请奖张氏孝友义庄匾额文并指令》,《教育公报》,1922年第5期,第4页。
④ 李学如:《近代苏南义庄与地方社会研究》,上海三联书店2016年版,第101页。
⑤ 张仲礼:《中国绅士——关于其在19世纪中国社会中作用的研究》,李荣昌译,上海社会科学院出版社1991年版。
⑥ 董建波、李学昌:《20世纪江浙沪农村社会变迁中的文化演进》,华东师范大学出版社2010年版,第47页。

在中国的荒政史中,18世纪的地方乡绅在当时的赈灾中只是起辅助性作用,然而从19世纪40—50年代开始,"国家干预占压倒优势的情况几乎终止了",①"自那时以后,多数抗灾活动都是由'赈局'举办的,'赈局'完全是由地方乡绅管理的。即使州县和省的地方官并不总是持消极态度,一般来说,他们的作用也仅限于召集地方精英们开会,在会上要求他们成立一个赈济组织"。② 可见清末民初时期,由于国家内忧外患,多数抗灾活动都需要乡绅参与,为充分调动民间资源,由地方官员召集开会进行动员,由乡绅进行具体救济工作。正是由于"用于公共工程和公共福利的政府资金有限",所以"州县官必须依靠士绅的支持",③州县官对乡绅们进行动员就显得很有必要。而乡绅出于自身善意以及名誉的需要,也会配合官员的动员,参与到公益事业之中。他们在各公益事业方面都有参与,主要是通过出资等方式,将资金用于修筑河岸、堤坝、城墙道路和桥梁,同时还会捐资助设普济堂、孤儿院(育婴堂)、寡妇院。④

三是给予乡绅以合法权,对有权威的或有特长的乡绅进行任命,使其参与到公益事业中。有清一代,⑤江南地区水灾等灾害中,政府的赈济常常不能满足受灾百姓的需求,地方就会为辅助性赈济设立资金,经费依然从乡绅和其他富人征集而来。通常会成立一个赈济会,由州县官指定乡绅中的一些成员主其事,负责赈灾钱物的管理和发放。济贫机构的基金和育婴堂也有可能交由乡绅管理,⑥而对于有专长的乡绅,政府也往往委以重任。清末民初上海乡绅秦锡田关注水利事业,曾著有《松江水利说》,因为具备相关专长,出任吴淞江水利协会

---

① [法]魏丕信:《18世纪中国的官僚制度与荒政》,江苏人民出版社2003年版,第111页。
② 同①,第261页。
③ 同第145页注释②,第290页。
④ 同第149页注释⑥,第56—63页。
⑤ 沿用的古汉语的说法。"有"在古汉语中常用在名词和形容词前面,是个词头,在句式上起调节音节节奏的作用,没有实在意义。"有清一代"就是"清一代"的意思,但只说"清一代"语气不顺,因此加一个词头。
⑥ 同第145页注释②,第254—255页。

太湖流域防灾会议事员、江浙水利协会研究员、江南水利顾问等职。①许多官员认为,由士绅监造或主管的公共工程和公共福利事业,其效率比书吏管理高得多,而其成本却要比书吏管理还要低。② 特别是清末"新政"中的地方自治,更进一步将乡绅的"非正式权力"转换为"正式权力"。宪政编查馆在奏报《城镇乡地方自治章程》的核议情况中也指出,地方自治专办"地方公益事宜",其范围为本自治区域的教育文化、医疗卫生、道路交通、农工商实业、慈善救济、公共营业和款项筹集等事务。③ 在地方自治的倡导者们看来,"地方自治制度一方面具有传统'绅治'的地方化特征,另一方面又具有'官治'的常设化、制度化特征,能够扬两者之所长而避其所短"。④ "绅权"的合法化使得乡绅参与公益事业有更高的积极性,政府的任命也是对其的一种肯定,赋予了其一定的政治权威和合法性,有利促进乡绅对公益事业的参与。

这种参与模式,主要在于国家层面的、涉及多地的公益事业。政府财政和人力不足,需要调动各地民间资源进行,通过颁布条例、政府官员动员、给予乡绅合法性这些举措,相互配合相互补充,调动乡绅的积极性,投入到公益事业中来。

三、乡绅主动协助:绅办官督

乡绅阶层作为国家与社会的"调节器",一方面支持和具体实施着国家政策在基层社会的行动,另一方面也会将百姓的需求向上进行传达和沟通。他们是一种同时受自上而下国家政权和自下而上民意影响的中间层。"治水、赈灾或治安等地方公益事务典型地发生在第三领域,是在国家与社会的共同参与下进行的"。对于国家来说,各地县衙门需要向当地"社区领导人"求助;对乡绅来说,"他们又没有能实施

---

① 张乃清:《上海乡绅——秦荣光秦锡田》,学林出版社2013年版,第64页。
② 同第145页注释②,第291页。
③ 故宫博物院明清档案部编:《清末筹备立宪档案史料》(下册),中华书局1979年版,第725—727页。
④ 魏光奇:《官治与自治——20世纪上半期的中国县制》,商务印书馆2004年版,第72—73页。

大规模公共活动的民间组织,从而国家的领导与介入就是必不可少的"。① 乡绅对难以实施组织的较大型工程等,会根据乡间实际需求和村民愿望,自下而上进行申请,请求政府出面引导,出资协助乡绅参与公益事业,或批准其进行公共事务治理,赋予其合法性和政治权威。也会有乡绅出于道义和使命感,主动参与到政府所组织的相关工程、慈善等事业之中。这是一种自下而上的公益事业方式,是一种主观能动性的体现,也是另一种官绅结合的公益事业进行方式。在这一过程中,政府能够及时得知基层的需求和声音,畅通自下而上的反映渠道,并且听取相关意见,保持着国家与社会的交流和沟通。同时,乡绅的"善行"正是借助于政府赋予的政治权威,获得社会影响力。上下渠道的畅通,达成一种良性的互动模式。笔者总结了两种乡绅主动参与形式。

一是主动提出,请求官府批准或资助。政府政务繁多,很难面面俱到,而中国的传统历来都是"乡民羞于见官",作为特殊阶层的乡绅就需要担负起反映地方实况的桥梁。由于清末民初时期时局动荡,国家内忧外患,政府很难及时了解社会需求。乡绅通过为公益事业建言献策,与政府官员进行斡旋等方式,争取官府的支持与资助。例如水利兴修对于农业社会甚为关键,规划水利、疏浚河道、整治水患都是极为重要的地方公益事业,且常常涉及较大的区域,需要大量人力物力,政府的支持就显得极为重要。

清末民初上海乡绅秦荣光向松江知府呈送《松江水利说》,为政府整治水利建言献策,提出具体的实施方案。"他的这些主张,得到了广泛的社会支持,最终被官府采纳。"他的儿子秦锡田也继承家学,提出整治黄浦江水道的建议,得到重视,并被授予江南水利顾问等职。② 他们为政府建言献策,呼吁政府重视,期望得到政府的肯定,从而促使政

---

① 黄宗智:《中国的"公共领域"与"市民社会"——国家与社会间的第三领域》,《国家与社会:一种社会理论的研究路径》(论文集),中央编译出版社1999年版,第421—443页。

② 同第151页注释①,第62—64页。

府进行水利兴修。而政府在收到乡绅的意见和建议后,会广泛收集社会意见,能够了解社会所需,将政府需要出面做的工程进行开展和维护。相关乡绅的建议获得政府的肯定后,也更加促使其热心投入到地方公益事业之中。此外,面对地方灾害出现的情况,乡绅不仅亲自救助乡民,也会为民众发声,要求政府采取一定举措,比如以减代赈、蠲免赋税,以减轻乡民面对灾疫时的压力。据统计,晚清时期每年因灾获得蠲免的州县占全国州县总数的八分之一至六分之一。① 正是乡绅与政府之间具有良好的沟通,才能够使得政府及时了解民众所需,为乡绅参与地方公益事业做出相关资助,或使其建议被政府所采纳实行。政府的认可,意味着乡绅行为的合法性,同时也被官府赋予一定的政治权威,肯定其主动性同时也调动了乡绅参与公益事业的积极性。这种自下而上的沟通模式,对于国家来说,能够及时了解地方公益事业的需求和状况,并给予必要的资助,有助于基层公共工程和福利设施的完善,进一步促进基层社会的稳定。

二是主动协助,参与政府许可的公益事业中。乡绅作为地方精英,心系地方,他们通过呼吁和组织更多力量参与公益事业的方式,配合官方的相关公益事务。如宣统三年(1912)夏季,常熟遭遇大雨,遭遇严重水灾,农田被毁房屋倒塌,②面对大量灾民和社会秩序混乱局面,乡绅丁祖荫积极组织常熟的地方士绅,配合官方的一系列赈灾举措,协助地方进行灾害救济。在民国八年(1919)地方上的严重水灾后疫情严重,常熟士绅开办治疫医院抢救病人,日诊一度多达180余人。③ 同时期,上海乡绅秦荣光等人从清末所发布的关于地方自治的法令入手,"致力于地方的各项改革,尤其是在地方维权、建桥铺路、兴修水利、创办学堂、社会治安诸方面取得巨大的社会成效"。④ 乡绅的

---

① 康沛竹:《灾荒与晚清政治》,北京大学出版社2002年版,第62页。
② 江苏省常熟市地方志编纂委员会编:《常熟市志》,上海人民出版社1990年版,第140页。
③ 江苏省常熟市地方志编纂委员办公室编纂:《常熟市志》,上海辞书出版社2006年版,第14页。
④ 同第151页注释①,第2页。

协助使政府在地方的相关事务的开展更加顺利,在参与这些公益事业的过程中,乡绅的社会声望进一步提高,更受到百姓的推崇与支持,同时为政府减轻不少压力。

这种参与模式,主要涉及的是局部地区的、与百姓息息相关、但是又难以得到政府及时关注和全方位投资的较大公益事业。乡绅作为"在乡之士",对地方的需求和公益事业的需要非常了解。一些个人或者群体难以单独组织的需求,需要政府出面,那么,乡绅就会主动提出或推动、协助政府进行参与,为地方的公益事业出力。

四、乡绅民间行为:乡绅自主

有清一代,乡村社会的各种建设性职能始终没有被纳入行政制度化范畴,没有科层化的组织机构来承担,而由地方精英以私人身份承担了。① 清末民初,地方自治的潮流下,在国家政权建设进程中,伴随着"绅权"合法化,乡绅参与地方公益事业的积极性获得进一步提高,乡绅阶层以私人身份参与公益事业的频率也有进一步增加。

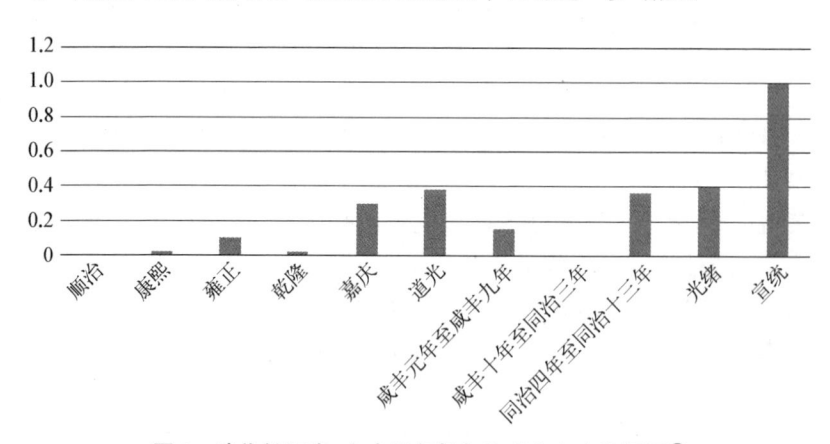

图1 清代松江府、太仓州各朝年均建立义庄数据图②

① 同第151页注释④,第50—51页。
② 同第149页注释④,第91页。

例如，以收族、睦族为宗旨的义庄，作为宗族性的公益组织，从北宋范仲淹创立范氏义庄以体恤族人以来，始终为士大夫所推崇。义庄的建立需要大量的田产投入作为全族的共有财物，由宗族中富有之家捐资捐物创立，也即多由乡绅捐建而成。通过前文所绘图表可知，有清一代，江南地区的义庄创立出现阶段性发展的特点，尤其在清末时期，达到高峰，这也与江南基层慈善事业的发展趋势相吻合。

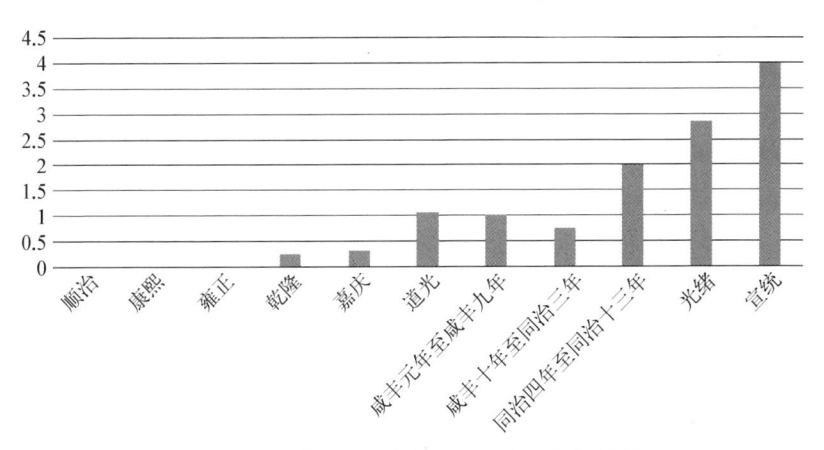

图2　清代苏州府各朝年均建立义庄数据图①

这些义庄虽然目的为施惠于一族，但义庄所获收入大都用于公益事业。义庄的地租所得，大多用以救助贫族、地方教育、地方公益事业、慈善事业等方面。

由下表可见，华老义庄的开支主要用于赡米（给予鳏寡孤独及贫困者）、教育（地方教育、学杂费）、地方公益事业（修桥补路等）、地方慈善事业（施棺施衣等）。义庄作为宗族的公产，由乡绅投资建立，为地方公益事业做出了不小贡献。

---

① 同第149页注释④。

荡口华老义庄在民国二十三年多租入分配表[①]

项　　目	支出数(米)	百分比(%)
地方公益事业	128.10 石	12.0
地方慈善事业	9.90 石	0.9
地方教育	50.00 石	4.7
子孙学杂费	122.13 石	11.0
恤佃	14.02 石	1.3
赡米	628.80 石	58.5
杂支费	122.04 石	11.6
合计	1 074.99 石	100

由于此种方式对公益事业大有裨益,清朝及民国时期,政府均颁布相关保护义庄的法律,同时给予捐建人以奖励。清康熙时开始对设义庄者正式加以旌表。乾隆朝政府对义庄的保护已经上升到法律高度。[②] 江苏巡抚庄有恭于乾隆二十一年上书,要求保护义庄田产,禁止义田买卖,并获皇帝开准。将其纳入大清律例,颁行天下。[③] 到太平天国运动后,多数义庄遭毁,但政府依然给予了承认和保护。民国政府依然对义庄持以肯定态度,予以支持和保护。1916 年内务部通咨各省云:"查义庄之设所以敬宗而睦族,其制始于宋范文正公,后世多有仿行之者。吾国家族制度之良规,实赖以相维于不坠。况收养鳏寡存恤孤贫,虽各限于宗支而为慈善事业则一。现在自治制度放将筹备励行,各处义庄均订规条,恪相遵守。本含有自然

[①] 参见苏南人民行政公署土地改革委员会编:《无锡县荡口镇义庄田调查》,《土地改革前的苏南农村》1951 年内部印行,第 73 页。转自李学如:《近代苏南义庄与地方社会研究》,上海三联书店 2016 年版,第 94 页。
[②] 同第 149 页注释④。
[③] 唐轲等纂修:《苏州唐氏家谱》,卷六《义庄志·执贴》,民国十六年石印本。

自治性质,诚能藉此提倡,养成风气与将来,推行自治,不无裨益"。① 政府对义庄的肯定与保护,间接激励民间建立义庄的行为,这些措施提高了乡绅参与捐建义庄的热情,也使得义庄的公益性质得以持续彰显。

除此之外,各地还有由乡绅组成的慈善团体联合会,为地方公益事业共同做贡献。如进入19世纪以后,上海先后出现十几所善堂善会,其中同仁辅元堂是晚清以来上海最具代表性的慈善机构。自民国三年(1914)起,上海慈善团以同仁辅元堂为总事务所,统一办理各项善举。时任同仁辅元堂负责人的乡绅秦锡田,组织办理养老、恤寡、济贫等社会公益事业外,还参与了建桥修路、安装路灯等活动,受到当地民众的好评和上海当局的肯定。②

还有大量乡绅以个人名义参与公益事业。如清末苏州乡绅丁祖荫,"光绪戊戌以后,科举垂废,学校递兴,五六年间政变迭作,教育政令,亦旋作旋辍。而邑中志士,鉴于时势之急,教育之不容缓,相与斥私财,尚公义,先后创设小学,以为作育人才"。③ 其他例如赈济乡邻、建造桥梁等参与公益事业的行为或被称为"善行",或被称为"义行",都被记录在各地的县志之中。例如《上海县志》中记,"曹允升,为人急公好义,若开浚河渠,地方公益,力所不及者均尽力助之";④"李祖锡,热心地方公益,岁欠则请给籽种,匪警则筹办团防疏浚";⑤"严应钧家船业生意,委任为十六铺巡防南局董事,分所当尽皆力任不辞,遇外省水旱筹赈有求助者,无不立应,于乡里义举亦如之。应钧父子捐金囊助善举皆隐名,不求人知,不愿获奖"。⑥ 这些热心公益的乡绅人数众多,他们大多热心乡里,其参与公益事业的事迹被乡民颂扬,同时被志

---

① 同第149页注释①。
② 同第151页注释①,第201页。
③ 丁祖荫纂:《重修常昭合志》,卷九《学校志》。
④ 吴馨修、姚文枬纂:《上海县志》,民国二十五年(1936),卷十五,铅印本,线装第4页。
⑤ 同④。
⑥ 同④。

书记载,流传后世。

由乡绅所组织参与公益事业,以各种团体、个人的形式存在着,且数量和规模庞大。但是这些背后也都有着政府的影响,有学者对20世纪苏浙沪地区的相关研究表示,"新式教育虽然由士绅实与其事,但背后却是受到地方政府的委托和授意"。① 且参与公益事业的行为,本就为政府所鼓励和期望,对于乡绅自身参与公益事业,政府所表示的支持态度与进行的相关儒家思想的道德宣扬与精神嘉奖,都影响和促进乡绅对公益事业的参与。

五、结论与启示

从历史发展来看,中国的中央集权一直是不断加强的过程,而在大一统统治下,多是集权于中央,失权于地方。"大一统之下的'郡县空虚'"使得"在地社会凝聚力不足","乡绅的存在,对于构建一个具有自足性的'地方'至关紧要"。② 乡绅参与赈灾和公共事务的举办一直被视为乡绅的职能之一,③在乡之士通过参与一系列公益事业,一直起着凝聚社会的作用。

而到了清末民初推行地方自治,时人认为"地方自治与国政存有利益关系;地方自治的发达是近代文明国家的一个标志;通过地方自治还可以渐次培养国人参与国家政治的能力"。④ 正如斯特雷耶强调,强大的社会动员能力和文化整合能力是现代国家的最重要特征,并且相信这些能力很大程度上得益于现代国家居民对国家政治过程的积极参与和对效忠国家的自觉认同。⑤ 在清末民初时期是

---

① 同第150页注释①。
② 罗志田:《地方的近世史:"郡县空虚"时代的礼下庶人与乡里社会》,《地方的近代史:州县士庶的思想与生活》(论文集),社会科学文献出版社2015年版,第27—63页。
③ 同第144页注释②,第56页。
④ 梁景和:《清末国民意识与参政意识研究》,湖南教育出版社1999年版,第142页。
⑤ [美]约瑟夫·R.斯特雷耶:《现代国家的起源》,华佳、王夏、宗福常译,格致出版社、上海人民出版社2010年版。

否如此呢？

在笔者看来，清末民初时期，国家政权权力向下延伸，主要是为了调动社会资源以挽救危亡。乡绅作为社会大多数资源的掌控者，其权力被赋予合法性权威，可以进一步调动民间资源。然而，在时局动荡的背景下，国家权力较弱，没有能力加强对地方的管控，地方自治的事实使得乡绅得以大展身手。这一时期的乡绅主要由传统考取功名的学者、新式学堂中获得文凭的学子、以捐官获得功名的富人、有眼界的成功商人组成，他们在国家直接或间接的引导下，投身于公益事业之中。国家将作为地方精英的乡绅"非正式权力"转化为"正式权力"，进一步扩大了"绅权"的同时，也意味着将乡绅拉向国家的一边，这也是国家政权向县级以下渗透趋势的表现。这在一定程度上只是为了国家政权建设而进一步集权，以便获得社会各种资源的方式。这一时期，一系列的公共事务进入制度化模式，例如之前一直由乡绅所控制的教育、慈善和公共营业等方面，在清末三大自治章程中，都正式划为自治机关所管控，虽然管理者依然是原来的乡绅，但是却已经有了国家政权的影子。即使是民间公益行为，也依然可以看到政府间接的影响。可见，清末民初江南地区乡绅参与公益事业的背后，始终有着政府的影响，也正是政府的支持与激励，大量乡绅参与到公益事业之中，保障了乡村公益事业的顺利进行。

正如列维所言："要了解一个民族的历史内涵，绝不是只熟悉它近五十年的历史就可以完成的，要理解这些问题，必须回溯到所讨论的问题发生之前相对稳定的历史阶段。"[1]历史的作用就是以古鉴今，寻找现代社会发展的意义。只有回溯历史，才能更好地指导现实。现代的乡村治理目标是实现农村的再组织，寻找国家权力与乡村自治的契合点，从而进一步激发乡村活力。现今乡村社会中的乡贤，正是这一活力的来源。在乡村治理和乡村振兴中，政府可以通过各个方面影响，提供良好的政策条件，从精神上、行动上支持和激

---

[1] ［美］M. J. 列维：《现代化的后来者与幸存者》，知识出版社1990年版，第18页。

励乡贤参与公益事业,充分调动民间资源,推进乡村建设和乡村治理,为我国社会主义国家现代化建设提供助力,实现国家与社会的共赢。

(王媛元:中共浙江省委党校)

关于方志馆的地方文献征集的探索
——以上海通志馆新馆为例

吕志伟

方志馆是收藏研究、开发利用地方志资源,宣传展示国情、地情的公共文化服务机构。方志馆具有收藏保护、展览展示、编纂研究、专业咨询、信息服务、开发利用、宣传教育、业务培训、文化交流等功能。①

由于方志馆建设相比于其他文化机构起步较晚,学者对方志馆的研究主要集中在方志馆的功能、作用与规划等宏观方面,对地方文献征集工作的探讨涉及较少。但地方文献作为地方志资源,是方志馆建设的基石,地方文献征集工作更是方志馆建设的重中之重。做好地方文献的搜集、加工、整理工作,是方志馆的主要任务之一。

2017年9月27日,上海通志馆新馆(即上海方志馆新馆)在浦东花木地区开工建设,其馆藏文献建设依照中级公共图书馆的标准。依照《公共图书馆建设标准》,中型图书馆建设规模与服务人口数量为20万至150万,总藏书量最低要达到24万册。② 目前,上海通志馆馆藏文献数量与《公共图书馆建设标准》要求相差甚远。截至2017年12月,通志馆共收藏外省志书12 377种,18 956册;年鉴5 611种,7 604册;地情文献2 422种,4 774册。上海地区志书925种,3 511册;年鉴464种,1 318册;地情资料972种,1 858册,馆藏共计38 021册。

同时,随着社会的发展,地方文献种类和数量越来越多,而方志馆

---

① 《关于印发〈方志馆建设规定(试行)〉的通知》,http://www.difangzhi.cn/zgdfz/tzgg/201706/8c1dd616eee5466c8c739f3d198a28d2.shtml。

② 《公共图书馆建设标准》,http://www.360doc.com/content/11/0315/21/6393723_101465936.shtml。

文献征集的经费和藏书空间都是有限的，不可能将所有的地方文献都收集齐全，这就要求上海通志馆新馆必须根据自身特点确定若干类地方文献为征集的重点，保证其系统性和完整性，从而形成自己的特色。本文结合上海通志馆新馆建设的需要，就如何做好上海通志馆新馆地方文献征集工作谈一些看法。

一、地方文献征集原则

（一）目标性原则。上海通志馆新馆立足于地方志"存史、育人、资政"的基础使命，致力构建"新型通志馆"，以创新理念、创新方式、创新技术，汇聚地方志（地情）文献、资料和数据，实现地方志（地情）知识储存、普及与应用的有机结合。新馆要建设成为上海地情资料中心、展示中心、服务中心和研究中心，成为世界各地读者群众了解上海、研究上海的重要基地。因此，齐全地反映上海地情的地方文献是上海通志馆新馆征集的主要目标。地方文献不仅包括志书、年鉴，还应该包括图书报刊、音像制品、缩微制品、数字资源等。上海通志馆新馆要大力征集本地文献，但是不应将所有外地文献都拒之门外。笔者认为，上海通志馆新馆必须超越疆界，征集一定数量的外地文献。一是上海是一座海纳百川的国际大都市，来自全国各地的人们在上海工作和生活，他们需要查询外地文献。二是因为方志馆要履行为修志提供文献服务的职能，而外地文献，尤其是外地志书可以为修志提供参考。但是，我们也要把握尺度，须以本地文献为主，外地文献为辅。

（二）实用性原则。这一原则在诸多藏书原则中占首要地位，它贯穿于藏书建设的始终。收藏的文献资料不是为了收藏而收藏，而是为使用而收藏。因此，上海通志馆新馆的藏书资源必须符合科研实际使用需要，适应读者能力培养和素质提高需要，只有这样采集的书刊资料才能发挥作用。

（三）系统性原则。要对藏书的系统性与完整性加以重视，不但要求重点图书全面系统进行收藏，还包括多卷书，连续出版物配套，其不但具有较高的使用价值，还具有保存的意义。

（四）创新性原则。要对藏书的剔旧工作加以关注，将新书补充进来，对相关旧书加以剔除。这主要体现在藏书建设的一个问题的两个方面，不要偏废哪点，要注意剔除那些陈旧过时的、复本太多的、损坏的书籍，才能节省更多的人力、财力、空间，将一些新版的、适用的书籍补充进来，从而使得藏书的质量有所提高。

二、地方文献征集重点

上海通志馆新馆定位为上海地情资料中心，地方文献征集重点可概括为地方志和地情资料。首先要重点征集地方志。方志馆是传承和弘扬方志文化的载体。对于地方志文献的征集，图书馆、档案馆等文化机构也会涉及，但是这些机构只是把地方志文献作为其众多馆藏中的一个门类，地位并不突出，完整性和延续性也不够。方志馆是地方志工作机构的组成部分，可依靠这一天然优势重点征集地方志文献，保持其完整性、延续性，把其作为核心馆藏文献，借此彰显方志馆的独特价值。因此上海通志馆新馆要大力征集地方志书、年鉴、方志理论、方志提要和方志目录等地方志文献。除了本省新编的各级各类志书外，其他省份的三级志书，也应尽量征集。

除了全面系统地征集地方志文献以外，方志馆还需要有重点地征集若干类文献作为自己的特色文献。上海通志馆新馆应选择什么类型的文献作为特色文献？笔者认为，关键是要立足于上海地情资料。

修志是对上海全方位的市情大调查。上海地方志编纂过程中收集到的文字资料、图表、照片、音像资料、实物、著作等以及地方志文稿，形成上海通志馆新馆独有并且全面、系统、完整和准确的地情资料。其资料有五大特点：(1) 权威性，所有资料都经过查核、考证，有文献依据。(2) 全面性，资料覆盖上海所有领域和全部年份。(3) 巨量性。以二轮修志为例，计划公开出版245部，约2.45亿字，但其资料长编按1∶10匡算，达24.5亿字。(4) 持续性。按法规修志每20年必须开展一次，其间每年还需编纂地方综合年鉴，确保了巨量的地情资料源源不断提供。(5) 无偿性，所有地情资料都在修志过程中列支成本，无需再投入经费。《地方志工作条例》规定：在地方志编纂过程中收集的文字资料、图表、照片、音像资料、实物等以及形成的地方志文稿，修志工作完成后，应当依法移交本级国家档案馆或者方志馆保存、管理。①《上海市实施〈地方志工作条例〉办法》更明确规定："承编单位应当将地方志编纂过程中形成的电子文档资料复制给市地方志工作机构。"②

上海通志馆新馆特色就是上海唯一的综合性的当代地情资料中心，即上海唯一承担全市地情资料性文献和数据收集、管理和开发利用工作的机构，保存上海特别是当代上海发展的文献资料，展示上海特别是当代上海的改革发展历程，服务于当代上海改革发展历程的研究，通过地情资料全面、系统、完整地反映上海、宣传上海、研究上海。

通志馆定位为地情资料中心，与其他馆所互有差异性和互补性。一是系统性。地情资料经过修志部门系统整理，不同于档案馆的原始材料。二是内部性。不同于图书馆收集的公开出版物，地情资料除公开出版的志书外，更有价值的是大量无法直接出版的内部资料。三是当代性。历史博物馆主要纵向展示上海历史，并以文物为中心，而地情资料中心更集中反映的是当代上海发展的历程。四是综合性。城市规划馆主要展示城区范围内的建筑和道路，并侧重于远景规划，地情资料中心反映的则是上海自然、政治、经济、社会和文化全貌。

三、地方文献征集工作体系

随着社会的发展和科学技术的进步，地方出版物数量不断增长，原有的以索取为主的收集方式已远远不能适应时代发展的需要。如何更新思想观念、改革运行机制、构建地方文献征集工作体系，已成为地方文献征集工作的一个新课题。

---

①　上海市地方志办公室编：《地方志工作条例　上海市实施〈地方志工作条例〉办法》，第5页。

②　上海市地方志办公室编：《地方志工作条例　上海市实施〈地方志工作条例〉办法》，第10页。

如何构建新馆地方文献征集工作体系,笔者认为需要做好以下几点:

(一)制定总体的地方文献征集工作发展规划。根据本馆的任务、性质、规模、藏书基础、读者情况、地方特点,制定总体的长远发展规划作为地方文献征集工作的奋斗目标。同时,还要在图书采集、藏书组织、资源共享三方面都制定出具体的方针以指导本馆的实践。

(二)切实开展地方文献征集调查工作。关于地方文献征集的调查工作:对于已经入馆的书籍要有目的地进行调查,这样能够使工作人员很好地掌握图书的连续性与完整性,做到对书籍心中有数,比如馆藏书有哪些特点,哪几个类别的藏书是比较完善的,哪些重要的书籍还不够完整等。对这些基本的情况了解了,就能够有针对性地掌握藏书的状况,通过调查馆藏排架目录,对各类多卷集图书的配套情况能够及时了解;通过全国的总书目、联合目录、专题目录等了解分析馆必备书的缺失情况,这是方志馆增新补缺充实馆藏的重要手段。

要加强读者调查。方志馆建立藏书的最终目标就是为了给读者提供方便,满足读者的实际需求,征集人员要经常对读者的需求情况进行调查,调查读者最直接的方法就是和读者进行直接的接触,通过各种方法去了解他们的想法。还要听取文献管理员的意见,这对馆的建设是有重要的作用。

(三)强化行政手段。通过工作汇报等形式,积极争取各级领导的重视,并以政府的名义下发文件,要求各部门、单位,凡编撰出版的地方出版物、地方著述、地方史志及名人著作等,必须交付方志馆收藏存档。

(四)建立目标责任制。将方志馆工作人员、按部门、系统划分,按年度下达任务,制定目标、明确责任、年终进行征集工作评议,并记入工作成果。地方文献征集工作是一繁杂、艰苦、长期的"燕子衔泥"式的工作,从事此项工作的人员首先要有高度的责任感和事业心,既要对地方文献有一定的了解,还要熟悉出版发行动态,同时最好还具有一定的公关能力,因为内部出版物是要花大力气才能征集到的。

(五)创新征集渠道。购买、交换、征求、复制、接收、寄存和代借等是文献征集的常规方法,也是方志馆征集地方文献的重要途径。但由于地方文献出版、发行和传播的途径具有特殊性和多样性,仅靠常规征集方法难以构建完善、系统的馆藏体系,因此我们要拓宽地方文献的征集渠道,创新征集方法。走访地方名人,向本地和外地名人定期发函、征集业绩成果及有关地方著述。有条件的可进行专访,保持经常联系,开发地方文献资源。定期举办展览。随着地方文献征集成果的扩大,馆藏的不断丰富,每隔2—3年,举办一次成果展览,形式多样、不拘一格,如:地方风物展、地方史志展、地方英烈展等,把征集成果推向社会,扩大影响。通过展览,提升社会各部门、各阶层对方志馆地方文献征集工作的重视程度。从而吸引社会各界人士主动提供地方文献和名人线索,使过去那种索要方式得到根本改变,同时也密切了与党政机关各部门之间的工作联系。

(六)加强虚拟馆藏建设,走资源共享道路。实行信息资源共建共享是解决知识信息剧增与馆藏数量不足这一矛盾的重要途径。随着社会的发展、科学技术的不断进步,读者对信息资源的需求方式及内容也产生了根本性的变化。读者不再满足于单一的馆藏信息服务,迫切需要的是内容新颖全面、类型完整、形式多样、来源广泛的信息。读者的这种全方位、综合化的信息需求,显然不是一个方志馆所能够满足的,多个信息单位协作实现信息资源共建共享已成为信息服务界急需解决的问题。读者对知识信息的需求还反映在要求所需信息的电子化、网络化,这就需要方志馆加强对文献信息资源的电子化组织和迅速实现网络化的工作,通过对知识信息分析、综合、整序,将新的、序列化的知识单元提供给读者。

上海通志馆新馆建设是上海文化发展史上一项重大工程,开馆后它将成为上海方志工作者展示上海方志成果、开展方志理论和上海地情研究的综合性基地,全方位、多渠道地做好地方文献征集工作对新馆意义非凡。

(吕志伟:上海通志馆)

从《汶川特大地震抗震救灾志》的编纂特点解析大事件志的编纂

颜小忠

2015年8月,《汶川特大地震抗震救灾志》(以下简称《抗震救灾志》)编纂委员会编写的"十二五"国家重点出版物出版规划项目、中国志书精品工程——《汶川特大地震抗震救灾志》由方志出版社正式出版。这是中华人民共和国成立以来第一部由国家层面组织、针对特大自然灾害而编纂的重大事件志。编纂人员收集8 000多种省、府、州、县志和部门志、专业志、专物志、名人志等,编撰为11卷,达1 400多万字,着力于弘扬中华民族伟大抗震救灾精神的特大地震抗震救灾志,可谓前所未有,开方志界之先河。诚如该志《编后记》所云:"《汶川特大地震抗震救灾志》开始编纂以来,陆续又有《北京奥运会志》《上海世博志》等开始编纂,说明大事件志正在逐步发展成为一个新的志种。随着社会的不断发展与进步,大事件志应该会越来越多。"作为第一部开创性的重大事件志,由于它记述对象的特殊性,它在方志理论与实践上必然会有重大的创新与突破,所以,认真剖析一下《抗震救灾志》的编纂特点,进而梳理重大事件志的编纂理论具有重要意义。

一、重大事件志的学科定位及时空原则

重大突发事件志是二轮修志时新出现的志种。事件,按《现代汉语词典》的解释是:"历史上或社会上发生的不平常的大事情。"[1]我们

---

[1] 中国社会科学院语言研究所词典编辑室编:《现代汉语词典》,商务印书馆2002年版,第1153页。

一般将运用志书体例记述某一区域内对区域自然和社会产生重大作用和影响的某一重大事件的全过程和全貌的资料性文献称为重大事件志。从方志学学科体系的构成看,重大事件志应该定位为方志编纂学的专志。安徽大学历史系林衍经著《方志编纂系论》对专志的定义是"专门记述某一项或主要记述某一项内容的志书。它以事物划分记述的范围,如山志、河志、湖志、桥志、寺庙志、物产志等即是"。① 显然,重大题材(事件)志属于记述某一重大事件(事情)内容的志书,它应该归于专志一类。按照笔者执笔撰写的《当代方志学概论·方志学学科体系》的方志学学科体系的构成理论,方志学由方志基础学、方志编纂学、方志管理学、方志应用学、方志史学五个分支学科构成。"方志编纂学是研究方志编纂技术的理论。它分成综合编纂技术和分科编纂技术两大研究内容。综合编纂技术是对方志编纂技术的整体研究,包括方志编纂原则、方志资料、方志设计、方志写作、方志审稿、方志出版等研究","分科编纂技术是对方志编纂技术的分体研究。它将各级各类志书分成专科研究","方志分科编纂技术分成政区志编纂、专志编纂 2 个分支学科","专志编纂理论包括专业志编纂、专物志编纂、部门志编纂、厂矿志编纂等理论"。② 如果我们把各类重大事件志归于一个独立的志种的话,那么,重大事件志编纂学(理论)就可以定位为方志编纂学中分科研究之一的专志编纂学科,它是和专业志、专物志(山志、水志、桥志)等并列的专志之一。根据重大事件发生的突发性和稳定性而言,重大事件志又大致可以分成两类:重大突发事件志和重要影响事件志,前者如《抗震救灾志》《汶川特大地震上海市对口支援都江堰市灾后重建志》等,志书所记述的重大事件是突发性的事件;后者如《北京奥运会志》《上海世博会志》等,志书所记述的重大事件是正常发生但对社会具有重大影响的事件。

方志界有句行话,叫做"专志贵专"。所谓"专"的要求,对于重大

---

① 林衍经著:《方志编纂系论》,安徽大学出版社 2001 年版,第 128 页。
② 刘柏修、刘斌主编:《当代方志学概论》,方志出版社 1997 年版,第 116、120、121、122 页。

事件志而言,包括重大事件的主体记述内容、记述时限、记述地域范围、记述顺序和统计数据的使用等原则规定,而这些原则规定和政区志以及其他专志是有很大区别的。

《抗震救灾志》的主体内容是全面、客观、系统地记述汶川特大地震灾害、抗震救灾和灾后重建的全过程,以存史资治。该志只是记述汶川特大地震的发生及其产生的灾害、广大军民的抗震救灾和举全国之力的灾后重建三个主体内容,即汶川特大地震该重大事件涉及的具有重大影响的地震灾害、抢险救灾、灾区生活、灾区医疗防疫、社会赈灾、灾后重建、抗震救灾英雄模范等主体内容,而不是像行政区域志一样,全面、系统记述该地震灾区的自然、政治、经济、文化、社会的内容。

《抗震救灾志》的记述时限,各卷并不一致。《地震灾害志》《抢险救灾志》《灾区生活志》《灾区医疗防疫志》《社会赈灾志》和《英雄模范志》6卷所记为2008年5月12日至10月14日。5月12日是四川汶川8.0级特大地震发生之日,10月14日是国务院抗震救灾总指挥部撤离汶川地震灾区、设立国务院恢复重建工作协调小组之时,是抢险救灾和灾后重建的转折点。《总述》《大事记》《图志》《灾后重建志》《附录》5卷为2008年5月12日至2011年10月14日,记述时限从地震发生至汶川地震灾害恢复重建总结表彰大会在北京举行。两大类分卷记述时限的截然分段和明显区别产生的原因,主要是重大事件主体工作的阶段性所造成的。根据重大事件的主体内容和实际工作情况确定好志书的记述时限,应该说是重大事件志编纂时需要特别注意的一个问题。重大事件不同主体内容采用不同的记述时限,这在其他志书中是很难想象的,可是,《抗震救灾志》根据汶川地震灾害、抗震救灾和灾后重建三大主体内容发生的时间差异,就是只有这样采用不同记述时限,才能适应三大主体内容各自记述的需要。当然这个上下限也不是绝对不变的,它也可以适当上溯下延,比如,5月12日地震发生前的种种迹象和地震机构的观测,灾后重建总结表彰大会后的灾后重建收尾工作是需要记述的。《抗震救灾志》的记述地域范围更是特殊。志书要求明确记述地域范围,一般不能越境而书,但是汶川特大地震影响的地域范围是很复杂并且难以确定的。虽然,地震灾区面积大约为50万平方公里,灾区范围包括四川、甘肃、陕西、重庆、云南、宁夏6个省(市、区)的237个县(市、区),但各类地区灾情相差很大,极重灾区、重灾区、一般灾区在各省分布很不一致,极重灾区全在四川省;还有地震灾区以外因为地震波及受影响的四个省的180个县(市、区)。还有社会赈灾的单位和人员,支援抢险救灾、医疗防疫的人员和地区,灾后重建的援建地区等,涉及地区、范围更是复杂、广泛。这就需要仔细甄别,分类分别确定其记述的地域范围。经科学梳理,最终确定:"全志记述范围,涉及地震灾害的,以2008年7月22日民政部、发展改革委、财政部、国土资源部、地震局联合发布的《汶川地震灾害范围评估结果》所界定的灾区范围为准,重点记述极重灾区10个县(市)、重灾区41个县(市)的地震灾区及抗震救灾;涉及救灾、赈灾的,以有关主管部门公告为准;涉及灾后重建的,重点为《汶川地震灾后重建总体规划》所确定的规划范围,即上述位于极重灾区和重灾区的51个县(市),一般用'重灾地区'代指;支援抗震救灾与灾后恢复重建对口支援,以事件(事项)涉及地区为准,包括非灾区及相关国家和地区。"[1]所以,重大事件志记述地域范围应以事件涉及的重大影响地区为主,兼顾其他次要和一般影响地区,具体界定需要依据权威部门的文件或决定。这样才能有主有次、有详有略地记述好重大事件影响所及地区方方面面的内容。

《抗震救灾志》的记述顺序也有一个界定,灾区一般按《汶川地震灾害评估结果》界定的极重灾区、重灾区和一般灾区的顺序排列,非灾区按民政部《中华人民共和国行政区划手册·2009》(中国社会科学出版社,2009年版)所列行政区划顺序排列;记述国家、地区,按其英文名称首字母顺序排列。这个规定也是和政区志有很大不同的。

《抗震救灾志》关于统计数据的使用,更是纷繁复杂。主要灾情数

---

[1] 《汶川特大地震抗震救灾志》编纂委员会编:《汶川特大地震抗震救灾志》,北京,方志出版社,《凡例》第2页。

据有五部委局初期发布的评估数、后期发布的校核数,有国务院抗震救灾总指挥部授权发布的数据,也有后来各受灾地区实际统计数据;有受灾地区地方政府提供的统计数据,也有有关部委局提供的专业数据,还有少量调查数据;有直接经济损失数据,也有间接经济损失数据。灾后恢复重建项目的资金来源和统计数据也复杂多样,有中央下拨经费、灾区地方自筹经费、对口支援省市援助经费、社会支持部分项目经费等等。这些统计数据,有的是统计时间、统计口径不同,有的是统计主管部门、统计方法不同,有的是前期发布总数,有的是后期自下而上的实际统计数。经过仔细和全面分析,最终根据各类数据的统计特点,分别制定不同的使用原则作为凡例,统一要求撰稿单位遵照实行,避免了数据使用的混乱。

二、重大事件志记述要点

《抗震救灾志》采用多角度、全景式的记事,即按照志书以类系事、类为一志的体例,将突发的特大地震灾害和5个多月的抗震救灾工作以及3年的灾后重建工作,横分成地震灾害、抢险救灾、灾区生活、灾区医疗防疫、社会赈灾、灾后重建六个大类(分卷),六个分卷每卷之下分成篇、章、节、目四个层次,从节或目进入纵向记述,囊括方方面面、大大小小的各类抗震救灾及其灾后重建事宜,从而全面、系统地记述汶川特大地震这一突发的重大自然灾害以及地震灾区乃至举国上下积极应对的全过程。

卷四《地震灾害志》全面记述了灾区概况、汶川地震成因及影响、地质灾害与环境影响、地震对生态环境的影响,地震造成的工业、农业、商业、服务业、建筑业,以及国家机关和社会事业设施、军事设施、文化遗产的损失。它和传统的志书的分类、记述方法基本一致,运用详细的资料、全面的统计数据和述而不论的记述方法反映了这次8.0级的汶川特大地震是中华人民共和国成立以来破坏性最强、涉及范围最广,救灾难度最大的一次地震灾害。要记述地震灾害,虽然涉及不少地震专业知识,但是该志只是使用了一些专业概念与术语,并没有像教科书和专业技术书一样罗列、解释、论证。

卷五《抢险救灾志》首先将部署抗震救灾篇分成决策部署、组织实施两章,记述了中共中央总揽全局、科学决策,在震后第一时间把抗震救灾确定为全党全国最重要最紧迫的任务,国务院及其抗震救灾总指挥部建立起上下贯通、军地协调、全民动员、区域协作的工作机制,科学、快捷、有效地组织各方救援力量赶赴灾区实施抢险救援的一系列重大决策与举措,体现了在应对紧急、重大自然灾害之际,中共中央、国务院和中央军委的核心领导作用。其次,分成赶赴灾区救援、抢救生命财产、抢修基础设施、防治次生灾害、抢险救灾保障五篇,讴歌了37万多名解放军指战员、武警部队官兵、消防队员、民兵预备役人员、公安民警、专业救援人员、医疗卫生人员,20多万志愿者等抗震救灾人员在灾区紧急救援一线,积极抢险救人、防治次生灾害、安置受灾群众,抢通路、电、水、通信等基础设施的动人事迹,列举了他们在灾区机关、群众自救互救,救援力量水、陆、空驰援,救援黄金时间的重点抢救、全面搜救,抢救财产和抢救保护珍稀动物等抢险救灾工作中的重大、典型的可歌可泣的事例,以微见著,聚沙成塔,大力弘扬"万众一心、众志成城,不畏艰险、百折不挠,以人为本、尊重科学"的中华民族伟大的抗震救灾精神。

卷六《灾区生活志》全面记述灾区生活救助、群众转移与安置、灾区公共安全与社会事务、市场供应与生活设施修复等震后灾区的生活状况。

卷七《灾区医疗防疫志》全面记述医疗防疫的组织领导、救援力量、救援保障、医疗救治、康复服务、卫生防疫、卫生监督、灾区医疗卫生的恢复等震后灾区的医疗卫生状况。

卷八《社会赈灾志》全面记述中共中央、国务院组织发动赈灾,中央各部门、各省市、军队、民主党派、人民团体、宗教界、港澳台同胞、海外侨胞的赈灾活动,捐赠资金、物资的监督管理,以及国际社会的慰问援助情况。

卷九《灾后重建志》分成决策组织、规划编制与调整、政策措施、基本保障、城乡居民住房建设、城镇体系建设、农村建设、公共服务设施建设、基础设施建设、产业重建、市场服务体系建设、防灾减灾体系建设、生态修复和环境整治、精神家园建设、恢复重建对口支援、恢复重建社会支持等十六篇,全面记述灾区党政军民、对口援建省市和社会各界助建群体科学规划、精心实施,在短短的三年内就完成重建规划项目4万多个,完成重建投资1万亿元,使50万平方公里的灾区4600多万受灾群众享受到"家家有房住、户户有就业、人人有保障、实施有提高、经济有发展、生态有改善"的规划目标成果。

志书就是这样通过六个主体分卷(分志)多角度、全景式地记述当突发的特大自然灾害来临之际,全党全军全国各族人民在中共中央、国务院坚强领导下,举全国之力,历经三年艰苦卓绝的努力,终于取得汶川特大地震抗震救灾和灾后重建的重大胜利,创造了从悲壮走向豪迈的伟大壮举,在人类同自然灾害的斗争史上树立起一座不朽的丰碑。

《抗震救灾志》这个编纂特点可以成为重大事件志的一个编纂原则,也就是说,重大事件志都需要多角度、全景式记述重大事件发生、发展的全过程及其全貌。要记述重大事件从发生至结束的全过程,也要围绕重大事件彰显的主题,记述该重大事件影响所及的方方面面、大大小小的事类、事项。其重要内容也不宜欠缺,就《北京奥运会志》《上海世博会志》而言,则需要编纂者多角度、全景式记述北京奥运会和上海世博会申办、筹办、举办的全过程及其全貌。其举办、申办及筹办三大主体内容涉及的方方面面工作、事情都不宜缺漏不记。

三、重大事件志需大胆创新专志传统体例

前面说过,重大事件志的主体记述内容、记述时限、记述地域范围、记述顺序和统计数据的使用等与政区志及其他专志不太一样,所以它的体例必然在传统志书体例基础上有所创新和突破。

《抗震救灾志》成功创新了重大事件志的体例。《抗震救灾志》采用了多形式的记事体裁,在传统志书体裁和章法上有所创新。所谓多

形式记事是指志书除运用前述六个主体分志记事外,还运用总述、大事记、图志、英雄模范志和附录等多种形式,立体地深入展现波澜壮阔的抗震救灾斗争和灾后重建工作。卷一《汶川特大地震抗震救灾志·总述》在传统志书"概述"的体例上有所发展。相对1 400万字的大篇幅和记述时限从5个月到3年的突发事件专志,《汶川特大地震抗震救灾志·总述》就像一部抗震救灾简志,其目的与写法,正如编纂者所说:"总述卷的编纂本着'总括全貌、概述轨迹、提炼精华、沟通联系、彰明因果、评量得失'的原则,力求从全局高度提要钩玄,勾勒出汶川特大地震抗震救灾和灾后重建的历史画卷,为读者提供阅读与认知、思索与思考、参考与借鉴、回顾与纪念的载体和门径。"这种做法和传统的志书已大不相同。其篇幅已达数十万字,结构已有三个层次,这种篇幅和结构与传统志书的概述也大不相同。卷三《汶川特大地震抗震救灾志·图志》的设置及其编写更是一个创新。它的篇目设计、内容组成与结构、图片资料的选取和正文的表述都与传统的志书不同。全志100多万字的篇幅,收录图、照近2 000张,文字16万多,以图文结合、文图相衔的独特形式,直观、鲜活、全景再现汶川特大地震抗震救灾的真实场景,旗帜鲜明地弘扬中华民族伟大的抗震救灾精神。它的篇目设计参照以类系事的传统原则,主要运用图照全景表现抗震救灾和灾后重建的全貌。全志分为概述和震前风貌、地震破坏、部署指挥、抢险救援、悼念遇难者、八方捐助、政府新闻发布与媒体报道、灾后重建、表彰纪念九个栏目,下面再分成二至三个层次。实写层次的编写方式,主要以文字衔接,内容以图照为主,每张图照均配有说明文字,文字和图均以时间为序记事。入志图照的选取基本涵盖了汶川特大地震涉及的重要事件、地域、部门、行业、人物等方面,兼顾了全面性、真实性、准确性、权威性和感染力,实现了真实性和艺术性的有机结合。卷十《汶川特大地震抗震救灾志·英雄模范志》的篇目分为概述和抗震救灾英烈、抗震救灾英雄集体、抗震救灾模范、附录五个栏目,栏目下再分一至两个层次。英雄模范志和传统志书不同的做法是设置"概述",用近2万字的篇幅综合概括党政军民各类英雄集体、英烈、抗震救灾模范的英雄事迹。《抗震救灾英雄集体》则用 40 多万字的篇幅介绍 328 个英雄集体,这和传统志书重记个人,少记或不记人物群体也有所不同。

四、重大事件志需弘扬伟大精神

"述而不论"向来是传统志书必须遵守的编写原则,但是在短短 5 个多月的抗震救灾斗争和 3 年多的灾后重建过程中,汶川特大地震 50 万平方公里的地震灾区,6 万多人遇难,上千万群众无家可归,危难时刻的舍生取义,"黄金救援"时间的殊死救援,余震和次生灾害前的同舟共济、严密防范,死难者的掩埋,伤员的医疗救治和卫生防疫,灾后家园和基础设施的重建,等等,通过数以亿计的一线资料,编纂者提炼出这次汶川特大地震抗震救灾的主旋律,那就是"一人有难,八方支援"的民族精神和"万众一心、众志成城,不畏艰险、百折不挠,以人为本、尊重科学"的抗震救灾精神。因而它在"述而不论"的原则上有了改进,更多地采用了宏微相济、点面结合、以事系人、述论结合,乃至记述和描写结合的方法。宏观的记述和传统的志书一样,着重全面、客观、系统的记述。总述、各个分卷的概述以及篇、章的无题小序等着重宏观记述、述论结合、数量统计。实写条目则大量地以事系人、记述与描写结合。大的从中央决策、指挥、规划、组织实施,小的到各个地方、各个部门、各个行业、各个群体、各个个人,宏微相济地展现汶川特大地震抗震救灾这一重大事件的全景。记述时间短的有《地震灾害志》《抢险救灾志》《灾区生活志》《灾区医疗防疫志》《社会赈灾志》《英雄模范志》,记述时限为 2008 年 5 月 12 日至 10 月 14 日。这六个主体分志均达七八十万字以上,因而各个分志围绕抗震救灾工作的分类就比较细,越往下的层次所记述的事物就越深入,很多条目除了各层次事物面上概况的记述、全面的统计数据以外,有很大的篇幅就是用来记述一个一个弘扬伟大抗震救灾精神的动人的故事、感人的场景、生动的画面。它就像电影、电视的一个一个特写镜头,直观展现一个个英雄群体、一个个英模人物、一个个震撼人心的场景,让英模的壮举透过纸背,感动读者。正是因为志书能够这样宏微相济、述论结合、述描结合地表现宏大的抗震救灾全景,主题鲜明地弘扬中华民族伟大的抗震救灾精神,才使《抗震救灾志》成为一部了不起的精品志书。

  重大的事件,必有其重大的影响;重大的影响,必会体现出影响时代的智慧与人文思想以及成功的创举、伟大的精神。如果说《抗震救灾志》概括、提炼了中华民族伟大的抗震救灾精神,那么所有重大事件志的编纂者也应该认真去概括、提炼重大事件的重大影响所在、正能量所在、透射出的伟大精神所在。"修志问道,以启未来",既是所有地方志书必须上下求索的目标,也是重大事件志编纂者追求的终极目标。

(颜小忠:上海市地方志办公室)

从行政化到法治化的实践与思考
——安康市汉滨区三十年修志历程回顾

方 琛

出现于20世纪80年代初的新方志伴随着改革开放脚步,走过近40个春秋,经历了80年代创修和21世纪初续修,不同时期分别体现出计划经济与市场经济、行政化到法治化的阶段性、时代性特征。在依法治国、建设社会主义法治国家的大背景下,方志迎来依法治志新时代。地处陕南、拥有100万人口的安康市汉滨区的修志历程,是方志事业跨越式发展的一个缩影,呈现出地方志法治化的发展轨迹。

一、创修地方志时期的行政化特征

20世纪80年代,新方志编修工作在全国如火如荼地开展起来,首先即是基层县志的编修。作为一项新生事物,新志的编修需要全民动员,大力宣传,建立机构,组织队伍,落实经费,广泛征集资料。这一期间,采取行政化手段、依靠政府是必要的,这有利于充分发挥和运用行政资源,强化地方志专业机构行政职责,从而形成"党委领导,政府主持,专业编纂,全社会参与"的组织形式。安康县成立由县委、县政府、县人大、县政协主要领导和各部局委办负责人组成的县志编纂委员会组建县志办公室。67个县直属党政企事业单位成立相应的编纂机构,制定篇目分工和进度要求,全县200余人参与征稿编写,制定地方志工作者学习制度、保密制度、行为守则、工作纪律、资料征集方案、部门编纂方案、志书质量要求、交稿审稿制度;建立修志管理机制,把"包"字引进修志领域,落实各部门专业志编写任务,做到责、权、利挂钩;建立以主编责任制为主的编纂工作细则,形成众手修志局面。

然而,行政化在促成地方志事业大发展的同时也暴露出诸多弊端。1. 按资排辈,行政职务代替学术分工,挫伤了具有真才实学者的积极性;2. 用人不当,人事部门把年纪大、牢骚多的人安排到方志专业机构来,适合修志工作的人被拒之门外;3. 地方中心工作优先,运动优先,学术工作服从服务于中心工作;4. 行政化是计划经济的产物,一切靠行政命令执行,忽视地方志的自身规律;5. 行政化导致"人治"盛行,方志事业的兴衰取决于上级领导的好恶、兴趣;6. 影响志书质量,忽视客观记述,强调书写政绩;7. 观念滞后,抱残守缺;8. 机制太死,分配不公,技术职称按资历晋升,不与素质成果能力挂钩。

20世纪90年代至21世纪初,是新编县志出版,二轮修志尚未开始的过渡时期,"一本书主义"盛行,修志陷入低潮,有些地方志书出版后,机构撤销,人员解散,地方志遭遇严冬。1996年,时任分管市领导重视方志工作,主持市政府常务会议做出决议:成立新的编委会;机构要保留;财政每年补助1万元;要求深化内部改革,走以志养志路子。我们制定一系列有偿征编规章制度,搞活了年鉴,扩大了影响,调动了大家的积极性。在当时法治缺失的情况下,"人治"就成为基层方志事业成败兴衰的重要因素。

这期间县级地方志经历了两次重要的机构改革:1995年的机构改革,陕西省安康市(今汉滨区)方志办仍为正科级单位,编制10人,确定了"三定方案",内设一办两股(行政办公室、编纂股、地情信息研究股),巩固了地方志机构地位。2002年机构改革,汉滨区(原安康市)方志办、党史办与档案局合并成为一个股。这次机构改革融合了三家优势条件,增强了综合实力,便于组织大型活动,但地方志部门由独当一面的科级降为股级,削弱了独立行政的能力。这时期的积极探索,坚持逐年编辑年鉴、开拓修志领域、实现成果转化,积累了丰富系统的资料,为二轮修志准备了条件,为依法修志奠定了基础,提供了借鉴。

二、二轮修志时期的法治化探索时期

2006年国务院颁布《地方志工作条例(国务院令第467号)》22条

(以下简称《条例》),2007年中国地方志指导小组根据《条例》并结合首轮修志实践和当前修志工作面临的新情况,下发《关于第二轮地方志书编纂的若干意见》,是地方志事业迈向依法修志的重要标志,为全国范围的第二轮修志高潮去行政化提供执法依据和法律保障。《条例》明确"县级以上地方人民政府负责地方志工作的机构主管本行政区域的地方志工作,履行以下职责:(一)组织、指导、督促和检查地方志工作;(二)拟定地方志工作规划和编纂方案;(三)组织编纂地方志书、地方综合年鉴;(四)搜集、保存地方志文献和资料,组织整理旧志,推动方志理论研究;(五)组织开发利用地方志资源"。从法律的层面为地方志可持续跨越发展提供保障。《条例》对地方志质量、资料征集、续修以及常规工作等予以说明,对机关、社会团体、企业事业单位、其他组织以及个人应当承担的义务及责任作出规定。《条例》对"县级"地方志工作的责、权、利作了权威、详尽的法律界定,符合基层实际,具有普遍性、实用性,令人振奋,激发了广大方志人的信心和热情。

2009年4月,由笔者起草、汉滨区委、区政府办公室下发《关于加强汉滨区地方志工作管理的通知》和《汉滨区二轮修志实施意见》,二轮修志开始在这个有着100万人口的陕南重镇全面启动。我们将有关法律规定文件和质量要求、行文规范、印刷规范等方志专业性文件汇编成册,广泛散发宣传,利用启动大会、分片会议、乡镇单位,结合二轮修志的进度要求组织学习培训,贯彻落实《条例》,推动依法修志。

截至目前,我们已经对汉滨区《军事志》《人口志》《政协志》《公安志》《教育志》以及老县长《回忆录》依法审定。在征编乡镇志期间,少数乡镇不安排、不配合、不行动,打电话不接、发信息不回,多次催促无果,严重影响进度,我们就依据《陕西省实施〈地方志工作条例〉办法(陕西省人民政府令第124号)》第九条:"机关、社会团体、企业事业单位、其他组织应当在规定的时限内为地方志书和地方综合年鉴的编纂提供真实、准确的资料。"第十九条第二款"违反本办法第九条第一款规定,未能在规定时间内提供资料,或者提供虚假资料的""由县级以上人民政府负责地方志工作的机构责令限期改正;逾期不改的提请本级人民政府责令改正，并依法追究行政主要责任人及相关责任人责任。"予以通报，收到很好效果，体现了法律的力量。130万字的创修《汉滨区乡镇志》已经出版面世，续修《安康县志》的《汉滨区志》已进入审稿阶段。同时激发了机关、企事业单位和重点乡镇修志积极性，在我们的支持指导下已经编辑出版一批专业志书；建起陕西省首家县级方志馆，方志成果为经济建设服务成就斐然，"修志问道，以启未来"的现实意义日益突出。在国务院《地方志工作条例》、中指组《关于第二轮地方志书编纂的若干意见》《地方志书质量规定》以及一系列地方志专业规范规定的引领下，汉滨区的二轮修志与全国一样无论是广度还是深度都有了空前发展，成为道路自信、理论自信、制度自信和文化自信的重要组成部分，展现出光明的前景。

三、《条例》在修志实践中的意义与局限

地方志法治化初期阶段主要有两大类文献：一类是国务院《地方志工作条例》和各省市县政府贯彻执行的"实施办法""实施意见""通知"等地方性、解释性文件；一类是"质量规定""行文规范""编纂规划""印刷规范"等专业性、技术性标准要求。前者形成系统性、广泛性执法网络，而且越到下级越具体、越切合实际；后者为依法修志制定的标准和依据，属于专业性约束。

（一）《地方志工作条例》的意义

首先在于它是国家最高行政机关首次依照政策和法令而制定并发布的、针对地方志领域作出的比较全面系统、具有长期执行效力的法规性公文。它具有法的效力，是从属于法律的规范性文件，人人必须遵守，违反它就要承担一定的法律后果，由此确立了地方志的社会分工与地位，明确了工作范围与职责（第三、第五条）。其次，为地方志长期可持续发展提供了法律依据（第十条）。地方志不再是"路边的石头"，用它时捡起来，不用就扔下。续修——准备（年鉴等）——再续修——再准备，往复循环，不再担心机构撤销、人员分流，避免了地方志被边缘化，给广大地方志工作者吃了定心丸。第三，规定了机关、企

事业单位以及社会各界的责任、义务(第十一条),应遵循的准则,为基层征稿、约稿、审稿提供了法律依据。第四,明确了地方志工作机构的行政执法领域和工作职责(第十二条),有利于整顿社会出书乱象,规范约束各类史志及纪实性出版物的真实性、准确性和质量要求。第五,将修志的编纂、管理、出版、资料征集、成果运用、知识产权保护等列入法条(第十二条、十四条),具有全面系统的执法依据。《条例》对违法行为、奖励惩治、为地方经济社会服务等方面都做出规定,展现出广泛实用的执法空间。总之,以《地方志工作条例》为核心的法律体系正在接受实践检验,书写地方志事业新时代、新征程、新使命、新作为的崭新篇章,具有重要的现实意义和深远的历史意义。

(二)《地方志工作条例》的局限

地方志法治化是伴随着我国从建设社会主义法制国家到建成社会主义法治国家的战略目标调整,从地方志"一本书主义"逐步发展形成的;是伴随着地方志从方志编纂到方志事业的定位升级,由依法修志逐步发展形成的,这是一个漫长的过程。从2006年国务院颁布《地方志工作条例》至今仅十余年,尚未形成较完备的法律法规体系以约束一切社会行为,使社会行为有法可依、违法必究且执法必严,也就是说还没有达到"化"的程度与境界。因此较之客观现实还有较大的局限性。

第一是《条例》本身的缺陷、漏洞、模糊导致的局限性。例如第十一条:"县级以上地方人民政府负责地方志工作的机构可以向机关、社会团体、企业事业单位、其他组织及个人征集有关地方志资料,有关单位和个人应当提供支持。"征集资料难、按时交稿难是地方志工作机构最头痛的问题,这里对拖延甚至拒绝提供的单位和个人没有任何约束、惩戒性说明,也不包括在第十八、十九条惩戒之列。第五条第(五)款"组织开发利用地方志资源",责任不明,大量史志成果束之高阁,造成极大的资源浪费,这涉及各部门各单位,需要综合施策,应当属于政府行为。第八条:"以县级以上行政区域名称冠名的地方志书、地方综合年鉴,分别由本级人民政府负责地方志工作的机构按照规划组织编纂,其他组织和个人不得编纂。"此条仍没有针对违反者的处罚说明,实际上长时期以来,省市县各级各部门都存在擅自聘请社会人士承包,暗箱操作,滋生腐败,质量上蒙混过关的问题。第十二条:"以县级以上行政区域冠名、列入规划的志书经审查验收,方可公开出版。"此条语焉不详而且模糊,县级地方志工作部门对史志纪实类出版物(包括科级以上领导干部回忆录)的审定漏洞百出,缺乏配套法规,印刷厂给钱就印,无章可循。

第二是缺乏具体、细致、量化标准,导致有法不依,执法不严。由于《条例》具有正式立法前的临时性、粗放型特征,没有细则,没有具体标准。如违犯程度、延误时间、处罚级别、损失标准、后果尺度等,使奖惩成为一句空话,丧失法律应有的警戒、震慑和威严。

第三是信息时代,形势快速发展,造成法律滞后。这主要体现在两方面,一个是互联网发展迅猛,信息传播速度极快。志书、年鉴是一个庞大的信息载体,不像地方报纸,错一处第二天就能登报更正。志书有错,一旦出版,立即全球通,很难重新修改,十几年前的《条例》在很多方面鞭长莫及,亟待修订。

第四是对方志工作者缺乏约束。地方志工作者是依法治志的主体,是事业兴衰成败的决定性因素,但《条例》没有给地方志工作提出具体要求,只是在第十七条笼统地表述"县级以上人民政府对在地方志工作中作出突出成绩的单位、个人给予表彰和奖励"。对个人的思想素质、业务素质、职业道德、工作纪律等方面无法可依,奖惩缺失。

四、对地方志立法的几点建议

依法治志是在依法治国、建设社会主义法治国家的大背景下,伴随着新方志事业的跨越式发展提出的,但社会是发展的,法律不可能时刻反映社会变化,法律的滞后性是无法回避的;同样由于法律的语言资源及非语言资源错综复杂,法律的模糊性同样是不可避免的。凡事预则立,不预则废,因此需要未雨绸缪,将法律的滞后性、模糊性减少到最低程度。

(一)着眼前瞻性,体现科学性

要体现前瞻性、科学性,需要做到:1.建议充分参考运用《全国地方志事业发展规划纲要(2015—2020)》,其发展基础与机遇、指导思想与基本原则、总体目标与主要任务、保障措施、加强组织领导各部门,经过无数地方志工作者几上几下、反复讨论修改形成,是对未来几年全国地方志事业发展最权威、最有前瞻性、科学性的纲领性文献,也是制定"地方志法"最值得借鉴利用的基础,可以考虑延伸并融入"中国制造2025"之中,使"地方志法"具有更广阔的延伸。2.要充分考虑互联网、人工智能的发展趋势及其对地方志事业的深刻影响。这将在很大程度上改变传统书写、校对和编纂方式,极大地提高工作效率。但它同时也是一把双刃剑,所以在网络管理、人工智能化管理方面要进一步加强。3.参考借鉴成熟的、交叉的法律法规,如"档案法"(目前全国大部分县级方志机构都与档案、党史合并)、"著作权法"等,在法律的综合运用上达到互联互通,为地方志服务。4.要考虑城镇化的快速发展,传统三级修志(省、市、县)的"金字塔"底部已经饱和,应该向乡镇延伸到四级修志,以适应时代发展需要。

(二)着眼专业,鼓励创新

"地方志法"既然是一部专业大法,就应该充分体现其特质,为现实服务。1.注重为培养复合型人才创造法律条件,这里所说的复合型是指融入高科技、懂得市场、精通本专业、兼具文学、新闻、实用写作等的高素质人才。2.着眼工作效率,最大程度在现实工作中体现其价值。我们现在修一部志动辄七八年,编纂一部年鉴要跨过两年,其时效性大打折扣,"地方志法"应该对此作出具体规定并制定奖惩法条。3.我国新方志已经走过近40年,传统体例需要适当调整,例如在正文中增设"专文"或"专辑",发挥纪实文学优势、运用"春秋笔法"记述重大事件。已创修并出版的《汉滨区乡镇志》就做了这方面尝试,充实了资料性,提高了可读性。4.在依法行政方面,要严格区分当地政府与志办的职责与管理权限,不能模糊,不能错位,否则会导致给自己"挖坑",不利于工作。5.考虑信息时代的特征,《条例》第十条:"地方志书每 20 年左右编修一次",间隔较长,10—15 年较为合适。

(三)着眼市场,加强监管

自从 1992 年我国确定经济体制改革目标是建立社会主义市场经济以来,市场行为早已以不同方式进入并深刻影响地方志机构、事业和人员,形成心照不宣、耳熟能详的灰色地带。例如"有偿入编"与广告经济,社会人员参与单位、部门志书年鉴编纂,志书及无刊号年鉴、地情书发行等。"地方志法"很难禁止、废除这类"擦边球""漏网"行为,但应该做到规范、监管,从质量、审计、税收、监督等方面作出明确规定,对在任专业方志工作者利用职务之便擅自承担社会编纂任务谋取私利的制定惩戒条例,做到有法可依,执法必严。

(四)着眼执法,界定清晰

法律的权威在于执行,因此在制定法律时就应该为执行着想,二者是相辅相成的。对一些普遍的难点尽量使用确切、量化、具体的标准,使执法时便于操作,如同刑法、治安处罚条例。如上文所说拒绝提供资料延误工作的、不重视不安排地方志工作的、未经审查私自出版的、提供虚假资料的、志稿内容浮夸不实的等等,"责令改正":期限多少?"给予处分":哪一等处分?

此外,《条例》有的条文表述不清,语义含混。例如第二十条:"负责地方志工作的机构的工作人员"。到底是负责人还是工作人员?对于县级机关,科级以上就属于领导干部,属于负责人,工作人员则是指一般干部,或者是二者皆为所指?类似歧义法条何以执行。

地方志工作法治化是伟大时代对地方志工作的总体要求,依法治志是一个长期、艰巨、复杂的系统工程。40 年来,我们已经走过了行政化、制度化,步入法治化。随着时间的推移和时代的发展,依法治志必将成为中国特色社会主义法治体系、社会主义法治国家的一个重要组成部分,保障社会主义新方志事业阔步向前,不断书写新的光辉篇章。

(方琛:陕西省安康市汉滨区地方志办公室)

十堰地区散佚旧志考略

严忠良

散佚旧志是方志研究的重点对象,具有重要的学术价值和现实意义。目前学界关于十堰地区散佚旧志研究成果较少,[①]且碎片化、重复性现象较为严重。笔者通过系统爬梳现存各类方志、目录丛书和地理史籍等,系统勾勒十堰旧志散佚概况,以期厘清十堰地区旧志发展谱系。

一、明代以前十堰散佚旧志

明代之前,十堰建置变革纷繁复杂,秦汉时期属汉中郡,三国隶属魏兴郡、南阳郡、上庸郡;南北朝归魏兴郡、齐兴郡、广福郡等统辖。隋时则属淅阳郡、南乡郡等。唐朝,十堰地区属山南东道。宋代,设武当军,隶属京西南路。元代则归河南行中书省襄阳路。通过审慎考证明清之前十堰建置沿革,为断定佚志编纂年代提供重要的线索和资料。在借鉴张国淦《中国古方志考》、顾宏义《金元方志考》《宋朝方志考》、刘伟毅《宋辽金元方志辑佚》等前人论著基础上,系统爬梳和审慎分析古籍文献,明代以前十堰地区散佚旧志最少有十二部。

1.《均州图经》

隋志,纂修者俱不详。《太平寰宇记》转引该书,"隋《均州图经》:南阳武当南门有社柏大四十围,梁萧欣为郡伐之。"是书为《太平寰宇记》所引,可见该书宋代尚存。

[①] 主要有张培玉:《明清郧阳府志述略》(《中国地方志》2007 年 12 期)、冷遇春:《郧阳修志历程》(《郧阳师范高等专科学校学报》2008 年 2 期)、张全晓:《历代武当山旧志考述》(《图书馆理论与实践》2014 年 4 期)等论文梳理包括武当山在内十堰地区历代修志概况。

2.《光化军旧图经》

纂修年代、纂修者俱不详。《舆地纪胜》摘引该书多条,如"固封山……本名崇山,唐天宝六载改为固封山"。宋乾德二年(964),析谷城县置光化军,熙宁五年(1072)废,绍兴十一年(1141)复置,可见《光化军旧图经》应为宋代所修。

3.《光化军图经》

宋志,纂修者不详。《舆地纪胜》卷八十七转载该志,"光化军,军沿革,《禹贡》,'豫州之城'。"又载,"阴城,宋初承晋,齐仍其旧。齐改为阳,梁复为阴。"

4.《光化军乾德县图经》

纂修年代、纂修者俱不详。《舆地纪胜》卷八十七引用该书:"光化军,人物,汉娄寿,引图经一条。"北宋乾德二年(964),置乾德县,为光化军治。欧阳修所撰、成书于景祐年间的《集古录》亦参考该书,可见《光化军乾德县图经》成书北宋乾德至景祐年间。

5.《均州古记》

纂修年代、纂修者俱不详。《舆地纪胜》转引是书:"均州,景物下,金锁岭;古迹,俞公岩。"《大明一统志》:"郧阳府,风俗,民多秦音。"《均州古记》颇为后世所重,《太平寰宇记》《舆地纪胜》《舆地胜览》《元一统志》《元胜览》《寰宇通志》等皆有参考和引用。

6.《均州地理记》

纂修年代、纂修者不详。《寰宇通志》卷五十二《襄阳府风俗》:"襄阳府,风俗,信巫鬼,重淫祀。"《宋辽金元方志辑佚》以该书为《寰宇通志》所引,断定为元代所修,似失之武断,根据现有资料尚不能确定纂修年代。

7.《均州图经》

又称《均州新图经》,五卷,段子游纂修。段子游,生平不详,曾任均州教授。《舆地纪胜》引载"其山武当,其浸沧浪,东连襄沔,西彻梁洋,南通荆衡,北抵襄邓"。天顺《重刊襄阳郡志》载:"均州……按《图经》云民多秦音,俗好楚歌。"《宋史》《元一统志》对该书皆有参考,可见当时该书尚存。《明一统志》未曾提及该志,可能已经佚失。光绪《续均州志》明确指出该志散佚。

8.《武当志》

宋志,纂修者不详。《舆地纪胜》转引该书,"均州,州沿革,武当郡,武当军节度",又载"武当山,周回四五百里,中有一峰山,名曰参岭。清明之日,然后见峰,山有三十六岩"。武当置县始于西汉,西魏、隋唐为武当郡治,宋宣和年间改设武当节度使,可见《武当志》纂修于宋代。

9.《房州旧经》

《舆地纪胜》卷八十五:"房州,景物下,仓乐山。古迹,秦王城,秦时筑,唐景龙中掘得石,云秦白起代筑于此下寨。"《元一统志》引用该书,载"仓乐山,昔有邑人徐元周,家富,积粟于此,后遇饥民乏食,废仓粟以救饥,乡人德之,故名此山。"明清诸书未曾提及该书,似佚。隋开皇十八年(598),改罗州为房州,宋时辖房陵、竹山二县,虽为《舆地纪胜》《大元一统志》等所引,似难确定为宋志。

10.《房州图经》

又称《房州图志》,三卷,陈宇纂修。陈宇,毗陵人,郡守。元初《宋史》载,"陈宇《房州图经》,三卷。"《直斋书录题解》,"房州图志,三卷,郡守、毗陵陈宇修。"《太平寰宇记》,"房州,竹山县,堵水。"《舆地纪胜》,"房州,县沿革,竹山县,风俗形胜,即唐迁州故城,人物,尹吉甫,碑刻,后唐刺史修廨断碑。"《元一统志》引用,"阜山,鲁文公十六年,戎伐楚,西南至阜山,此其地也。"《新定九域志》引该书载风俗,"鬼田,此田每岁清明日,祭而燎之,以卜丰俭。草至尽,即是丰年。"该书内容涉及沿革、山川、古迹、风俗、人物等内容,体例娴熟、内容丰富,是宋代具有代表性的定型方志。

11.《房陵志》

卷数、纂修年代不详。《舆地纪胜》卷八十六转引该志:"房州,州沿革,吕不韦之家亦徙焉。"《宋辽金元方志辑佚》作宋志,待考。

12.《房州地记》

元代纂修,纂修年代不详。万历《湖广总志》卷四《山水考》转引该志:"郧阳府,竹山县马鞍山。"

二、明代十堰地区散佚方志

明初,十堰地区属襄阳府和均州。成化十二年(1476),应郧阳经略原杰建议,设郧阳府,析竹山县尹店社置竹溪县,割郧县武阳里、上津县津阳里置郧西县。明代十堰地区主要有郧阳府房县、郧县、竹溪县、竹山县、郧西县、上津县,以及襄阳府均州,共一州六县。明代十堰地区散佚府台志二部、州志一部、县志四部,计七部。

(一)散佚府台志

1. 明嘉靖《郧台志略》

九卷,叶照、徐桂、寇韦、张立、明淳、张绪等纂修。叶照,字景旸,浙江慈溪人,宋代著名思想家叶适十八世孙,嘉靖二年进士,历任石埭知县、监察御史、广西右参政、郧阳巡抚等,在任安抚流民,颇有政绩。徐桂,字子芳,潜山人,嘉靖十四年进士,历任东昌府推官、刑部主事员外郎等,嘉靖二十五年始任郧阳知府,在任革弊郧阳陋俗,风气为之一新。"(徐桂)知郧阳府,治有寺妖僧,缘术为奸,妇女佞佛者多堕其术。桂得其情,亲诣寺,缚主僧,勘鞫立除之,焚其寺。郧阳数十年巫风,一旦尽革。"寇韦,举人,历任赵州学正、南京国子监助教,后擢升叙州同知,未任而卒。"寇韦,房县人,字自缓,嘉靖举人,少颖异,以易学教授乡里。性孝友,弟贫,以己宅授之,任直隶赵州学正,寇来犯,韦乘城筹御,一时文武倚重,后升南雍助教,历叙州同知。"张立,郧县人,岁贡,推官。明淳,郧县人,隆庆二年任和县训导,后参与修志。"丙午二十五年,都御史叶照……夏六月,檄郧阳府知府徐桂督文学寇韦,诸生张立、明淳等创修郧台志书。"张绪,生平事迹不可考,是嘉靖《郧台志略》实际纂修者:"《郧台志》九卷刊本,明巡抚慈溪叶照著。照,抚治郧阳,辑其建置始末,起成化,迄嘉靖止,纂修实参议张绪也。"《郧台志略》九卷,内容十分丰富,前二卷载建置、舆地、公廨、官职,后七卷为札奏、政赋、兵防、著述等内容。"成化初,原杰抚定荆襄流民,置郧阳府,设提督抚治一员镇之。嘉靖二十五年,慈溪叶照以右副都御史领其任,郧阳府知府徐桂等辑比事略为此书。前二卷载建置、舆地、公廨、官职，后七卷为札奏、征赋、兵防、著述。"乾隆朝组织编纂《四库全书》时尚存该志，不过载有嘉靖以后史事，后任郧阳巡抚于湛继增修本，"此本有嘉靖以后事，则金坛于湛等继为抚治，又附益之也"。于湛，金坛县人，历任兵部主事、职方郎中、河道总督都御史、陕西参议、河南布政使等，嘉靖二十六年（1547）任郧阳巡抚。"于湛，字莹中，江南金坛人，嘉靖丁未抚治郧阳，首建郧山书院，取观风所得，各属名士，隶业其中，荣馈诸礼，悉出公帑，四方来学者日众，院为之满。"该志至光绪时已不见。

2. 明正德《郧阳府志》

郧阳府第一部府志，纂修者不详。万历年间，郧阳知府徐学谟、进士周绍稷纂修《郧阳府志》时，是书尚存，但缺漏严重，"郧志创于明正德初，甚阙略，公延襄藩椽曹周绍稷纂修，顿为改观。"

（二）均州

《均州志》，嘉靖年间修，八卷，谢滩纂修。谢滩，字禹川，号瑞峰，浙江奉化县人，嘉靖十九年岁贡，历任凤阳知县、南京经历等，修《奉化县志》《中县志》，著有《征寓录》《又浩歌台百咏》等。嘉靖三十一年（1552），谢滩任均州知州："（嘉靖）三十一年迁均州守，徽藩恣横不法，州民耿安嫁女，舆至数里，蓝旗校尉劫入府门，俄传是女不善承奉赐死。安赴州哀告，滩恻然受词，斋沐告天誓，不与王俱生，穷思五日夜，草就民本，令安戴星上诉，肃皇震怒，诏除其国。"康熙十二年，党居易修志时未见该志，只得以万历《襄阳府志》为底本："居易筮仕均州莅官之始，即索州志不可得。嗣蒋虎臣太史游太岳，授以襄阳府志而均志居其中，亦获什一于千百尔。"至光绪时已散佚，"旧有谢滩志八卷，见诸《明史》，而其书不存"。

（三）房县

1. 弘治《房县志》

六卷，陶釜纂修。陶釜，平县人，举人，弘治十五年任房县教谕，正德四年去职。

2. 明嘉靖三十六年《房县志》

严尧黻、金向纂修。严尧黻,字汝仪,朝邑县人,监生,历任房县主簿、晋王府典宝等职,著有《谩录》。嘉靖朝任房县主簿期间,留心教化。"严尧黻,朝邑人,由监生任房簿,留心风教,建黄香、吉甫二祠,设学于中,教训民间子弟。"金向,岁贡,房县人,曾任弋阳县训导。"金向,嘉靖岁贡,任弋阳训导,升主簿。"同治之前,是志毁于兵燹:"房志作于明嘉靖三十四年,主簿严尧黻、邑士金向,兵燹之后,板皆销毁。"

(四)上津县

崇祯《上津县志》,毛芬纂修。毛芬,汉中府南郑县人,万历四十年举人,历任郯城知县,崇祯二年任郧西知县:"毛芬,汉中举人,崇祯初,令上津,以文学名,重修县志,今不存。浚通甲河,至今商贾利之。"崇祯《上津县志》毁于明末动乱之,"上津旧志经献贼,荡毁无有存者"。

(五)竹溪县

嘉靖《竹溪县志》,作者不详。明清之际,竹溪战乱频仍,"闯献之变,都邑为墟",志书亦毁。

三、清代十堰地区散佚方志

清代在承袭十堰明代建制基础上稍有损益,顺治十六年省上津县入郧西县,郧阳府郧县、房县、郧西县、竹溪县、竹山县和襄阳府均州,计一州六县。清代十堰地区散佚府志一部,县志十一部,计十二部。

(一)郧阳府志

《郧志类编》,仇昌祚、李绍贤纂修。仇昌祚,字振先,曲沃人,恩贡,康熙初任郧阳通判,后升潮州同知、惠潮兵备道:"仇昌祚,字振先,曲沃恩贡。康熙初任,时郝永忠乱,昌祚在房县香溪转饷一年。旋郧,修府县学宫,纂《郧志类编》。寻迁潮州同知,会总兵刘进忠叛,被执,逼受伪官,不屈,事平授惠潮兵备道,卒祀乡贤所,著有《漪园文集》。"李绍贤,字克绍,顺治十一年拔贡:"李绍贤,字克绍,号省菴,顺治甲午拔贡,绩学善属文,尝偕通判仇昌祚纂《郧志类编》。"

康熙二十四年,刘作霖修《郧阳府志》以是志为底本,至嘉庆朝尚存,然已有不少脱漏。"康熙己酉,郧通判仇昌祚与郡贡生李绍贤纂《郧志类编》,即庚申刘作霖所据以纂府志,而杨廷耀刊之者。今底册存绍贤家,脱遗芜杂,都所不免,按门校对,知当年去取多未精审,兹间为采入,仍曰《类编》。"

（二）郧县

康熙十一年《郧县志》,张杞纂修。张杞,河南杞县人,康熙七年任郧县知县:"张杞,河南杞县,进士,初授夔州,康熙七年知郧县,心存仁厚,政尚廉平,敲扑不烦,赋登讼理,教化大治,吏习民安。"康熙十一年,清廷檄命各地修纂方志,以《一统志》取材。张杞乃以《郧志类编》为底本,稍加增补,成《郧县志》:"今检案牍虽得一抄本,而挂一漏万,缺略宏多,乃取新编府志,翻摭润色而焉,帧目仍旧,稍而增补附入,视旧则稍备矣。"

康熙二十二年,知县侯世忠仍张杞《郧县志》续修《郧县志略》,"侯世忠,夏县,举人,康熙间除,时干戈初靖,逃亡稍集,世忠劳来安定,不遗心力,又就张志续之,为《志略》"。至嘉庆朝,是志业已散佚,仅存张杞序一篇:"张杞,杞县,进士,康熙初由夔州推官改除,政尚廉平,持大体,不苟琐细,会奉文征志,杞纂陈之,今仅存其序。"

（三）竹山县

1. 康熙五十一年《竹山县志》

卷数不详,史求忠纂修。史求忠,济源县人,康熙年间迁居竹山。"史求忠,字荩臣,号文海,别号华阳,济源人,富于学,以别驾客昆山。徐公昆山甚器之。康熙年间,由郧至竹,遂家焉。"竹山县志久阙,史求忠乃纂《竹山县志》:"余寄居斯土亦既有年,每一念及,代为心恶。于是远征文献,近询故旧,复出入于经史百家,博稽而约取之,以错综其旨,而成一书。"该志采用三宝体,设有三纲、二十八目。二十八目分别为建置、沿革、祥异、形势、城池、物产、赋役、铺舍、关堡、津梁、古迹、秩官、公署、学校、祀典、风俗、兵政、宦迹、选举、人物、流寓、艺文等。

史求忠《竹山县志》,为后世修竹山县志提供了范本,评价甚高:"竹山志书昆仑于华阳史氏,凭空开山,使后人有所依据,以为底本,功伟矣。"乾隆十一年，常青岳修《竹山县志》以是志为参考："爰谋之何丹仲、魏朴园二广文，共事编辑，茫茫无据，草创为难。既乃得史华阳《志稿》，稍有凭借。"乾隆三十七年（1772），邓光仁得之，但编次失序，内容残损。"爰商之邑绅士等，于故纸朽蠹中得前任学博尹同年梧岩手录史华阳底本，心窃喜，第其中残缺者多，失次者复不少，与太尊颁来款式殊未合，又自皇甫公以后事皆阙焉。而每卷标题亦并无小序总括，惟以四言八语了之，因勉竭驽才，悉为编著，旁搜远取，别类分门，事必求实，语无轻佻，凡七阅月，得二十七卷，稿就矣。"

2. 乾隆十一年《竹山县志》

常青岳、何梯、魏永经纂修。常青岳，乾隆十年任竹山知县，后升任绍兴府同知："常青岳，字未山，号雨来，直隶交河人，乾隆十年以孝廉令竹山，恤士爱民，政简刑清，廉德既著，而慎勤兼之，凡有关于邑中利弊，必急力兴除。"何梯，荆门州人，拔贡，乾隆十年任竹山教谕。魏永经，黄江县人，岁贡，乾隆十年任竹山训导。

常青岳以史求忠志为底本，未即成书，即迁任恩施，事遂寝。"秋承乏于兹，欲求志乘以资治理而不得……爰谋之何丹仲、魏朴园二广文共事编辑，茫茫无据，草创为难。既乃得史华阳《志稿》，又半就残缺，断缏飘飘，深增于邑，方欲广搜博采，以告蒇事。余适量移恩施，事遂中止。用叙崖略，以志余怀。若夫踵而行之，以迄于成，是所望于后之官斯土者。"

3. 乾隆三十一年《竹山县志》

皇甫枢、尹一声纂修。皇甫枢，浙江桐乡人，进士，乾隆二十七年任竹山知县。尹一声，嘉鱼县人，举人，乾隆二十五年任竹山教谕。皇甫枢、尹一声以史求忠志为底本，历五月而成书。"（乾隆）乙酉之春，适明府皇甫过署，云自郧郡西寺偶得华阳史氏志稿，并属予踵而成之……爰令一二同人，各就其耳目之所及，闻见之甚寡，铢积寸累，综而续之，又取史氏之所载，浮者汰，缺者补，伪者正，五阅月而就。嗟乎！采花作蜜，缀腋成裘。"

因皇甫枢去任，该志未能刊行，"凡五阅月而稿定，用是正拟详报各宪,以与竹邑诸同人商议,付之剞劂。奈丙戌之六月,予适匆匆解任告去,而斯事遂寝矣。意或后之莅兹邑者,仕学两优,再加斟酌,踵而行之,将有以谅予之片忱,以无负尹君之苦心焉"。乾隆三十九年,郧阳知府王采珍以该志体例未合志体,而遭废弃,"越十数年,明府皇甫公暨学博尹梧岩同年增续之,渐斐然。乾隆甲午,本府大守王公终以其格调规模与志体欠吻合,檄县重订"。

4. 乾隆三十八年《竹山县志》

二十七卷,彭悦桂、邓光仁纂修。彭悦桂,四川金堂县人,举人,乾隆三十八年任竹山知县:"彭悦桂,四川金堂县,举人,乾隆三十八年署任,修葺文庙,建奎星楼,以文昌阁作书院,兴利除害,善政多端。"邓光仁,兴国州人,拔贡,乾隆三十七年任竹山教谕。

该志体例由王采珍裁定,数月成书,记载翔实,"悉照府志,别类分门,阅数月得书二十七卷,都成帙,求不谬于古人,亦庶几一邑之星野、舆图、学校、赋役、兵政诸大务,以及古先圣贤之遗迹忠教节义之可传者,一目了如。盖予之继华阳、皇甫,兢兢业业,不敢怠遑"。

后任知县常丹葵欲以其父常青岳《志稿》为底本重修,对该书多有讥哂,乾隆三十八年《竹山县志》未能刊行,仅以写本传世:"然而未授诸梓也。夫亦以剞劂未易,非故因陋就简也。甲辰冬,明府常梅村先生甫下车,索观县志,予遂以写本呈。明府见而哂之,且曰:书不刊布,如露之在花间,见睍则消耳。"后是书渐而失传。

5. 咸丰《竹山县志》

二十九卷,陈汝藩、黄子遂纂修。陈汝藩,字仲衡,广德州人,咸丰七年任竹山知县:"陈汝藩,字仲衡,广德州副榜,咸丰七年任,局度恢宏,资性英敏,平情折狱,一无所私,兴学校,劝农桑,民俗为之一变。"黄子遂,竹山县人,道光十七年拔贡,候选直隶州州判。是志以嘉庆志为底本,六月而成:"比事属辞,余时参订,意见相符,六阅月而告成,敬呈郡伯午山李公禀承鉴定,付诸剞劂。"

同治间,是书志板毁于兵燹:"同治元年,川匪陷城,发逆窜境,板已荡然无存矣。"不过尚有稿本流传,"竹志书有存,而板已毁,贤友尹重为修辅,甫脱稿,并前陈令旧志赍呈,征序于余"。

（四）房县

1. 康熙五年《房县志》

卷数不详,傅六吉、邓复元、吴良玉纂修。傅六吉,临川人,举人,康熙三年任房县知县:"傅六吉,临川举人,康熙初令房。时军需旁午,六吉修城垣,运粮务,抚流亡,以暇搜辑邑乘,五年之间,日不暇给,以劳瘁卒于房,立祠祀之。"邓复元,竹山训导。吴良玉,竹山县人,生员。康熙二十年,是书业已失传:"国朝康熙五年,邑侯傅重加纂辑,历十五年,板毁而书亡。"

2. 康熙二十年《房县志》

卷数不详,雷化龙纂修。雷化龙,辽东人,康熙十七年任:"雷化龙,辽东人,康熙间除房令,杨来嘉叛,镇戍兵云集,远近民尚疑畏匿山寨,化龙招徕抚之,复其业。"因上级催修县志,雷化龙摘抄《郧阳府志》有关房县内容,汇而成书,"（康熙）二十年,邑侯雷公化龙撮钞府志,以应上宪之求"。

3. 康熙三十四年《房县志》

四卷,沈用将、李发荣、许嘉言纂修。沈用将,浙江仁和县人,贡生,康熙二十六年任房县知县。"沈用将,浙江仁和贡生。康熙间任房令九载,为政务在便民,缓追呼,减徭役,浚筑渠堰,山田灌溉得均。时军户输粮,襄阳卫往返跋涉,令详请使卫设柜县中,军户就县自输,民尽称便,邑贡生李发荣、许嘉言等修辑传志,令将卸篆,犹悉心详核云。"李发荣,房县人,贡生,曾任黄梅训导。许嘉言,房县人,贡生,曾任济阳知县。

乾隆年间,该志仍有抄本流传,"乾隆甲午夏,邑侯张公敔以一编授魁,命订其舛谬,补其残缺,盖沈志抄本也,共四卷,分类三十七,前有序,后有论,亦可为赔洽矣",然散佚《杂记》一卷,"钞本有《杂记》一卷,今已无存"。其内容"未免失于冗杂,录者又荒略舛错不可读,且无别本校对"。

该志尚有诸多不足,分立门类过多,"至若岩洞、井泉、潭池,似不应另分门。"全书仅有一图,稍显不足,"钞本图仅一幅,亦大涉鲁莽"。又诗文仅十余首,大半抄自府志,且窜入原杰《处置流民疏》、诸葛亮《与孟达书》等不合体例者,为后世所批评。

(五)郧西县

乾隆十五年《郧西县志》,二十四卷,杨炯、梁凤翥纂修。杨炯,字仲亮,江夏人,雍正、乾隆年间任郧西县教谕。梁凤翥,康熙三十六年拔贡,曾任应山县教谕,"退老以来,不辞固陋,爰取曩稿与儿辈大加搜罗,分别品目,总七十二条,七万五千余言,荟萃入书,都为二十四卷,藏诸家塾"。然是志仅撮取郧县史事大要,阙略亦多,"郧西并未有志,本朝邑人梁凤翥始撮其大要,而阙略不全,存什一于千百,安在其能灿如也"。

乾隆间,郧西知县张道南以是志为底本修《郧西县志》。"张道南,字吾菴,晋江,举人,乾隆三十五年除。县旧志无存,道南悉心搜稽,偶有间见辄识之,用邑人梁凤翥底稿,纂《郧西志》二十卷"。至同治朝,梁凤翥《志稿》已散佚不全,"独惜其志缮写成篇,今复散佚不全耳"。

(六)竹溪县

雍正元年《竹溪县志》,二十二卷,张懋勋纂修。张懋勋,字汉卿,乾隆六十年岁贡。"张懋勋,字汉卿,其先陕之商州人也,祖自成于康熙十五年以恢复竹溪功,由西营千总升中军守备,署游击,因家焉。勋幼好学,补邑弟子员,治举业有声,郧郡六邑咸聘置幕,因是获交诸名隽,学益进,然屡踬场屋,晚岁成明经。"张懋勋见《竹溪县志》久无续修,乃纂是书。"因即远凭郡志,近询故老,复取二十年前得之残碑断碣者,而考定之,不尚文而尚质,不传疑而传信,自天文、地理、食货、人物、贡赋之类,为目凡二十有二,每首附数言备论赞之体。"是书成稿后,稿存于家:"于是编缉旧闻,穷搜荒缺,成《竹溪志稿》二十二卷,藏诸其家。"乾隆五十八年,宣葆光曾见是稿,内容记载翔实,"爰嘱柯、项两学博广为谘访,乃得故邑贡士张懋勋所撰《志稿》,其载记颇详"。乃以是志为蓝本,编纂《竹溪县志》,"而稍损益之,仿明康对山先生《武功县志》,纂次若干篇,以付剞劂"。

四、结　语

　　本文所列三十部散佚旧志，并不能完全判定散佚，也不排除基层图书机构和藏书者有所收录。但将散佚方志同时与《中国地方志联合目录》所载十堰地区现存方志结合，能够较为清晰反映十堰地区古代方志编纂谱系，进一步深化了十堰地区历史文化研究。

（严忠良：湖北汽车工业学院人文学院）

政治空间实化的文本叙事
——以明代潮州新辟属县方志编修为例

吴丹华

论及新政区与方志的编修关系,常常会牵涉中央意志与地方意识的相互关系。林开世等人倾向于认为地方志具有自上而下整合地方社会、构建大一统帝国的政治权力意义,而地方社会自由发展空间相当有限。① 但程式化的规定往往只是指导性的,修志者可以相对自由地决定方志的内容和名目分类、重塑与解释地方社会文化形象、自下而上委婉表达地方社会的诉求、巧妙处理社会问题、曲笔保存被压抑的记忆等。② 即地方意识具有独立于国家制度规范的自觉,而中央权力与本土意识双方在方志编修中得以互动并整合。③

然而,这并不专用于新县方志编修意义的讨论,还适用于旧属县邑的志书编撰。新县官绅与旧县官绅一样,要在地方志大一统叙事中,凸显新县在国家行政体系中所处的位置,以确认本地归属中央的政治合法性。但新县方志更重要的意义在于,它是新邑"得其实"的标

---

① 林开世:《方志的呈现与再现——以〈噶玛兰厅志〉为例》,《新史学》2007 年第 18 卷第 2 期;卢建成、陈国川:《清代初期台湾方志的风景选择》,《环境与世界》2014 年第 28—29 期;洪健荣:《清代台湾方志舆图的政治文化意识》,《辅仁历史学报》2015 年第 35 期。
② 陈春声:《嘉靖"倭乱"与潮州地方文献编修之关系——以〈东里志〉的研究为中心》,潮汕历史文化研究中心、汕头大学潮汕文化研究中心编:《潮学研究·饶宗颐教授八十华诞颂寿专辑》,第 5 辑,汕头:汕头大学出版社,1996 年,第 63—86 页;(日)滨岛敦俊:《方志与乡绅》,《暨南学报》2003 年第 6 号;陈贤波:《明代中后期粤东增设新县的地方政治背景——以〈万历普宁县志略〉为中心》,《中国历史地理论丛》2010 年第 25 卷第 1 期;张继莹:《只恐遗珠负九渊:明清易代与〈偏关志〉书写》,《明代研究》2016 年第 27 期。
③ 张新民:《大一统冲动与地方文化意识的觉醒——明代贵州方志成就探析》,《中国文化研究》2002 年第 4 期;张雅雯:《清代嘉定县志的纂修与地域人物形象的书写》,《史辙》2010 年第 6 期。

志之一,①修志者通常要借助有关肇建新邦的文字,描述地方历史文化,宣示本县的存在意义。明代潮州府先后增设了饶平、惠来、大埔、普宁、澄海、平远、镇平七县,②并伴随着一系列的修志活动,便是这一意义的彰显。本文以此为例,通过新县志乘的文字表述与地方文人的乡土感知,解读新县方志编修的意义。

一、"央地"秩序中的大一统叙事

地方志编修至宋元时期已基本定型,但编纂地方志主要是地方行为,而非中央命令。③ 明代地方志已有官定编修体例,统一格式。④ 永乐十年(1412),为修《一统志》,颁降《修志凡例》,规定各布政司及府州县志书的编修通例。⑤ 历代方志编修虽没完全遵照该"凡例",⑥但修志者依旧会尽可能地遵循国家颁发的修志义例,并试图在政区的制度框架中将本县的历史与国家相互连接。如万历年间所修的《平远县志》载:"(万历)戊戌,奉宪檄修岭南通志,平远例当以邑志备采择,乃旧志虽存而近事多阙,且与新颁义例不甚相合。爰取故乘,依例分载。"⑦即万历二十六年(1598),广东编《修岭南通志》,而平远作为潮州

---

① (明)林大春撰,郭泰棣编:《井丹林先生文集》卷8《状书表·新修平远县志序》,潮阳郭氏双百鹿斋本,复旦大学图书馆古籍部藏,1935年刻本,第34页。
② (清)龙文彬:《明会要》卷74《方域四·州县设置下》,清光绪十三年(1887)永怀堂刻本,北京:中华书局,1956年点校本,第1437页。
③ 仓修良:《方志学通论(增订本)》,上海:华东师范大学出版社,2013年,第413—414页;Peter K. Bol, "The Rise of Local History: History, Geography, and Culture in Southern Song and Yuan Wuzhou" Harvard Journal of Asiatic Studies, vol. 61, no. 1 (June 2001),第38页。
④ 巴兆祥:《方志学新论》,上海:学林出版社,2004年,第98—110页。
⑤ 万历《重修寿昌县志·大明永乐十年颁降凡例》,明万历十四年(1586)刻本,清顺治七年(1650)补刻本,国家图书馆地方志和家谱文献中心编:《明代孤本方志选》第2册,北京:全国图书馆文献缩微复制中心,2000年影印本,第23—31页。
⑥ 马楚坚:《略论明人之修志主张》,《明清人物史事论析》,南昌:江西高校出版社,1996年,第403—430页。
⑦ (明)王文雷:《旧序》,嘉庆《平远县志》卷首《旧序》,清嘉庆二十五年(1820)刻本,《广东历代方志集成·潮州府部》第39册,广州:岭南美术出版社,2009年影印本,第313页。

府属县,按例当修志,以供修府志之用。当时的修志官员,虽以旧志为据,但依新颁义例编辑。

此外,修志还会以大一统国家和政区体制作为叙事的蓝本,如大埔县首部方志应"纂粤通志"而修,①当时大埔县学训导邹一麟便言:

> 国家分丼画疆,形束壤制。于遐封陬邑,亦必究其休养渐摩之泽,所以嘉惠元元者,意至隆茂也。任长民之责,虽能悉民隐,祗承而利道之,使邑志弗辑,则闻见未周,不免偏滞遗忘之患,难以资化理而恢弘业也。志其可以已乎!粤,稽古者,先王之为观也。既已,省方观民矣,然后徐施以贞俗之教。即此观之,则邑志之成,先王缘之以设教者也,志诚不可已也哉。②

这表明,国家分疆辟邑的意义是"形束壤制",即依据山川形势管控地方。对于远离中央的僻壤遐陬,还须县令洞悉民隐,施惠百姓,使民渐摩王化。而邑乘志书是县令了解民情、施教百姓的教科书,邑乘无辑,则无以实行国家教养民众的弘业。这一论述,无疑将志乘所代表的地方与教化所寓意的中央联系起来。

当然,大部分旧志编修者也会强调在国家修志规范下修成的方志具有中央遥制地方社会、知县观风施教等意义。但对新辟县邑而言,其县志编修,还有另一层意义。澄海知县王嘉忠在编修该县首部方志时,曾言及:

> 古列国各有史,以记言事。今天下郡邑则有志书,志亦史也。述往事思来者,匪志焉赖。……我国朝文皇帝、景皇帝时,尝敕天下郡县纂志上呈,其副在有司。嗣是以来,凡县各有志,往往间数十年一修,即有分置,亦无不创作者。乃澄置逾三十年,而志犹阙。③

---

① (明)陈尧道:《书大埔县志后》,嘉靖《大埔县志》,明嘉靖三十六年(1557)刻本,《广东历代方志集成·潮州府部》第20册,广州:岭南美术出版社,2009年影印本,第282页。

② (明)邹一麟:《阅邑志后语》,嘉靖《大埔县志》,第283页。

③ 康熙《澄海县志·旧序》,清康熙二十五年(1686)刻本,《广东省地方志集成·潮州府部》第30册,广州:岭南美术出版社,2009年影印本,第18页。

此句中，"文皇帝""景皇帝"诏敕各郡县修志上报，是指永乐十六年(1418)，明成祖(文皇帝)诏"纂修天下郡县志书""命礼部遣官，遍诣郡县博采事迹及旧志书"；①景泰年间，明代宗(景皇帝)决意完成先祖永乐帝修成《一统志》的夙愿，于景泰七年(1456)修成《寰宇通志》。②不过，这两件事与澄海县修志并无直接的关系。当年修《澄海县志》并不是为了执行中央的修志命令，而是王嘉忠初到澄海时，访求邑志，以了解当地民风吏治、礼文刑政、天行时事等，却无志书可征，得知当地乡绅王天性撰有县乘初稿，他便造请王天性将草稿编次成书，并在县治别署开局，参稽郡、揭、饶各志，再责令董主牍吏胥、群属衙门和各乡都的三老里正，将各自的职掌故实和闻见之事，如期条进，又命乡先生林澄川、孝廉蔡玉冈集遗并征备采，最终于万历二十四年(1596)修成县志。③

对于中央帝王而言，《一统志》是自上而下展现"海宇之广，古今之迹"盛况，诏示王朝一统盛世的文本载体，④而其所观的"大一统"，是其治下的疆域广轮之总和，即王朝政权和教化所能辐射的整体范围。而对澄海官绅来说，地方志具有"史"的价值，其重要性与国史相埒，这与国家诏修《一统志》的意义遥相呼应。借此，他们指出凡为县邑，便会修志，即便是新分置之县，也必修志。这暗示了首修《澄海县志》更为重要的意义，并不为表达地方归属国家的大一统寓意，而是通过关联国家的大一统叙事，确认本县在国家疆域版图的所据有的一席之地。此外，澄海官绅通过"邑必有志"之说，申明澄海县享有与政区建置体系内的其他州县一样的平等地位。

方志中所叙写的共道同风的统一帝国形象，至少有两层不同的意

---

① 《明太宗实录》卷201，"永乐十六年六月乙酉"条，台北："中央研究院"历史语言研究所，1962年影印本，第2089页。
② 《明英宗实录》卷266，"景泰七年五月乙亥"条，台北："中央研究院"历史语言研究所，1962年影印本，第5643—5645页。
③ 康熙《澄海县志·旧序》，第18—19页。
④ (明)朱祁镇：《御制大明一统志序》，(明)李贤等撰《大明一统志》，西安：三秦出版社，1990年，第1—2页。

义:其一是位居中央审视文治则一的天下格局;其二是居处地方仰视万邑攸同的统一局势。作为国家志书体系的一部分,新县方志与旧有县邑一样,寓指牧民官知悉民隐,化民成俗,"上以输忠于国,下以利泽于民,中以尽责于己"的职责。① 在"一邑一郡以上达于畿甸,志以荟萃而备"的修志程序中,新县是"通志之权舆",②这暗喻了新县在王朝政区体系中所处的基础位置。

二、县际关系的文本书写

由于政区变动,原属同一政区的地区,会出现不同的行政区划,由此促成了"我邦"与"邻邑"的划分。如割潮阳县设惠来县后,潮阳乡绅林大春为惠来县令作序时称:"君治邻我邦,我邦人得与其泽者,乌可以不文辞,且余闻君尝取道我邦也。"③也就是说,除了处理本县与国家关系外,新县还需面对自身与邻邑,尤其是"母县"的关系问题。而这借由新县方志的编纂者对于本县空间归属、人物载录和历史源流等内容的描述得以呈现出来。

(一)辖区空间归属之分

在书写本县与母县的关系时,新县方志常常会使用"支县""支邑""裔土""桑梓地"等词说明其与"母邑"的关系,如万历《普宁县志略》载:"潮阳其宗子也,普宁其支分幼子也。幼子不思祖父之业,任其寥落,归之宗子则已矣。倘按籍而索之,执券而争之,宗子纵欲奄然有之,必无辞矣"。④ 再如平远为江闽裔土,⑤饶平为潮之裔土,又为澄海

---

① (明)邹一麟:《阅邑志后语》,嘉靖《大埔县志》,第283—284页。
② (清)陈文蔚:《澄海县志序》,雍正《澄海县志·陈序》,清雍正十三年(1735)刻本,《广东省地方志集成·潮州府部》第27册,广州:岭南美术出版社,2009年影印本,第5页。
③ (明)林大春:《井丹林先生文集》卷11《序·林明府节爱序》,第48页。
④ 万历《普宁县志略》卷1《建置》,明万历三十八年(1610)抄本,《广东省地方志集成·潮州府部》第26册,广州:岭南美术出版社,2009年影印本,第8页。
⑤ (清)宋征壁:《序》,康熙《平远县志》,清康熙二十二年(1683)增刻本,《广东历代方志集成·潮州府部》第39册,广州:岭南美术出版社,2009年影印本,第1页。

秋溪桑梓地。① 在这些描述中,基于亲缘关系的宗裔思想被援引入州县关系辨析之中,从而表现新县与母县有着"藕断丝连"的亲缘关系。然而,这只是新县追溯本县源流的一种惯常表达,并不影响新县对本县独立性的追求。

在县邑空间归属上,新县常常要追本溯源,以明晰其原属州县与版图划分情况。康熙《镇平县志》引旧志序言云:"弹丸新镇,介在潮西北隅,分程平两邑鞭长不及之地,以隶之",②并在凡例中特别指出,天文、星气、地理、沿革等内容,参考旧志、府志,以明"原属名区分隶",同时因其地延接闽粤两省数县,群盗往往啸聚,故"细书某地系某县,或一山前后分属,或一村而首尾异邑,皆备详其名",辨明镇平县与邻县的辖区范围。③ 其"母县"平远县的志书则载:"镇昔之属我版图,外域是疆,今乃俨然邻封,凭依唇齿,共一幅员,讵分于彼疆此界乎。"④ 镇平原属平远县,当镇平析出时,县域便有"彼疆此界"之分,镇平自然就成为平远县的"邻封"。

值得注意的是,平镇两新县还有共同的母邑"程乡县"。在这方面,平远县、镇平县通常会将自身与程乡县放置在同等地位,再由县治所在为起点,书写四至八道,厘清与邻邑的接壤情况和里道远近。⑤ 平远县甚至指出"程乡十二排作我屏障,翰邑之南界于焉。"⑥ 程乡县虽也承认"平远镇平分设以后,里域形胜,山川土地,各有分界,限不相蒙混。"⑦ 但程乡县官绅的内心却不愿与平镇二县"平起平坐",甚至试图

---

① 康熙《饶平县志·序》,清康熙二十六年(1687)刻本,《广东地方志集成·潮州府部》第18册,广州:岭南美术出版社,2009年影印本,第1、9页。
② (明)胡会宾:《原叙》,康熙《镇平县志·序》,清康熙十二年(1673)刻本,《广东历代方志集成·潮州府部》第40册,广州:岭南美术出版社,2009年影印本,第8页。
③ 康熙《镇平县志·凡例》,第11页。
④ (清)刘骏名:《图说》,康熙《平远县志·图》,第9页。
⑤ 康熙《平远县志》卷1《封疆志·疆界》,第16—17页;康熙《镇平县志》卷1《舆地志·程乡平远分界考》,第20—22页。
⑥ (清)刘骏名:《图说》,康熙《平远县志·图》,第8页。
⑦ 康熙《程乡县志·凡例》,清康熙三十年(1691)刻本,《广东历代方志集成·潮州府部》第35册,广州:岭南美术出版社,2009年影印本,第16页。

将之纳为本县辖区：

> 当日分割三县之始，主者失于裁度，尽以险隘之地予二县，而自处于四面受敌，一望平夷，孤危无援之地，所以屡受二县之害，迄今岁无宁日，议者欲请当事仍改程乡为梅州，平镇二县声息不隔，得以预防，盖亦拨乱反制，转危为安之一策也。①

明中后期，由于江闽群盗流劫地方，屡屡派兵征剿，甚而设通判府馆弹压地方，依旧无济于事，才先后增设平远、镇平两县。② 割地分县最初的目的是弭盗安境，这客观上也是维护程乡县辖境的安宁。如今，程乡修志者却抱怨当事者把本邑的险隘之地分割出去，致使其地孤立无援，屡受二县之害。从表面上看，他们将二县视为盗薮之区，认为平远腰古、丹楼、镇平石窟、员子山、铁山嶂等处皆为江闽寇盗啸聚之地，地近程乡县地，"举步则入程界石峰径"。③ 但颇为矛盾的是，他们又希望上级可以将程乡县升为"州"，以便统辖平镇两大盗薮之区。他们可能是想延续正德年间在程乡议建新州的主张。④ 但更为重要的是，这暗示出，他们处理新旧县邑关系的主张，程乡人似乎想提升本县的政区等第，凸显母邑的程乡县与子县的地位高低差别，并变相地收回被分割之地。类似的情形还反映在潮阳县与其"子邑"普宁县的关系上，潮阳县力图虚化普宁县存在的合理性，认为普宁县城郭廨署未完，县令行事不便，故宜削普宁，"将极西都里并入揭阳，其近潮阳者仍旧"。⑤ 通过这些论述，潮阳方面所要达到的目的之一是维持其巨邑形象，并显示其对普宁县地应有正当的管辖权。⑥

---

① 康熙《程乡县志》卷1《封域乡都险要》，第23页。
② 康熙《平远县志》卷1《封疆志·沿革》，第15—16页。
③ 康熙《程乡县志》卷1《封域乡都险要》，第23页。
④ （明）俞大猷：《正气堂集》卷13《揭·呈提督军门北川陆公揭二十一首·议建州》，廖渊泉、张吉昌整理点校《正气堂全集》，福州：福建人民出版社，2007年点校本，第320—321页。
⑤ 隆庆《潮阳县志》卷1《建置沿革志》，明隆庆六年（1572）刻本，《广东历代方志集成·潮州府部》第13册，广州：岭南美术出版社，2009年，第21页。
⑥ 参见吴丹华：《新邑增置的"虚""实"博弈与地方治理——以嘉靖年间潮州普宁县增设为例》（未刊稿本）。

显然,在县邑归属分隶问题上,新县与其邻邑(特别是"母邑")各持一端,由此还可能导致严重的县界纠纷,如普宁县和大埔县便在相当长的一段时间内与邻县发生版图分割的矛盾。① 而恰恰是在这样的过程中,新县通过修志溯源其与"母县"的亲缘关系,厘清其"原属名区分隶"的历史过程,划清与邻邦旧邑之间的辖区边界,由此彰显新邑政权的独立性和与旧县"平起平坐"的地位。

(二)借材异地之辨

有关新县方志中的县际关系书写,不仅体现在县邑辖区归属问题,还体现在历史人物的传记书写上。新县未设以前,地方科甲、乡贤名宦、忠孝节烈、懿行善举等内容附于其他州县。分县以后,新县编纂者就面临如何选录历史名人的问题。在这一过程中,他们需要参照其他省府州县的旧乘,同时围绕"借材"与"忘本",对其收录的历史人物传记的理由加以解释。

作为草昧肇辟之邑,新县的人文尚未隆兴,其人才履历、名贤宦绩、文章记述往往阙如。因此,明人谢长文说新县修志有"六难",其中"四难"直指文献难征:

> 难一,割里分疆、人物参错,问氏族必于所出,而界于三邑之间,莫适为主,溯流求源,实所未易。难二,版籍仅四里,而幅员几至二百,志地者遗民,料民者遗地。难三,专祠虔奉,如王巽山公计贞烈,榱桷贞珉,当与金汤并永,乃时异事迁,湮灭弗传,访无自。难四,邑僻道阻,文人墨客经过信宿,罕留赋咏,菁华藻绘不大流邕,兹之所有,吉光片采。②

在这一情况下,修志者不得不"假借"他邑所载,以掩饰本邑人才凋零的窘境,如康熙《镇平县志》载:

> (镇平)邑从程平分治,则从前人物皆宜与两邑同,但借材异地,恐益形其僻陋,故志中亦酌取焉。若开设以后,人物挺生,虽

---

① 参见陈贤波:《"割都分治"之下——明末清初潮州属县都图争端的初步分析》,《历史人类学学刊》2005年第3卷第1期。
② (明)谢长文:《旧序》,嘉庆《平远县志》卷首《旧序》,第315页。

不敢拟大都之腼仕通人,亦庶几灵奇之间,钟特出,敢不力为表扬,以光邑乘。①

可见,镇平邑人在修志时,发现仅记录开县以来的人文逸事,则人物事迹罕有,未免显得本县材乏文弱,甚而无法发挥县志垂光本县、旌扬人文的功能,所以,他们把原属程乡或平远所产之乡贡,视为镇人,对于那些居于镇平而籍隶于平远七十多年的人,一并收录县志。②然而,"借材他邑"通常为人所忌,镇平县志编修者也担心被指摘为"借材异地",故而极力澄清从"母县"借录人物传记的行为是不得已为之,并非为攀附程、平两县的名人光环。

相反,"母邑"程乡县虽两经裁都建邑,但仍在其县志中自信地说:"唐宋以来,程乡之名专著于潮郡,则镇平之山川、人物附程乡,以表见者殆不乏矣。"③在载录本县的名贤科甲时,也无需忐忑不安地为"借材他邑"之举辩护,而是"理直气壮"地说:"既割隶平镇者,其处皆程产也。平镇有传,程志亦录明其所自,示不忘本。"④究其原因,是新县僻处草莱,人文不兴,历史底蕴薄弱,致使修志者缺乏一定的"文化自信"。因此,一些修志者虽声称不借材异地,绝不收录非生本地之人事,却依旧通过追溯本邑与旧邑在人文历史等方面关系,借故邑的人文历史烘托本县的人文风气。如康熙《惠来县志》载:"选举非生其地不书,不敢混楚材为晋产也。"⑤因此,该志所登录的科名,以建邑后为主,但这并不意味着不记载历史伟人的事迹,"自宋元以及明初,虽籍隶潮阳,而人产,惠地亦得均载,以彰物华,非借材邻封也。间有伪者,不敢滥及"。⑥

不过,当新县科举日趋昌盛,贤才宦士勋名烜赫,隐德节孝流播乡

---

① 康熙《镇平县志·凡例》,第11页。
② 康熙《平远县志·发凡》,第10页。
③ 康熙《程乡县志》卷1《舆地志·地里沿革考》,第20页。
④ 康熙《程乡县志·凡例》,第16页。
⑤ (清)张经:《张序》,康熙《惠来县志·序》,清康熙二十六年(1687)刻本,《广东历代方志集成·潮州府部》第20册,广州:岭南美术出版社,2009年影印本,第5页。
⑥ 康熙《惠来县志·凡例》,第13页。

里时,"借材异地"的不安会逐渐消失。康熙年间所修《埔阳志》为垂光邑乘,阐示旌扬,不得不借材异地,仍不忘为自身辩解,仅取见阅最为确切者,"断无假借"。① 乾隆再修县志时,修志者直指旧志科甲借材异地的弊病,并力图加以厘正,以防诬滥。② 迨至嘉庆朝,大埔县科名已甚为隆盛,艺林著述已相当宏富,自然无需"借材异地",因此,修志者开始自信地以海滨邹鲁之乡自居,并以"濯磨自喜"宣扬本邑人文之独立。③ 到了民国,大埔修志者更是将编修县志提升到谋求革命救国之道、遵依国父建国大纲、推行地方自治和建立三民主义国家的高度,认为:"县志之修纂,须配合建国伟业之进行。于绍述先哲前徽,列叙当地文物,外兼将社会方面之人口、语言、风俗习惯、历史、宗教、经济、生活及自然方面之地形、地质、气候、农产、矿产、工业产品等详为记载,则地方自治基础之建立而三民主义国家之完成,亦将因之较易。"④

在县邑归属分隶和借材异地的问题上,新县方志反映了其与"母县"的辖权隶属和历史名物的互动关系,而这背后暗喻了新邑的发展过程,而这一过程伴随着对政权、历史文化等方面独立性的彰显,以及与旧县平等地位的确认。

三、本地历史的时空叙述

梳理从国家到邻邑的关系和叙事后,最终应该回落到新县对于本邑历史的叙述,于此方能理解新邑方志对于地方社会和历史形成的意义。新造之邦编修志乘,首先要确定地方史的时空界限,在此基础上方可展开对于地方人情风土诸多内容的记载。

在空间坐标方面,前文对于县邑空间归属的讨论已间接地确定新

---

① 康熙《埔阳志·凡例》,第285页。
② 乾隆《大埔县志·序》,清乾隆九年(1744)刻本,《广东地方志集成·潮州府部》第20册,广州:岭南美术出版社,2009年影印本,第480页。
③ 嘉庆《大埔县志》卷首《序》,清嘉庆九年(1804)刻本,《广东地方志集成·潮州府部》第21册,广州:岭南美术出版社,2009年影印本,第1页。
④ 民国《大埔县志》卷首《序一》,民国三十二年(1943)铅印本,《广东地方志集成·潮州府部》第22册,岭南美术出版社2009年影印本,第5页。

邑的空间范围,这一空间即可视为新县地方史的空间坐标。除了县在国家版图内政区体系的垂直位置确认、县与县之间的相对方位界定外,新县地方史还需建立内部空间结构。而这主要表现在修志者对于山川疆域、天文分野、桥梁津渡、乡市水利等空间位置的描述,如乾隆《普宁县志》载:

> 远溯星野,博考山川,综疆域之广袤,计道里之连属,迄自城厢周于边鄙区都,而缀以图分乡,而次其甲商贾所藏列肆,爰若行旅所经津梁有几,以至陂塘之利,畎亩潮汐之通舟楫,详悉不遗。①

修志者通过描述本县星野、山川、疆域、边鄙都图、贾肆、津梁、陂塘等最终构建本邑的空间坐标。这一空间坐标,不仅确立本县整体的空间景观,还为书写本邑历史划定一个空间范围,诸如户口、赋役、经费、兵防、民风、吏治、礼文、刑政、天行、名贤宦迹、人材履历、文翰记述等地方史事人情的搜集和整理也多以此空间范围为据。②

在时间坐标方面,新县方志中常有"夫新造之邦,如鸿蒙方剖"③"惟平固新造之邦,而郡之偏邑"④"弹丸新镇"⑤等表述。这些表达并非单纯地强调县邑之新,而是在行文中为本地历史设立一个新的时间起点。新县志书选取县邑肇建时间为其书写地方史的时间坐标,这可以从地方志所载的编年史或所收录的内容的时限、回忆过去所选择的时间参考系等方面看出来。

可见,县邑始建或辖区调整的年代常常成为编写县志所参照的时间节点,而这些时间节点同时是整部方志文献资料搜集与内容选登的重要依据。需指出的是,选择以建县年代作为地方史的起始时间的参考系,并不是说,县志所记录的事情均为建县之后的事情,不记载建县

---

① 乾隆《普宁县志》卷1《疆舆志·弁言》,第97页。
② 参见(明)王嘉忠:《澄海县志旧序》,康熙《澄海县志·序》,第18—19页;(明)饶相:《大埔县志叙》,嘉靖《大埔县志·序》,第223页。
③ (明)何熊祥:《旧序》,乾隆《普宁县志·旧序》,清乾隆十年(1745)刻本,《广东历代方志集成·潮州府部》第26册,广州:岭南美术出版社,2009年影印本,第73页。
④ (明)谢长文:《旧序》,嘉庆《平远县志》卷首《旧序》,第315页。
⑤ (清)胡会宾:《原叙》,康熙《镇平县志·序》,第8页。

以前的历史。而是说,修志者以之为参照,通过追溯既往,绍述前事,详辨往事原委,于此将过去、本县肇建之时和新县往后的变迁串联成属于本邑的时间序列和县志的叙事框架,进而构建足以"鉴往以知来,证今以传后"的地方史。诸如东里"自辟壤以来,有声东广旧矣"、①澄海"自前明分建以来,山川孕秀,民物滋丰,诗书礼乐之化,当不后于郡属诸邑"、②惠来"自建置以来,数十百年之间,灵气郁蒸,加以列圣所涵育,迄于今,益几斌斌矣"、③大埔"自开邑以迄今,兹朴野之气变而为诗书弦诵,无论穷达殊遇,显晦异迹,凡其觊缕邑政,以广励风教者,俱彬彬足采"④等记载,均显示了建县这一时间节点,成为记述地方史和反映地方历史变迁的时间参照系。

须注意的是,这一时间序列,并不为方志编修者所专有,它也成为地方家族记忆的参考坐标。如普宁县和惠来县的分置年代,成为晚清惠普两县的方氏追溯家族派系分衍的时间参照,其谱载"迨明弘治(嘉靖)年间,因版籍辽阔,治理纷烦,划置普宁惠来两县,由是麟公派下,居惠之东陇;凤公派下,居普宁之厚屿;骥公派下,居惠之东福、陇头、洋美三乡;峻公派下,居于普之鸣岗"。⑤再如,大埔县茶阳饶氏家族,以饶平县、大埔县的增设年代为节点,将其家族史上所发生的茶山公发解被劫、申请设县、参与修筑大埔县城、移居县城、三溪公饶相科甲发祥等事件串联在一起,进而汇写本家族发展变迁史。⑥设县时间还是家族迁移历史的时间坐标,如大埔范氏家族在回忆始祖滋章公开基

---

① (明)陈天资:《序》,万历《东里志》,饶平县地方志编纂委员会办公室、汕头市地方志编纂委员会办公室印行,1990年,第2页。
② (清)金廷烈:《重修澄海县志序》,乾隆《澄海县志》,清乾隆三十五年(1770)传抄本,《广东省地方志集成·潮州府部》第28册,广州:岭南美术出版社,2009年影印本,第15—16页。
③ 康熙《惠来县志·旧叙》,第10页。
④ 康熙《埔阳志》卷5《文纪·总论》,第418页。
⑤ 方氏奉先堂族谱修编委员会编印:《方氏奉先堂族谱》上卷,[出版地不详],2002年,第38页。
⑥ 光绪《茶阳饶氏族谱》第8册《汇志》,嘉应大学客家研究所藏光绪三十二年(1906)刊本,第103页b—第104页a。

桃林时,说到"公原住宁化石壁村,因避乱来潮,遂自饶平县恋州都桃李林而家焉,时大埔县尚未开也,垦殖立业"。① 此外,地方家族还通过县邑肇建的时间点来阐述其家族劳役变化的缘由,如大埔白侯按地出征的劳役,专责于余户,而"编甲供赋"里排之户免担此议,其原因是"开县时,清都里排有功城池"。②

以上表明,新县增设一事所形成的时间坐标,成为修志者书写地方志所凭依的背景和界定时间的框架。它将本县既往的历史和建县之后的历史联系在一起,构成书写地方史的完整的时间序列。这一序列不仅可以成为后世修志的参考,也可以被本邑民众用于比照本县社会的变迁、书写家族历史、回忆家族命运转变等事件的参照系。

四、结　语

在明清州县行政体系中,作为新县建成标志之一的县志可被视为行政区划之内的地方历史的叙述载体。它首先以国家大一统叙事架构为参照,确定本邑在统一国家版图和王朝政区体制所处的位置。然而,所谓的"大一统"叙事的意义,并不完全指地方志中存在着管控地方社会的"阶序化与中央化的主体",也不意味着地方特性被无形地统摄到统一帝国的知识结构中,而失去其自主性。③ 而是在表达"输忠于国"④的行政归属之际,新县又以位居本地的心态,获取国家层面的政治确认。在此基础上,新邑通过县邑的归属分隶和人文名物的书写,谋求与旧县,尤其是"母县"的地位平等和文化的相对独立。不过,外在的地位确认还有赖于新邑自身人文历史的彰显,而以"志一邑之民

---

① 范锡元纂修:《(大埔)范氏族谱》卷2《历朝列祖》,民国三十年(1941)大埔广梅铅印本,广东省立中山图书馆摄制(文件编号为0046),第16页。
② 萧儒编:《椒远堂文钞》,大埔:椒远堂文史研讨会,2006年,第99页。
③ 参见林开世:《方志的体例与章法的权力意义:传统与现代间的断裂》,《国史馆馆讯》2009年第2期。
④ (明)邹一麟:《阅邑志后语》,嘉靖《大埔县志》,第284页。

之事"①为基础的新邑方志具有"考俗阅治,彰淑别匿,正名辨物,体国经野,莫不于斯,纲厘目举,灿然可征,庶几备一方之典,以绍述前志"的功能,这客观上成为地方官绅文人诏示本县人文历史的文本工具。② 在这当中,新邑空间定位和辟县年代最终构成了地方历史的时空参照系,并深入到民众的社会活动中,成为他们理解或追溯往昔历史和自身发展的时空坐标。

林昌丈曾从郡县体制在具体区域的推行、完善和被接受的过程出发,探讨县级"政区"与保持相对稳定的原因。③ 他虽提及上层士人书信中政区形象的书写对"政区"与"地方"渐趋融汇的意义,但未详述文本书写实化政区空间的实际运作过程,也未深究地方史的书写对完成这一融汇过程的意义。实际上,通过方志编纂,新县成为国家大一统叙事架构的组成部分,并建立了标志县邑地理空间的区域参照和叙述地方史的时间参照,进而创造了文献可征的地方历史和民众社会生活记忆中的时间标尺。当这一切通过历代方志的重修而被不断强调,成为程式化的书写与人们回忆过去的日常表达后,新设政区才得以"昭实而贻永",④政区所代表的国家秩序才真正融入地方社会。也就是说,新政区落实到地方社会的环节之一是文化或心理政区的形成而地方志就是其成形的载体之一。这也是古人以地方志的成书与否来衡量新县是否"成其为县"的原因。⑤

(吴丹华:复旦大学历史学系)

---

① 乾隆《大埔县志·序》,第 477 页。
② (清)张珺美:《惠来县志序》,雍正《惠来县志》卷首《序》,清雍正九年(1731)刻本,民国十九年(1930)铅印本,《广东历代方志集成·潮州府部》第 19 册,广州:岭南美术出版社,2009 年影印本,第 12 页。
③ 林昌丈:《政区与地方社会的融汇——以秦汉六朝时期的剡县、鄞县为例》,《历史研究》2014 年第 6 期;林昌丈:《重视政区与地方社会的关系》,《中国社会科学报》2016 年 8 月 1 日,第 4 版。
④ (明)邹一麟:《阅邑志后语》,嘉靖《大埔县志》,第 284 页。
⑤ (明)林大春:《井丹林先生文集》卷 8《状书表·新修平远县志序》,第 33 页 b—第 34 页 b;乾隆《普宁县志·旧序》,第 76 页。

明遗民李世熊与康熙《宁化县志》的编撰

张凤英

李世熊(1602—1684),字元仲,号寒支、愧庵,明诸生,福建汀州府宁化县泉上里人(今福建省宁化县泉上镇),著述甚丰,文名盛于明清之际。李世熊见证南明隆武政权在福建的兴亡和清军平定闽西的过程;他一度逃禅,晚年建土堡、组建地方军事武装以抵御流寇的散兵与流寇;重修祠墓、续修族谱,重建乡族和宗族的社会秩序。

在李世熊之前,宁化县有记录的修志共有六次。第一次据《文渊阁书目》所载,编修时间当在明永乐至正统年间;第二次为嘉靖二十九年(1550)张洵编修;第三次为万历八年(1580)金俸重修,黄鹏霄、钟荣纂;第四次是万历二十七年(1599)知县唐世济所修;第五次为崇祯间裴汝申所撰。① 第六次是由崇祯年间宁化县令张士俊修,宁化举人阴维标纂,共十卷,现存清顺治修明崇祯八年(1635)本。② 李志为第七次,由康熙年间宁化知县祝文郁修,志凡七卷,有康熙二十三年(1684)刻本,现存同治八年(1869)重刻本。民国第八次修县志,为黎彩彰等修,黎景曾、黄宗宪纂,有民国十五年(1926)铅印本。民国志以李世熊康熙志为母本,其中清初之前的资料几乎照搬李志而来。

---

① 金恩辉主编:《中国地方志总目提要》,台北:汉美图书有限公司,1996 年,福建省 13—11。

② 金恩辉主编:《中国地方志总目提要》,台北:汉美图书有限公司,1996 年,第 545 页。

一、康熙版《宁化县志》的编修过程

康熙十一年(1672),大学士卫周祚上疏请修通志:"各省通志宜修,……汇集成帙,名曰通志,诚一代之文献也。迄今各省尚未编修,甚属缺典,何以襄我皇上兴隆盛治乎?"康熙帝于次年下令各省编修通志。但因三藩之乱,修通志之事暂时搁置。康熙二十二年(1683),修一统志之事重提:"从前用兵之际,各省所修通志稍觉迟延。今兵事既息,俟各省修完送到之日,应即行纂修一统志书。"①

李世熊的《宁化县志》正是在这一过程中从私志变成官志。李世熊弟子、清朝官员黎士弘在康熙《宁化县志》序中称:"前宁化令何公束书载币,以邑志请先生,先生辞之再,数请乃可。书未就,而何公乃迁去。及书就,前令王公急欲梓行,又不果。今焕章祝使君……不数月而刻告成。"②可见,围绕县志编修一事,李世熊与清朝宁化三位县令何凤歧(1660年任,1670年迁)、王之佐(1677年任)、祝文郁(1681年任)③前后周旋二十年。

1663年在县令何凤歧任内,李世熊的族人李祥倚仗清朝势力将游荡少年组织为"天罡",横行乡里,李世熊出面制止遭到李祥报复,李世熊长子被捕。最终李世熊虽与政府达成和解,但长子在结案押送途中"溺亡",同时李世熊带着幼子匆匆离开家乡前往江西,停留大半年后才回归故里。"天罡"事件是李世熊自1646年归乡隐居之后直面清朝地方政府的最严重政治危机,他的诗文中对此事言辞甚秘。县令王之佐任内,游荡闽西的南明军队余党、流寇、地方武装基本被消灭,清朝统治进一步稳固;三藩之乱发生时,李世熊已将其视为叛乱。因此李世熊接受了王之佐的修志邀请,他坦言修志之事是"以年登耄耋,群疑未艾。诸门人珍惜宿学,遂假佳题,欲其与当事销融痕迹"。④"诸门

---

① 《康熙起居注》康熙二十二年四月条。
② 黎士弘:《宁化县志序》,康熙《宁化县志》,福州:福建人民出版社,1989年。
③ 李世熊:康熙《宁化县志》,卷3,官师题名,第186页。
④ 李世熊:《复黎楚友》,《寒支初集》,卷7,第260页。

人"很可能是指于康熙十八年(1679)辞官还乡的黎士弘,修志已经变成考验李世熊是否认可清朝政府的政治问题。

1683年朝廷重提修一统志时,清朝已平定三藩、收复台湾,全国的政治气氛彻底改变。"幸值今天子偃武修文,汇征海内新志,编为一统全书。乃宁志荒略,无可采撷,而功令限迫,不敢缓期,黾勉撮要录旧纪,解投志局,意殊不自慊",①由于任务紧急而宁化旧志无可参考,宁化县令祝文郁征得李世熊同意,将其私修的宁化县志"增芟十之一二",②上交完事。

黎士弘实际参与了康熙版《宁化县志》的校订工作,康熙二十三年(1684)李世熊写信给黎士弘:"邑志一事,向年亦躬庵惠为之,当时逆料此书决不行世,率臆编纂,不知忌讳。书成以质躬庵,数日诒一札,云:'先生久隐郁陶,随事发达,离骚孤愤时见笔端,哭世骂世交有之。世人不解其哭但憾其骂,虽救世苦心号痛喝,谁则亮之,只以为怨耳。'其后书果不行,束之高阁,无道及者。旧年县索前书为通志底稿,独委幕客及礼房书役芟纂成册,径解省投大总裁。仆知而急购原稿,阅之为之短气,叹宁之鄙陋,终无洗刷时矣。……今见所纂之册,或用新志可节者不节,或用旧志宜存者不存,又有非新非旧竟用书办手笔,此岂但蝇蚋已乎? 真令人笑哭不得耳。缘此,诸生纷纷乞梓新志致当事,以此请教于门下,当事谓弘隆年号及秉钧尽节事悉不得书,窃以天子在北,号令尚未到南土,在今日当事不知有明,不知四十年前此地臣民犹然未入版图也,今但以明季二字易去年号,似亦浑沦无迹,他如影响嫌疑。……祈门下拨半月之烦,其繁冗当裁者径裁之,拙朴当改者径改之。毋谓一日之长逊避隐忍,姑存为后人弹射,则非愚所望也。"③

李世熊曾将私修志送请江西遗民、易堂九子之一的彭士望(字躬庵)审阅,李世熊坦言写志时"不知忌讳"。当私志要收编为官志时,首当其冲需要处理的就是前朝名号,按照政府规定,为南明朝廷"尽节"

---

① 祝文郁:《邑志引言》,康熙《宁化县志》,福州:福建人民出版社,1989年。
② 李世熊:《答黎媿曾甲子》,《寒支二集》,卷4,第479页。
③ 李世熊:《答黎媿曾·又》,《寒支二集》,卷4,第479页。

者的事迹一概不许出现。李世熊认为忽视南明存在的做法与事实不符，无法准确描述明清鼎革之际处于南明统治的地区，他决定将这一时期折中称为"明季"。

黎士弘的修改稿让李世熊非常满意，认为"检阅所标摘志稿无不允当"。① 黎士弘希望继续延续师生合作模式，为汀州府修志："《汀州府志》之缺，亦五十余载，郡伯王公鄢公，贤大夫也，雅意重修，将专车延请先生论定。"②又说，"老师人地既高，村居远僻，闭户订删，予夺进退，自行其是。膏烛不烦于有司，撰构不资于众力；而又为通邑信从无有一人敢起而议其渗漏者。"③但1686年李世熊去世，师生合编府志最终未果。

二、记录历史

在从私志转变为官志的过程中，遗民李世熊努力将其历史观潜藏于修订后的《宁化县志》中，

李世熊记南明之事用时间而不用年号，如隆武朝记为"乙丙间"；④直接记录清朝的条目甚少，如"大清兵入汀"、⑤"乙酉，江南平"，⑥但也有些条目透露出一点点作者的态度，如"雷峻"条中，"丙戌九月，大清师略宁地，举邑仓皇趋避空无人，峻（指传主雷峻）以母病故……足不出户……几忘身遭鼎革时也。"⑦若将《宁化县志》与李世熊的其他文献对读，可以找到更多线索。李氏《宁化县志》中有《寇变志》一篇，它脱胎于李世熊的私人笔记《寇变纪》。《寇变纪》版本有三，其一为谢国桢钞本；⑧其二为福建师范大学图书馆藏抄本；其三为笔者在田野调查

---

① 黎士弘：《宁化县志序》，康熙《宁化县志》，福州：福建人民出版社，1989年。
② 黎士弘：《上李元仲先生书》，乾隆十年《汀州府志》，《艺文志》，卷43。
③ 同②。
④ 康熙《宁化县志》，卷3，名宦志"徐日隆"条，第203页。
⑤ 康熙《宁化县志》，卷3，名宦志"徐日隆"条，第203页。
⑥ 康熙《宁化县志》，卷3，名宦志"凌世韶"条，第203页。
⑦ 康熙《宁化县志》，卷4，人物志，逸行"雷峻"条，第279页。
⑧ 李世熊：《寇变纪(后纪、寨堡纪、堡城纪附)》，收录于中国社会科学院历史研究所清史研究室编：《清史资料》第一辑，北京：中华书局，1980年，第27—63页。

过程中发现的1922年宁化县李氏族谱本。三种版本略有不同,以宁化李氏族谱本最为准确完备。

县志中《寇变志》的时间起点是唐光启元年黄连峒(宁化古名)寇围汀州,被王审知之兄王潮率兵剿灭。继而略述宋绍定三年晏头陀起事,元延祐二年(1315)赣州蔡五九攻陷宁化事、元至正二十二年(1362)陈有定剿灭宁化土贼曹柳顺之事。之后《寇变志》详细记录了从明正统十四年(1449)至康熙十三年(1674)间发生的寇变。《寇变纪》则分为《寇变纪》和《寇变后纪》,《寇变纪》的时间起点是嘉靖辛酉壬戌癸亥(1561—1563)之间至清顺治九年(1652),《寇变后纪》的记录开始于顺治八年(1651),终止在康熙十八年(1679)。

从内容比较,《寇变志》增补了宁化在正统之前(亦即李世熊《纪》的起点)的寇乱记载,《寇变纪》和《寇变后纪》的关注点是李世熊的家乡泉上里,且文中多出现"吾乡""吾族"等词,在《寇变志》中则略去这些词汇。《寇变纪》是李世熊从1650年代开始记录的文献,与最终成书于1683年的《寇变志》之间存在着近三十年的时间差,《寇变纪》的记录更真实地反映出李世熊的态度。

在记录明藩王江西永宁王的儿媳彭妃在宁化起事一事时,《寇变纪》中称,"彭妃起义于延祥",称彭妃所领军为"义军",称同时举兵的明宗室新建王、德化王等人的举兵都为"起义兵"。①《寇变志》中则称"永宁王妃彭氏据九龙寨,纠无赖数百人攻归化",称泉上延祥村跟随彭妃者为"诸乡之起兵者",虽如此,李世熊在《寇变志》中以小字注解的办法,埋下他对彭妃的真实态度:"妃死日,责数郡邑官,词义慷慨,毫无惧色。"②

在记录三藩之乱时,《纪》中称:"康熙壬子(1672)九月,吴平西叛于滇。甲寅三月十五,耿藩叛于闽,发札募兵,深山穷谷各舍耒而操

---

① 以上出自1922年泉上《李氏族谱·寇变纪》,泉上李氏族人李振文提供原件照片。
② 李世熊:《寇变志》,康熙《宁化县志》,福州:福建人民出版社,1989年,第445页。

矛,总副游守遍地。"①《寇变志》中则称,"甲寅春,闽藩叛变,盗贼蜂起"。② 在《寇变志》和《寇变纪》中的用词已趋一致。

值得注意的是《寇变志》关于1664年至1674年之间的记录空白,李世熊晚年最大政治危机的天罡事件正是发生在1664年。李世熊及其幼子共同编写的《李寒支先生岁纪》中记载,康熙九年(1670)宁化县令章华国拜访李世熊,李世熊恢复与地方政府的来往。1676年之后,《寇变后纪》记录了两件事情,第一是1676年秋天官兵入关,闽地尽复,被乡贼宁文龙余党掳去妻女的宁化和建宁的难民要求官府帮助寻回难妇,但因为宁文龙向追捕官行贿,追捕官员受贿后放弃追究,最后以"查无此人"回复上官。此事发生时间非常接近李世熊编修宁化县志之时,且与清朝地方官有涉,故而在《寇变志》中隐去不谈。第二是康熙十八年(1679),宁化县王之佐打击宁化县地方武装黄通之侄黄机禾之事。此事与地方官员剿灭乡贼的功绩直接相关,因此在《寇变志》中也隐去不提。

李世熊特别记录了一些明遗民,他将自己的密友雷羽上安置在人物志的"先宪"条。③ 雷羽上字扶九,崇祯壬午(1642)举人,未出仕,李世熊将他列为"先宪"显然不合适。李世熊与雷羽上交情甚笃,明亡后,清军攻入宁化之前,两人结伴逃到泉上里阳迟山,逃禅为僧。县志中的"雷羽上"条的文字出自李世熊《雷孝廉墓表》,县志隐去部分有关清兵的记录,《墓表》中称:"八月清师入闽关,隆武弃延平走汀州,清人以四百骑摄驾,垂及矣,君慨然太息曰:三百年礼文豢武求一丁斐凌统无有也,岂不哀哉?"在县志中还被隐去的部分是顺治壬辰(1652)间,朝廷诏令举人不参加会试者以叛乱论处,雷羽上只能应诏,但最后以疾病不能成篇罢归,他在归途中的所见所闻:"所过败营降垒颓关圮

---

① 1922年泉上《李氏族谱·寇变纪》,由泉上李氏族人李振文提供原件照片。
② 李世熊:《寇变志》,康熙《宁化县志》,福州:福建人民出版社,1989年,第449页。
③ 李世熊:康熙《宁化县志》,福州:福建人民出版社,1989年,卷4,人物志,第269—270页。

堞,莫不仰天心摧俯地足踣,如失群之鸟反巡故乡,翔回鸣号而继以蹢躅也。"县志中也隐去了雷羽上对明亡之后的人物评价:"每论当世人品,必曰:见危致命者,上也;历险从主死生无二者,次也。屏家室遯穷荒聊明素志者,又次也。若浮沉闤闠,豢饲血躯,去屈辱从时者一间耳。"

雷羽上与诸生五人,是明清之际宁化县的士人之中最接近遗民者,雷羽上的事迹与李世熊的有高度重叠之处,在记录中李世熊的影子呼之欲出。

三、体例与传播

《中国地方志总目提要》中评价李志:"是志与正德十四年康海《武功县志》、韩邦靖《朝邑县志》鼎足而立,夙称名志。"①

一般而言中国历代方志主要有四种体例:平目体、纲目体、纪传体和三门体(又称三宝体)。② 明清方志多采用纲目体,即将志书内容分为几大门类作为纲,在各大类中细分小目。李世熊所作志为三宝体,即"孟子曰:诸侯之宝三:土地、人民、政事。百里亦诸侯也。今以三者为纲,各类为目。如:封域疆界之类从土地,学校礼仪之类从政事,官师题名之类从人民"。③

李世熊将全书分为三部,三部之下又分为七卷五十二目,其中"土地部"分为建邑、分野、气候、风俗、山川、城池、公署、疆界、田亩、津梁、水利、邮置、坊表、楼阁亭馆、古迹、寺观、丘墓、土产十八志;"人民部"分为官师、名宦、户口、选举、人物五志;"政事部"分为职员、岁役、度支、礼仪、庙学、学田、文庙崇祀、诸儒崇祀、先师世系、孔门弟子、唐礼乐、书院、坛壝庙祠、民兵、惠政、匠班、寺租、灾异、寇变十九志。

李世熊不希望县志只是对地方史料的简单描述,他说:"志例创自

---

① 王云五主持编纂《续修四库全书提要》第7册2370页。金恩辉:《中国地方志总目提要》2—13—11左。
② 王德恒:《中国方志学》,郑州:大象出版社,1997年,第48—52页。
③ 李世熊:《凡例》,康熙《宁化县志》,福州:福建人民出版社,1989,第7页。

汉人,如地理、食货、沟洫等志,皆是一篇文字。中间条理井然,此故须手笔耳。若如今人书某事,则是记簿帐、胥吏儿童皆能之,又何以志为哉?"① 在《宁化县志》中,李世熊将每篇"志"都做成了文章,这也让部分学者批评李志有个人评论过多的弊病。如民国《福建通志》总纂、福州人陈衍称:"宁化旧志成于李元仲先生,在县志中直匹康对山之《武功志》,赫然名于著录。然《武功志》近于太简,元仲先生则胜国遗老,悲情所寄,一发挥于志,故往往议论多于事实,盖一元仲先生之史也。"② 陈衍认为李志鲜明的个人特色与李世熊的明遗老身份密不可分。

自李志编成后两百年,宁化无新志。同治八年(1869)知县蒋泽沅重刻康熙版《宁化县志》。民国《宁化县志》大部分内容照搬李志而来,"于旧事录用旧志外,类能采访翔实,加以贯串,议论时复繁而不杀,盖犹守李志成规也。"③ 连其主修者黎景曾都认为:"长此以往,后无寒支其人者将如之何?后有寒支其人者亦将如之何?矧奉今修辑不能以不才而废厥职!"显见李志之影响力,《续修四库全书提要》评价:"此编发凡起例、独具匠心。"④

李志成为清代地方修志的一个典范,其他地方志借鉴李志体例或直接引用李志内容的所在多有。较早的如周钟瑄主修《诸罗县志》,其志编纂时间上大致在康熙五十三年(1714)之后,周称"诸罗坛墠,皆破荒为之;而城隍襄事于阮参戎,厉坛继成于游守戎,有同舟共济之义焉。若夫邑有名宦、乡贤,古所谓法施于民则祀之者也、乡先生没而祭于社者也"。⑤《祀典志》直接引用了李世熊的《礼仪志》的部分内容并指明作者:"宁化李元仲曰:古祀社稷于西郊,西、阴之成也;……今于

---

① 李世熊:《复黎楚友》,《寒支初集》,卷7,第260页。
② 陈衍:《序》,民国《宁化县志》,上海:上海书店出版社,2000年。
③ 陈衍:《序》,民国《宁化县志》,上海:上海书店出版社,2000年。
④ 转引自吉林省图书馆学会编《闽志谈概》,长春:吉林省地方志编纂委员会、吉林省图书馆学会出版,1987年,第174页。
⑤ 周钟瑄:《诸罗县志》(台北:台湾银行,1962),卷4,《祀典志》。连横《台湾通史》(台北:台湾银行,1962)载:周钟瑄,字宣子,贵州贵筑人。康熙三十五年,举于乡,五十三年,知诸罗县事。

二仲上巳,从社稷也。祀无祀于清明、中元、孟冬,雨露既濡、霜露既降,必有怵惕凄怆之心也。"①从生卒年看,李世熊与周钟瑄不可能直接接触,周钟瑄借用李世熊《礼仪志》应当是直接从在康熙年间已经出版的《宁化县志》而来。

《兴国县志》二十六卷首一卷清乾隆十五年刊本,②据同治《兴国县志》序谓:"此志袭用张尚瑗《潋水志林》体例,以志地、志人、志政、志事、志言为总纲,细目庞杂。按本志官师篇,有《张尚瑗传》记尚瑗辑前乘,仿宁化李世熊体勒成一篇,命曰《志林》,多借邑之山水以写其沉抱也。"③

乾隆间长汀知县陈朝羲在《长汀县志》序中称:"西蜀《武功志》修自康对山(注:即康海),闽之《宁化志》修自李元仲,海内俱称善。修志必如二公,此志之所以不易修也。"④谢金銮在《续修台湾县志》的《凡例》中也称:"朝邑、武功二志,均分七门。又前明无名氏《无锡县志》,以邑里、山川、事物、词章作四大部,而分三十三子目;吾闽李元仲《宁化县志》,以土地、人民、政事分三大部。虽义例各有短长,要皆纲维在握,语不外散。"⑤郑元桢称:"上足以供辀轩之采,下足以垂惩劝之资。此程篁墩(注:即程敏政)之《新安文献》,李元仲之《宁化志》所以推独步也。"⑥他对李志评价极高,李志在保存地方史志资料外,还可以为当政者提供参考以及教化百姓。郭柏苍(1815—1890)称:"凡修志乘,多以退官主之,其精神已竭于致君泽民,视此区区者为无关政体,任采访不任探讨。李元仲《宁化县志》,陶篁村《延平府志》,高雨农续修《光泽县志》皆精核可读,他志非牵引即遗亡。"⑦至民国,藏书家郭白阳(郭柏

---

① (清)陈梦林(1664—1739):《诸罗县志》,卷四《祀典志》,第64页。
② 徐家汇藏书楼藏,存卷五至卷二十六,清孔兴浙修,孔衍倬纂。兴浙字晴江,浙江钱塘县人,贡生,乾隆庚午任兴国知县,调靖安。此书非完帙,北京图书馆藏有全书。
③ 陈光贻:《稀见地方志提要》(济南:齐鲁书社,1987年),卷9。
④ 乾隆四十七年壬寅八月护理汀州同知兼署长汀县知县、建阳县知县陈朝羲所作《长汀县志序》。长汀县地方志编纂委员会编《长汀县志》(北京:三联书社,1993年)。
⑤ 谢金銮:《凡例》,《续修台湾县志》(台湾:成文出版社,1990年)。
⑥ 郑元桢(1879—1936):《序》,民国《南平县志》,卷24。
⑦ 郭柏苍:《乌石山志》(故宫珍品丛刊,海口:海口出版社,2001年),卷3。

苍之曾孙)沿用了其祖郭柏苍的观点,说:"闽志之佳者:李元仲《宁化县志》、陶篁村(陶元藻)《延平府志》、高雨农(高澍然)《续修光泽县志》,皆精核可读。"①

林则徐赞李世熊《宁化县志》的体例"详瞻,有裨于政"。但他对与李志并称的武功、朝邑两志则不以为然:"自明代武功、朝邑二志以简洁称,嗣是载笔之儒,竟尚体要,沿习日久,文省而事不增,其弊也陋。"②可见李志对旧志的影响之大。

四、结　语

李世熊《宁化县志》经历了从私志到官志的身份转换,体现了清朝地方政权逐渐稳固,以及其时明遗民与清朝的政治角力与和解。李世熊谨慎处理修志过程中遇到的年号、人物等政治问题,又将个人历史观念尽可能地埋藏在县志中,这种特殊的体例与内容编排,使之成为方志典范。

（张凤英：龙岩学院闽台客家研究院）

---

① 郭白阳:《竹间续话》(福州:海风出版社,2001),卷4。
② (清)林则徐(1785—1850):《大定府志》,序。

提升服务能力以驱动地方志事业的发展

符思念

2017年1月,中共中央办公厅、国务院办公厅印发《关于实施中华优秀传统文化传承发展工程的意见》,明确指出:"做好地方史志编纂工作,巩固中华文明探源成果,正确反映中华民族文明史,推出一批研究成果。"又一次从国家层面对地方志工作提出要求。地方志工作机构必须加强对中华优秀传统文化的研究,努力推出优秀的研究成果,满足人民群众对中华优秀传统文化的需求,不断提升服务经济、社会发展的能力,拓展服务现实的途径,以服务能力的不断提升驱动地方志事业发展的转型升级。

地方志是"一方之全史",被喻为地方"百科全书",特别是1978年以来,各地地方志工作机构编纂了大量地方志成果,出版了各种类别的地方志史书刊,打造了我国有史以来规模最大的社会科学成果群。从现状看,掌握大量的地情资料,拥有一座文化宝藏,既有中华民族传统历史文化资源,又有新中国建设、改革开放的发展历史等详细的地情资源,这是地方志事业发展的优势。但是这些宝贵资源却没有充分利用起来,很多志书一经出版,就被置之高阁,很少有读者阅读使用,面临着"藏在深山无人识"的尴尬。如果没有人使用,无人问津,就失去了修志的意义。地方志工作机构应正视这一现实,创新思维,拓展思路,坚持修志为用的原则,大力开发利用志书,努力提升服务水平,让广大人民群众能知晓地方志书,能更多接触志书年鉴,在学习生活中阅读使用地方志。

一、增强主动服务意识,完善服务的手段

在新的历史时期,各级政府部门以人为本,努力增强服务意识、惠民意识。在建设文化强国的道路上,地方志应发挥应有的作用,贡献自己的力量,并实现地方志事业的转型升级,其中重要的一项就是要实现地方志文化公共服务的转型升级。地方志资源丰富广博,但利用开发水平低,方志馆藏有大量地情资料却没有图书馆、文化馆、档案馆人气旺,显得冷冷清清。地方志工作机构应增强主动服务意识,转变工作作风,增强修志为用的意识,以服务能力的提升带动地方志资源的开发利用。应主动为各级政府机关提供资政服务,充分挖掘地方志全面综合记述地方自然、经济、政治、文化、社会的发展历程,分析当前地方经济、社会发展的重要形势,为政府领导科学决策提供智力支持、资料佐证。各级方志馆是地方公共文化服务的重要基础设施,应学习图书馆、文化馆、档案馆的先进服务理念、服务的方式与手段,以读者为中心,为他们读志用志提供优质温馨的服务,提供良好舒适的环境,同时做好方志馆功能作用的宣传,做好优质服务的宣传,吸引更多的读者来馆参观、查阅资料,不断扩大方志馆的影响力,改变方志馆门可罗雀的冷清场面。各地地方志工作机构要以问题为导向,查找薄弱环节,深入分析症结所在,发挥特长,补齐短板,转被动为主动,努力增强方志文化的公务服务意识与能力。

二、提升服务创新理念,全面提升服务水平

"创新是一个民族兴旺发达的不竭动力",居于"创新、协调、绿色、开放、共享"五大发展理念之首。地方志工作机构应不断增强服务创新意识,紧紧围绕方志"资政""育人"的功能,创新服务手段,更新服务形式,拓展服务途径,增强服务功能,更好地贴近经济、社会发展的实际,更好地为广大人民群众提供优质的服务。要顺应移动互联网时代的特点,运用现代互联网技术,充分利用互联网平台,让地方志资源插上互联网的翅膀,更好地传播利用。应根据信息化时代信息传播快

速、知识更新快的特点,变厚重、枯燥的大部头为通俗易懂的作品,通过编纂地情书、简志、地域文化书籍、方志简报、乡土教材等,"利用各类媒体广泛宣传地方志成果,推动方志文化进机关、进农村、进社区、进校园、进企业、进军营等",①不断拓宽方志服务对象,全面提升服务水平。

三、紧扣经济社会发展的实际,拓展社会服务的途径

目前地方志工作机构服务经济社会发展的途径相对较窄,服务手段比较单一,服务随机性较大,服务对象不够广泛,还没有形成成熟的服务体系。主要还是以传统的报刊、简讯、方志馆为平台,为修志单位提供修志动态、业务咨询、资料查询等服务,或者配合重大节庆活动,举办地情展览和历史文化宣传等活动。地方志工作机构应紧密结合时代经济、社会发展的实际,"针对不同的群体,开发出不同的文化产品,以不同的服务形式、服务手段吸引更多的受众,不断拓展社会服务的领域。"②在这个互联网时代,地方志工作机构要有"互联网+"服务理念,研究开发数字方志馆、地情网站、微信公众号、方志数据库等互联网载体,加大方志资源数字化信息化建设的力度,让广大人民群众更方便、更快捷享受到方志资源的网络服务。"方志江西"微信公众号应运而生,一经推出,便受到广大微信用户的关注与喜爱,阅读转载率很高,在方志微信公众号中有较大的影响力。顺应移动互联网时代的特征,紧扣江西地域文化的特点,根据用户的需求和阅读习惯,推出了很多方志文化作品,深受订阅用户的喜爱。截至2016年年底,"方志江西"已经累计发出295篇文章,累计点击量已经超过30万次,其中《江西风景独好》点击率超过2.5万次,获"2015年度江西省十佳微信文章"荣誉。

---

① 王伟光:《以创新驱动地方志事业发展转型升级——在首届全国名镇论坛暨中国名镇志出版丛书座谈会上的讲话》,《中国地方志》2016年第6期。
② 王伟光:《坚定自信 放大格局 拓展功能 助推实现中华民族伟大复兴中国梦——在"南海主权与地方志论坛"上的讲话》,《江西地方志》2017年第1期。

四、匠心打造精品佳作，服务于群众精神文化生活

地方志工作如果仅仅围绕"一本书主义"，只埋头编纂志书，厚重的大部头，庄重严肃，编完之后往往存入方志馆、图书馆，束之高阁，远离大众，不接地气。地方志工作机构要对准群众精神文化的需求，要利用掌握的丰富的历史文化、地情资源，编写一些地情书、乡土教材、地域文化研究等接地气、有市场的地方文化书籍，满足人民群众对地方历史文化的需求，匠心打造精品佳作，对准市场百姓的需求，才能赢得大众的认可。2012年出版的《江西风景独好旅游文化丛书》，图文并茂全景式展示和诠释江西秀美的自然山水、深厚的历史文化和浓郁的地方风情。其中的《历史名贤》就由江西省地方志办公室承编，从江西历代名贤中精选了最有代表性的先贤九十多人，记录他们的业绩、墨迹、足迹，展示他们的精神风采。此套丛书出版面世，深受读者的喜爱和认可，成为当地新华书店的畅销书。让当地群众更好了解当地历史文化，激发了热爱故乡的乡情，创造了良好的社会效益。

2014年，江西省地方志办公室启动编纂《江西方志文化丛书》，分为《江西古桥古渡》《江西地方戏》《江西书院》《江西古代名人》《江西进士》《江西古楼塔》《江西寺观》《江西名窑》《江西名人墓》《江西古祠堂》十册，深入全面记录江西的历史遗迹，传承地方文化传统，弘扬地域特色文化，调动全省地方志系统的力量，以精品佳作的要求狠抓丛书的质量，希望赢得读者和市场的认可，创造良好的经济与社会效益。

"方志江西"微信公众号曾推出一个特色栏目——地名由来，很接地气，深受用户的喜欢，阅读转载率非常高。这个栏目系统全面介绍了江西省100个县(市、区)的地名由来，分为地名由来、历史沿革、风景名胜、当地名人、民俗特产等栏目，把一个县区最有意思的东西用通俗易懂的语言、喜闻乐见的形式，图文并茂地介绍给老百姓，让他们加深对本地文化的了解，也起到宣传本地地情文化历史的作用，阅读转载率很高。现在正把这些内容编辑成一本地情文化书籍，吸引了多家出版社的关注。相信在这部书出版面世后，会得到广大读者的热捧。

五、面向现实生活,主动参与历史文化设施的建设,提供方志文化服务

地方志工作机构应主动参与当地古城遗迹的规划保护,参与当地历史街区、文化公园的规划设计,为历史文化设施建设提供地情资源的佐证与历史文化的支撑。

苏州市地方志办公室积极主动服务于当地历史名城的保护工作。"姑苏区、苏州国家历史文化名城保护区成立不久,苏州市地方志办公室组建'智囊团',为古城保护发展提供强有力的文化支撑。"①"智囊团"正式名称是"苏州市方志文化建设专家库",成员都是大专院校或政治、经济、文化、历史领域卓有建树的专家学者,他们查阅苏州历代大量旧志、历史书籍、地情资料,为古城保护出谋划策,主张古城保护不仅要注重物态形貌的保护,更要注重人文风貌、历史文化的传承。在古城保护方面应注重文化片区的建设,使苏州老街小巷成为一个个浓郁文化氛围的聚集地。这些建议被古城保护部门的采纳,在古城保护工作中发挥了积极的作用。

江西一些县城的公园广场的设计就融合了当地历史文化传统、民俗特色等元素。地方志工作机构主动参与,提供方志文化服务。利用掌握的丰富地情资源宝库,将当地历史文化传统、历史渊源、民俗特色等地域文化特色融入公园广场等设施的建设。中心石碑上刻着县城的历史沿革,当地历史名人的雕像,刻有人物的生平简介,还有一些景观反映当地历史上的重大事件、流传的神话故事和民俗特色等内容。地方志工作机构要深入研究当地的历史文化传统和民俗特色,要深入研究地域文化,为文化公园等建设提供设计理念、地域文化元素和优质的文字资料。

让人民群众在生活中处处看到地方志的身影。笔者所居住的南昌,市中心老城区有些老街巷,在街巷口立了石碑,介绍街巷名字的由

---

① 施晓平:《古城保护发展获得文化支撑》,《苏州日报》2010年10月27日。

来与历史渊源,其中很多内容就引用《豫章旧志》《南昌府志》等旧志,很好地介绍了一条条街巷的历史由来,让居民游客了解街巷悠久的历史与文化传统,提升街巷的文化品位,丰富一个地方的文化内涵,让人民群众在日常的环境中自然而然地了解了本地的历史。

六、开展地域文化研究工作,拓展服务现实的工作途径

时任国务院副总理刘延东在第五次全国地方志工作会议上指出:"地方志资源开发利用成果丰硕,积极服务地方经济、社会发展,公共文化服务能力和水平日益提高,社会认可度和参与度不断提高。"[①]地方志直接服务于经济社会发展,提供公共文化服务的一个重要途径就是开展地域文化研究工作。地域文化是指特定区域源远流长、独具特色,传承至今仍发挥作用的文化传统,是特定区域生态、民俗、传统、习惯等的文明表现。地域文化是推动地方经济社会发展的文化软实力,对地方经济社会发展有着深刻持久影响的重要因素、宝贵资源。地域文化的研究已经成为当今社会文化研究的热点,而且越来越受到政府部门、科研机构、人民群众的高度重视和热心关注。

从古至今,志书都是地域文化的重要载体,地域文化是志书记述的重要内容,研究地域文化,必须重视资料文献,特别是乡邦文献,其中最重要的就是各个历史时期的地方志书。这些表明,开展地域文化研究,地方志工作机构责无旁贷,这也是经济社会发展的现实需求,也是地方志工作拓展服务经济社会发展、自身转型升级的必然要求。地方志工作机构应顺应时代发展的要求,顺势而为,将地域文化研究列为重要的工作职责,进一步拓展职能领域,加强地域文化资料搜集、整合和研究,同时开展实地考察、田野调查,统筹规划、逐步开展地域文化研究工作,使之成为地方志工作服务现实的重要途径,引领地方志事业的转型升级,使地方志为经济、社会发展提供文化软实力的支撑,

---

① 刘延东:《与第五次全国地方志工作会议部分会议代表座谈时的讲话》,《中国地方志》2014年第5期。

从而更好推动地方文化事业的繁荣发展。

　　党的十八大要求不断深化行政体制改革,努力建设人民满意的服务型政府,各级政府部门应努力向人民群众提供优质的公共服务。地方志工作机构应向人民群众提供优质的方志文化服务,不仅要修志编鉴,还要大力开发利用这些地方志资源,增强主动服务意识,提升服务创新理念,拓展服务现实途径,不断提升服务经济社会发展的能力,努力推进地方志由一项工作向一项事业的转型升级,繁荣壮大地方志事业,使之欣欣向荣,历久弥新。

(符思念:江西省地方志办公室)

山东新城王氏家族对地方的贡献
——以《新城县志》为主要研究载体

高莉莉

张舜徽曾指出,方志以"社会为中心",是保存社会史料的渊薮,方志一般记录地方自然、社会、政治、经济、文化等方面情况,是地方之全史。研究一个地方一个家族的发展历程,地方志是最好的研究载体。以王士禛为代表的山东新城王氏是新城县跨越明清两朝的名门望族。作为地方上的世家大族,具有深厚的文化底蕴与雄厚的经济、政治实力,王氏家族肯定对地方的发展起了相当的促进作用。《新城县志》为该地区的唯一方志,记录王氏家族的兴衰演变,更见证王家一族对家乡的回馈与贡献。下面将以《民国重修新城县志》为主要研究载体探究王氏家族对地方发展做出的卓越贡献。

一、《新城县志》与新城王氏家族

《新城县志》自明嘉靖年间始修,至民国年间重修三次,共四版,分别是嘉靖胡应鸣主修版、天启张必大主修版、康熙崔懋主修版与民国袁励杰主修版。前三版因年代久远,或已流散或残缺不全,仅《民国重修新城县志》至今保存完整。《民国重修新城县志》由时任县长袁励杰在先哲所辑史料的基础上汇集新城县耆老名宿重修而成,据《县志》前《袁序》可知,"《新城县志》续修于康熙癸酉,距今二百四十年",其间无志问世,虽道咸同光以来历次续稿,但终因日久未能付梓。为能清楚反映新城县二百多年方舆、建置、赋税、典礼等的发展演变,更为了让后来为官者快速熟悉新城历代制度沿革、风俗物产等,袁励杰决定于民国二十二年开始县志重修的工作。值得一提的是王氏作为新城县名门望族,每一次重修县志都有王家成员的参与,王家对县志贡献将在下文中详细说明,这里不再赘述。《民国重修新城县志》共二十一卷,包含方志、建置、赋税、典礼、职官、选举、人物、烈女、恩恤、金石、艺文、杂志 12 部分,对新城县方方面面进行介绍,为后人研究新城县发展演变提供丰富而可靠的资料。

王氏第五世代表人物王之垣在《新城王氏族谱序》里称:"新城之有王氏,系出青州之琅邪。其移居新城,自琅邪公始。"《族谱序》中的"琅邪公"即王氏始祖王贵。元末明初战乱频繁,王贵为躲避战乱携家带口从青州府诸城县初家庄迁移到了济南府新城县东南隅的曹村。搬至新城时,王贵只是一个普通的匠户人家,至孙子王麟"始肇文脉",走上了读书仕宦的道路。自此家族"科甲蝉联不绝",跨越明清两朝,历经 300 余年,王氏家族中进士者有 24 人,明朝 15 人,清朝 9 人,此外,还有武进士 6 名。从三世祖王麟踏上仕途,到第十四代家族衰落,王家出了成百名官员,最多时号称"王半朝"。王家的科宦道路与文学创作是相互关联的,王氏家族成员世代皆有著述,且著述颇丰,有"江北青箱"之誉,著名的有第五代的王之垣著有《历仕录》《炳烛编》《惺心楼三编》等;第六代的王象晋著有《群芳谱》《救荒成法》《赐闲堂集》等;第八代的王士禛最为著名,有《池北偶谈》《渔洋诗话》《带经堂全集》等多部作品流传。正是王氏家族累世达官显贵的政治背景和深厚的文化底蕴,才能使其在望族辈出的山东声名显赫,成为一方名门望族。王氏家族从"无立锥之地"的穷苦农家,成为科甲蝉联、名臣满门的望族,究其根本是其家族成员始终秉承着经过几代人总结提炼出的家规家训。四世祖王重光曾制《太仆家训》教育子孙:"所存者必皆道义之心,所行者必皆道义之事,所友者必皆读书之人,所言者必皆读书之言。"①读书持家,道义立身成为王氏家族家规家训的核心,世世代代遵守,时时警示。之后每一代家族族长都会充实完善家训,如王重光的儿子王之垣实行比他的父亲更严格的家规,特别是围绕着"举业"这个

---

① 王士禛:《池北偶谈》(电子版)卷五。

中心，制定了一套经典的教育体系，对家族子弟进行了近乎苛酷的培训，要求子侄"每日读经史毕，做文七篇，缺一不可，旷一日不可"。① 经过王氏家族各代人的完善，最终形成了融处世、为政、治家、劝学、修身多方面的家规，涵养了家族善良勤俭、敦宗睦族、读书力学、见贤思齐、忠勤报国、救灾恤邻、严于律己的良好家风。严苛的家规与端正的家风不仅是王氏家族历经两朝、前后数百年长盛不衰的原因，也是他们用心为家乡发展做出贡献的精神指引，引导族人将家规中的"足己济人""忠勤报国"付诸实践。

二、关注地方文化建设

（一）投身地方文教事业

明清历代统治者都十分重视教育，确立了"教化之道，学校为本"的文教政策，②官方有府学、州学、县学，民间有自办的社学、义学、书院等各种学校，世家望族经常参与它们的修建，或捐钱捐物或出人出力。王氏家族的发达得益于科举，自身特别注重文化教育，因而对家乡学政也极为关注，第五代王之垣之子王象乾曾督促家乡地方官员重修新城学宫，促成此事之后，委托弟弟王象晋担任总负责人。《民国重修新城县志·建置志》中记载了当时各乡绅为修缮学校的募捐情况："天启辛酉大殿圮，诸生邢逮、耿藩等鸠阖邑缙绅及县学诸生捐银二百七十余两，而邑人礼部主事王象晋董其事，用银三百四十余两，文昌祠坊，则象晋独任之。"③从中可以看出王氏家族对家乡文教事业的关切之心以及热爱家乡的拳拳赤子之心。作为当地的文化大族，很多庙学与书院的序文都由王氏家族中名望最高的人来执笔，如康熙年间，大成殿、名宦祠、儒学门等被邑人修葺一新后，由王士禛作序记下了这件事。王家投身新城文教事业的做法从明中期一直延续到清代道光年

---

① 王焕文：《新城王氏家规家训的形成与发展》，《寻根》，2017年第5期。
② 李井铭：《明清鲁中仕宦望族与基层社会》，山东师范大学博士论文，2017年。
③ 袁励杰、王贡忱等：《民国重修新城县志》（影印版），济南平民日报社，民国二十二年。

间,未有中断。道光年间,王家尽管已中落,仍秉持"读书、道义"的家训,关注当地的文化设施建设,在家乡要重建书院时慷慨相助,"复因屋宇狭窄,不如另建书院。监生王宸海、文童王宸淑、王宸浩、王宸沅等皆忠勤公裔孙,县署西有空园地一段计地三亩三分三厘,共愿捐施……"①

王氏家族除了帮助地方修建各类学校之外,还有多位王家人在鲁担任地方州县的教谕、府学教授等职务,担负起同乡邑人的教育职责,为家乡培养人才,为国家输送栋梁之材。如王耿光的孙子王象兑"以明经为曹州训导";王士禛的大哥王士禄中进士后,在莱州府学任教授;王士禛的从弟王士骊曾担任诸城县儒学训导,王渔洋门人惠周惕在他的《砚溪先生诗集》中夸赞王士骊:"吾师天际人,夫子亦绝俗。"②说明王士骊在世人眼中是淡泊宁静,甘愿在地方教书育人的高士;还有王士禛的长子王启涑也曾担任过茌平县的教谕。王家作为历时几百年不倒的文化大族,为了让子孙受到更好的教育,家中都建有私塾,私塾一般也会接纳外姓子孙,如明末清初著名诗人徐夜就曾受教于王氏私塾,表明王氏在发达之后不但为本族子弟提供教育机会,还会接纳外姓子弟,承担一定的社会义务。王家自明代象乾、象晋时,家族就藏有大量书籍。至王士禛、王士禄这一代,几兄弟的俸禄大多用来购书,仅王士禄一人积书有数千册,并给自己的书库取名"池北书库",该书库后成为山左著名藏书楼之一。王家的藏书相信也为当地学子提供更广阔的读书空间。

(二)参与县志的编修

县志是对一县人情世故的记载,内容翔实,尤其是人物志往往涉及县中的名门望族,历来受到地方大族的重视,望族中经常有成员参与地方县志的编纂。《新城县志》在明宪宗时期开始编修,之后

---

① 袁励杰,王贡忱等:《民国重修新城县志》(影印版),济南平民日报社,民国二十二年。
② 蒋寅:《新见的一种记载王渔洋暮年事迹的重要史料——读王士骊〈幔亭公漫录〉札记》,《中国典籍与文化》,2012年第1卷第9期。

经历多次重修，几乎每一次重修都有王家人的参与。明宪宗时的第一次编修王耿光以当地名人参与这项工程。民国《重修新城县志》中保留的胡应鸣为嘉靖年间《重修新城县志》作的序中记载这件事："嘉靖壬辰经历王耿光、知县宫政绩续编至稿"；嘉靖年间重修的县志有王象晋、王象艮、王象春、王象复等多个兄弟参与；天启年间王之垣参与了新一轮县志的编纂；民国时王家虽然败落，但几百年积淀的文化底蕴没有那么容易消磨殆尽，作为当地的文化世家，王锡钧、王毓绂等还是被选为重修县志的主创人员。参与编修县志，对世家望族来说，于私能够提高家族威望，尽量增加家族人物生平的记录，还能抹去家族中受人非议的事情，为前辈讳言曲笔，如王之垣杀何心隐的大事，《县志》中竟无记载，应是王家后人的操作；于公能对地方人物功绩作出公允的评价，利于地方文化氛围的营造与文教事业的发展。

三、参与地方公益事务

（一）设义田、修城池

好善乐施是山东名门望族的优良品德，参与道路桥梁的修建、义田的设置以及帮助政府赈灾救荒是这一品德的最好诠释。新城王氏一直秉承着以"读书、道义"为中心思想的家规家训，自然经常从事公益事务，将乐善好施的家风延续下去。六世祖王象晋在《重修新城王氏族谱原序》中载其父王之垣"建家祠以报祖功，立祖约以垂后戒，剂义田以赡族众，广赈施以惠闾右"。① 可见设义田、赈灾救荒等是王家参与家乡公益事业的主要内容。有关流传下来的义田资料可知王之垣这一代六门曾共同成立"为孝思"的宗族组织，根据六门不同的情况捐献一定数目的土地作为义田。义田分配的对象不仅包括五服之内的族人，还包括五服之外的普通族众及异姓过继者。虽外姓普通民众

---

① 何成：《新城王氏：对明清时期山东科举望族的个案研究》，山东大学博士论文，2002年。

无权享有义田成果的分配,但王氏义田皆出租给外姓耕种,使贫苦百姓有田耕种,有粮可食,不至于流离他乡或因无田耕种而家破人亡。义田主要用于全族的种植栽培、纳税服役、赈济灾民、抚恤贫苦民众等。王氏家族的义田一定程度上给新城百姓提供福利,有助于维护地方社会的安稳。

  带头捐建新城的城门与城池也是王氏家族参与的公益事业中的一件大事。明神宗时,新陈城门已破败不堪,第四代的王象乾当时担任兵部尚书,听说了这件事后,利用自己的政治影响力与王家在当地的名望,让家人在新城奔走呼吁,联系各家名门大户,希望他们一同修建新城的城墙。作为发起人,王家独自承担两门城墙的修建,以显示其领头作用,其余望族协力修建两扇门。《新城县志·艺文志》中有相关记载:"邑缙绅鸣梧张公、华平耿公聚族而谋,所为守御之具,众佥谓城圮尤可资捍卫,而门皆朽矣……不忍重困吾民,乃相与随意捐金助工……鸣梧董北门,华平东门,家弟象壮西门,而南门则委之不佞象晋……"①不止城门,王家还发起新城各大族对城池的捐建。城池在战争时期能抵御外来侵入者,是一座城市的屏障,在地方的作用之大不言而喻,明朝晚期战乱四起,百姓的生命与财产安全时时受到威胁,但新城的城池却十分残破,防御作用微乎其微。修建城池所需的人力、物力、财力之重非一家所能承担,于是王之垣就号召当地的名门大族赵氏、耿氏、张氏等一齐为修建城池奔走筹划,"万历七年乡管户部尚书王之垣遗书巡抚都御史赵贤,属分守济南首参议严用和檄知县牛希儒撤土而砖,东圆西方千五百步,上阔一丈……"②此次修建总共花费3 000两有余,经费是靠望族们凭借自身的政治影响力,从各种官银中筹来的,如"县自征银100两,郡致库银850两有奇,布政司致香税银500两有奇……"③此外,在查找资料时还发现了一条王家为家乡修建

---

① 马翠:《明清山东望族初探》,山东师范大学博士论文,2009年。
② 袁励杰、王贡忱等:《民国重修新城县志》(影印版),济南平民日报社,民国二十二年。
③ 李井铭:《明清鲁中仕宦望族与基层社会》,山东师范大学博士论文,2017年。

桥梁的记录"司马桥,王象乾增修因名"。王氏家族为家乡修建的公共设施劳心劳力,出人出钱,表达了他们对地方稳定安全的担心,也显示出他们愿意承担身为一方大族所要担负的社会责任与义务。

(二)协助地方办赈

自然灾害发生时,政府一般鼓励地方望族协助救济,望族也以赈灾作为自己义不容辞的责任。参与地方的赈灾救荒一直是王氏家族的优良传统,自二世祖王伍起,王家人就被乡人认为是"乐善好施"的代表。"(王伍)尤好施,予岁时勤力,治生产计口授食,余悉以赈贫乏,门前有槐一株,时作糜哺饿者于其下,外呼之曰王菩萨……"①后来甚至发展成了新城王氏有组织机构可依赖,有规章制度可遵循的家族性质的大事。万历年间,山东连年大旱,饿殍遍野,至"易子相食"的地步。看到家乡的百姓饱受饥饿之苦,王氏家族专门召开了家庭会议商议如何救助受灾群众,并专门成立了"还淳雅会"的组织作为部署家族救灾事物的机构。王象晋在《还淳雅会跋(代思止弟作)》一文中记录了创立"还淳雅会"的目的:"予兄弟私相聚谋,创为还淳之约,欲节杯中之余沥,拯沟中之捐瘠,而又付之剞人,用广同志。若曰是会也,可行之一人,亦可行之人人;可行之一处,亦可行之处处。倘随人随处而皆有是举也,以佽施济之所不及,其于人或少有济乎,亦总之此心此理也。"②可以看出王家人的救乡亲们于水火之中的道义之心以及自觉参与公益事务的责任感。王家不仅倾自家之力帮助灾民,还制定救灾章程刊印出来,用以宣传、动员地方其他望族的加入,共同御灾。为了指导后人在此后的救灾事业中发挥更大的作用,王象晋特意编写一部《救荒成法》的书,作为家训,世代相传。事实证明王家后人没有辜负先祖的良苦用心,他们多次为地方的赈灾救荒贡献一份力。万历壬子

---

① 袁励杰,王贡忱等:《民国重修新城县志》(影印版),济南平民日报社,民国二十二年。
② 王焕文:《新城王氏家规家训的形成与发展》,《寻根》,2017年第5期。

年,"王与籽日施钱米,全活甚众";①乾隆十三年,新城发生大饥荒,王兆信"开囷借粮,至秋来偿一粒不受,时称善人";②"王宸俸,字鼎臣,号百禄,祖玺子……辛丑、丙午大饥,出余粟酬乡邻,多所全活"。③ 这都表现出王氏家族以"道义立身、乐善好施"的家风。其实,王氏家族耗费如此气力帮助地方政府赈济灾民,不仅仅是其家风使然,还存在更深层次的原因。一方面王家救助同乡贫苦民众后,百姓生活得以保障,将可能会发生的灾民暴动扼杀在摇篮中,起到了维护乡梓安全的作用;另一方面参与公益事业对家族发展也有好处,族人共同参与救灾既增强了家族的凝聚力,又提升了家族在新城甚至在全国的威望。

四、其他贡献

(一)参与地方治理

仕宦望族中人才辈出,有很多成员在地方或中央担任官职,与各级、各地官员多多少少有些联系,而在各地任官的成员就为家族拓展人脉,提高名望,积累丰厚的政治资源。望族利用家族的名望、人脉及丰富的政治资源可以为家乡百姓谋福利。《新城县志》中就记载多件王氏家族利用自己的地方威望与政治资源造福百姓的事迹。《建置志·建立石闸记》记录道:乾隆二十六年,为稻田蓄水灌溉的土壩"两年以来遇水稍多,既被冲决,引灌维艰",当时身为监生的王兆淇就带头与乡民一起上书曰"今各庄垦户情愿计田出资,将土壩改为石闸,以垂永远庶无冲决之虑……"④最后相关官员批准了这件事,石闸建成。

---

① 袁励杰,王贡忱等:《民国重修新城县志》(影印版),济南平民日报社,民国二十二年。
② 袁励杰,王贡忱等:《民国重修新城县志》(影印版),济南平民日报社,民国二十二年。
③ 袁励杰,王贡忱等:《民国重修新城县志》(影印版),济南平民日报社,民国二十二年。
④ 袁励杰,王贡忱等:《民国重修新城县志》(影印版),济南平民日报社,民国二十二年。

白莲教起义期间,王象恒上奏推荐南京吏部主事王命新带兵去剿灭,他认为王命新才气宏博,意见镇定,且为兖州人(山东境内),比较了解当地人的脾性,恩威并用,能快速而有效地平定叛乱。还有王士芳居家期间,因家乡"多逋赋累官民",于是"慷慨陈利害于上,出荒田数百顷,阖邑感之"。这些事迹说明望族成员大都心怀家乡,能尽自己所能地促进家乡发展,他们都是家乡很好的护卫者。

为了家乡的发展考虑,新城王氏也会尽力留住为百姓做实事的父母官。乾隆中期,云南人刘寄庵任新城县令,其间与新城王氏王祖昌交往过密。"寄庵为山东循吏,署曹县,莅新城,皆有惠政。被吏议,戍军台,两县之民,汹汹震动。秋水乃挺身于两邑,募得数千金。走京师叩贵人之门,力为营救。寄庵方出关,追回。一时义声动远近,如四溟山人出卢次梗于狱也。"①王祖昌被刘寄庵的政治才能与真心诚意为百姓服务的态度所折服,在刘寄庵受到迫害时,王氏奔走相救,最终凭借王家的实力与名望,使刘寄庵摆脱了冤屈。原巡抚王道纯在白莲教肆虐山东时,力主剿贼,上书皇上调彝、汉健丁剿杀登、莱的叛贼,还登州、莱州两地百姓一方净土。任官期间体恤部下,将自身钱财尽捐以飨士兵,被乌虚有的罪名所累,罢官回家时"行李索然,观者泣下"。②王与胤在《收人心明纪律疏》中为他鸣冤,认为王道纯这种为官清廉,政绩显著,百姓爱戴的官员弃之不用,不利于皇上笼络天下臣民之心,言下之意是希望皇上再次起用王道纯,让这样的好官能继续为家乡服务。

(二)农业贡献

王氏家族为明清时"齐鲁第一进士之家",留下许多传世文学作品,对地方文教影响之大,不再赘述,但王象晋的《群芳谱》中所含有的农学价值值得我们注意,其中的农学知识对当地农业发展有一定的促

---

① 袁励杰,王贡忱等:《民国重修新城县志》(影印版),济南平民日报社,民国二十二年。
② 袁励杰,王贡忱等:《民国重修新城县志》(影印版),济南平民日报社,民国二十二年。

进作用。王象晋因党争而被排挤,致仕返乡,居家十余年期间,亲身农作耕种,积累了丰富的实践经验,编纂出了农业巨著《二如亭群芳谱》。《二如亭群芳谱》一书分28卷,共40余万字,为16世纪以前的我国古代农学大成,内容广泛,全书分为天、岁、谷、蔬、果、茶竹、桑麻、葛棉等12个谱类,详细叙述了每一种植物的形态特征、栽培、利用、典故等。王象晋偏向于选择最新引入中国的品种和成果作为他介绍和研究的对象,万历年间甘薯刚刚自国外传入福建,王象晋即多方设法引入栽培、试验,并详细记录了甘薯的栽培方法和技术,如种植甘薯的最佳土壤、管理方法以及留种、育苗、繁殖技术、储藏时应注意的事项等。康熙皇帝特别重视《二如亭群芳谱》的农学价值,因而亲自下谕旨续修,"康熙四十四年六月十二日,奉圣旨开馆广续,命编修汪灏、张逸少等四人为撰修官,至四十六年二月告成,凡一百卷,赐名《佩文斋广群芳谱》,御制序文,冠于编首"。① 从而可以看出它对我国农业发展的价值之高,给百姓带来的益处之大。

五、结　语

王氏家族对家乡的贡献贯穿于新城县政治、经济、文化、公益事业发展的方方面面。他们文化上重视当地文化设施如书院、县学等学校的建设,参与历次地方县志的纂修,注重家庭教育,培养一大批文学作家,留下丰富的文学著作;在政治上,善于利用自身的政治资源与名望,为当地发展谋福利,为家乡输送优秀官员,减轻百姓的赋税负担;在公共设施上,为新城城门、城池的修建出钱出力,奔走呼号;在公益事务上,整个家族尽心尽力协助地方赈灾救荒,设置义田为族人或贫苦百姓提供生存的保障。王氏家族能成为延续几百年的名门望族,并且始终如一为家乡建设提供人力物力财力的支持,这与家族奉之为圭臬的"读书持家,道义立身"的家规家训密切相关。读书因而家族长兴,道义因而家乡受益,世家大族的担当、责任与奉献在王氏家族身上

---

① 王象晋:《佩文斋广群芳谱》,影印文渊阁四库全书,子部,谱录类。

得到很好的体现。因王氏家族对家乡的杰出贡献,《新城县志》对王家的人与事多有着墨,让他们的名声与事迹流传百世,供后人瞻仰。同时,《县志》也成了研究王氏家族的主要史料,凸显出地方志是研究地方社会史与家族史的重要载体。

(高莉莉：南京农业大学人文与社会发展学院)

新时代背景下的重大事件志编纂探究

孙众超

党的十九大报告指出,中国特色社会主义进入新时代,我国社会的主要矛盾已经转化为人民日益增长的美好生活需要和不平衡不充分的发展之间的矛盾。这一重大判断,明确了我国发展新的历史方位,指明了中国特色社会主义具有的新的时代特征和被赋予的新的使命责任,凸显出当代中国在新的时代条件下的崭新面貌和鲜明品质。主要矛盾的变化意味着人民的期待已经在文化、精神层面有了更高的要求。解决好当前历史方位中的主要矛盾,也是新时代社会主义文化建设的历史使命。新时代既给地方志事业发展带来新的环境、新的挑战、新的机遇,更是给地方志事业发展提出了新的要求。方志工作者应该加强文化自觉,适应新环境,研究新问题,推出新成果,做出新贡献。本文主要讨论新时代背景下的重大事件志编纂。重大事件志编纂是新时代地方志事业发展的必然产物,也是新时代构建文化自信的必然要求。如何编纂好重大事件志,是一项需要在研究中推进、在实践中总结的课题。

一、重大事件志是地方志事业的重要组成部分

以2008年9月《汶川特大地震抗震救灾志》编纂工作开始为标志[1]的重大事件志编纂,给地方志事业引入了新的志种。关于地方志的分类,已有很多学者给予充分的探讨,就新方志而言,主要是三级综合志书以及特色志、行业志、乡镇志、村志等。关于重大事件志的定

---

[1] 梅森:《新志种——重大事件志编纂刍议》,《上海地方志》2011年第5期。

义,学界尚未形成统一意见,但大多认为,与其他志书种类相比较,重大事件志的显著特征是:发生的事件有一个渐进或衰减的时间跨度,①在一定时间和范围内产生重大影响,这决定了重大事件志的断限不可能很长;"站在记述的内容而非政区角度",②突破了传统志书的行政区域界线,由内容去涉及政区,而非由政区来限定记述内容的范围,如汶川特大地震受灾地区(以国家地震局界定的范围为准),大致包括四川、重庆、甘肃、陕西、云南等地,而组织抗灾、救灾、赈灾等工作和活动范围则涉及更广,这些内容靠三级综合志书是无法全景、详细体现的,这决定了志书记载的范围可以更广,可以说是地方志工作的一个重要突破。

由上述特征,本文认为重大事件志是指,专门记述某一区域或时间内发生,在进程中由地方政府或国家主导,对地方、全国甚至全世界产生重大影响的事件,独立于综合志书之外的志书。记述对象主要包括可预见性的和突发性大事两类,可预见性的大事主要是指具有重大影响的会议、赛事、活动等,突发事件主要指具有重大影响的灾难、事故等。

相比于旧志,重大事件志可以和山志、水志等特色志书一样,看作是地方志种类中的专志。专志主要相对于地方综合志书而言,指专记某一项或主要记述某一项内容的志书。③ 而重大事件志的定义恰恰符合这一点,因而,对于重大事件志的具体含义、组织编纂等内容可以提出探讨,但对其属于地方志的范畴则毋庸置疑。

二、重大事件志是新时代地方志事业发展的必然产物

(一)重大事件志编纂是新时代地方志事业发展的内在要求

一是地方志事业形式创新的要求。民族的兴盛离不开文化的繁

---

① 罗亚夫、陶利辉:《重大特殊事件专志编纂若干问题探讨》,《黑龙江史志》2013年第8期。
② 梅森:《新志种——重大事件志编纂刍议》,《上海地方志》2011年第5期。
③ 黄苇主编:《中国地方志辞典》,黄山书社1987年版,第355页。

荣。党的十九大围绕新时代新使命,对文化建设作出了全面部署,提出了一系列重大观点、重大论断、重要举措。习近平总书记在党的十九大报告中指出:"要坚持中国特色社会主义文化发展道路,激发全民族文化创新创造活力,建设社会主义文化强国。"地方志事业作为中国特色社会主义文化事业的重要组成部分,是文化建设的基础性工程,在凝聚民族精神、增强文化软实力、促进社会主义文化繁荣等方面具有重要作用。新的历史发展时期,方志工作者应该有高度的文化自觉,主动作为,发扬改革创新精神,拓展地方志工作范围和服务对象,做强做大地方志事业,更好地发挥其在中国特色社会主义文化建设中的作用。随着文化大发展大繁荣,地方志逐步走上法制化、规范化的轨道,地方志工作格局发生了重大变化,由一项工作向一项事业转变,由一本书拓展为"一业为主,十业并举",地方志机构成为面向社会的公共文化服务部门,并且逐步形成初具规模、较为系统的地情研究中心,①地方志的作用也不再局限于"存史、资政、教化"。但不可否认的是,"存史"是其他一切作用得以发挥的前提,因为读志也好,用志也罢,包括理论研究,等等,都必须建立在有志可读、有志可用的基础之上,所以修志必定是地方志事业永远的根基。但如何修志、修什么志,却是可以与时俱进的。重大事件志就是形式上的一大创新。

二是地方志记述内容全面性的要求。关于地方志,我们常常听见"方志乃一方之全史"这样的评论并为之自豪。新时代的发展,各项事业日新月异,中国特色社会主义建设有成就也有曲折,地方志需要予以全面记述。关于"全",主要体现在三个方面:1. 从方志记述的对象来讲,要全面记载某一时期某一地域的自然、社会、政治、经济、文化等方面情况。以前的方志多站在地域而非事件的立场,但是随着时代的发展,很多事物的地域界限已经被打破,越境不书的要求必定会将许多记述对象遗漏,即使是发生在区域内的大事,也囿于综合志书的篇

---

① 冀祥德主编:《中国方志发展报告》,方志出版社2017年版,第5页。

幅,不可能着墨太多。而对于这些影响国民经济和社会发展的重要事件,公众有详细了解的需求和愿望,作为存史、资政、教化和服务公众文化的部门,地方志必然要给予客观、准确、系统的反映。2. 从方志自身的构成上来讲,各个志种要全面发展。虽然新方志包括从总体上反映地方发展全貌的三级综合志书,具体反映地方物质文化和非物质文化的特色志书,以及相当部分的部门志和行业志,但对于专门详细记述重大事项的志书还不多,导致事业发展不平衡。3. 从方志记述内容的时效性来讲,新时代地方志事业要更好地发挥其在满足人们精神文化需求方面的作用,除了提供传承历史的文化产品,也要提供内容新颖、时效性强的产品。虽然新方志的三级志书记述的是当代的内容,但并不强调时效性,志书出版的时间离反映的内容的时间已经相差多年,而年鉴虽然一年一鉴,但由于其要全面反映地方发展情况,也只能提供整体的脉络。而重大事件志的出现,非常及时地解决了这样的问题。虽然时效性比不上网络、报纸、杂志,但其系统性和全面性却非媒体能比,其资料更丰富,内容更翔实,记述更完整,因而既兼顾时效性,又解决完整性的问题。

(二)地方志事业的发展为重大事件志编纂提供多方位支持

一是良好的事业发展环境。党和国家高度重视地方志工作,党的十八大以来,习近平总书记就继承弘扬中华传统文化发表一系列重要讲话,强调"要高度重视修史修志"并作出一系列重要指示;李克强总理提出"修志问道,以启未来",对地方志工作多次作出重要批示,并希望地方志工作者继续发扬方志人精神,志存高远,力学笃行,直笔著信史,彰善引风气,为当代提供资政辅治之参考,为后世留下堪存堪鉴之记述;刘延东副总理也就地方志工作发表过重要讲话,对地方志工作和地方志工作者提出新的要求。2017年1月,中共中央办公厅、国务院办公厅印发的《关于实施中华优秀传统文化传承发展工程的意见》指出:"加强党史国史及相关档案编修,做好地方史志编纂工作,巩固中华文明探源成果,正确反映中华民族文明史,推出一批研究成果。"将地方志工作全面纳入国民经济和社会发展规划,纳入党中央、国务院部署的工作任务。同时,方志事业新的工作机制体制基本形成。2006年国务院颁布《地方志工作条例》,标志着方志工作走上法制化轨道。2015年10月国务院印发《全国地方志事业发展规划纲要(2015—2020年)》(以下简称《规划纲要》),多省也相应将地方志工作纳入本地"十三五"规划纲要并出台贯彻《规划纲要》的实施意见或方案,标志着全国地方志事业走上规划先行、以科学规划引领发展的道路。在很长一段时间里,修志都是与偏、冷、不得志等词联系在一起,现如今,政府和公众都日益重视地方志工作,方志新闻时不时见诸电视、报端和网络,方志成果也受到更多的关注和欢迎,这样的环境既保障二轮修志的顺利进行,又鼓励方志工作者在拓展地方志工作范围和服务对象上有更大作为,对于推动重大事件志的编纂工作无疑是十分有利的。

二是健全稳定的修志机构和队伍。相比于旧志,新方志编纂的显著特征是"众手成志",特别是重大事件志的编纂,很多都需要打破行政区域界线,更是需要众多机构和人员的参与,必须有赖于健全稳定的方志机构和修志队伍加以实施。新中国成立后,坚持"党委领导、政府主持"的修志体制,根据依法修志的要求,各省(区、市)、市、县(区)基本上都建立了稳定的修志机构和队伍,在两轮修志过程中,与参与修志的单位建立了比较稳定的业务联系,这对于编纂重大事件志来说大有裨益。同时,三十多年的新方志事业发展,也储备了大量的方志人才。近年来各地都愈加重视方志人才队伍的培训,使得人才的业务能力与水平保持较高水准,再加上方志机构参照公务员法管理后,进入修志机构都需要通过参加公开的选拔,相当多的博士、硕士开始进入修志队伍,从某种程度上保证了新进人员的质量。除此以外,开门修志也使得地方志机构与社会科研机构、高校等的联系更加紧密,许多省开始建立专家库,借助社会力量,提高修志进度与质量。

三是丰富的编纂经验和理论。连绵不断地编修地方志是中华民族特有的文化基因,历代方志工作者在长期的修志实践中形成了较为系统完备的地方志编纂理论与方法。而自首轮新方志编纂以来,新出版的志书种类繁多、成果丰硕,目前全国第一轮修志任务已经完成,第二轮修志进入大面积出书的收获旺季,除却规模浩大的两轮三级综合志书之外,已累计出版部门志、行业志、专题志等 23 500 多部。① 新方志编修实践,在组织协调、资料搜集、篇目制定、志稿编纂、审查验收等方面形成丰富的地方志编纂经验。在修志编鉴的同时,各级地方志机构日益重视方志理论的研究,理论研究平台不断拓展,各级地方志学会、方志研究会、新方志论坛以及方志期刊等,不定期开展全国性的方志学科重大研究和交流活动。仅 2015—2016 年,全国方志系统就发表志鉴论文 2 000 多篇,出版专著、教材、论文集 100 多部,②对地方志工作经验和理论作深入系统的研究和探讨。虽说作为新志种,重大事件志编纂与这些志书的编纂有很多区别,但作为地方志的一分子,这些经验无疑会对编好重大事件志起到很好的指导和借鉴作用。

三、重大事件志编纂是构建新时代文化自信的必然要求

文化自信是一种心理状态,表现为在充分肯定本国家和本民族文化的基础上,产生出的文化荣誉感和坚定信念。③ 是一个国家、一个民族的内在灵魂,也是信仰、信念的底气和支撑。习近平总书记在庆祝中国共产党成立 95 周年大会上提出中国共产党人"坚持不忘初心、继续前进",就要坚持"四个自信",即"中国特色社会主义道路自信、理论自信、制度自信、文化自信",强调"文化自信,是更基础、更广泛、更深厚的自信",并再次在党的十九大报告中指出:"没有高度的文化自信,没有文化的繁荣兴盛,就没有中华民族伟大复兴。"坚定中国特色社会主义道路自信、理论自信、制度自信,说到底是要坚定文化自信。坚定文化自信,是事关国运兴衰、事关文化安全、事关民族精神独立性的大问题。

---

① 冀祥德主编《中国方志发展报告》,方志出版社 2017 年版,第 7 页。
② 冀祥德主编《中国方志发展报告》,方志出版社 2017 年版,第 11 页。
③ 江运东:《中国特色社会主义文化自信研究》,博士学位论文,电子科技大学,2017 年。

从文化层面来讲,我们的文化自信主要来源于历史悠久、博大精深的优秀传统文化,鲜明独特、奋发向上的红色革命文化以及当前我国现代化建设过程中所产生的立足当今、面向未来的社会主义先进文化。这种文化的创造性和生命力,便是文化自信的重要支撑。同时,文化作为上层建筑,脱离经济基础便会成为无本之木。伴随着我国发展步伐的加快,中国特色社会主义不断焕发出新的活力,在政治、经济、文化等各个方面都取得伟大成就,这为中国特色社会主义文化自信奠定了坚实的物质基础。因而我们的文化自信必定要来源于中国特色社会主义实践的伟大成就,以及这些成就所带来的道路自信、理论自信和制度自信。

因此,从地方志事业的角度来构建文化自信,除了要如实地反映我们优秀的传统文化、革命文化,还要及时地反映我们的社会主义先进文化和中国特色社会主义实践的伟大成就。如何真实、准确、同步记录新时期中国改革创新、实现民族复兴的伟大实践,以及在这个实践过程中体现的伟大精神,是我们必须关注和思考的问题。重大事件志在这方面可谓大有可为。一方面,新时期我国通过多种方式和途径,积极参与国际事务,与世界各国进行全方位的交流与合作,重大事件志将其中的重大活动、会议等全方位记录下来,向世人深度展示中国的能力与魅力,提升国人的文化自信。同时,重大事件志不回避中国特色社会主义实践中遇到的问题和曲折。重大事件志记述的一个重要对象就是突发事件,如自然灾害、事故灾难、公共卫生事件和社会安全事件等,我们有勇气去记录这些挫折,本身就是一种难得的文化自信,通过全面反映突发事件中政府的应急反应能力,体现出社会主义制度处理应急事件的优势和共产党人心系人民群众安危的鱼水之情,提升公众对中国特色社会主义的认同感和自豪感;通过真实记录在对抗灾害时所表现出来的如"万众一心、众志成城,不畏艰险、百折不挠,以人为本、尊重科学"的伟大抗震救灾精神,以及以爱国主义为核心的民族精神和以改革创新为核心的时代精神,可以激发公众的民族自豪感。

四、编纂好重大事件志的几点思考

（一）启动编纂工作要及时

由于重大事件从开始到结束，不会持续太久的时间，而涉及事件的人物和机构又很广，甚至涉及国际社会，加之参编的社会行业、系统相应会比较多，如果不在事件发生之初就及时启动，则事件结束后，参与的机构与人员都撤离了，想再去搜集资料则难度可想而知。因而要有业务敏感性，一旦发生突发事件，就要启动编纂程序，制定好编纂方案，与相关部门协调配合，及时搜集整理资料。而对于可预见的重大事件，则在事件筹备之初就要与相关部门联合，及早介入，如北京市地方志办公室于2004年即派员参与奥运会的筹办、举办工作，一直注意与各部门保持联系和沟通，及时获取相关档案、文件、资料，为事后编纂《奥运会志》打下了坚实的基础。而上海《世博会志》直至2011年8月，在世博会结束将近一年以后才正式启动，此时作为世博会具体执行机构的世博局已经解散（虽然成立了"善后办"，但其工作效能与世博局不可同日而语），世博局原先的工作人员已回到原单位或由组织部门重新分配，档案或遗失、或丢弃、或移交不详、或移交迟滞，对编志工作造成相当程度的影响。[①]

（二）编纂效率要提高

修志一直都是慢工出细活的事情，要慢慢打磨才能出精品。通常一部志书从启动到出版，少则三五年，多则十几年不止。这种情况有其客观原因，比如承编单位不够重视、保障不够到位、机构变化导致资料搜集困难以及缺乏专职修志人才，等等，这也是二轮修志进度不平衡的重要因素。而重大事件由于其影响重大，社会各界都对其格外关注，虽然可以从媒体了解其进展情况，但毕竟是零碎的资料，无法获得整体上的认知，因而重大事件志必须要保证在尽量短的时间内高质量

[①] 宋仲琤：《"重大题材志"编纂初探——从〈上海世博会志〉编纂看重大题材志的组织工作》，载《当代上海研究论丛(第3辑)》，上海人民出版社2016年版。

完成,才能回应社会的期待与需求。一是要强化组织领导。重大事件志的编纂大多牵涉到地方政府甚至是国家层面,必须要有强有力的组织,如《汶川特大地震抗震救灾志》参与编纂工作的单位,仅国务院抗震救灾总指挥部各工作组成员单位即达47家,再加上需要协助提供资料的省份、部门、单位等,数量多达上百家。① 二是要加强各单位之间的沟通和协调。在重大事件志编纂过程中,地方志机构扮演了重要的角色,是这一工作的发起者和主要推动者,因而要充分发挥主人翁精神,积极做好沟通协调工作,通过经常性的会议、调研、交流等加强各编纂单位之间的联系与合作。三是经费保障要到位。在工作启动之初,就要做好相对精确的经费预算,明确经费来源,做到专款专用。四是任务分工要科学。根据各单位的工作性质和特点,以及各单位在重大事件中承担的任务进行科学分工,才能充分发挥各参编单位的特长,在最短时间内形成合力。

(三)严肃与生动要平衡

一直以来,地方志对体例有着严格的要求,如避免总结报告式写法、新闻报道式写法,坚持述而不论,等等,而这些也是地方志作为"官书"的权威性、客观性与真实性的重要保证。但正因为这样,地方志书一直以来给人一种严肃、刻板的印象,缺乏可读性,若非有研究、了解地情等方面的需要,很少有人会主动翻阅。而重大事件志不仅有存史、资治的需要,更有即时展现新时代中国特色社会主义新作为,教育鼓舞大众、体现精气神的要求,因而其可读性必须要强,要给人一种现场感,而这种现场感决不能通过撰稿者的主观评价和描述来体现,否则就是舍本逐末,导致其权威性、客观性和真实性大打折扣。

要达到严肃与生动的平衡,首先是媒体资料的合理转化。重大事件志的资料来源很大一部分是媒体新闻报道和相关部门的总结报告,因而在入志的时候,一方面要对材料进行取舍,背景性太多的阐述、太

---

① 马凯:《存史资鉴 认真编纂汶川特大地震抗震救灾志》,《中国地方志》2009年第2期。

过主观的评论坚决舍弃，另一方面要对入志资料进行地方志叙述方式的转化，使其语言严肃化、客观化。其次是影像资料的合理运用。影像资料是还原现场的重要手段，一方面要精选高质量的图片进行合理编排，另一方面要运用现代技术手段，将视频等音像资料运用到志书当中。三是口述资料的适当运用。在以往的官方修志工作中，出于严谨性的考虑，通常都是以文字资料作为最主要的资料来源，很少使用口述资料，这种做法可以理解，因为即使是二轮修志，也基本上修的是十多年前的内容，时过境迁，口述资料很难真正还原到志书所需要的客观性的高度。但重大事件志不一样，它是记述发生不久的、参与度又是非常高的事情，这样一方面参与者对于该事件的印象还比较深刻，另一方面由于参与者众多，可以通过不同参与者的陈述，达到共同还原事件的效果。因而重大事件志要敢于适当地运用口述资料，但要注意的是同一场景最好要引用几个当事人的口述，让读者通过不同参与者的感受来自己还原场景。当然，需要特别注意的是，无论是何种类型的资料，都必须通过保密审查。

（孙众超：福建省地方志编纂委员会）

第三辑
地方志与地方史关系研究

试述城市史的研究与编撰

臧秀娟

《常州通史》(后改为《常州史稿》)是常州市出版的第一部城市通史,经过2013—2017年五年时间的筹备、编撰、审校,于2018年上半年由凤凰出版社出版。该书力求对常州漫长的历史进行全方位的把握和科学分期,史料丰富,见解独特,具有学术独创性以及纪实求真性。《常州通史》编撰与《常州市志(1986—2010)》后期编纂工作同时进行,且具体负责为同一人。从此书出发可以引申出以下问题:什么是城市史?城市史与城市志有什么不同?城市史的编撰对当地历史文化研究的意义有哪些?本文就上述问题的思考作探讨,以求教于方家。

一、什么是城市史

有学者指出:城市史既是城市学的分支学科,又是历史学的重要部分,①即对"城市的起源、兴衰与历史演变(城市的形成与发展)"的史学研究。② 城市史以城市的历史发展为研究对象,是一种以时间变迁为线索的纵向研究;同时,城市又是由诸多横向方面如城市经济、城市文化、城市社会、城市建设、城市管理等组成,这些横向的方面构成了历史学之外的许多学科的研究领域。因此,城市史的学科性质是多元的。③

---

① 傅崇兰:《中国运河城市发展史》,自序,四川人民出版社1985年版。
② 鲍世行、顾孟潮主编:《杰出科学家钱学森论城市学与山水城市》,中国建筑工业出版社1996年版,第149、155页。
③ 毛曦:《城市史学与中国古代城市研究》,《史学理论研究》2006年第2期。

城市发展具有时空维度。从时间维度看,是城市形成、发展、演变的过程,这个过程有着明显的阶段性;而从空间维度看,则是城市在空间上的发展所形成的区域性。

城市史以研究城市的结构和功能的发展演变为基本内容,不仅是一个地理空间,更重要的是与此地理空间紧密联系的人文环境、历史传统和时代变迁。综合看,城市史重视的是城市本身的发展演变,而不仅局限于城市范围内发生的历史事件和历史现象,只有当这些历史事件和历史现象同城市结构、功能的演变有密切关系时,才成为城市史的研究内容。

二、城市史的研究与编撰

城市史的研究与编撰有着相当的难度,一是史料本身的缺憾,另一是"横不缺面,纵不断线"的高标准学术目标。即便有地方志办公室多年的地情资料积累,也难以完全解决问题。因《常州通史》的编撰项目,带动了常州城市史的研究,出版了《常州运河研究》《清代常州文化简史》《常州先哲遗书》(影印)、《光绪武进阳湖县志》(点校本)、《光绪金坛县志》(点校本)、《清代常州文化研究丛书》《常州历史文献丛书》等地情研究书籍;而这些研究也为《常州通史》的高质量出版奠定了坚实的基础。熊月之、茅家琦、范金民等史学学者加入常州城市史的研究行列,甚至日本京都大学史学权威滨岛敦俊教授也表示关注和兴趣,逐步与江南史研究相接轨。

城市史的研究与编撰,需要重视几个方面的问题:

(一)了解城市史系统研究的特点

城市的历史发展与整个国家的历史发展密不可分,应善于将城市发展放在当时所处的历史背景中分析考察,将宏观和微观的研究相结合。把城市当成发展过程而不是地点来研究。研究过程中,始终把握中国城市发展的两个基本特点:一是城市发展的自然历史过程,二是行政力量下全国单一模式的城市发展道路。

在着手编撰《常州通史》前,各历史分期的主要撰稿人,对常州历史作了系统的研究。纵向研究常州城市形成、发展的脉络和阶段性,研究史前时期、先秦时期、秦汉魏晋南北朝时期、隋唐宋元时期、明朝时期、清朝时期、民国时期、现代社会中的城市形态和发展状况及其历史特点。横向研究涉及城市的地貌、环境、自然景观、园林、工业、商贸和金融、建筑、公用事业、交通、市政工程、科技、文教、游乐、生活、人们的心理、社区、服务、习俗、阶级和阶层、职业、社团、政治、宗教、人口、人物、建置、功能、疾病等,相互联系又消长变化的方方面面,有一个整体的了解和掌握。阶段性上,人口数量和人口结构、城市经济结构(产业结构)、城市文化结构、城市职能分区和基础设施等的发展变化。

城市史既然是地方通史,必须对地方社会进行"通"体观照。史学家张荫麟曾指出:"众史事不是孤立无连的。到底它们间的关系是什么样关系?同时的状况,历史的一'横切片'的种种色色,容可以'一个有结构的全体之众部分的关系'的观念来统驭。"①

这种"通"体观照的统驭,主要表现在以下三个方面:

1. 自然地理环境对于古代城市的形成和发展的影响,以及文化传统(思想文化、政治理念等)对城市发展的影响。譬如古代常州生产、商贸活动主要集中在贯穿该地的大运河一线,"书香盈巷才人出,枕河人家数百年",一条青果巷,走出200多位进士。又譬如,随着近代城市文化形式如报纸、学校、出版社、书店等产生,常州诞生了一批独立于政界、官场的自由职业知识阶层。这些新型阶级阶层的出现,改变了传统城市由封建官僚、绅士一统天下的局面,使城市社会与文化出现多极、纷繁、鲜活的面貌。像从常州青果巷走出的李宝嘉、汪文溥、刘束轩等人,远离官场,全身心地投入编辑和写作活动,成为有影响的城市新阶层。

2. 经济环境对古代城市的形成和发展的影响。美国学者施坚雅认为,一个聚落在经济上的重要性,在很大程度上取决于三个因素:(1) 它对属地或腹地提供零售商品和服务项目的作用;(2) 它在连接

---

① 张荫麟:《中国史纲》(1941),自序一,商务印书馆,2003年版。

经济中心的分配渠道结构中的地位;(3)它在运输网中的地位。① 因此交通费用、需求极限(包含足够消费需求,使供应商获得正常利润的地域范围)、商品供应范围(一个购买者购买特定的商品时所不愿超出的极限范围)、人均收入、单位土地的农业生产价值及可耕地的比例等,是决定村落、集镇、城市布局的主要因素。常州城的形成,除地理形态制约因素,经济和运输网络的发展起着重要影响并随着当地经济的发展和运输网络的变动而拓展和转移。像米市、豆市、木业运输、纺织业的发展和变迁,均与运河的作用有关。又像常州历史上的重镇奔牛、孟河、湖塘、横林镇,其城镇的发展与历史演变,经济环境与社会、人口与市场、城镇建设与管理、文化与生活等方面,皆具有鲜明的特色。

3. 城市功能的变化对古代城市的形成和发展的影响。以城市文明演进和城市功能转型为主轴,着重展示常州在近代的社会结构嬗变、城市功能转型,尤其是城市由传统封建市镇转化为半殖民地半封建的近代都会的曲折历程。对近代城市经济转型发展,近代市政建设、管理与城市空间形态的演变,城市阶级、阶层结构及其变动,社会风俗的蜕变等多侧面的描述,特别是对常州城市近代化与半殖民地化相交织的复杂情景,以及常州近代工业、商业、交通、金融、文教的兴起和曲折发展,进行细致和科学的阐述。

(二)破解城市史史料征集的难点

城市史编撰是一项严谨的学术行为,学术的严谨必然带来浩瀚的工作量:勤搜博采、钩沉稽遗、排比考证。《常州通史》古代卷、近代卷、现代卷上下铺设、条分缕析、古今贯通,蔚为大观。然而仍然存在"郡县归属失考、郡县名称失考、误引文献、诸州郡县置废失考、侯国建置失考",②"版籍为之浑淆,职方所不能记""事难该辨""难或详书"的无奈。

---

① 施坚雅:《城市与地方体系层级》,《中华帝国晚期的城市》,第329页,中华书局,2001年版。

② 孔祥军:《汉唐地理志考校》,新世界出版社2012年版。

文献资料的数量多寡与价值高低,会影响研究的路径。先秦史的传世文献既少,行文又或简练或古奥;明清史的文献资料则数量巨大、类别众多。对先秦史部分的研究,要有竭泽而渔的史料搜集功夫,且不盲从后世注疏家的解释。对明清史研究,则要有从恒河之沙一般的文献资料中披沙拣金乃至点石成金且到藏书机构、到田野广泛采集相关或独特的文献和证据。

史料的搜集,除史学者的研究成果、地方文献专著,亦应重视档案、报刊、正史、野史、口述史、回忆录、稀见史料等。广事搜集,考证传世文献资料,并辅以文物考古资料的补充与印证。

以《常州通史》(古代卷)为例,征集的文献包括历代官修的正史、古代文人笔记、诗词歌赋、官牍文献,包括近现代学者们大量新的学术研究成果和考古学新发现,并引用古代卷作者们长期研究地方史过程中搜集的碑刻、墓志拓片和谱牒等第一手史料。就史料较少的先秦、魏晋南北朝等时期,则引用了常州籍大家的史学专著,如洪亮吉《补三国疆域志》《东晋疆域志》、臧励龢《补陈疆域志》、洪齮孙《补梁疆域志》等。

《常州通史》(古代卷)收录100多幅照片、地图等图片资料,其中有些照片反映的文物,在文物部门的配合下,从保管严密的文物库房中取出来拍摄,保证入史资料的准确性和权威性。

(三)运用城市史研究的成果

《常州通史》凡例要求"全、广、博、精",这需要研究相关史料和积极应用最新的研究成果,撰写中尽可能避免记载疏漏、考辨讹误、叙次不清等现象。

首先,重视对历代文献、考古资料的运用,吸收考古发现的研究成果。《常州通史》(古代卷)将新近发现的中华曙猿、三星村遗址、象墩遗址等重要的考古发现成果,作为阐述历史的重要证据:常州地区的史前人类创造了辉煌灿烂的史前文化,成为中华文明起源的重要发源地之一;长江下游三角洲地区也是旧石器文化的重要发生地;太湖流域新石器文化在中国史前文化中占有重要的地位。

其次，吸收大量近年发现的碑刻资料及其研究成果，譬如发掘出的钱一本的碑，通过文献查证和走访调查，论证了钱一本与常州、东林书院与常州的特殊关系。又如，石龙嘴"江湖汇秀"石碑的发现，则为古代常州运河水分流的情况及常州水利特点提供宝贵的第一手资料。

再次，吸收史学界（包括高校）一系列新的研究成果，尤其把近些年常州地方史研究的一系列重要成果，引入相关章节中。譬如近些年各界对"历史名人在常州"的研究，尤其是季札、王安石、唐荆川等，均有新的思考和亮点。《常州通史》还引用高校史学博士的研究成果，通过阐述史实，甄别一系列相关的民间传说的真伪。尤为重要的是，通过对西晋移民的研究，澄清了民间关于萧氏家族和齐梁文化的一些误解。

（四）抓住城市史编撰的侧重点

以城市为中心结点的地方史编撰，既要在抽象意义上融贯地方社会的诸种要素，又要在具象的生活中呈现地方社会结构，突出表现城市史的地方性、时代性及学术性。

1. 地方性。既把常州历史放到中国历史的长河中，突破地域史偏于内视的束缚，把常州现象、事件和人物与整个中国的发展进程、脉络结合起来，更把对常州地域影响较大的现象、事件和人物凸显出来，将常州学派、阳湖文派等对中国思想和文化史的影响、地位相结合，更好地体现地方特色。

《常州通史》统稿者叶舟博士认为：有些运动和事情，可能在全国很有影响，但在常州区域没有太大影响，撰写时就一笔带过。对于常州曾发生过的大事，一定要找详尽的资料反映，以让读者全面了解与掌握历史。

近代一些人物或事件，对近代常州史编撰的助益不大，虽然这些人物或事件曾经浸淫于常州人文传统之中，但主要代表人物在上海或其他地方活动，像史学家孟森、语言家赵元任等，则可以简洁的笔墨记述。但对于实业家盛宣怀，由于对常州地方的教育、慈善事业和图书出版均有重大贡献，在地方社会中扮演着独特的角色，则需要加强对这类重要历史人物和事件的地方角色和作用的探讨,以凸显地域特色与影响力。

2. 时代性。城市的发展具有一定的连续性,近代城市是古代城市历史发展的延续。通过对古代城市发展特性和规律的研究,可帮助揭示城市发展的特性和规律。譬如,宋代是常州城市发生质变的一个界点,工商业开始规模发展;明后期到清前期,凭借得天独厚的自然条件,依托大运河、长江航线,市场的形成和长途贩运贸易的兴起,常州快速发展为商业城市。城市手工业以农业经济和乡村手工业的发展为前提,主要集中在纺织业方面。城市功能的改变使其冲破城垣的限制,向郊外拓展空间。按照刘石吉在《明清时代江南市镇研究》中的统计,明清时期(1368—1911)常州府8 700平方公里,市镇数量253个,市镇率2.91%,市镇机能范围为34.39平方公里。① 可见明清时期常州府的城镇化已达到相当高的水平。至近代,随着江南地区棉织品优势地位的丧失,常州以集散棉织品为主要职能的市镇开始衰落;"变商为工"是常州工业资本的主要来源,纺织染"一枝独秀",成为常州近代经济的轴心。② 常州开始摆脱与乡村的多种同一性而形成独具个性的近代文明状态。这些,即是常州史所体现的时代气息。

3. 学术性。为了更好地继承我国史学传统的述、记、传、图、表、录等编纂方法,在每个历史时期,拣选重要的历史名人为其立传。同时,为了避免人物传与相关内容重复,在相关的政治、经济、文化、宗教内容中,侧重阐述某些名人的历史贡献和代表作;而人物传,主要介绍人物的生平和历史地位。在各个章节,努力结合对史实的记述,阐述一系列重要的学术观点,揭示历史规律和重大的考证成果。譬如关于泰伯奔吴的学术问题,通过对多种学术观点的分析,结合考古学发现和文献学的考证,阐述泰伯来自陕西的学术立场。

---

① 吴建华:《明清太湖流域的市镇密度和城乡人口结构变动》,载天津社会科学院历史研究所等编,《城市史研究》第11—12辑(1996年)。
② 茅家琦:《长江下游城市近代化的轨迹》,《湖北大学学报》(哲学社会科学版),1994年第3期。

一部学术性很强又比较通俗的通史,所有章节内容必须是信史,对于一些史前传说,均依据史学界结合考古印证的历史阐述。通过对历史文化比较科学的展示方式,阐述常州这方土地文化和文明的源远流长。

三、城市史与城市志的区别与关联

清初陈廷敬认为:"志与史略似而与史有异者,史所重在人事而地理郡国其附见者也。推此而论,志与史各有详略之可言矣。宗工巨卿,史所详者,志不必更详;片长轶事,史不及载者,志不可不载。其法与史相经纬又不与史相同,乃为得耳。"①

城市史与城市志从内容上看,两者都是以某一地区为记叙对象,往往互相渗透,史中有志的内容,而志中也难免有史的成分。城市史主要记述该地域人类社会的活动,包括生产斗争和阶级斗争、生产力和生产关系的变化发展,物质文明和精神文明的变化发展,重大的政治、经济、军事事件等。每个历史时期该地区的自然界若有重大的、显著的变化,像地震、水灾等也应加以记述,但主要的记述对象应当是社会现象,而不是自然现象;即使记录了自然现象,侧重点也是它们对人类社会的影响。地方志则不然,至少是对自然和社会两者并重的,应将当地的地形、气候、水文、地质、土壤、植被、动物、矿产等各个方面都科学地记载下来。城市史以记叙过去为主,以记载社会发展为主;城市志是以记述现状为主,所谓略远详近。

"主张城市史应该以研究城市的结构和功能的发展演变为基本内容。……城市史和地方史、城市志的根本区别,在于它重视的是城市本身的发展演变,而不仅是城市范围内发生的历史事件和历史现象,只有当这些历史事件和历史现象同城市结构、功能的演变有密切关系时,才成为城市史的研究内容"。②

---

① 陈廷敬:《午亭文编》卷39,《与徐少宗伯论一统志书》。
② 陈瀛涛主编:《近代重庆城市史》,四川大学出版社1991年版,第5—6页。

由于城市是由多方面、多子系统组成的综合的系统的社会空间，因而城市史的研究必然会涉及城市整体系统或城市方方面面的历史过程，也正因为如此，城市史或城市史的某些层面便成为多种学科的研究领域。地方志部门要跳出部门的视角，以立体的思维加强城市史的研究，切实担负起城市史编撰的重任。

四、盛世修史的意义

当今城市高速发展，保存城市的历史文化成为城市存留底蕴和保持活力的必然之举。"在现代科学技术飞跃发展的背景下，如果不抓紧时机对城市史进行研究，将来的城市也许会失去自己的历史中所形成的独特价值和魅力。换句话说，历史上的城市将不复存在。"①

《常州通史》展示出常州地区所拥有的丰饶的历史文化资源，将常州城市发展与其历史文化接续起来，完整地再现了常州独特的历史文化特征。它对于展现常州人类社会的历史，展现常州历史文化的源头，探索常州历史文化在华夏文明史上的地位，更好地研究城市的发展轨迹，鉴古知今、开辟未来，具有深远的意义。

（一）探寻城市发展的轨迹，为新时代城市的发展提供历史借鉴

随着城市的不断发展和城市化速度的加快，现代城市在环境保护、文物保护、古城保护、城市建设、文化继承等方面暴露出一些问题。"为了给现代城市的建设和发展提供借鉴，并预测城市的未来。就需要研究城市历史。城市史通过研究城市的起源、历史发展和必然趋势，揭示城市的本质的规律。"②

素有"五方杂处，兼容并包"传统的常州，1949年后经济有大幅度的增长。但由于旧体制的诸多掣肘，其潜力没有充分发挥。在20世纪70年代末至80年代，常州创业者不断强化多元优势互补，依托内外市场不断寻求和完善新的增长点，区域经济出现腾飞，一度被誉为

---

① 张冠增：《城市史的研究——21世纪历史学的重要使命》，《神州学人》1994年第12期。
② 陈绍棣：《加强城市学和城市史的研究》，《中国史研究》1989年第3期。

"第一个崛起的常州"(中国社会主义工业化道路上的新兴城市)。然而在20世纪90年代,常州工业发展面临严峻挑战,由于原有高度集中的计划经济体制模式给国有工业打下的烙印特别深刻,政府职能转换的步伐受诸多因素制约相对滞后,国有企业机制转换特别是企业产权制度变革不快。在撰写《常州通史》的同时,同步开展了相关课题的研究,其中"如何重振常州工业明星城市"的课题,引起省、市政府的高度关注。

现代城市是古代城市、近代城市的继承、发展和变革,通过城市史的研究,可以"为我国当代城市的规划、建设、管理以及城市化道路提供历史借鉴和历史依据"。①

(二)寻找城市精神家园,为新时代的城市形象注入文化内涵

我国编修地方志,强调"存史、资政、教化"三大功能,城市史也同样具有这些功能。

以"一代信史"为撰写目标的《常州通史》,可以为社会管理、城乡建设、规划设计、文化事业等方面的发展,提供历史借鉴和文化的支撑。城市建设和城市形象的培植、文化自信的增强和发展、城市的文化特质和文化精髓的昭彰等方面都需要严谨的地域历史文化的支撑。《常州通史》的出版,有助于增进和加深人们对常州历史的认识,对今天奋斗的理解和对未来的思考,激励全市人民塑造常州人新形象,构建城市共同的精神家园。

(臧秀娟:江苏省常州市地方志办公室)

---

① 陈瀛涛主编:《近代重庆城市史》,四川大学出版社1991年版,第4页。

关于地方志和地方史关系问题的思考

陈庆明

史志关系问题是当前地方史志领域中讨论的重要课题之一。研究史志关系与解决现实工作中的诸多问题紧密相关,也是研究方志学时所要思考的基本问题之一,因此对这个基本理论问题的研究与探讨,不仅有助于对地方志真谛的认识,更对方志编纂工作具有实际指导意义。

志与史的关系问题以往论述颇多,其说不一,但多数专家认为志与史既有联系又有区别,有史志同源、殊途同归、志存于史、史古志今、史宏志微、史专志全等诸多论说。本文仅就工作中经常遇到的几个史志关系的基本问题加以阐述。

一、史志渊源

追溯史志的发展历史,最早史志密不可分,方志的起源和历史是一致的。持此观点的人居多,其中具有代表性的有清代史志大师章学诚,他说:"之于史事,未尝不至纤析也。外史掌四方之志,若晋《乘》、鲁《春秋》、楚《梼杌》之类,是一国之全史也。"又说,"方志称为古史之迹。"章学诚所言方志就是国史,最早的《夏志》《商志》,见于《左传》中的还有《周志》《郑志》等,包括先秦时期所有史书以及后世的《三国志》等都是此类。

中国地方志的起源很早,古今学者对此众说纷纭。《禹贡》《周官》《山海经》《越绝书》《吴越春秋》等图籍曾被学者们引为方志的发端之作。从西汉开始,史志逐渐分离。按《周官》记载的外史、内史、大史、小史等官名,他们记述的言、事等编辑和掌管的书是"方志"。傅振伦先生说"古代方志,曰志、曰乘、曰梼杌、曰春秋、曰宝书。后世经传之史,其书志曰书、曰志、曰意、曰典、曰录、曰说、曰略、曰考。而史又有纪传之名,于是方志名号,因亦从而分歧焉"。到东汉袁康等所撰的《越绝书》,记及人事活动,兼具史、志的规模。记事之史本称之为"书"。《尚书》为我国最早的一部系统的历史书。汉代的《太史公书》形成系列的全国性正史。唐代初年记事之史——《南史》《北史》,开始正式用史,史志从名称上逐渐分离。由此可见,史志同源不同流。

二、史志关系

(一) 从总体看关系

从总体上来看史远而志近,史专而志广,亦有"史主论述,志著广征"云云。史简而志繁,又有"史是一条线,志是一大片"。史记善恶,志重表扬。史侧重研究、探索、反映历史规律,志则只记不议,述而不论。南开大学来新夏教授在《中国地方志》创刊号上写的一篇《漫话文史资料与地方志》中谈过史与志的关系。他认为史与志是同源异流、殊途同归和相辅相成的关系,没有必要也不可能分得那么清。因而,在方志编写中,史志的写法必须并用。在实际修志工作中,对此不宜过多纠缠以免造成束缚。本着"志经史纬"的观点,把史和志二体有机结合起来,诸体并用,集众之长以达到全面准确地反映本地区情况。来先生并在其《志域探步》中阐明:同源异体的同源是指地方志与文史资料都离不开文献资料这一共同的源泉,而异体则指它们不同的表现形式,一为志体,一为史体。从历史传统看,二者一直是以不同体裁保存一方之史的资料。所谓殊途同归是指地方志与文史资料各从不同途径进行工作而同归于一代信史的职责。将历史的真实情况留给后代,这是子孙万世之业。至于相辅相成之说乃指地方志与文史资料之间的相互渗透、相互补益以共求史事的完备。

(二) 从性质与功能看

方志学家黎锦熙分析"方志为物,史地两性,兼而有之",但又是"兼而未合,混而未融"。即方志虽与史地同源,与史地相互渗透,并一直受其编纂方法之影响,但并未合二为一,融贯一体,而是貌合神离。从学科属性角度来看,史志是相互关联的姊妹学科。

(三)从体裁看

徐一贯写的《史中有志,志中有史》《史以述往,志以示来》二文对地方史志的体裁同异发表了个人的见解,主张"在形式上史志可以分家,从编纂体制上,史志必须统一,既有专史,又有专志,才可使地方志成为一种完整的系统结构"。朱文尧则主张"志有志体,史有史体"。

(四)从标准看

关于史志标准的界定目前的意见尚不一致,主要有三种说法:1. 有的认为史是纵的,志是横的,即所谓"史纵志横"。2. 有的认为史是发挥观点的,志是铺陈事实的,即所谓"史为史观,志为志实"。3. 有的认为史是讲究褒贬的,而志是没有褒贬的,即所谓"史有褒贬,志无褒贬"。众说纷纭,莫衷一是。

三、史志之同

(一)同述往

地方志与地方史都以一个地区的发展进程为记述对象。地方志重点是要记载当代,包括自然与社会的方方面面,虽然有时要追溯过去,但以现状为主。地方史主要是记叙过去,人类社会的活动历程。总之不论所记载的是哪个时代的事,都是已经发生过的事,可以载入史册的事。

(二)同范畴

从一定意义上讲,史与志同属于历史范畴。史与志都是写历史上的事情,且都要求正确反映历史,忠于史实。

(三)同功能

史与志有共同的研究目的和功用,都是研究并客观地记载人类社会活动的历史情况;都是为保存史料,从中获得经验教训,认识社会发展的规律,资治、教化、存史,以资治理国家或地方,教育后代,保存史料等。

四、史 志 之 别

（一）内容的侧重点不同

史与志内容的侧重点不同，主要表现在以下几个方面：首先是史古志今。史主要记述一个地方人类社会的活动，志则以自然和社会并重记述。史主要叙述过去；志以示来，主要记述现状，虽然也追溯过去，但以现状为主。史重古，隔代写史，很多事件当代看不清楚。当代修志，一个事件站在不同的角度看法不同，当事者迷，旁观者清，有些大事需要时间的沉淀，长时间沉淀，清浊分离。当代如何认识就如何记述，留给后人评说，所以志书不作论，不去研究或揭示事物发展的规律，仅仅是记述事实，以记述现状为主，保存当时的情况，或记载当时人对重大事件的看法。史以大事为主要线索，主要研究人类社会发展的过程，着重记载人类的社会活动，即人与人、阶级与阶级之间的关系与斗争，而记述人与自然的关系占次要地位。

（二）史宏志微

从收载范围看，世界史、中国史这种的宏观大史居多，地域史相对较少。在修志时，对各学科、门类的记述仍需抓大事，也不是逢事必录，只是宏微兼备，相对于史来说更微观一些。志与史都是写实，写史更要抓住重点。

（三）史纵志横

横排纵写是志与史编排形式上最明显、最突出的标志。以科学技术志为例，史书一般都是纵排横写，即按时代、分期排列再横向展开记述在某一时代科学技术各个门类的发展概况。当然是有突出的发展就详记，仍然要着重记大事，但又不是不记小事。对大事与小事的选取，主要看反映在科技发展上的需要，不是按时间对事物或科技成果的罗列。横分门类的问题，按照什么标准分类，分类法、社会分工、学科分类，如何处理学科与技术门类之间的交叉，如何处理上下统领与同类并列的关系。横分门类的问题很多，也较复杂，直接关系到篇目设置的诸多问题，也是志与史区别的显著特征。地方志的横排是为了便于纵写,横排要给纵写留下便于纵写的空间。横排的层次(即篇、章、节、目、子目)究竟以多少为准,视资料的多少而定,不拘一格。纵写中,要写出事物发展的轨迹,写出各个事项之间的因果联系,要反映科技发展的趋势走向,所谓志为史体,主要在纵写中体现。

(四)史论志记

志与史在著述方式、方法不同。在写作方式上,史作史论,对重大历史问题,作者发表评论,以表示作者的观点,揭示事物发展的规律。志则把述而不论作为志书编修的五大原则之一。一切都尽可能地做客观的记述,反映客观存在。对一些成果、学术成就的评价,具体写出何时、何部门、何人作出的什么评价(水平),不虚写评语,一切都尽可能地做客观的记述,反映客观存在。

(五)史专志全

在纂修的组织方法上不同。史多为专家写史;而志更强调众手修志。志是地方的百科全书。尤其是科技志要求分门别类地记述科学技术的发展轨迹,专业性强。任何一个人或几个人的知识面都是有限的,不可能了解那么多专业,更不可能熟悉各行各业科学技术的分类及其发展脉络。所以要求众手修志,必须邀请各行各业的专家参与修志,要求专家把好稿件的质量。

五、修志到写史的思考

我们认为,从一定意义上讲志是史的资料库,为写史的基础。地方科技类志书编纂是由国家下达行政指令性文件,政府科技主管部门主持,具体部门承办的专项任务,即官修信史。这主要是专、兼职科技志编修人员的工作任务,而科技史往往是由一些研究所专家或大学师生等自由选题研究,是研究人员的自主行为。专职编纂志书的人员大多属于政府科技主管部门的下属机构,而史则以研究所和大学的研究人员为主。目前看大部分编修科技志的人员不能写科技史,而一些科技史研究人员在学习了科技志的理论知识后,有的人已开始从事地方志书的编修工作。

曾有些学者提倡地方志出书后,应利用编纂志书拥有的资料从事史书编著。写历史的事件要经很长时间的积淀,在历史长河中大浪淘沙,交由后人来评说。因此,就仅有的当代资料本身,由地方志编辑人员在自己编修的志书基础上再继续写成史书,笔者认为,这是一个难度很大的问题。

综上所述,古代史志同源,史志密不可分。我们认为史志有共同的研究对象,同属史学范畴,有相同的目的与用途。史与志的区别主要在于史记述人类社会活动,志对自然与社会并重;史以述往、志重示今;史重在鉴,志重在用;史一般无图,志一般附图;史有褒有贬,志则寓褒贬于记述之中;史举大弃小,志宏微具收;史纵志横;史论志记;史专志全;等等。总之,史志既有联系又有区别,同源异流。史志相互促进,相辅相成,共同发展。

(陈庆明:福建省漳州市)

论新视野下口述史与地方志的编修

李学成

口述史又称为口碑历史或口头历史,它是治史的重要方法之一。口述史是历史学的最早形式,在有文字记载以前,一切人类历史都以口述形式相传。如《山海经》《诗经》《春秋》等史籍对尧、舜、禹的记述都采用了口述历史资料。二十四史之首的《史记》中司马迁也大量采纳被访人的口述历史资料,著名的《荷马史诗》《马可·波罗游记》等也是根据口述史料编撰而成的文学巨著。

一

随着科学技术的发展,录音机、录像机等新兴技术的发展和使用,使口述资料的记录更加方便快捷,现代口述史在20世纪中叶诞生。1948年,美国哥伦比亚大学教授芮文斯正式提出"口述历史"的概念,这标志着现代口述史学的真正形成。同一年,他成立哥伦比亚大学口述历史研究所,开始"有系统地从还活着的美国风云人物口中和文件上,套取他们最近60年来参与政治、经济、文化活动的全部记录"。[1] 1967年,美国成立了口述史协会,之后该协会制定了一系列原则、标准及法律授权样本,促进了口述史研究在全世界的发展。在此影响下,英国、加拿大、中国等国家也开始兴起口述历史学,并于20世纪80年代流行于世界各地。[2] 经过几十年的发展,口述史成了当代史学研究

---

[1] [美]唐纳德·里奇著,王芝芝、姚力译:《大家来做口述历史:实务指南》,第二版,当代中国出版社,2006年,第6页。

[2] 杨祥银:《与历史对话——口述史学的理论与实践》,中国社会科学出版社,2004年,第5页。

的重要手段之一,大量地使用在地方志编修之中。

1949年后,尤其是在20世纪60年代初,周恩来提倡60岁以上的政协委员将自己的亲历、亲见、亲闻经历口述或自己撰写回忆录,以传后世,起了存史、资政、团结和育人的作用。全国各级政协设立专门的文史委,根据亲历者的口述或撰写的回忆录编撰了大量的文史资料,其中一部分已经出版,成为党史、历史、经济和社会等学科的重要参考资料。全国各级政协还有大量文史资料有待整理出版,仅全国政协未出版的文史资料就达3亿字之多。这些文史资料很多尚未公开,具有很高的学术价值,并且有很强的可读性。这一阶段带有口述史性质的以反映反抗旧社会阶级压迫和新中国人民得解放等内容,被称为四史的家史、村史、厂史和社史大量出版发行,被称为"作为英雄史诗的创造者、历史的见证人,来讲述他们亲身的经历"①的《红旗飘飘》和《星火燎原》两套丛书中,大部分内容是革命战争亲历者的口述革命历史。

1978年后,口述史不但受到学术界的关注,也受到出版界的热捧。围绕近现代史的热点事件和热点人物,关于口述史的专著层出不穷。如:1988年发行,反映日本侵华罪行的口述史《血海深仇》;2004年出版,反映中国知青历史的《中国知青口述史》;2014年出版,反映日军性暴力受害者的口述历史作品《女殇》;2016年出版,一个老兵的口述史《我是新六军少尉》等。

值得一提的是被誉为华人口述史第一人,口述史之父芮文斯的学生哥伦比亚大学教授唐德刚在20世纪80年代出版了《李宗仁回忆录》《胡适口述自传》,掀起全球华人对中国近代口述史的热潮。

口述历史为何在中国近三十年来迅速兴起?学者丁东分析认为中国历史上一些重大事件的档案还没有公开,如果撰史者完全通过文献难以为继。"最重要的文献你看不到,而历史当事人还活着,不受保密的制约。因此,很多重要的历史事实与关节点,就是通过口述历史

---

① 张羽:《史诗在闪光——读"红旗飘飘"中的革命会议录有感》,《人民文学》,1958年第1期,第25页。

挖掘出来的。"①由于成功为李宗仁和胡适写了口述史,唐德刚也深受张学良的赏识。20世纪90年代,张学良获得自由之后,唐德刚为张学良作《张学良口述历史》。该书在朱洪海的努力下,于2007年在大陆出版发行,深受广大读者喜爱,至今已再版数次。张友坤、郭冠英、日本NHK电视台、张之丙、张之宇也先后以文字或影音的形式为张学良做口述史,分别为《海峡两岸大披露——张学良口述历史》《世纪行过》《缄默50余年张学良开口说话》《张学良口述历史(访谈实录)》。沈阳大帅府也为此先后召开两次《张学良口述历史》国际学术研讨会。唐德刚也认为:"民国时期有许多事情,我本来不甚了然,经当事人一口述,文史资料一披露,读之恍然大悟……这些文史资料真把我这个学历史的读得如醉如痴。"②正是口述史能够弥补正史的不足,描述活灵活现的特点,给予了它更大的魅力。

这几年国内关于口述史的策划明显增多,从"家·春秋——大学生口述历史影像记录计划",到"创纪录运动",再到研究《冷暖人生》《凤凰大视野》《贝家花园往事》等历史题材纪录片的网络传播,推动了口述历史的社会化、全民化,使其与口述史在学术领域的发展有着同等重要的意义。尤其是2014年,由北京永源公益基金会主办的"家·春秋——大学生口述历史影像记录计划",以高校大学生为参与主体,促使对"口述历史"一无所知的许多青年人成为践行者,他们将"足迹踏遍纽约唐人街、台湾的眷村,镜头扫过炊烟袅袅的鲁西北,白雪皑皑的大兴安……",他们带回了40部纪录片,讲述了华人大厨、抗战老兵、空巢老人、驯鹿猎人带着生活真实温度的故事,网上点击量突破百万。由此可见,口述历史从小众走向大众,产生了不容小觑的影响力。

2004年12月由中国社会科学院中国近代史研究所、当代中国研究所、江苏省社会科学院和扬州大学等单位发起,扬州大学承办的"首届中华口述史高级论坛暨学科建设会议"在扬州大学召开,会议同时

---

① 《唐德刚逝世:"口述历史"第一人远矣》,《南都周刊》,2009年11月9日。
② 唐德刚:《"以一人而敌一国"——为刘绍唐先生创办〈传记文学〉二十年而作》,《史学与文学》,第174页。

成立的中华口述历史研究会是我国口述史研究的一个新的里程碑。

二

中国地方志指导小组常务副组长朱佳木在首届中华口述史高级论坛上这样概括口述史和地方志编修的关系:"中华人民共和国史或当代中国史的研究,以及地方志当代部分的编修,恰恰是最适宜运用口述史方法的领域;同时,历史研究和地方志编修中的当代部分,也是口述史最能大显身手的时段。"①口述史对地方志编修的重要补充作用越来越得到专家的认可,"口述史资料及其成果积累了当代重大历史事件的重要史料,弥补了档案资料的不足和缺陷。因此,要解决志书普遍存在的资料性差、空话套话多、官样文章多、缺乏活资料的问题,必须借鉴口述史的理论和方法,应用其资料和成果,这对于方志编纂具有非常重要的意义"。②

口述史作为历史学、社会学、党史等学科的成果形式应该充分在地方志的编修中加以利用。很多学者认为地方志工作者要承担征集、整理口述历史的重任,如臧秀娟在《口述史对地方志编纂的影响》③和李玉平在《关于口述历史在地方志工作中的运用》④等论述中都有提及地方志工作者如何做好口述史的准备、采访、整理和使用等工作。由于工作性质等方面的限制,能够全身心投入口述史采访等工作的地方志工作者是极少的。我认为作为地方志工作者更主要的工作是如何搜集、整理和使用有地方特色的口述史资料,将现有的口述史资料、成果纳入地方志之中,以弥补当前档案资料的不足。对此,朱佳木也有相关解释:"地方志编修的学者,应当高度重视口述史工作,并和口

---

① 朱佳木:《努力建设中国特色的马克思主义口述史学》,《中国地方志》,2005年,第2期,第4页。
② 张英聘:《口述史与方志编纂》,《史学史研究》,2014年第5期,第121页。
③ 臧秀娟:《口述史对地方志编纂的影响》,《江苏地方志》,2014年第4期,第61页。
④ 李玉平:《关于口述历史在地方志工作中的运用》,《广西地方志》,2009年第6期,第7页。

述史学的研究者密切合作,共同推动口述史学科的发展。"①

根据志书的不同需要将口述史载入志书。口述史料都会有宏观性与微观性、综合性与专题性、完整性与片断性之分。因此可以考虑在志书中分层次设置口述史料。② 对志书有益的重要口述事件、资料可以录入篇、章、节、目之内。如《深圳市志·经济管理卷·劳动志》就记载了时任深圳市财贸办公室主任李定的回忆:"1980年元旦,香港妙丽集团董事长刘天就在得知深圳将出台鼓励外商投资的优惠政策后,即迫不及待地过罗湖桥到深圳。'过桥'后,一片田园风光,没有大巴,更没有的士,找来一辆自行车,一路颠簸来到市政府临时办事处。"当天下午市政府即批准合作建竹园宾馆。宾馆建成后,港方老板要求服务员每天都要清理一遍客房,而中方服务员则惯吃"大锅饭",认为不必每天清理,十天半月清理一次就足够了。由此产生不同管理和服务模式的种种冲突,也由此引发了劳动用工制度的改革。③ 又如:《辽宁省志·社会科学志》在第十章历史学研究,第七节中国共产党党史研究第二条目中国满洲省委史的研究下面记载了相关口述史的研究成果:"全省各地搜集的回忆文章已达千篇(大部分为口述史)。辽宁社会科学院党史研究所整理的《中共满洲省委时期回忆录选编》收集39位老同志的100篇回忆文章。"④也可以设立"访谈""口述史实""回忆录"等条目,提炼相关资料以收录。可以精选口述片断载入,丰富正文记述的细节;精选口述事件载入,补充正文记述的情况;精选典型的个体口述资料,与综合记述相互印证;篇幅较长、比较宏观的口述史料收

---

① 朱佳木:《努力建设中国特色的马克思主义口述史学》,《中国地方志》,2005年,第2期,第4页。
② 黄玲:《关于在新编志书中运用口述历史的探讨》,《中国地方志》,2007年第9期,第54页。
③ 李定口述,郭祥焰整理:《深圳改革开放之初的两件事》,《深圳文史》第七辑,海天出版社,2005年,第21页。
④ 辽宁省地方志编纂委员会办公室主编:《辽宁省志·社会科学志》,2000年,第438页。

入全书附录,使志书血肉丰满。①

纳入志书的口述史要加以甄选。同文献资料一样,口述史资料同样存在可信度的问题。通过主观口述的史实难免掺杂着个人喜好,出现不实和浮夸的成分,造成虚假的描述。所以,不是所有口述史都具有纳入志书的价值。关于鉴别口述史真伪和价值的问题,王熹博士有准确的论述:"口述历史资料的情况比较复杂,我们要使用历史研究鉴别资料的方法,首要的是鉴别其真伪,然后是评估其价值。有的口述内容能从文献记载中得到印证,可以作为参考资料;有的口述内容披露了鲜为人知的重要史实,勾勒了文献资料所没有的细节和过程,使其内容更加丰富,文献价值就很高;有的口述内容虽未见诸文献资料记载,但从其翔实内容和经过反复考辨及审核,能够断定其具有一定的真实性,就可以作为文献记载的参考。有的口述内容与文献记载不相吻合,甚至相反,很难做出判断,可以作为一说;有的内容是孤证,一时无法作出判断,可以留待后人考证和研究;有的同样一件事情,众人的口述回忆出入很大,莫辨是非的,可以放一放。也有出于某种考虑故意造假,或严重歪曲或混淆事实,对此要采取审慎的态度,不是捡到篮子里的都是菜。口述历史是一项专门学问,有它自身的特点和规律,而要对其资料的真伪作出判断,确实要下很大工夫。因此,二轮方志纂修使用口述历史资料必须慎而又慎,只有在做好鉴别真伪工作之后,才能将其列入备选资料,否则会影响志书的质量。"②

口述史形式多样,有短文、专著、音频、视频,其内容包罗万象,信息量巨大是前世所不能比拟的。即使将重点口述史收入地方志,也将占用巨大篇幅。充分利用各级地方志办公室、史志办的网站,将口述史数字化、网络化,不但可以丰富网站的内容,也可以便于学者和民众利用、分享。

---

① 张文:《关于构建地方志口述史料库的设想》,《广西地方志》,2012年第5期,第45页。

② 王熹:《论口述历史资料与二轮方志纂修》,《当代中国史研究》,2013年,第6期,第109页。

三

口述史的兴起和发展且与地方志的结合,给地方志编修事业注入了生机和活力。随着电脑、手机的普及,尤其是无线上网的迅速发展,口述史和地方志都得到了更好的展示平台和机会。早在2007年,《中国地方志指导小组关于第二轮地方志编纂的若干意见》中强调指出:"积极拓展资料收集的范围。应重视社会调查,注意搜集口述、音像等资料。"[1]经过十年的实践证明,口述史对地方志的编修工作起到了积极的推动作用,具有积极的意义。

口述史丰富了地方志的资料来源,弥补了档案资料的不足。改革开放三十多年来,社会环境发生巨大变化,社会分工越来越细,资料来源也越来越多元。地方志由各级政府的相关部门负责征集、整理,但是经过几次政府机构改革,一些厅局被撤并,还有一些部门已不具有行政管理的职能,所以他们提供的方志资料或单薄或残缺不全,甚至很多行业如商业、化工、钢铁、有色金属以及大型企业集团与事业单位的资料则无法从政府部门获得。[2] 而口述史恰恰弥补了很多政府部门没有掌握的档案资料和不能搜集的有价值的资料,从而丰富地方志编修的资料来源,弥补相关盲点,增加地方志资料的真实性、鲜活性和可读性。

文字、声音、影像和网络的应用使口述史成为普通百姓能够参与的历史回顾和记述,使地方志由过去单纯记述名人、大事转向普通民众参与地方历史的记载之中成为可能。地方史志和当代民众之间的关系越来越紧密,这也是口述史给地方志编修带来的新气象。

口述史具有跨学科的应用价值。口述史已经不是单纯的历史学范畴,它涉及经济学、历史学、民族学、人类学、社会学、心理学、医学和法学等多个学科领域。口述历史甚至被用于灾后的心理疏导。在台

---

[1] 中国地方志指导小组《关于第二轮地方志编纂的若干意见》,2007年11月28日。
[2] 《〈中国地方志指导小组关于第二轮地方志编纂的若干意见〉的通知》,(中指组字[2007]1号文件)。

湾九二一大地震、美国 9·11 事件之后，口述史团队迅速作出反应。他们运用口述史的方法对受灾难民开展访谈，疏导难民灾后的恐惧低落心理，引导他们做好灾后重建工作，使他们对未来充满美好的憧憬，并取得良好的效果。近年来，口述史也应用于癌症患者和老年人的临床关怀，发挥了良好的临床医学作用。

在地方志的编纂过程中，使用口述史丰富了编纂形式，开辟了一个富有潜力的信息收集空间。随着互联网、无线移动网络和大数据等高科技的发展，地方志研究和发展必将走向新的台阶。

（李学成：辽宁社会科学院）

略论方志与专史的编纂

孙晓东

专史,《现代汉语词典》(第六版)解释为:各种专门学科的历史。[①]各类专史的编纂,通常以某一专业为记述对象,研究本专业的历史演变发展过程。专史的资料收集,以历史上记载本专业的各类书籍为收集对象,如二十四史中的食货、艺文、职官、天文地理、选举以及官方的会要、实录等文献典籍。然而翻阅大量的专史书籍不难发现,除了引用本专业的史料外,方志资料是专史不可或缺的资料来源之一。

一

社会史是历史学的重要分支,是运用各种社会科学,特别是社会学的理论和方法对历史上的社会结构整体及其运动、社会组织(氏族部落、家庭、家族、社区、邻里、各种社会集团)及其运动、社会行为及社会心理的研究。社会史的编纂研究涉及最基层的社会单位,因各地资源分布、经济发展、风俗习性的不同,表现为复杂的区域差异。这类情况,历代朝廷所编的正史中几乎是找不到资料的。

著名历史学家钱穆在《中国历史研究法》中指出,方志在对于地方历史研究特别是对社会史研究有重要意义。"今欲搜集地方社会史料,则方志其首选矣"。他认为,研究社会史,应以城市、乡镇、山林、江湖四方面作为中国社会的全貌,记录这四者的地方志书,是社会史重要的资料来源。"中国各省府县之地方志,实亦可当中国之社会史。正史较详政治,地方志较详社会。中国人本不为政治社会作严格分

[①] 《现代汉语词典》(第六版):商务印书馆,2012年6月。

别。可谓正史则多详全国性,方志则多详地方性,即各地之分别性。方志较晚起,始于宋代。亦因宋以前五代十国,即有十国之志。宋代统一,乃有地方志之出现。其后乃演化为省志府志县志。"①

作为与吕思勉、陈垣、陈寅恪齐名的"史学四大家"之一,钱穆一直比较重视方志资料,这与他自身的经历有关。他在《如何研究社会史》一文中对研究社会史使用方志资料的重要性有比他人更精辟的论述:"中国地方志书,实是丰富美备。宋以下,省有省志,州有州志,府有府志,县有县志,甚至书院学校有志,寺观庙宇有志,乡里社团有志,山林古迹有志,分门别类,应有尽有。论其卷帙,真所谓处则充栋宇,出则汗牛马。近代西方人士对中国之家谱与方志皆特别重视,正因此两者系西方史籍中所无。但在中国近代潮流所趋,此两项著作体例,新的已绝难继越,旧的也快没人理会,这诚是大可惋惜的。方志为书,溯其渊源,甚为遥远。清代《四库提要》上说,古之地志,载方域山川风俗物产而已。《元和郡县志》颇涉古迹,《太平寰宇记》增以人物,又偶及艺文,因此为州县志书之滥觞。我们亦可说原先注意的只在地理和政治方面,以后逐渐转移到社会和人物方面。大致是时代变,社会情势变,史书体例与内容自亦随而变。其实中国方志,自宋以下,已逐渐走上了成为各地的社会史之途径。唯因开始是由志地而起,后人过于注重在此类著述之体例之来历上,却没有注重在此类著述之内容之衍变上。因此究竟方志该重在地理方面,抑或该重在历史方面,直到清代儒家如戴东厚、章实斋等,尚在争辩不决。但我们用现代眼光看,中国方志在不知不觉中,其实早已走上了一种社会史的道路,至少也已是在方志中保留了绝大部分各地的社会史料,这是更无可疑的。就后代一般的方志体例言,其所记录,举凡其地之大自然、天文气候、山川形势、土壤生产、城市关隘、道路交通、风土景物、乡俗民情、历史变迁、政治沿革、经济状况、物质建造、人物面相、宗教信仰、学校教育、文化艺术等,凡属有关其他之各种情状演变,分类列目,靡不毕载。我们只需

---

① 钱穆:《中国历史研究法》,三联书店,2004年7月,第48～51页。

一翻各方志之分类目录,便知其内容所述,大体均与各地社会史料有关。我们若要研究社会史,本该将其社会之大自然背景、历史沿革、政治、经济、物质建设、艺术爱好、人物德性、风俗、信仰等种种方面,综合会通,融凝如一地加以研究始得。若依此理想,则中国的方志,正是研究中国各地社会史之绝好材料,其意义自跃然可见了。"①

实际上,由于社会史研究的复杂性和艰巨性,其所关注的角度和研究对象的多变,市郊、群体、层次的改变,过于注重普通人史、社会下层、大众的历史的特点,使得当今研究社会史的专著出版较为少见。然而遵循钱穆的观点,按照钱穆所指导的方法,收集大量的方志资料加以归纳总结,必将是社会史研究的一个重要方法。研究社会史必须到方志中窥探门径,寻找出路。

二

黄仁宇是著名的历史学家,他在研究专史时也十分重视方志资料的运用。1974年黄仁宇完成了财税专史——《十六世纪明代中国之财政与税收》(以下简称《财政与税收》)的撰写。作为一部明代的财税断代史,作者除了从《明史》和明代各位皇帝的《实录》等文献中查找资料外,频繁地从省、府、县志以及专业志中寻找资料支撑自己的观点。②

著名汉学家崔瑞德(Denis Twitchett)在完成他的《唐代财政管理研究》初稿后,曾有志于对明代同一专题的研究,但翻阅手头的资料后,感觉这项研究非常复杂而不得不放弃。对于黄仁宇的《财政与税收》,崔瑞德在《序》中说:"本书对财政政策的描述存在着明显的异常,甚至是内部的矛盾,这反映了在许多领域,政府的政策和地方的做法有很大的冲突与不一致。明朝的政府在许多方面实际上缺乏整齐划一,尤以地方政府为甚。"崔瑞德发现相关资料的问题在于,作为地方政府主编的地方志书,其所记载的财税史的内容,某些政策是与中央

---

① 钱穆:《中国历史研究法》,三联书店,2004年,第48~51页。
② 黄仁宇:《十六世纪明代中国之财政与税收》,三联书店出版,阿风、许文继、倪玉平、徐卫东译,2011年版。

政策不一样的。而这也是让他迷惑而放弃的原因之一。同时他也意识到作为一个国家宏观意义上的财税史，要对其作一个彻底的研究，不得不参考地方财政政策的执行，而这些记载在地方府县志或是专业志上的内容，却与朝廷的记载在细节上呈现为不对等，使崔瑞德无法研究下去。而黄仁宇在该书中使用地方志的记载上游刃有余，这也是他佩服黄仁宇的主要原因。因此崔瑞德觉得"这本著作将会有助于研究明清朝代地方历史的学者们解释地方志及其他资料中出现的大量的复杂的统计数字以及行政管理的细节问题"。①

对于研究财税史这样的专史，在使用资料时选择地方志资料，无疑是一个正确的选择，正如黄仁宇自己所述，"这里所用的最基本的资料已经列举于书名略语和地方志中……国家的档案很少完整地引述，一篇重要的上疏有时会被缩略为一条描述性的句子。这种记述，脱离了上下文，很容易造成误解。因此，无论任何时候，都要尽可能地对原始资料进行查对，与其他记载相对照，找出一致性"。② 这里所说的"原始资料"，就是各府州县志和专业志的资料。尽管志书属二次文献，但是作为一部与当时历史相隔几百年的专史典籍，方志资料所载的内容的权威性是不容怀疑的。

《财政与税收》原文为英文，由阿风、许文继、倪玉成、徐卫东 4 人翻译成中文。全书有 332 千字，其中注文有 1 370 处。在该书中，作者总共查阅了 55 种志书，引用了 276 处志文。这些志书中，有河南、四川、广东 3 部通志，有徽州、上海、汶上、吴县、顺天、南安、顺德等府志县志 39 部，有盐政志、漕船志、校勘志以及户册、经济、官制等专业志 13 部。通过地方志的角度，使得这部财税专史在复杂而广袤的明代财税资料中得以爬梳清晰，厘清细节。例如在第三章《田赋（一）——税收结构》中，在介绍税收结构的复杂性中，为了说明将官米保留为一项

---

① 黄仁宇：《十六世纪明代中国之财政与税收》，三联书店出版，阿风、许文继、倪玉平、徐卫东译，2011 年版，《序》第 1 页。

② 黄仁宇：《十六世纪明代中国之财政与税收》，三联书店出版，阿风、许文继、倪玉平、徐卫东译，2011 年版，第 482 页。

财政名目,是明代"传统的强烈影响的又一个例子",黄仁宇一口气引用了《常熟县志》《杭州府志》《安化县志》《金华府志》《漳州府志》五部府志县志的注释来增加其分量,同时解释了常熟和杭州取消官田和民田区别的时间节点以加重这个细节的权威性。①

《财政与税收》出版以后,引起了国内外学术界的关注,被认为是"值得赞赏的开路之作""历史典籍",甚至是"经典之作",这与黄仁宇在治史时注重细节是分不开的,而这些细节所在,又多是从方志中摘录而来。尽管有些史家不大信任方志资料,但不可否认,方志资料作为官方的地方文献,仍然在治专史时具有其不可替代的地位。

三

毫无疑问,中共党史的编纂,是新中国成立以来乃至我国有文字可见的文献资料中编写范围最广、编纂规模最大的一种专史。根据中央党史部门的规划,各地在编纂地方党史时分为三个阶段,一是中华人民共和国成立前至1949年各地解放,二是1949—1978年,三是1978年以后,分别称党史一卷本、党史二卷本和党史三卷本,其中党史一卷本编纂时又统称为人民革命史。人民革命史的编纂,几乎没有得到方志资料的支持。这是因为新中国成立以后政府曾经号召各地修志,编写一些村史、公社史、厂史,也因此做了大量的搜集资料的工作,但由于诸多原因,成书的不多。中共十一届三中全会之后,党中央组织党的领导干部对党的历史,特别是新中国成立后党的历史进行认真的总结。20世纪80年代,各地普遍成立了党史资料征集委员会,指定专人从事党史史实的补充、核实和编写工作。由于受到抗日战争和解放战争战火的洗礼,以及后来经历"文化大革命"的冲击,各地的革命资料散失较大,使得很多地方的革命史不得不靠回忆录和对当事人的采访来编写。尽管回忆录和口述史对严谨的历史而言有不尽如人意的地

---

① 黄仁宇:《十六世纪明代中国之财政与税收》,三联书店出版,阿风、许文继、倪玉平、徐卫东译,2011年版,第132页、193页。

方,但它仍然是大多数市县中国共产党党史一卷本的主要资料来源。

民国时期,江西省高安县曾编纂一部志稿,但因境内长年战乱,仅留资料长编,未能成稿,此稿亦在抗战期间被侵华日军烧毁。对这段时间的历史资料,特别是党的活动记载的官方资料近乎为零。如聂思坤是中共高安支部第一任书记和中共高安县委第一任书记,由于他在1939年便在成都病故,因此无法收集到相关资料,导致大革命时期高安党的重要革命活动资料阙如。后来经多方联系,找到抗战时期任中共高安县工委书记的杨实人,经过记录他的回忆,才收集到聂思坤的资料和高安早期党的创建时期的珍贵史料。为了还原高安的革命史,工作人员面对一片空白的实际情况,奔赴全国各地,寻找健在的当事人了解情况,向他们当面查询,或是请他们撰写回忆录,搜集了高安在新中国成立前各个时期党的工作的比较全面的史料。

对于首轮志书的编纂,在新中国成立前的党委资料一块,由于同样的原因,一些地方也面临资料缺乏的困难。这样,以回忆录和口述史为主要构成的革命史资料便成为首轮志书中解放前党委内容的主要资料来源。例如1988年的《高安县志》,县委内容设早期组织、党员、党的代表大会、县委、基层组织、党员教育、组织整顿、纪律检查、干部审查、统一战线十个方面的内容,在涉及解放前的内容,几乎全部由党史一卷本和组织史的内容摘抄而来。因此,党史一卷本的资料,对方志的资料的帮助是不容忽视。

幸运的是,首轮志书编纂完成后,中指组加强了对全国地方志书和年鉴资料的编纂规划和管理,各地普遍成立专门的史志部门编纂志书,使得各地自然、政治、经济、文化、社会的大量资料得以保存。因而,党史二卷本和三卷本的资料的主要来源之一,便是各地的首轮和二轮志书以及各地每年一编的年鉴了。

四

章学诚在《文史通义》中提到,一国的历史,不能单讲中央的大历史,还要看重地方的小史。而史的基本资料,要以各种方志打底子。

也就是说,方志是各种地方专史的基础。我国著名史学家梁启超分析后认为"章学诚把历史重心分散,注重一个一个地方的历史;须合起各地方志,才可成为真有价值的历史。史官做史,须搜集各地文献,即自己非史官,也应把各地方文献搜罗:方志与历史,价值是相当的"。①

对于地方的专史和方志的关系,梁启超更是直截了当地说:"地方的专史就是方志的变相。"他认为,治中国史,分地极为重要,最早的便是《华阳国志》。中国因为版图太大,各地的发展,前后相差悬殊。前人作史,专以中央政策为中心,只有几个分裂时代以各国政府所在地为中心,但中心地亦不过几个,未能平均分配。研究中国史,实际上不应如此。云南、安南、朝鲜等地与中央政府的隶属及其变化,如欲彻底地了解全国,非一地一地分开来研究不可。普通来说中国如何如何,不过政治中心的状况,不是全国一致的状况。所以有作分地的专史的必要。广博点分,可以分为几大区;精细点分,可以分省分县分都市;每县每市,看它进展情况。破下工夫,仔细研究,各人把乡土的历史风俗事物人情考察明白。用力甚小,而成效极大。②

梁启超强调全国各个地方都要有自己的专史。言下之意,各省各市各县都要有自己的方志,这大约是梁启超表明方志与地方史关系的主要观点。与此呼应的是,后世在编写地方专史时,都自觉或不自觉地大量引用地方志的资料。以 2008 年出版的《江西通史》为例,该书由钟起煌主编,共有彭适凡、许怀林、何友良等 16 名作者,全书 11 卷,分先秦卷、秦汉卷、魏晋南北朝卷、隋唐五代卷、北宋卷、南宋卷、元代卷、明代卷、清前期卷、晚清卷和民国卷,先后引用明清及民国时期各地修撰的一统志、通志、府志、县志以及《武夷山志》《龙虎山志》等专业志书 100 余部,书中引用了志书记载的政治、经济、文化、教育、传说、兵事、民俗等内容,无所不有。例如许怀林在《南宋卷》记载抚州的茶课、盐课、税课时,就原文照录了南宋《抚州志》的内容,并以此窥视江

---

① 梁启超:《中国历史研究法补编》,中华书局 2010 年 1 版,第 197 页。
② 梁启超:《中国历史研究法补编》,中华书局 2010 年 1 版,第 41 页。

西乃至整个南宋相关政策实施的大致情形：抚州一岁，岁额一万二千八百二十六贯文。茶课：朝省旧买散茶每斤二十九文，熙宁十年为额岁十万三千五十四斤……盐课：熙宁十年为额，在城八万九百七十六贯三百六十九文。临川县，合趁住卖一百七十六万一千九百斤。崇仁县，八十九万一千六百斤……许怀林还对这些文字进行了分析，得出"在正常状态下，商税的增减与市场贸易的兴旺程度成正比，抚州的商税的上升，是其商品经济得到发展的一个证明"的结论。①

五

梁启超认为关于人的专史的编纂，可以分为五种形式：（一）列传；（二）年谱；（三）专传；（四）合传；（五）人表。② 这里只谈谈专传的编纂。

编纂人物专史，通常首先要找的便是在正史中的资料，因为正史是官方的、权威的资料来源。但是往往正史中的内容比较少，人物的形象、性格展示比较简略。任何一个人都有其籍贯，而其籍贯所在地的官方在编纂地方志时，向来把本地出去的大人物，或是有名的人物，作为方志编纂必不可少的内容之一。对一部地方志来说，完整记载本地的著名人物的一些文章、奏疏，发生在本地一些重要的政令和执行，无疑是应有之义。因此，在从事人物的专史研究时，方志中的资料就成了主要且确切的资料来源。例如高安市在编纂《高安人物》时，为北宋著名史学家刘恕作传，首先取《宋史》之列传203《刘恕传》，译成现代文约2000字。然而编者并没有停留在正史中的资料，还主动查阅清同治《高安县志》资料，刘恕作为宋代高安人的翘楚，地方志中必然有许多正史外的记载。果然，在《杂志类》"拾遗"和"续拾遗"中，找到刘恕的两段记载。其一：刘恕之清操，与不持一砚之包拯同。以廉吏著称。恕自洛阳南归，时已十月，无寒具。司马光以衣袜一二事及旧貂

---

① 许怀林：《江西通史（南宋卷）》，江西人民出版社，2009年版，第296～299页。
② 梁启超：《中国历史研究法补编》，中华书局2010年1月版，第48页。

褥赆之。固辞,强与之。行及颍州,悉封而还之。光与且不受,况他人乎？其二：刘道原(恕)日能记万字,终身不忘。壮舆亦能记五六千字,壮舆子能记三千字。两段方志中的记载,增补了正史中关于刘恕的两个人物特点,一个特点是清操廉能的可贵品质；另一个特点是记忆力超强,且是对正史中刘恕在宋次道家借阅书"……且抄且记。旬日,尽其书而去"的记载的绝佳注脚(宋次道是北宋有名的藏书家,家中藏书甚丰)。方志中这两段文字的增补,使刘恕的人物形象大大丰满,树立起一个博闻强记、正直能干、清廉贤能的史官形象。

正史中存在的人物,在作专史时自然以正史为主。然而,在正史中没有记载的人物,便应以地方志所记资料为主。而在对地方的历史人物的资料收集的评价,钱穆有他自己的观点,他对家乡的一部《梅里志》非常推崇:"我的故乡是江苏无锡,小地名叫梅里,远从吴泰伯起,下迄东汉梁鸿,直到明清近代,有一书名《梅里志》,此书现在美国各大图书馆中亦均可见到。此书叙述这梅里一小区域中,所有之历史故迹名人遗踪。我幼时常好翻阅,真是可谓接触了中国历史的一角。回忆起自己的故乡,亦必各可清楚自己故乡所有之历史故迹名人遗迹。"他认为这部《梅里志》:"自泰伯、鸿以下,所载乡贤,代不绝人,愈后愈多。宋代李纲,有读书处。元代倪瓒,则居家所在。一部《梅里志》,不啻环吾乡数十华里一大生命之记载。"①把志书所记载的人物的内容称作"生命之记载",表明了钱穆对地方志书所记载的人物资料的重视。

此外编纂地方人物专史时,还能根据方志对一些资料加以订讹纠误。高安市史志办公室在编纂《高安人物》史料时,首先是取录正史中的人物。如南宋末年吏部尚书高安人陈仲微,曾随益王败走安南,其人资料载于《宋史》之列传180。上海古籍出版社和上海书店1990年7月出版的《二十五史·宋史》记:陈仲微,瑞州高安人,嘉泰二年进士。各种网络资料以此为蓝本,均载陈仲微为嘉泰二年进士(按嘉泰二年为公元1202年)。又载:(陈仲微)德祐元年迁秘书监……越四年卒,

---

① 钱穆:《晚学盲言》,三联书店,2014年版。

年七十有二。德祐元年为公元1275年。如按《二十五史》中记陈仲微嘉泰二年中进士至去世即有73年,而其卒年却仅有72岁,显然《二十五史》记载有误。尽管《二十五史》为官方权威历史记载,但此处记载显然不合逻辑。最后查阅清同治《高安县志》,在《选举志》中载陈仲微中"嘉熙二年戊戌周坦榜进士",而嘉熙二年为公元1238年,在时间上是符合逻辑的。《二十五史》诚为权威资料,但编者亦未盲目相信权威,而是对传记内容进行合理分析后再下结论。而清同治《高安县志》在编纂过程中,编者当有查访其家谱,可信度更高。①

又,高安市在编纂《高安人物》时,曾将元代刘秉忠纳入其中,原因是当代编纂的《中国谋略家全书》《中国名君名臣政绩辞典》《江西佛教史》《元曲三百首》等有影响的书籍,均记刘秉忠为高安人。《元史》也记:"刘秉忠,其先瑞州人也。"瑞州,自南宋末至清末,均辖高安、上高、宜丰三县。但查阅旧志,瑞州府、高安县编纂的明清《瑞州府志》和《高安县志》均无刘秉忠其人其事记载。古代官修地方志书素有重视人物的做法,刘秉忠是元代历史上极有影响的人物,作为家乡的高安志书不记其事迹,说不过去。清代高安入祀乡贤祠者甚多,他们的历史贡献都无法和刘秉忠相比。编纂者根据《元史》"刘秉忠传"中对瑞州设立的时间分析,认为刘秉忠绝非高安人,其传中所称"其先瑞州人也"的瑞州,是金代设立的位于河北的瑞州,是同名之误。之所以有刘秉忠为高安人的说法,编纂者也查到是因为雍正版的《江西通志》把刘秉忠记为高安人,而《四库全书总目提要》已对此举作批评。此后的《瑞州府志》《高安县志》更无记载。②

六

方志作为我国两千余年历史延续的重要文化现象,其所记载的内容受到普遍重视。从资料的作用上说,方志是最接地气的官方记载,

---

① 孙晓东:《方志资料鉴别四法》,《江西地方志》,2017年第3期。
② 孙晓东:《方志资料鉴别四法》,《江西地方志》,2017年第3期。

也是最权威的官方文献,与民间个人所编纂的各类史书不同。编纂地方专史,方志是作者案头必备的参考书。以高安市(县级)为例,如果编纂旅游、城市建设、经济、民政等专史,清同治《高安县志》几乎能提供其所需的全部古代内容:编纂旅游专史,可以从同治《高安县志》的古迹、山川、艺文、杂类等卷取材;编纂教育专史,可以参考秩官、选举、人物、艺文、杂类等卷内容;编纂经济史,则参考疆域、建置、户役、人物、艺文等卷。今日的专史编纂,更离不开方志的资料。

(孙晓东:江西省高安市史志办公室)

浅论方志与地方史的关系

田 平

方志与地方史的差别,一直以来争论颇多,然而都未形成共识。其实史地之争根本原因是地方志性质没有定论,地方志属性没有统一,要弄清地方志与地方史的区别,最根本的问题是先弄清楚地方志的性质。

一、方志的性质问题

关于方志的性质,一直以来都存在争论,谈到方志的性质,总是避不开方志属地方信史还是属于地理说。其中,影响较大是章学诚与戴震之争,章学诚认为"志属信史"、[①]志为"一方全史"[②]"方志为国史要删""郡府县志一国之史也""方志为古国史,本非地理专门"。他认为方志的性质是历史不是地理,从方志的性质推及方志是记载一地历史的文献,再推及方志是成一家之言的著述。他认为"志乃史裁""志乃史体",认为修志应像撰史,遵循"史家法度",在方志撰述范围内,其义例、体例、论断都应以史体来规范,方志要采用《史记》《汉书》的"春秋笔法"。戴震则主张"夫志以考地理,但悉心于地理沿革,则志事已克,侈言文献,岂所谓急务哉"?[③] 他认为方志就是地理沿革的考证,而考证的旧史料来源于旧史籍。戴震的地理派尤其重视旧史料,轻视现实资料,崇古薄今,详古略今,重文采。

民国以前,大多数方志理论家和编纂者都赞成并实践"历史派"的

---

① 章学诚:《修志十议》。
② 章学诚:《丁巳岁暮书怀投赠宾谷转运因以志别》。
③ 章学诚:《文史通义·记与戴东原论修志》。

学术观点,其中最具代表性的是近代著名学者梁启超,他赞成章氏的观点,认为"最古之史,实为方志",先秦列国之史,"比附今著,则一府县志而已"。① 其后,著名方志学家傅振伦先生也赞成章学诚的观点,他在《新志述略》一文中认为:"修志当师法史裁""庶足称一方信史"。②近代史志家吴宗慈在《论今日之方志学》中认为"汇记一地方古今纵横之史迹曰方志"。甘鹏云同样认为方志是"一方之史"。寿鹏飞在他的《方志通义》(1941年版)中也说"志乘,为郡邑正史""志者,史也"。民国年间方志学家瞿宣颖在他的《志例丛话》中说:"方志者地方之史而已。"③

民国时期的探讨主要是将方志纳入新的学科轨道,其中最突出的还是史学界。由于西方史学理论的引入,掀起了一场提倡"民史"、反对"君史",提倡"进化史"、反对"循环史",提倡"群体史"、反对"个人史"的史界革命。反映民间社会情况的方志受到了这些学者的注意,如清末学者冯如衡就认为方志是民史。将方志与地方史等同起来,表述更为明确的当属李泰棻,他说:"故史者,乃记载并研究人类进化现象者也。……然则云方志,亦必为研究一方人类进化现象者无疑。"④他强调,"近半期以来,世界史家咸重唯物,故作史须重社会关系,民生尤重生产样(方)式,方志既为地方之史,岂能独外。"⑤民国时期,无论是方志历史论者还是地理论者都推动方志在科学化道路上大大前进了一步。特别是历史派,贡献更大,使贯穿整个方志史的完备化追求得到极大程度的实现。但他们都无法排斥对方而将方志完全划入自己的学科内,倒是有人提出的史地兼融说对后人颇有启发。

首轮社会主义修志以来,地方志特性又引起了热论,并且提出了许多说法,简要归纳起来有20多种,包括:区域性、地方性、连续性、广

---

① 梁启超:《中国近三百年学术史》。
② 《新河县志·卷首》,民国十七年。
③ 瞿宣颖:《志例丛话》,第31卷,第1期,民国二十三年。
④ 李泰棻:《方志学》。
⑤ 李泰棻:《阳原县志序》。

泛性、普遍性、全面性、综合性、系统性、体系性、资料性、真实性、可靠性、纪实性、实用性、多用性、详今性、史鉴性、思想性、科学性、时代性、等等。如作分析归纳,可以发现这许多"性",其实有的说的是一回事,完全可以同类合并。有的是方志自身的特征,如资料性、地方性、广泛性、连续性,多为人们所认可;有的则是人们对于方志提出的要求,如真实性、科学性、时代性、系统性、思想性;有的是从时效和作用上与史书及其他载体相比较而言,如详今性、实用性等。在这许多"性"中,何为地方志最本质的和主要特征;主要特征是"惟一"的,还是多样的;有没有必要一定要挖掘出一个最本质的特征来,是不是一定能挖得出来,都存在着争议。不同观点有资料性说,地方性说,地方性和资料性说,资料性和著述性说,地方性、资料性和综合性等。其中影响较大的有"记录地情资料的综合性文献""百科全书说""特殊史书说""资料书说""地情书说""科学文献说"等,其中"科学文献说"表述较为全面。

"科学文献说"是王晖在《论方志性质》一文中提出来的,它的完整表述是:"方志是记述地方古今各个方面或一方面情况的科学文献,它既是纵述历史的地方史书,也是横陈现状的地方百科全书。"[①]这一表述对方志性质的概况较为全面和完整,但是湖南省湘潭市地方志办公室曹建英老师对这种表述却有不同意见。他在《也谈地方志性质》一文中提道:这表述的前一分句是从整体而言的,后面两个分句是前一分句的具体化,一方面说方志是"地方史书",同时又说地方志是"地方百科全书"。史书与百科全书是两种体裁截然不同的著作,新编方志除综述(总述)、大事记、人物传外,其他各行各业都是按事以类聚的原则横排竖写,不仅要反映事物的整个发展过程,彰明事物的因果关系,而且还要反映事物的发展规律。就其体裁方面来说,它是以编、章、节、目的形式出现的,而百科全书则不是这样,《辞海》给百科全书下的定义是:汇集各种或某种知识,按照辞典的形式分列条目,加以言简意赅的说明的工具书。至于"百科全书与地方志有着相同的基本撰写单

---

① 王晖:《论方志性质》,《中国地方志》,1990年第一期。

位——条目"的论断,则是强加给地方志的,因在客观实践中它不是普遍存在的事实。李铁映同志在全国地方志第二次工作会议上的讲话中也明确指出,地方志"不是百科全书"。可见"百科全书"与"地方史书"是互相矛盾的。在一个定义内出现了两个互相矛盾的概念,说明"科学文献说"也是不科学的。同时,"科学文献说"也不够简洁,"纵述"与"横陈"是地方志写作的一个特点或写作方法,不宜纳入定义之中。"历史"与"现状"也是相对的,在史学家的眼里,"现状"也是"历史",把它划在当代史之列。"综述历史"也就包含了现状中的客观事实。再有,按照形式逻辑有关定义的办法,"科学文献说"的定义是,方志是科学文献,如用定义概念和被定义概念互换位置的办法来检验其科学性的话,即:科学文献是方志。这就不难看出它也存在着以偏概全的逻辑错误。我们的现实生活中还存在许多科学文献(如党的若干历史问题的决议,国家十年科学规划,西部大开发计划等),这些科学文献不应列为方志,所以"科学文献说"也是不准确的。[①] 马克思主义唯物辩证法认为矛盾是普遍存在的,矛盾是事物内部及事物之间既对立又统一的两个方面,矛盾的普遍性是指矛盾存在于一切事物中,不包含矛盾的事物是不存在的,因此在同一个概念中是不是可以同时存在不同的概念,也即"地方史书"和"地方百科全书"能不能同时存在于一个概念中,其实这两个概念存在着诸多内在联系,把它们对立起来看成是一对矛盾体而不能同时存在于同一概念是值得商榷的,它们之间既有矛盾也有联系,那么是不是符合事物的存在形式,是不是可以同时存在于同一概念中,这是值得研究的。科学文献说虽然比较全面完整,但也存在着一定的不足之处,也就是后两个分句"地方史书"和"百科全书"具体化,概念中用具体化的特征会限制概念的涵盖范围,具体化只能反映事物的某些方面的特征,某一概念越具体,那么它所涵盖的范围就越狭窄,概念抽象化会使它包含的内容更为广泛,方志的概念也不例外。"科学文献说"这个概念的不足之处是后面两个分

---

① 曹建英:《新方志理论与实践二十年》,中国地方志协会秘书处编,方志出版社。

句的具体化缩小了它的涵盖的范围。对于方志性质一直以来未形成共识最根本的原因是方志学科一直在发展变化中，一直处于逐渐丰富和完善的形态中，而大多数研究者都是以当前方志的某些特征作为研究对象进行静态研究，只要方志的某些形态随着时代的变化而发生变化，那么针对方志当前特征进行的静态研究就不能适应方志的动态变化，以至于方志界长期以来对于方志性质未形成定论，难以形成共识。当前对于方志理论的研究其实应该抓住方志本质性的稳定的特质进行研究，才有可能找出方志不同于别的学科的基本特性。

二、方志与地方史关系

方志与地方史的关系，历来有很多详细论述，清人杨佐国提出"志为史之余"，明代李东阳主张"志，史类也，大则史小则志，兼行而互证也"。顺治九年进士金鈜论述史与志的区别，认为"志者，一方之史；史者，天下之志"，其区别在于详略、简繁不一。清人吴美秀提出"史志所记必有善而有恶，志之所记有美而无刺，有善而无恶"。还有人提出"志有褒无贬；修志难于修史；方志不及史书影响大；后世修史当代修志"等。其实方志与地方史的关系比较复杂而且密切，有细微的差异，也有相似之处。

方志与地方史记载的内容既有差异也有相似的地方，两者记载的相同点都是以某一地区的事物、事件或人物为记述对象。差别之处是记载的侧重不同，方志全面记载某一时期某一地域的自然、社会、政治、经济、文化等方面情况或特定事项，对象是"一地自然与社会"、时间范围是"历史和现状"。方志有史学之性，但不是国史、正史，也不属史学范畴，要比史更全面、更系统。地方史是以记叙过去为主的，尽管有时不免提到一些现状。而志则是以记叙现状为主的，当然也需要追溯过去，总体上详今略古。主题不同，地方史主要是记叙该地区几千年来人类社会的活动，包括生产斗争和阶级斗争、生产力和生产关系的变化发展，物质文明和精神文明的变化发展，重大的政治、经济、军事事件，等等。当然，历史时期该地区的自然界若有重大的、显著的变化,如河流决堤、大地震、水灾、台风等也应加以记录,但主要的记述对象是社会现象,而不是自然现象。即使记录了自然现象,侧重点也是它们对人类社会的影响。地方志则不然,至少是对自然和社会两者并重的,应将当地的地形、气候、水文、地质、土壤、植被、动物、矿产等各个方面都科学地记载下来。同时对社会现象的记载也与地方史不同:史以大事为主要线索,记录政治、军事、经济、社会、文化等方面的重大变化。方志是一部朴实的、严谨的、科学的资料汇集,汇集一方基本知识和系统资料,分门别类,面面俱到。史的体裁接近于纪事本末体,志则用书志体,对农、林、牧、副、渔、工、矿、交通、人口、民族、风俗、制度、职官、文化、教育、人物、古迹等予以叙述。史书多以王朝、官府为中心,极少记载平民生活与活动,举凡民生利病、风俗习惯,一切不详载于史,都靠志书保存下来。而方志以社会为中心,民生利病、风俗习惯,均详细记载。

编史修志因记述内容、记述方式方法的差异,决定了它们对资料的要求也有所差异,资料的收集范围和途径也会有所不同。史书资料粗略简单,方志资料详细繁杂,史是一条线,志是一大片。地方史是以历史事件或历史人物为中心轴线,记事集中,论述深入、系统,虽然有许多门类,却围绕着一个核心内容,来证明自己的观点和主线。所以资料收集时要围绕中心轴线和核心内容,着重收集、整理史料,用历史唯物主义的观点加以分析、鉴别,筛选出有用的史料,无史料可查的遗迹、遗物,还可通过实地考察获取资料。

地方志主要记述现状,是资料性文献,重在资料收集,举凡一地的自然、社会、人文等各个方面,事无巨细,只要是关系到国计民生发展变化的事物,无论门类,都在记述范围之内。平列叙事,并无明显的特定轴心,资料收集相对容易些。收集资料途径主要依靠各有关参修单位报送资料,没有现成资料的还需调查采访,一些现成资料也需要辅之以调查研究,予以核实补充。

另外,今天的志可为将来编史提供丰富的资料,也就是说在志的基础上可以编史,而过去的史只能为今日修志提供一部分资料线索,故不能在史的基础上修志。不管是编史还是修志，首要的也是最重要的工作当属收集资料，这是编史修志的基础和根本。编史修志共同的资料来源当属档案资料。档案是指过去和现在的国家机构、社会组织以及个人从事政治、军事、经济、科学、技术、文化、宗教等活动直接形成的对国家和社会有保存价值的各种文字、图表、声像等不同形式的历史记录。它是人类活动当时的真实记录，最能反映历史的真实面貌，也能较直接地反映历史活动过程，是编史修志共同的最可靠的第一手资料。既然地方史以记叙过去为主，以记载社会发展为主，所以写地方史主要须依靠史料，作者应做的工作主要是收集、整理史料，用历史唯物主义的观点加以分析、鉴别，科学地记述历史发展的过程。很古的、没有文献记载的要搞考古发掘，有遗迹、遗物存在的要进行实地(物)调查。但仅仅进行考古调查，而没有史料根据，很多历史问题还是无法说清楚的。即使距今还不太远的史事，也需要作调查，作实地考察。地方志以记述现状为主，主要是依靠调查采访。一部分没有现成资料的完全要依靠调查，面对这些材料时，要注意去伪存真，注意甄别。一部分虽然有现成的资料，是依靠各有关承修单位报送资料，也要通过调查予以核实补充。所谓现状，当然不单是指今年或近几年，至少应该往前推几十年，还应该包括当地最后一部旧志修成以后的一段时间。由于志是以现状为主的，所以大多数问题有可能通过调查采访得到解决。

  编修方法上两者同样存在差异，地方史主要记述历史，一般以时间、事件、人物等为线索，倾向于纵向的发展，通过对历史现象的分析、研究，探索历史发展的客观规律，故论述是史书主要特征。地方史要求史论结合，在真实地记述历史发展过程的同时，运用历史唯物主义的观点和方法对历史进行全面的考察，对历史发展的偶然性、多样性、特殊性及曲折和偏差等表明正确的认识，找出符合历史发展规律的结论。地方志寓褒贬于叙事之中，也追溯过去，但主要的是记载现状，就是把事物横向分门别类地记载，只记载而不论述。这是区别史与志的叙述方法的标志。写地方史时，不能像写志书那样只对历史进行客观记述,而应该做到史论结合,可以夹叙夹议,也可以先叙后议。

现代地方志与地方史从成书的结构层次上看,绝大部分书都是采用篇(卷)、章、节、目的结构层次;从体裁上看,"述、记、传、图、表、录"是二者均可采用的体裁,只是采用时各自的侧重点不同。一是体例结构的不同,地方史基本上是以纵为主,纵横结合。在设立篇章节时,一般按不同历史时期划分,再按各时期社会发展的主线安排中心内容。主线上的中心内容再用节、目的形式详其首尾,集中表述其过程。而地方志则是先横后纵,以横为主,横排纵写。具体做法是先将自然和社会的各种事物横分门类为篇章节,再按该类事物的发端发展依时而叙成目,也叫纵述史实。二是叙述方法的不同。地方史通过记述历史,侧重探索历史规律。编写时一般以历史事件或历史人物为中心轴线,在真实记述历史发展过程的同时,运用历史唯物主义的观点和方法,采取叙论结合、夹叙夹议、先叙后议等编写手法,对历史进行全面的分析、研究,探索历史发展的客观规律。地方志强调用事实说话,采用记叙文体,记载而不论述,言简意赅,反对议论,反对"穿靴戴帽",反对随意褒贬,更反对夸张描写,要寓褒贬于叙事之中。语言上开门见山,言必及事道物,力求准确、庄重,慎用副词和形容词。

从功能和作用层面上讲"存史、资治、教化"是方志界对方志社会作用的高度概括。方志与地方史都是总结过去,真实地记录历史,再现和反映历史的原貌,所以两者的根本目的和任务相似,"六字"功能同样适用于地方史。如果从更高层次上认识,二者都是历史文化永续利用的基础性载体,发挥着历史文化永续利用的积极作用、传承作用和建设先进文化的基础性作用。地方史是以历史事件或历史人物为中心轴线,记事集中,论述深入、系统,虽也有许多门类,却围绕着一个核心内容来证明自己的观点和主线。地方志重在资料收集,凡一地的自然、社会、人文等各个方面,事无巨细,只要关系到国计民生的发展变化的事物,各个门类,各种重要资料,都在记述范围之内,平列叙事,并无明显的特定轴心。

在我国来说,方志与地方史,二者既有联系,又有区别。方志与地方史历来都是一对特殊的文化载体,相互借鉴而又不统一,史与志具有天然的联系,又有明显的区别。可谓史中有志,志中有史。地方志与地方史在各自的领域充分发挥各自的特点和优势。地方史为地方志编纂提示历史发展的基本脉络,提供社会的整体面貌。地方志具有反映地情特色的独特优势,以其翔实、典型的事例,为地方史保存大量资料,有助于地方史研究的拓展和深入。编史修志是中华民族的优良文化传统,每一代人都有自己薪火传递的文化使命。地方志与地方史应取长补短,相互促进,共同发挥存史、资政、育人的作用。

三、方志与地方史的认知

从历代方志的变迁情况可以看出,方志自产生之日起,便有全面反映区域情况的学术追求。无论是《周礼》的设想还是两汉以后"靡不具悉"的目标,都体现了这种学术追求的存在。宋代方志由详天文地理向详人事转化,正是方志补自身不足,使"无一不志"的学术追求得到实现,使天文、地理、人事三要素在方志中实现有机结合。宋、元、明、清时期,方志为史说占据了压倒优势,倒不是方志完全变成了历史学的分支,而是史学的概念在这个时期是广泛的,而地理概念则要狭窄得多。史学内容的广泛性同样代表了方志内容的广泛性要求。民国时期,学者们按现代学科概念对方志进行性质判定,但无论历史论者还是地理论者都没有取得最终胜利,倒是"史地兼融"的观点有更多的合理性。这种争论的长期性本身也说明方志难以简单地归入历史或地理。

就地理学来讲它研究的范围虽然包括自然现象和人文现象,但研究的对象最终还是与人相关的地理环境。历史学是以人类社会的发展为对象的。虽然随着历史学的发展,史学研究的范围也在扩大,但其学术方向是不会变的。如法国的年鉴学派虽然将研究范围扩大到人类社会赖以生存的地理空间,但其代表人物费弗尔还是称:"历史是关于人的科学,是关于人的过去的科学。"与历史、地理的这种学术方向不同,方志是关于一地方自然、社会各方面的全面记述,是地情的全面反映。梁中权所谓"纵观之为一部社会进化史,横析之为一部社会解剖学",既说明方志与史地的相关之处,也说明三者学术追求的异趣。虽然地理论者将方志列为区域地理,历史论者将方志列为地方史,但无论是区域地理还是地方史,都还要服从本学科的学术主方向,其与方志的学术方向仍有不同之处。

研究方志与地方史的关系,绝不能否认方志与历史学、地理学之间无法割裂的联系。朱希祖所谓"能兼得两学科之长,乃得为善志"的说法是有道理的,学科之间并无严格的界限。学科是交叉的,学科的边界是模糊的。因此不能因为方志与历史学、地理学有联系而将方志简单地归入其中某学科,也不能因为方志有着独立的学术追求而割断它同历史学、地理学的联系。方志是一个以地方为对象、吸纳多学科特别是历史学与地理学学术方法与成果的综合性著述体系。这一点,既是相关学科将其归入本学科的原因,也是方志不等同于其中任何一个学科的原因。更进一步说,这也是方志成为一种独立著述体裁和方志学成为一个独立学科的原因。

总之,方志与地方史、地理学之间有着密切的关系,它有历史学、地理学的某些特征,但不是历史学,也不是地理学,不能将其归于其中的某一学科,因为它有着自身更系统、更完整的特征,是独立于历史学、地理学的学科,然而又不能强行把它和地方史及地理学进行割裂,否则会破坏其系统系、完整性,方志也就不是方志。当下,最应当做的是吸收地方史、地理学等其他与方志有密切联系学科先进的研究方法运用于方志的编修工作,让方志事业更为繁荣,从而推动方志理论的进步和发展。

(田平:毕节市史志办)

《中华民国省区全志·河南省志》与《分省地志·河南》关系研究

朱丽晖

民国时期,随着西学东渐而来的近代地理学,在改变中国传统方舆知识体系的同时,也引发了方志编纂思想的革新。① 方志学家为适应新的世界格局的变化,新修志书,以期激起民众拳拳爱国之心、护土之情。河南省在民国时期也屡有志书呈现,现存大概有八十余种。

书稿完成时间相近的白眉初《中华民国省区全志·河南省志》②(以下简称《河南省志》)和吴世勋《分省地志·河南》(以下简称《河南地志》),③是20世纪20年代出版的最具代表性的河南地方志书,且两者之间还有某种尚未为今人认知的关联。《河南省志》目录中曾提到"本志材料得于浚县吴干卿先生处为最多,特此鸣谢",④据此可知,《河南省志》中的一部分材料是由吴世勋提供,而吴本人也著有《河南地志》,两志为同一时期。《河南地志》完成后,吴世勋先是将其命名为《河南》,至于后来如何成为中华书局所策划分省地志书系中的一种,此中缘由还有待于考察。

学界之前对白眉初及其著作的研究,大致有以下成果。赵夏的

---

① 主要表现为修志技术的进步、修志思想的转变以及方志学学科体系的科学化。
② 白眉初:《中华民国省区全志·河南》,北京师范大学史地系,1925年,上海图书馆藏。
③ 吴世勋:《分省地志·河南》,中华书局,1927年。吴世勋在自序中将本书命名为《河南》。
④ 《中华民国省区全志·河南》,第5页。吴世勋,字干卿。

《一部颇有价值的民国方志——评白眉初及其〈中华民国省区全志〉》,①认为白眉初适应了当时社会呈现的新变化,采用近代科学方法,灵活安排资料,注重现实变化,集一人之力完成。马丽、方修琦的《从〈地理哲学〉看白眉初的地理观》,②认为白眉初在《地理哲学》中对地理的学科性质进行界定,提出地理学研究的两个层次,阐释地理学的几个特性。吴凤鸣的《我国近代地理学开创者白眉初的新地理观》,③该文介绍了白眉初对中国地理学的贡献以及主要著作,侧重地理方面的研究。王伟斌在其硕士论文中较为详细地分析白眉初在人文地理研究上的成果,认为《中华民国省区全志》集中体现了白眉初在经济地理上的成果,并整理出了白眉初学术年谱,以嘉惠学界。④ 但以上研究都没有对白眉初所著《河南省志》和吴世勋所著《河南地志》进行系统整体探讨。而这两部志书从内容上看,不仅介绍了河南的地理情况,还涵盖了很多社会、经济方面的史料,记载详细确切,若无实践,决不可得。

一、《河南省志》与《河南地志》概况

白眉初(1876—1940),⑤是我国近代著名的地理学家,在"幅员大、世局变、思潮新"的社会大背景下,"以气候、地势、交通、实业为要目""搜辑完,考核确,取径精",从1913年到1927年6月,出版《中华民国

---

① 赵夏:《一部颇有价值的民国方志——评白眉初及其〈中华民国省区全志〉》,《中国地方志》2001年第6期。
② 马丽、方修琦:《从〈地理哲学〉看白眉初的地理观》,《自然科学史研究》2010年第2期。
③ 吴凤鸣:《我国近代地理学开创者白眉初的新地理观》,《地理研究》2011年第11期。
④ 参见王伟斌:《白眉初与中国人文地理研究》,山东师范大学硕士论文2016年。
⑤ 主要著作有《民国地志总论》《中华民国省区全志》《中华民国省区全图》等。

省区全志》共计十一卷五册。① 吴凤鸣在其文中认为"该书共分四册",②这个说法是不恰当的。白眉初当初的出版计划是八册,涵盖当时的三十省区,就该书现存和实际出版情况来看,共出版了五册,③每一册即由不同名人题写册名,可见作者之良苦用心。④ 当时与白眉初共事的黄膺白先生在为本书作的序中提到,"觉其收集广而取材精,体制新而条理晰",是社会各方面的绝好参考书。在该书封面上,有荐书词:"内容丰富,调查翔实,诚地理教员之参考要品。学军政实,亦教育、新业、游历以闻,文学科及经济学、社会学诸家必备之书。插图多幅,印刷精美,尤为本书之特色"。⑤

目前笔者发现的现存《河南省志》有两个版本,⑥一个是北京师范大学史地系的铅印本,一个是由泰州市新华书店古籍部发行的抄本。⑦ 抄本和铅印本略有区别。铅印本的《河南省志》是中华民国省区全志丛书的第三册,书名全称为《中华民国省区全志·鲁豫晋三省志》,而抄本直接命名为《河南省志》。铅印本有熊秉三、邓芝园、高曙青三人为《鲁豫晋三省志》作的序,而抄本只有邓芝园一人的序言,且将序言中的"鲁豫晋"和"三省"等词改为"豫""该省",很容易让人理解为邓芝园的序是为《河南省志》而作。仔细研读也可发现铅印本中熊

---

① 《中华图书馆协会会报》(1926年第2卷,第2期,第12—13页)介绍当时已印行五册,第六至第八册未印;且前五册在上海图书馆等有藏,可知,该书印行五册,至于为何后面的三册没有印行,还有待于考证。
② 吴凤鸣:《我国近代地理学开创者白眉初的新地理观》,《地理研究》2011年第11期。
③ 五册分别为:《京直绥察热五省区志》《满洲三省志》《鲁豫晋志》《秦陇羌蜀志》《鄂湘赣志》。
④ 第一册《京直绥察热五省区志》由范源廉题写、第二册《满洲三省志》由李煜瀛题、第三册《鲁豫晋志》由熊希龄题、第四册《秦陇羌蜀志》由陈垣题签、第五册《鄂湘赣志》由梁启超题。
⑤ 白眉初:《中华民国省区全志·京直绥察热五省区志》,北京师范大学史地系,1924年,第2页。
⑥ 鉴于《河南省志》有两个版本,比较而言,刊印本更正规,故本文以刊印本为准。
⑦ 白眉初:《河南省志》,泰州市新华书店古籍部,1984年,复旦大学图书馆古籍部藏。由于资料有限,笔者目前还没有查阅到泰州新华书店古籍当时是让何人而抄,依据的又是哪个版本。

秉三和高曙青两人的序言,也明确显示是为三省志而作的序。熊氏序言中说"直隶为国家首都所在。北负长城,鲁豫晋环东西南之三面",又有言曰"其关于三省特殊之点,若山东之对外问题,山西之煤铁矿产……"。高氏序言中更有"吾友白眉初以所著中华民国省区全志第三册告成,问序于余"。可见,熊氏和高氏都是为这三省写的序言。再者,铅印本附有《河南省城图》,正文之前有"阴山北岭部"的简介,天头有注释,而这些内容和格式抄本一概没有。抄本为了显示该书是河南一省之志,在章节排列上,也进行了处理。它将铅印本的"第四编阴山北岭部之第一卷河南省志"变为"河南省志第一卷"。当然铅印本在格式上也略有瑕疵,如书名为《中华民国省区全志·鲁豫晋三省志》,但是目录中的大号标题却是"鲁晋豫三省志总目录",通过览其整本书编排的顺序及其章节安排,《中华民国省区全志·鲁豫晋三省志》这一名称是合适的。

　　《中华民国省区全志》以全国著名的山系为界限,河南省则属于阴山北岭部。在全书总序中,作者站在全国高度,"期知国境全状,以备利用",①对各省之气候、地形作出科学说明,并将商业之重要性时时贯穿。《河南省志》共分七章,作者在第一章总说中分六个部分对河南全省的道县纲目、沿革、疆界与省名、气候、地势、与外国之关系进行了全面介绍,并且在章后有附论。每卷之前的"赞"(物产之华表),显示作者虽然接受了近代地理学与史学的教育,但又体现了传统史书评论的特色。由于作者重视经济,在介绍各重要县邑之前,首先对河南省的商业情况进行了总述,还重点将十二个繁盛市镇一一推出。该志还介绍省会开封和全省各经济重镇的概况,全省四道一百零八县的基本情况以及全省实业、农业、工业发展情况,另外第五卷总体介绍全省的山脉、水系。《河南地方志提要》中谈到"此偏重于自然现象之记载,亦间及社会,如政教民俗,但分量不大",但依笔者看来,该志中对社会状况的描述也着墨不少。虽然《河南地方志提要》中谈到当时河南省"于纺

---

① 张研、孙燕京主编:《民国史料丛刊》(第791册),大象出版社,2009年。

织、面粉、火柴、发电等行业已初具规模,并出现第一代工人阶级",而"此书对此竟不透露一丝讯息",但作者也注意到了当时社会变化的最新情况。商埠、交通、实业以及各道县的介绍,都尽力关注,所搜集资料也大都翔实丰富。不能单纯说该志偏重于自然现象的记载,这一点白眉初在自序中也有谈及。作者认为和往昔地志不一样的做法是要"用补常识,注重民生,独以气候、地势、交通、实业为要目",①从自然条件出发,以其为基础,在此之上探讨民生问题,而自然条件只是作者关注一系列民生问题的背景或条件,并非作者撰写此书的主体内容。

《河南地志》的作者是在河南的中学从教多年的教师吴世勋。吴世勋(1887—?),②字干卿,河南浚县人,中国共产党党员。③ 1925年他在许昌的一所学校任教时,开始将自己积累多年的资料汇集整理,命名《河南》。④ 从1926年7月书稿完成,到1927年5月印刷出版,⑤中间经历了将近一年的时间。而在这一段时间中,国共第一次合作并进行的北伐战争开始。吴世勋所在的许昌也开始了轰轰烈烈的支援北伐的活动。在北伐胜利进军的过程中,在许昌党组织的领导下,农民协会还举办国民党党义讲习班,负责人就是吴世勋。⑥ 吴世勋的弟弟

---

① 《民国史料丛刊》(第791册),大象出版社,2009年,第17页。
② 据《悠悠学子情:南阳一中校友回忆录》(第358页)记载,吴世勋在1920年时33岁,由此推断吴世勋生于1887年。另外据《百年记忆——河南文史资料大系·教育卷》(卷3)第1022页载,吴世勋1947年由南阳返回浚县,后跟随在太原工作的儿子生活,卒于太原,年月不详。由浚县地方史志编纂委员会1990年编纂的《浚县志》中,也没有吴世勋的记载。
③ 据《许昌党史春秋》(第1辑)第42页记载,1927年春,吴世勋在许昌省立第十四中学,由丁道明介绍入党。
④ 据《百年记忆——河南文史资料大系·教育卷》(卷3)第1022页载,吴世勋还曾写过一本《河南民俗琐记》,该书在"文革"时散佚。
⑤ 《河南地志》有三个版本,1927年5月初版,1936年再版(根据《中华书局百年总书目》,中华书局,2012年,第265页),1940年7月三版《中华书局百年总书目》中没有提到三版的情况,但现存有三版的铅印本,由中华书局发行,上海澳门路美商永宁有限公司印刷)。《河南地方志提要》(第37页)认为该志于1926年由中华书局出版是不确切的。1926年是吴世勋自序的完成时间,不能将其视为出版时间。
⑥ 中共许昌市委党史研究室:《中共许昌历史》,中共党史出版社,2006年,第57页。

吴丹坤也是共产党员,曾在国共关系紧张的时候四处逃亡,整个家庭也受到牵连。这只是笔者推测吴世勋的书稿没有尽快出版的原因之一,其余因素尚未知晓。

吴世勋结合自己所任教的地理学科特点,经常带领学生旅行游记,考察河南乡土地理,感受源远流长的文化。在考察过程中,他发现前人所著的地志类著作中对一些事物的描述与现实已多有不符,而地理一科的研究也相对薄弱,便留意诸多相关资料的收集,使其既能体现河南乡土文化、传承文明,又能兼具游记的精彩之处,对于研究河南地方文化多有裨益。《河南地志》上编分自然和人文两部分总述全省情况,下编"以线带面",兼记重点县或风景区,对特殊物产也一一记述,颇为全面。该书在介绍河南的地理、历史情况时,以当时河南境内主要的交通干线为主轴,从省城开封谈起,接着为郑县,随而向西到洛阳,之后以逆时针方向将各地的情况一一予以简介。从书中不难发现,吴世勋实地考察了很多地方,在介绍某地的经济、古迹名胜等情况时,多以车站为出发点,可达哪些地方,叙其远近。对于某地的微小之处,也特别留心,如在记叙信阳县城时,作者就特别谈到当地的卫生条件不佳。作者作为一名教师,不仅在书中指出黄河津渡"柳树"的功用,还对鸦片的危害、溺婴现象等一些社会热点问题发表自己的看法,抒发自己对当时社会经济萧条、凋敝,民不聊生的生活状况的感慨。当然,作者在介绍各地的古迹名胜时,不忘该志的另一宗旨,即为外地游客提供旅行参考,将那些美不胜收的风景名胜描绘得如世外桃源,引人入胜。

另外,对于《河南地志》一书,它如何从一本私修志书,转而变为中华书局所刊出的分省地志系列丛书的其中一本?白眉初的材料是从吴世勋处所得,白眉初和吴世勋的交往情况又是怎样?如此种种情况,由于材料有限,笔者不得而知。此外,从出版的角度来说,根据现有材料,《河南地志》是分省地志系列已知的七个省份中出版时间最早的,中华书局编写全国分省地志是如何策划的?这些问题还需要进一步解决。

二、《河南省志》与《河南地志》之特点

《河南省志》和《河南地志》都是章节体。《河南省志》是白眉初所编中华民国省区全志第三册的其中一部分,并不是一本完整的书籍。而《河南地志》虽然是中华书局出版的分省地志中的一种,但由于没有提前安排规划,统一体例,且这一系列丛书的最终完成时间跨度大,[①]导致各省地志的框架结构也不尽相同。以下主要探讨《河南省志》与《河南地志》这两部志书的主要特点。

一是行文语言各具特色。《河南省志》在行文语言上,凸显了白眉初早期的文化教育背景。因其少年就读于私塾,虽然后来接受了近代教育,但是该志书的内容还是明显地体现了作者文言文的表达习惯。白眉初在述及各省时,都会在正文之前点明该省的特产,名曰"物产之华表",随后附"赞"一则。例如,河南是"麦赞",山西是"煤赞"。通过类似于骚体的"赞"的形式,将河南的主要物产——小麦以及丰收时的景象呈现在读者眼前,使读者对于该省的主要特产了然于胸。《河南地志》的语言相比于《河南省志》来说更易懂,更生活化,这与吴世勋的中学教员身份和该书的出版目的是为了面向一般大众有紧密关系。吴世勋在文中提到开封地区的习俗"贺生子",记录了该地独特的生男孩子的一些"奇怪"风俗。信阳风俗中过年时候,祭送祖先回家,祷曰:"老祖宗回家,经商的经商,务农的务农,做工的做工,明年再来过年",祷词完全是口语,而且将当地过年的习俗一一描述,很贴近生活。

二是都比较关注与外国之关系。由于这两部方志的成书时间恰好处于外国事物已经在中国生根发芽,且在一定程度上影响了我国经济、文化的发展的时期。在此种大的社会背景下,这两部方志皆注重与外国有关之事物。在《河南省志》中,作者将第一章总说的第六节专列为"与外国之关系"。该节谈及铁路中的京汉铁路、陇海铁路、浦信

---

① 《分省地志·河南》于1927年出版,《分省地志·台湾》于1948年5月出版,间隔20余年。

铁路，矿产中的焦作煤矿、六河沟煤矿①以及避暑胜地鸡公山。铁路的修建和矿产的开发，都反映了当时政府和外国经济势力的利益关系。在避暑胜地鸡公山的开发挖掘上，由初期的基督教传教士在当地进行传教活动到后来的大量外国人涌入鸡公山占地建房经常居住，最终引发中国政府和外国使馆的主权划分，可见外国人在中国已无孔不入，清朝政府对大量外国人深入内地从事的各种活动没有足够重视，对此导致的后果也没有长远预见。作者还在此目中附有"避暑章程十条"，说明对外国人在鸡公山一带的活动从政府层面开始进行约束。《河南地志》中作者虽然没有单独列章节阐述和外国有关系的事物，但在具体的各章节中，凡是和外国有关的事物，作者都留心进行了叙述，尤其是对外经济。如在丝织品的出口上，作者谈到对外出口丝织品的地方有开封、南阳等地，为了便于读者全面清晰了解南阳一地的丝织品发展状况，作者一一将南阳丝织品的起源、种类、出产额数、原料产地、附近之出产状况、将来之推测都做了详细介绍。在文化教育上，作者还关注到位于郾城县车站东面的西华青年公学。这所学校是由留学日本的王璋创办，王璋认为"以农立国应先普及农村教育"，而人才又集中于城市，于社会危害甚大，于是创建该校。吴世勋认为这所学校"成绩昭著，将来发达未可限量，河南有此一线光明，亦足差强人意矣"。②可见，吴世勋对这所新式学校给予了厚望。

三是两位作者的职业身份在志书中都有所体现。《河南省志》的作者白眉初和白雅雨、李大钊等人都是好朋友，深受他们革命思想的影响。同时作为一名高等学校的教师，又力求在授课时不只让学生学习到最新的专业知识，而且富有实践精神，带领学生深入社会进行实地考察。也正是由于白眉初所教的学生来自五湖四海，对自己家乡的情况又比较了解，才能够为志书的完成提供不少珍贵资料。《河南地志》的作者吴世勋也充分利用其在河南省内多所学校任教的经历，将

---

① 矿产的详细情况见第七卷实业。
② 《分省地志·河南》，第168页。

当时河南省的教育现状摸排得比较清楚,并将各方面的情况逐一列表,如《教育经费支配情形表》《学校总数表》以及《中等以上省立学校名称及其所在地列表》等。他还结合自己的亲身经历,①列举南阳旧属十三县,面积可比河北一道,但只有一所省立中学,教育资源严重缺乏的窘况,反映出整个省份教育资源分配不均的实情。全省教育事业,所处乱世,"县立小学教员,薪俸廉薄,每月多在十元左右,生活非常困难,以致教授设备两方,大受影响。近年地方不靖,契税收入顿减,经费已濒破产,加以兵匪扰攘,或据校舍,或掳学生,今计中学停课者竟逾半数,已濒危亡之境矣"。② 这些大都是吴世勋亲身经历的,表明作者试图通过在书中深刻反映社会现实,以引起当权者共鸣的期盼。

三、《河南省志》《河南地志》与《中国分省地志·河南省志》之比较

《中国分省地志·河南省志》是由白眉初的学生王金绂③所著,而白眉初所著《河南省志》中的取材又多得益于吴世勋,既然这三部志书的作者有如此密切的关系,那么志书的体例与内容,修志的思想又有何区别呢?

王金绂所著《中国分省地志·河南省志》④是由商务印书馆 1927 年 5 月出版的,序一为时任北京师范大学史地系主任白眉初于 1925 年 6 月所作。在序中白眉初提出,"地理之学为百科中之主要学科",王金绂跟随他游历了几年,故对全国的地理情况多有了解,后受聘到西北大学后,著有《中华地理分志》四册。王金绂在自序中谈到自己写

---

① 据《悠悠学子情:南阳一中校友回忆录》(第 358 页)载,吴世勋在 1918 年任河南省立南阳中学地理历史教员。
② 《分省地志·河南》,第 20 页。
③ 王金绂,生卒年月不详,历史地理学家。字相伯,河北丰润县人。曾任西北大学、北京女子师范大学等学校教师。主要著作有《中国之地文与人文》《西北地理》《中国分省地志》等,以上资料参阅高增德主编:《中国现代社会科学家大辞典》,书海出版社,1994 年,第 238 页。
④ 王金绂:《中国分省地志》,商务印书馆,1927 年。

的书是《中华地理分志》,希望该书出版后能人手一册,通过读此书,认清世界发展之大势,人人能为救国于贫弱之境地出一己之力,而不希望人们当作普通讲义来读。但在该书的编纂大纲中,作者又将此书命名为《中华地理分省志》。从《中华地理分志》到《中华地理分省志》,再到最后定名为《中国分省地志》,作者几经思量,反复修改,认为《中国分省地志》一名更能表达在自序中寄予该书的愿景。作者在编纂大纲中阐述了该书的编纂目的、原则及内容体例。编纂的目的"在使阅者明了各省民生舆地之关系",格式上"先绪论,次总论,再次各省区分志,最末为关于中国地理之各种统计",内容上"以民生状况为主",在"每篇末附有主要参考书一项,裨阅者知材料之来源,可循源探讨,引起研究之兴趣"。作者在绪论中说明地理学的范围、定义、意义,以及地理学的两个派别。

相比于《河南省志》与《河南地志》,《中国分省地志》因是将全国各省的情况容纳于共八百多页的书中,各省内容相对简略,而河南省志部分也只有二十余页。《中国分省地志·河南省志》分为疆界及面积、自然状况、经济状况、民生状况四个部分。从章节安排中可以看到,王金绂已明确地将民生问题单独成目,这也与其提出的希望此书能达到救国的目的相符合。王金绂从全省总体状况入手,先为总说,再列举各方面具有代表性的事例,适时地插入表格,使读者对河南省的各种情况一目了然。如在对矿产情况的介绍中,先是对全省的两大矿产——煤和铁进行介绍,还列有"煤产表""累年矿产价额比较表",[①]对焦作煤矿和六河沟煤矿进行了单独介绍。《河南省志》专列有矿业一目,不仅详细介绍全省各地的煤矿资源,而且将焦作煤矿和六河沟煤矿列为和外国有关系的煤矿,书中还附有福公司和中原公司之合同契约概略。与《中国分省地志·河南省志》相比,《河南省志》中对这两个煤矿与外国之间的商业关系表达的更为清楚。《河南地志》是在介绍当地情况时,提及了该地的煤矿资源。

---

① 《中国分省地志》,第100页。

如对卫河流域进行介绍时,关注了中原公司和福公司,附有豫晋煤矿小史一目。《中国分省地志》在山西省志后面,还从相同点与不同点对河南、山西两省进行比较。在河南省志这一章的结尾,作者附有本部分的参考书目,①其中还包括白眉初所著《民国地志总论》。②该书的绪论也论述了地理学的起源及其范围。王金绂作为白眉初的弟子,必受白眉初学术上的熏陶。虽然只有白眉初所著《民国地志总论》,而没有《河南省志》,但从两书的完成时间来看,白眉初为《中国分省地志》所写序言的时间是1925年6月,王金绂的自序完成时间也是1925年,可以说在1925年9月白眉初所著《河南省志》正式出版之前,王金绂的《中国分省地志》已经大致完稿,这也可能是王金绂的著作中参考书目没有白眉初所著《河南省志》的原因之一。虽然王金绂在自己的书中对白眉初的志书体例结构及内容有所承袭,但王金绂又不满足于该书仅作普通讲义,将出版志书提高到能救国于水火之中的高度。王金绂能有如此思想,一是得益于白眉初等人对中国近代地理学科的贡献和"西学东渐"中近代地理学知识的传入;二是迫于国家遭受到的日益严重的侵略,中国日益落后的现状带来的压力,他希望广大读者能学有所用。王金绂认为只有实现第二点的功效,才能体现本书的最大价值。

在王金绂的著作中,可以看到他与白眉初之间在学术上的传承与创新,而吴世勋作为一名普通的中学教员,缺失了这种学术上的共享与发展,但在翻阅吴世勋的著作时,似乎更能体现在当时社会中,一个处于基层的知识分子对普通民众疾苦的感受。

四、余　论

据《河南方志提要》统计,清代修《河南通志》为五部,其中康熙九

---

① 有《大清一统志》《中华全国风俗志》《民国地志总论》《伽蓝记》《河南通志》《中国十大矿产调查记》《中国矿产志略》《河南警察厅报告·开封》《中国年鉴·铁路商业及教育》《全国中等以上学校概况·教育》《全国铁路旅行指南·铁路》《东方杂志》《中华全国名胜古迹大观·都市》《申报》《中国基督教事业统计·人民》。

② 《民国史料丛刊》(第787册),大象出版社,2009年。白眉初原书于1926年由世界书局出版。

年徐化成所修《河南通志》乃续修顺治时的《河南通志》。从明朝成化年间河南所修第一部通志《河南总志》,①到清代所修《河南通志》,志书的体例、内容、文风大都有所沿袭。民国所纂河南方志,随着"西学东渐"的逐渐扩大化,"受西方文献学、图书馆学影响,河南方志编修在分类、版本、目录等理论和实践方面""也不断推陈出新",②《河南省志》与《河南地志》在这方面也进行了较为具体的有益尝试。

《河南省志》与《河南地志》明显突出了时代印记,类目设置上有所变化,删除了封建迷信内容,关注社会经济发展,增加交通、实业、市镇经济等内容,除此之外,还在以下几个方面有所革新。一是修志目的发生改变,方志纂修者更具家国情怀。虽然清初贾汉复修《河南通志》时也曾强调一些重要的关隘、风俗、建置沿革可能消失,"倘不于此时急为修纂,恐简编既已沦亡,老成又复凋谢,世远人湮,更难稽访,用是急行修举"。③但我们不能忽略贾汉复建议保存这些事物的目的,是要为帝王统治提供参考资料,"纂修一统全书",而不是基于提高普通大众的日常生活水平。《河南省志》与《河南地志》的纂修者就注意到了这一点,将与百姓生活联系紧密的各方面仔细整理,做到传承一地文化积淀,让方志走进百姓生活。二是志书的传播范围更广。由于《河南省志》与《河南地志》的纂修者实地考察,亲身体验,志书的内容对于百姓更具有参考性,这就改变了以往志书的可读性不强、传播范围狭小、读者群体单一的特点。《河南省志》完成后,白眉初即将其作为当时史地系学生的讲义,《河南地志》自出版后,又再版,还被列为中华书局向广大学生推荐的教科书、参考书。三是纂修者"应时代所需,欲令一省之文物典章,有精确之记载,使览者颇受而且于实用"。④ 关于文

---

① 张万钧:《河南地方志论丛》,吉林省地方志编纂委员会,1985年,第3页。
② 王丽歌:《转型时期的方志书写——民国河南方志编纂特点与成就分析》,《中国地方志》2017年第5期。
③ 贾汉复修、沈荃纂:《顺治河南通志》,《中国地方志集成》(省志辑·河南),凤凰出版社,2011年,第54页。
④ 河南省地方史志编纂委员会整理重印:《河南新志》,中州古籍出版社,1988年,第10页。

物记载,《河南省志》与《河南地志》均附有新郑发现古物情况及当时驻郑州的第十四师师长靳云鹗呈吴佩孚的公文。公文中对新郑发现古物的情况,古物的名称、种类、数量均有详细记载。这也是民国时期人们对文物保护的观念在逐步增强,对文物价值的认识也逐渐从私人把玩的对象向为保护中华民族传统文化而转变的具体体现。另外,《河南省志》与《河南地志》的纂修者还希望民众不只是将其作为教科书,同时也能够为人们的旅游、经商提供很好的依据。

虽然两位作者都秉承实践记录的宗旨,但并非书中的每一个地方作者均实地考察过,再加上当时社会动荡,有些交通线路未必畅通,作者就会对一些比较重要的事物缺乏记载。如对道清铁路沿线风景名胜的记载中,经过三次修订,于 1933 年出版的《道清铁路旅行指南》①就比《河南地志》上记载的略微详细。在介绍沁阳县的古迹时,《道清铁路旅行指南》记载有大云寺(即现在的天宁寺),寺内有"河南三大金塔之首"的"三圣塔",而《河南地志》则没有提及。

民国时期的河南省官方修志机构在近代河南省通志的编纂上几经停滞,颇多曲折,最终也未能编成一部完整的河南省通志。而《河南省志》与《河南地志》的问世,无疑丰富了河南地方志的内容。官方痕迹的缺失,使志书的纂修一方面在资金、人力上失去官方的支持,另一方面也摆脱了官方的控制和影响,相比于同时代的河南地方志,这两部志书在体例、内容上都不拘泥于官方志书的标准样式,多有创新,从而使这两部志书不仅适合专门学者研读,对于百姓大众来讲,可读性也很强。虽然这两部志书是全国各省系列地志中的一种,在某些方面没有深入挖掘,记载比较浅薄。但也可以说是当时河南地方志中的"清流"之作,既代表时代的变化,也影响了以后河南地方志的编纂。

(朱丽晖:复旦大学历史学系)

---

① 王强、张元明主编:《民国旅游指南汇刊》(第 52 册),凤凰出版社,2013 年。

视角、层级与内容：地方史编纂特点刍议

胡锭波

2015年9月，国务院办公厅印发《全国地方志事业发展规划纲要（2015—2020年）》明确提出"具备条件的，可将地方史编写纳入地方志工作范畴，统一规范管理"，并将地方史编纂管理的任务与职能赋予地方志机构。其后，对地方史编纂的探索逐步进行，部分地区已经出版或组织编纂地方通史，开始有意义地尝试。地方史成为继志、鉴编纂等以外的另一项主业，在地方志系统中地位逐渐提升。近年，中国地方志指导小组也正在组织《中华人民共和国史志法》立法研讨，强调史志并重，这是从法律依据上给予地方史特殊的地位，纂史、修志、编鉴三驾马车的格局正在逐步完善。

一、整体与地方：地方史编纂的"整体史"视角

地方史被冠以地方的名字，很容易让人产生以现有行政区划作为划分依据，一切围绕本行政区划为中心的联想。地方史编纂工作实行分级负责，由各级地方志部门负责组织实行，从这一实际情况出发，该理解是具有一定的合理性的，但如果仅仅将眼光限定在本行政区域，只围绕本行政区域书写历史，以现有的行政区域作为历史逻辑，以"本地人"的身份书写"本地的历史"，用"在地化"的自觉性来看待本地历史，则容易陷入过度强调"自我"意识，将地方作为独立的讨论对象，割裂地方与外围的联系。实际上，我们在讨论"地方"这一概念的时候，我们的思维不应当简单地被限制在某个行政区域内，我们的意识前提必须是有一个整体作为参照物，也即是说，不应当简单地割裂地方与

整体的关系,只见"地方"不见"整体"。

关于"地方"与"整体"的关系,自区域社会史研究兴起之后,围绕这一问题的探索已经有相对成熟的成果体系。唐仕春曾围绕中国区域社会史的学术定位,重点梳理了区域社会史的理论和实践发展过程,其中对学者关于区域与整体的关系研究问题着眼颇多,①区域社会史的新发展,不论是关注区域的整体社会史,还是以区域社会为研究空间探索国家与社会的互动过程,都极大地有利于中国社会史研究向全面、整体、深入的方向发展。这使学者越来越注意将整个中国的广阔地域置于研究的视野之内,注意区域的整体研究,进而探讨传统中国社会的历史整合过程,为社会史研究提供了新的解释框架,体现了学者们新的问题意识。

这些研究成果,虽然是针对区域社会的具体问题进行的理论解析,但对我们编纂地方史仍然具有很好的启发意义。部分学者指出的关于区域史研究方面的缺陷,同样可以被视为地方史编纂的前车之鉴,无论是如梁洪生在批评地方史研究中片面强调所选择区域的特殊性,只将研究视角限定在所选区域范围时所言:"这种地方史最大的缺陷在于,它把地方与国家脱离开来,就地方来谈地方;而且,认为地方史的功绩就在于研究地方特点、地方典型,研究那些地方独有而'别无分号'的特色,实际上,这是一个很大的误区",②还是像赵世瑜所批评的"满足于'地方性知识'的描述使地方史研究专注地方掌故,不知有国家",③其实都是在提醒我们指向一个共同的话题,就是地方史的编纂者必须心系国家,心系整体,地方是整体下的一部分,必须将"地方"置于具体的"整体"框架下加以讨论,"地方"的发展历史轨迹,不能脱离整体的规律。

---

① 唐仕春:《心系整体史——中国区域社会史研究的学术定位及其反思》,《史学理论研究》2016年第4期。
② 史克祖:《追求历史学与其他社会科学的结合——区域社会史研究学者四人谈》,《首都师范大学学报》(社会科学版)1999年第6期。
③ 赵世瑜、邓庆平:《二十世纪中国社会史研究的回顾与思考》,《历史研究》2001年第6期。

值得注意的是,我们强调地方史的编纂应有整体史意识为前提,并非认为地方史应该是从属于"整体史",从而简单地理解为"整体史"是各相关"地方"的"地方史"的叠加,"地方史"是"整体史"内部按一定的行政区域切割出来的部分。在一些学者看来,"区域研究"只能作为"整体史"的附属品才有存在的价值,或者只能为"整体史"的解释做基础准备。

我们提倡除了国史的纂写以外,应该有地方史的编纂,其考虑的出发点不应当只是简单地仿照地方志编修的分级负责,更不能简单地认为,由省、市、县各级地方志部门分别负责地方史的编纂,因而以为按行政区划划分是地方史编纂理所当然的需要。地方史的编纂意义,更应该体现,由于中国社会历史发展在地域上严重的不平衡性,区域性研究尤其必要,区域性研究不仅可以发现中国各地区社会发展的特殊性,而且通过对这些特殊性的研究,更好地说明中国乃至整个人类社会的发展进程;区域研究还可深入地方社会,广辟资料来源,避免研究工作中存在的以偏概全、内容空泛、拼凑史料等弊病。基于这个考虑,整体与地方的关系,不应该是一整块蛋糕与其中一角这样的关系,而是作为一种意识倾向。正如叶显恩等学者反对把区域性研究置于全国性研究的附庸地位,他们认为,没有区域性的研究,就很难做全国总体史的研究。他们不是把区域性的研究视为总体史研究的铺垫,也不是把总体史看作区域性研究的叠加,而是认为区域性的研究和总体史的研究既是互相参照、互相促进的,又是可以互相并存的;两者各有其功能,彼此是不能互相替代的。①

赵世瑜认为"自上而下"或者"自下而上"看历史,实际上都暗含了一个"上"与"下"的二元对立关系。因而提出整合的历史观,即把一个社会看作一个整体,我们所做的一切就是要了解历史上的社会是如何结成一个整体的,这个整体的各个部分之间究竟是什么样的关系,它

---

① 叶显恩、邓京力:《我与区域社会史研究——访叶显恩》,《历史教学问题》2000年第6期。

们是怎样进行着相互间的调适,从而使社会能够正常地运行,这个整体的背后究竟有哪些力量或因素在起作用,即或凝聚、或分离、或改造这个整体及其部分,等等。① 他还指出,区域社会史研究关键在于如何从地方的视角去重新理解中国和世界,而不是用具体领域的研究去印证或者填塞宏大叙事的框架结构;新的中国通史将是建立在"地方性知识"基础上的通史,而不是在一个"宏大叙事"或在某种经验指导下形成的"国家历史"的框架内进行剪裁的地方史的总和。② 杨念群先生指出,在"什么是整体"这个问题无法厘清之前,把"区域史"与"整体史"对立起来,且抬高"整体史"地位,并以"整体史"研究作为史学最高境界和终极目的之想法在具体的历史叙述中根本无法实现。把"区域社会史"研究从剖析各个微观地域特质的角度出发理解中国历史作为一种变通选择是有一定道理和依据的,不应该被讥为"碎片化"倾向的源头,或简单评定其研究价值就一定低于"整体史"。③ 地方史的编纂,也应该是这种理论的具体化,即撇开片面强调所谓的地方特色,而着眼于整个中国历史的发展脉络,在整体中讨论地方。

二、不同层级行政区划对地方史的影响

尽管古今许多研究者都在极力强调史、志的相同性质,④甚至将志、史的区别界限尽可能地缩小,但不可否认的是两者的差异性是十分巨大的。从编纂实践来看,地方志有较成熟的编写体例,即横分门类的写法是志书最大的特点,巴兆祥在《中国地方志发展规律述略》一文中就提出,"宋以后的方志,其基本书写任务就是把一地的历史、地理、人物等情况如实地记录下来","地方志发展到今天,内容包括当今

---

① 赵世瑜:《"自上而下"、"自下而上"与整合的历史观》,《光明日报》2001年7月31日第B03版。
② 赵世瑜:《作为方法论的区域社会史——兼及12世纪以来的华北社会史研究》,《史学月刊》2004年第8期。
③ 杨念群:《"整体"与"区域"关系之惑——关于中国社会史、文化史研究现状的若干思考》,《近代史研究》2012年第4期。
④ 章学诚等学者均持此观点。

社会生活的各个方面"。① 详今略古,重视现状是地方志编纂的一项明显特征,也是与地方史重视纵线历史发展的最主要区别。地方史并不要求面面俱到,而是截取不同的历史发展周期和重要的历史节点,尽可能地展现出历史发展的脉络和主线,从中寻求历史发展规律和启示意义。这个重要的区别决定了两者在编纂顺序和编纂模式上,有着明显的差异性。

不管是传统的方志,还是新中国成立后发展起来的新方志,其涵盖的内容都包括政治、经济、文化等多个方面,门类之广,几乎涵盖所有社会科学的知识。因而,在编纂的过程中,必须先科学分类,再全面详尽地记录某地域内的情况,这对每一门类内容的要求是必须深入地挖掘和记述,以确保资料的完整性。因这个特点的要求,地方志的编修方法,更趋向于自下而上地开展,由基层逐渐积累资料,向更高层级传递,后者在这些资料的基础上进一步增删,以便成志。即先由基层搜集资料,开始修志,再逐渐推动上级行政区域修志,以达到资料的更大程度共享。这样的顺序有利于确保资料来源的准确性与全面性,其中有两个关键的决定因素,一是由于省、市、县等不同层级的志书,在门类的设置上虽然因侧重点不同而有所区别,但总体上趋于接近,内容承接较为方便;二是遵循地近易核,事近迹真的朴素自然规律,因志书重视现状的书写,故在搜集资料方面,越往下越容易排除其他干扰,获得资料更具便利性。虽然在前两轮的修志工作上,各地未必遵循这样的原则,但从志书的特点来看,由下而上,确实更具有保障意义,符合修志的需要。邱富生在研究清代方志的纂修时提到,早在康熙十一年(1672),任保和殿大学士的山西曲沃人卫周祚上疏朝廷,进奏各省应纂修通志,收"天下山川形势、户口丁徭、地亩钱粮、风俗人物、疆圉险要",汇集成帙,以备编写全国性一统志之用。以及雍正时期"请谕各该督抚,将本省名宦、乡贤、孝子、节妇,一应事实,详细查核,无阔无

---

① 巴兆祥、何沛东:《中国地方志发展规律述略》,《中国地方志》2016年第8期。

滥,于一年内,保送到馆,以便细加核实,详慎增载"。① 从这些资料来看,由下而上,逐渐由基层积累材料以便修志,是志书编修过程中的重要做法。但这一模式仅适合于志书门类齐全的特点,地方史编纂未必能按图索骥地加以借鉴。

　　前面提到,地方史是以整体史作为参照与前提,其话语逻辑上必须有一种整体意识,这就决定地方史的层级差异不像地方志那样,仅是门类的增减和侧重点不同的问题,而是涉及不同的区域层次,对事物的理解与评价上存在较大的差异性。地方史的传承和互相影响的关系,可以理解为如同陈春声所指出的"区域历史的内在脉络可视为国家意识形态在地域社会的各具特色的表达,国家的历史也可以在区域性的社会经济发展中'全息地'展现出来"。② 简单而言,在书写地方的历史之前必须了解整体的历史框架是什么,在这个历史框架下才有可能观察地方历史的具体化,而后对这种具体的特征进行书写。

　　从具体的例子来看,比如关于明朝的一项重大财经改革"一条鞭法"的实施,从国家或省级的层面上来说,可能会将着眼点放在政治史方面,详细叙述"一条鞭法"改革的背景和推行的过程,重点围绕政治影响等方面进行讨论,属于相对宏观的叙事模式,而如果将眼光投向基层社会,则对同一件事上,折射出来的具体内容会很不相同。"一条鞭法"的推行合并原有的徭役,集中将税赋与土地捆绑在一起,对地方带来了包括地权、人口身份等的重新认定的问题,以及地方政府在财政匮乏的情况下,无法像之前一样调动一般民夫之力从事公共建设,而不得不转而求助于地方士绅,造成地方士绅地位影响的提升等一系列的问题,使本限于政治经济方面的讨论,扩大到社会等各个方面,内容更加丰富。以此观之,则不同层级的行政区划,对地方史纂写的影响至少有两个方面内容的不同:包括侧重点的不同和观察角度的不

---

① 邸富生:《试论清代方志的纂修》,《辽宁师范大学学报(社科版)》1986年第4期。
② 陈春声:《历史的内在脉络与区域社会经济史研究》,《史学月刊》2004年第8期。

同。省级以上的行政区域,其地方史的书写更容易侧重于政治史和经济史意义上的记录,而市、县以下的地方史,将更加侧重社会生活史等内容的书写。越往上面,其关注的角度也越相对宏观,越往基层,则越容易向微观方面展开。从这一点来考虑,建议在编纂地方史的过程,应该遵循由上而下的过程,先从大的方向确定基调和政治主线,再从具体的方向将这些内容地域化。上级尽可能侧重于历史分析,而基层则侧重于历史现场感的构建。

三、地方史功能定位对内容选择的影响

地方史与地方志均在强调"存史、资政、育人"的功能,从实用性的角度来检验,两者之间也有部分差异,"存史"方面,因两者均以客观性与权威性作为前提,因而可视为相对一致,而于后两点,则地方志更偏向于资政,于育人方面则不如地方史。从地方志的编纂目的来看,"修志为用"是地方志编修的坚持原则,虽然已有不少学者提到关于修志加强地方官绅关系,缓和社会矛盾的功能,①但这一点应当仍然不能视为官方修志的初衷,历代地方志的编修,多是出于"或因施政之需要,察民风,验土俗,鉴往知来,或为考察吏治"②等需要,目的性相对明确。实际上,早在民国初期大量纂修乡土志时,已有部分编纂者注意到方志侧重政治参考功能,开始有意识地避免在乡土志中带有明显的"资政"色彩,如《最新通州乡土地理》就强调"于历代循吏治通政绩概不采入者,惧蹈志略之嫌",③地方志的官书地位主要是构建在强调资政作用的基础上,即便是新方志的产生,其详今略古与门类庞杂的特点,也正好体现出其资政功能,而于叙事性方面,则相对短缺,因而其"育人"功能也相对容易被资政功能所掩盖,毕竟地方志强调的是查考

---

① 参见李晓方:《地方县志的族谱化:以明清瑞金县志为考察中心》,《史林》,2013年第5期。
② 巴兆祥、何沛东:《中国地方志发展规律述略》。
③ 佚名:《最新通州乡土地理》上编《编辑大意》,1902年版,转引自王兴亮:《清末民初乡土志书的编纂和乡土教育》,《中国地方志》2004年第2期。

功能,而绝少将地方志视为一般著作加以通读的。从这一角度来看,则地方史的编修与地方志虽然同样在标榜"官书"地位,同样具备资政功能,但其编纂出发点与实用性原则方面,则更接近于乡土志的重视地方历史与地方经验的启发性,而不是定位于为主政者提供政治参考作用,与地方志提供直接的自证资料相比,地方史的参考功能则相对较为隐蔽,主要是从总结经验教训方面间接参与资政。因其叙事性强的特点,也使之更具有渗透力,可以拥有更多的读者对象,因而,其编纂重点也应该更多注意读者对象的问题。

基于这一点的考虑,地方史的编纂不可能类似于地方志,强调追求全面性的记述,而是有意识地以读者对象的需求作为取舍的尺度,注重提升可读性。早在20世纪80年代初,已有学者对这一问题进行大胆地论述,芈一之在回应李文实《读〈青海地方史略〉琐议》时针对地方史编纂是否应当重视地理与建置等问题时提到:凡是态度严肃的同志都不会把此二者(地方志与地方史)混而不辨,或混同为一。《琐议》在说了"向来方志,必列山川疆里、部族兴衰,建置沿革……"一段话之后,紧接着说,"旧方志如此,新的地方史书,则更应如此"。然而仅仅以"山川疆里……"而论,大而言之,凡写中国历史者,都没有专章专节写过中国的山川疆里,因为那本来属于"中国地理"著述应写的内容。小而言之,写一省一区的历史,也尚未见先例。① 对于此类具体内容,可以作为历史的背景加以交代,明确所叙史实的时间与空间,而不必大加笔墨,生怕遗漏。志重横排门类,史重纵述历史,两者侧重点不同,内容取舍也不同。

四、结　　论

从上述的分析,我们可以看到,地方史编纂的过程中,不能从地方谈地方,将"地方"独立于整体之外,而是应该在具体的时空里理解地

---

① 芈一之:《关于编写青海地方史的几个问题》,《青海民族学院学报》1980年第1期。

方。另外不同层级之间的地方史,其内容的侧重点也会有较大的相对差异,越往上面,越重视政治经济的整体把握,越往下,则越趋向于具体化的社会生活等方面,因而其编纂顺序最好也相应采取由上而下的编纂方式。而地方史的强调可读性原则,也决定地方史不必像地方志一样面面俱到,而是突出主线,侧重叙事,将读者感受放在重要考虑地位。

地方史纳入地方志工作规范管理范畴,不单是对地方志机构业务的拓展,也是对地方史编纂管理工作重要性的肯定。地方史理论探索虽然仍然缺乏系统性、统一指导性,但具体的编纂工作已在不同地区逐步开展,这也反过来要求尽快完善地方史编纂理论,因而对地方史理论的探索,也更加具有现实意义。尽管我们的地方史编纂工作仍处在探索与艰难起步的阶段,但由"史学转型"带来的关于区域史、地方史的关注和研究,仍有不少可以借鉴的方法与思路。地方史纳入地方志部门统一组织和编纂后,其"官书"地位也得到有效的强化,但不能据此认为其理所当然地具备权威性,实际上地方史由于其编纂特点的原因,对参与编纂者的要求将会更高,除了尽快建立完整的理论体系,加强专业队伍建设以外,还应当开阔视野,将眼光投向学术前沿,将史学研究与地方史编纂融会贯通。

尽管我们一直在强调地方史、志的权威性,强调秉笔直书,增强史、志的真实性,从客观的要求上,我们可以尽可能地追求客观真实,但因涉及史论与史观等问题,我们很难像要求志书一样去要求地方史做到纯粹的真实客观。从其原因来看,其难以避免带有主观色彩,不单是客观性的主观,而且有主观的原因。所谓客观的主观是由于史料与史识等方面的限制带来的挑战与考验,而主观的原因则是因为纂修者本身有意识地带有某种叙事倾向。尽管杨念群批评"在地化"研究的方法,容易因"地方感"而忽视其他影响,[①]但不得不说,"在地化"的

---

① 杨念群:《"在地化"研究的得失与中国社会史发展的前景》,《天津社会科学》2007年第1期。

表达具有某种叙事优势,便于民众更好地接受,因而我们在编修地方史的过程,除了考虑"发生了什么"和"为什么会发生"的问题以外,还应当思考通过这些"已经发生的事"要传递什么样的一种价值理念。

(胡锭波:广东省揭阳市人民政府地方志办公室)

康熙云南方志与地方文化互动探究

毛丽娟

清初云南政权几经更迭,历经南明王朝、三藩之乱以及改土归流,至康熙二十一年,清王朝方能全面控制云南。其时清廷面临的主要问题是昭示统治权力,完善地方机制,恢复经济发展。因此,清廷在云南推行了多样的文化政策,如修建学宫、兴贤育才;继续推行科举考试;设立义学;命土官子弟学习儒学等。其中一大典型就是积极编修地方志。

方志文本的编纂是文化互动的直接表现。清代在前代基础上进一步完善修志制度,统一制定修志事项,颁布修志标准、奖惩条例,规范志局设置、人员组建等。康熙十一年,保和殿大学士卫周祚上疏,要求各省编纂通志,汇为《一统志》,朝廷采纳建议,"诏天下直省、府、州、县咸修辑志书,于是直省有司各设馆,饩廪高才生以从事。"[①]三藩之乱后,康熙二十二年,朝廷再修通志,三月成书,各地加速编纂,康熙时期成为清代修志较为集中的时期。

一、康熙时期云南方志文本概说

(一)康熙云南方志存佚情况

康熙时期,"恢滇未久,献残文缺",地方志"虽纂未全"。[②] 云南方志修志数量非常可观,据不完全统计约108部,但稍显遗憾的是,其散佚数量与现存数量几乎相当。详情见表1。

---

① (清)范承勋等修,吴自肃等纂:康熙《云南通志·凡例》,康熙三十年刻本,第1页。

② (清)张九征等纂修:康熙《镇江府志》张九征序,康熙十三年刻本。

表1 康熙云南方志存佚、修纂群体数量汇总表①

范围	现存志书（种）	散佚志书（种）	国外收藏（种）	作者修纂群体（人数）
省志	1	3	1	23
府志	10	13	5	269
（直隶）州志	23	17	4	229
县志	24	17	4	288
小计	58	50	14	809

政局动荡则是影响志书散佚的重要因素。云南地处偏远，社会经济恢复尚需时日，来云南任职的地方官员虽有心倡修地方志，但也迫于实际情况，难以将所修志书都加以刊刻，不利于地方志的流传。

表2 清代各时期云南修纂方志散佚表

年代	康熙	雍正	乾隆	嘉庆	道光	咸丰	光绪	宣统	总计
存志	58	13	38	11	31	4	42	14	211
佚志	50	15	15	2	13	1	11	0	107

纵观整个清朝云南方志的修纂数量，康熙时编修方志最多，是方志修纂的高峰。清代云南修志据不完全统计，共约318种，康熙时期修志108种，约占三分之一。总括其原因：其一，中央巩固对云南的统治，在文化方面采取积极传播的措施；其二，地方官员积极贯彻中央政策，在边疆少数民族地区较全面地开展修志活动；其三，地方士绅、学人配合官员共同施行修志等文化政策。

康熙云南各府州县的志书有其分布特点，如表3：

---

① 本表依据《中国地方志联合目录》和美、英、日、法等国所藏中国方志目录等多种目录书、方志资料整理、汇编而成。下列诸表参考史料同。

表3　康熙云南各级行政区划修纂方志表

地域	数量	地域	数量	地域	数量	地域	数量	地域	数量
临安府	19	云南府	18	曲靖府	12	大理府	11	楚雄府	9	澄江府	5
武定直隶州	5	顺宁府	4	广西直隶州	3	丽江府	3	蒙化直隶州	2	永昌府	2
元江直隶州	2	景东直隶厅	1	广西府	1	开化府	1				

各府、直隶州现存、散佚志书数量不一，取决于多种原因，如府属州县数量不一；方志文本流传的必然性和偶然性；地方经济的发展不同；中原文化思想的影响范围等。如上表所述，修志数量较多的有临安府、云南府、曲靖府、大理府，这些地区具有相同点：交通便利、经济较发达、中原文化思想影响深厚、文人数量较多等。

(二) 康熙时期云南方志文本的特点

1. 修纂较粗略

第一，修志机构不完善。清康熙《云南通志》编修时，云贵总督范承勋先上《题明续纂云南通志疏》，后"严檄设局"于昆明书院，"举行纂辑，其一切需用银两"由范承勋与"抚臣王继文暨司道府等官，量力资以应"，①敦请人员，"诏下督臣，檄丁炜就局"，②"务令序次有规，编辑有体，分条晰目，据事直书"。③ 各通志局的修志章程颁发到府州县，府州县官员为落实修志制度亦设局修志。康熙《罗平县志》纂修时，知州黄德巽与士绅名宿相商，"设局于关圣宫，搜觅遗藏，博采群书，详加

---

① （清）范承勋等修，吴自肃等纂：康熙《云南通志》毕忠吉序，康熙三十年刻本，第2页。
② （清）范承勋等修，吴自肃等纂：《题明续纂云南通志疏》，收自康熙《云南通志》第1页。
③ （清）黄德巽修，胡承灏、周启先等纂：康熙《罗平州志》凡例，据康熙五十七年刻本之抄本。

考订,弥月始成,发诸剞劂,厥功伟矣"。① 新兴知县张云翮"筮吉设局,延邑之宿儒耆硕及博士弟子员之卓识者,令殚心搜访,极意披行",②后成康熙《新平县志》四卷。

第二,修志时间短,篇幅少,内容不完备,成稿粗糙。云南各地的府州县志多由在任的知府、知州、知县派人搜寻文献资料后在较短时间内粗略成稿。其仓促、粗略之处主要表现在以下几个方面:首先,志书命名。有的方志多以"志草""志稿""志略"命名,如康熙《南宁县志草》《寻甸州志稿》《石屏志稿》《沾益州志略》等。其次,志书成书时间短,错漏之处多。如寻甸知州柳文标有未完《志稿》,"舛谬最多"。有的志书过于简略,不完备,如康熙二十五年,崞峨知县吴懋英"采访旧闻,搜罗遗简,草创一稿,略而未备";③《题明续纂云南通志疏》言蔡毓荣等所修首部通志:"因时方初复,迫于限期,遂致考订难称。至当搜罗尚未周详,即其未付梓人,则当日仓卒情形已可概见矣。"又载王继文等"促令速成"。④ 现存康熙云南方志中,篇幅在五卷及以下的志书约29种,如《师宗州志》仅两卷,《富民县志》《易门县志》《阿迷州志》《定边县志》等不分卷。而散佚的志书大多卷帙无考。此外,这时期云南志书的体例、内容不完备。如《易门县志》不分卷,内容涉及30目,页数仅25页,极为简略。《阿迷州志》是康熙十二年前州守王民皞奉文纂修,前后二卷,无文献可稽,志事属草创,多有详略失宜之处。如澄江知府张联箕,为朝廷举修的《一统志》,康熙二十一年于"残篇断简中,粗成六卷以应",⑤修成康熙《澄江府志》。"康熙二十七年,博征天下郡邑乘,入修《一统志》",是时河西旧志已杳不可得,知县李维藩"撮

---

① (清)张云翮修,舒鹏翮、倪光祚纂:康熙《新平县志》张云翮序,康熙五十一年抄本。
② (清)范承勋等修,吴自肃等纂:康熙《云南通志》范承勋序,康熙三十年刻本,第7页。
③ (清)薛祖顺增纂:康熙《崞峨县志》凡例,康熙五十六年增刻本。
④ (清)范承勋、王继文修,吴自肃、丁炜纂:《题明续纂云南通志疏》,收自康熙《云南通志》疏,第1页、第2页。
⑤ (清)柳正芳修,李应绶纂:康熙《澄江府志》凡例,康熙五十八年刻本。

大概上之",编成康熙《河西县志》,"不过仓卒了事"。①

2. 刊刻经费以捐修为主

修志经费的筹措可以反映官员修志的积极性,经费的充足与否事关志书的流传性。在迎合政治而被动修志时期,地方士绅学人的积极性不高,经费多以官员捐助为主。为使志书尽快修成、刊刻,地方官带头捐修,如康熙《云南通志》,修志"一切需用银两",由云贵总督范承勋"与抚臣王继文暨司道府等官,量力捐资以应"。② 康熙《云南府志》也较为明显,分别由禄丰县、易门县、昆阳州、晋宁州、富民县、宜良县、昆明县、嵩明州、罗次县九个州县的知州、知县负责筹措。云南府知府张毓碧担任捐修鉴定,主要负责经费管理,而非志书纂修。康熙《澄江府志》知府柳正芳担任职务亦同,且该志也由下属新兴州、路南州、河阳县、江川县的知州、知县捐修。柳氏在凡例中载:"志中事类,只以四州县志汇纂成编,加之删订,以成郡志。且捉笔只在旬余,不无因仍鄙俚、考证未确之病,此外或别有闻见,尚俟补遗。"③其成书仓促可见一斑。康熙《永昌府志》的修志经费分别是永昌军民府知府、同知、保山县知县、腾越州知州、永平县知县以及总兵官、副总兵官左都督两位武官共同捐修。康熙《澄江府志》主修者为澄江府知府柳正芳,修志所需"一切费用悉捐自己"。④ 康熙《鹤庆府志》"凡例"载:"书自本年四月起始,至十一月毕工,一切镂板之费,以及刷印、纸张、供膳、材料,俱系别驾佟公捐俸,并无丝毫科派于民。"康熙《剑川州志》纂修"所费梨板、工食,俱系本州捐赀"。⑤ 另如康熙十二年,建水知州李源"奉文编辑",二十九年,又"奉文续纂",⑥惜皆散佚。伦觉康熙《续修浪穹县志》序言:

---

① (清)刘芳、王芷纂修,周天任增修:康熙《河西县志》周天任序,康熙五十一年刻本。
② (清)范承勋、王继文修,吴自肃、丁炜纂:康熙《云南通志》范承勋《题明续纂云南通志疏》,康熙三十年刻本。
③ (清)柳正芳修,李应绶纂:康熙《澄江府志》凡例,康熙五十八年刻本。
④ (清)柳正芳修,李应绶纂:康熙《澄江府志》沈元佐序,康熙五十八年刻本。
⑤ (清)王世贵修,张伦纂:康熙《剑川州志》志例,康熙五十二年刻本。
⑥ (清)陈肇奎修,叶涞纂:康熙《建水州志》凡例,康熙五十四年刻本。

"上宪有续修之檄,欲取康熙三十年以后懿行嘉言,润色山川,赓扬圣治者,采而辑之,以入《通志》。修成志书一卷,稿本未刊。"

3. 流传数量有限

因修志经费来源有限,其直接影响志书流传。清代云南散佚的志书比例约百分之四十,以康熙时期为例,康熙时共修志书108种,现存志书58种,散佚志书50种,散佚的比例是非常高的。志书散佚的原因有的由于官员调离,修志活动中断;有的保存条件有限,毁于兵燹;有的修成志书却没有足够的经费刊刻,致使版本流传较少,多以抄本面世,保存不当,后学便无缘得见。其中经费带来的影响最为直接,是决定志书是否能成稿、是否能流传于世的重要因素。如建水知州李湄,康熙十二年编纂志书,"草创就刻,缺略实多",二十九年续纂,"仓促成稿,亦未付梓"。① 康熙十三年,知县王元弼纂修康熙《蒙自县志》时,"合累代之参稽,萃诸书之精核,用心盖已勤矣",②"兵燹之后,原本无存"。③ 另有姚文燮,字经三,安徽桐城人,康熙八年,改直隶雄县知县,未几,"擢云南开化府同知,摄曲靖府阿迷州事。吴三桂叛,文燮陷贼中。密与建义将军林兴珠有约,为贼所觉,被系,乘隙遁,谒安亲王岳乐军中。王以闻,召至京,赐封,询军事甚悉。滇寇平,乃乞养归"。④ 他"入滇未一年,修开化、曲靖两郡志",⑤惜皆散佚。大姚知县吴绳武创辑康熙《大姚县志》,但未经付梓。

二、康熙时期方志文本下云南与中原的互动

(一)从职务分工角度看各群体间的相互合作

无论志书参与人数多寡,职务设置是否完备,各类别的志书皆由地方官员、士绅和学人共同修纂而成。见表4:

---

① (清)陈肇奎修,叶涞纂:康熙《建水州志》凡例,康熙五十四年刻本。
② (清)李焜纂修:乾隆《蒙自县志》李焜序,乾隆五十六年刻本。
③ (清)韩三异修,张殿桂纂:康熙《蒙自县志》凡例,康熙五十一年刻本。
④ (清)赵尔巽等撰:《清史稿》卷四百七十六,列传二百六十三,循吏一,中华书局,1977年,第9892页。
⑤ (清)王民皞纂修:康熙《阿迷州志》姚文燮旧序,康熙十二年刻本。

表4　康熙云南志书修纂群体比例分布表

朝代	统计志书（种）	地方官人数	比例	士绅人数	比例	学人人数	比例	总数（人）
康熙	51	283	32%	577	66%	18	2%	878

结合身份与修志职务，方志中的职衔名称多样化，修、监、阅、纂、校等职衔代表各不相同的职务分工。总结起来，大致可分为两类：组织领导的职务、实际纂修或担任辅助工作的职务。组织领导者，负责人员组织、经费筹措、修志职务分工、内部协调、志书审阅等，主要由地方官员担任，包括管理地方行政事务的官员、学官等。实际纂修职务主要负责资料的收集整理、志书编纂、采访调查、校对缮写等，士绅、学人担任的比例较大，也有极少数官员、儒学教官等加入。下文分别以通志、府志、州志、县志为例，叙述云南地区方志纂修人员情况。

如康熙《云南通志》，地方官员在修纂志书过程中担任的职务主要是：总裁、讨论、督刊、供给、提调、参订、纂修、分修、校正等；地方士绅和学人仅担任分修、校正之职。在该通志中，地方官员是主要倡导者，积极参与修志，其中具体参与实际工作的"分修"一职的，既有地方官员，亦有士绅和学人。康熙《大理府志》中地方官员担任总裁、监修、提调、督刊、捐修、纂修、校订、供给等职，而采访、分修两职皆由士绅和学人担任。康熙《路南州志》中官员负责纂裁、鉴定、修辑、鉴梓、编次，士绅与学人担任的职务包括校阅、编次。康熙《禄丰县志》共7人参与，仅有参阅、校订、纂修三个职务，士绅、学人参与参阅、校订。

（二）作者群体对方志文本的参与度

1. 汉军官仓促修成多部志书

云贵总督、云南巡抚、布政使、驿盐道等官职多由汉军官担任，在清初尤为明显。他们重视对地方政务的治理，并采取相应的文化政策来实现中央巩固云南地方政权的目的。汉军官参与多部方志编纂，担任的修志职务主要负责整体统筹。如王继文，字在燕，汉军镶黄旗人。自官学生授弘文院编修，迁兵部督捕副理事官，后在陕西、江西、浙江等地为官。康熙十三年,师讨吴三桂,旋授云南布政使,从师进征。二十八年,复授巡抚,三十三年,擢云贵总督。其参修志书五部,分别是康熙《云南通志》《通海县志》《大理府志》《云南府志》《蒙化府志》,担任总裁职务。于三贤,汉军正黄旗人。康熙二十九年,为云南布政使,修学宫,制乐器。后以疾卒于官。其在云南任职期间,参修康熙《云南通志》《通海县志》《大理府志》《云南府志》,担任提调。范承勋,字苏公,号眉山,汉军镶黄旗人,大学士范文程第三子,福建总督范承谟弟。康熙二十五年,擢为云贵总督,曾参修康熙《云南通志》《通海县志》《大理府志》《云南府志》,担任总裁职务。张仲信,奉天海城人,康熙二十九年任粮储水利道副使,其间也参修了康熙《云南通志》《通海县志》《大理府志》《云南府志》,担任讨论、提调。文中提及的康熙《云南通志》《通海县志》《大理府志》《云南府志》《蒙化府志》五部志书分别刊刻于康熙三十年、三十年、三十三年、三十五年、三十七年。甘国璧,汉军正蓝旗人。父文焜,云贵总督,死于吴三桂反叛。康熙五十四年,擢云南巡抚,参修康熙《罗平州志》《澄江府志》,担任大总裁。金世杨,字铁山,荫生,汉军正黄旗人,康熙四十年任驿盐道,亦参修康熙《罗平州志》《澄江府志》,担任总裁之职。另修《洋县志》八卷。金启复,汉军正白旗人,监生,在康熙《罗平州志》《澄江府志》两志的纂修中担任提调之职。石文晟,字绹菴,辽东人,隶汉军正白旗。康熙三十四年迁云南巡抚。四十三年,调广东巡抚。其间曾参修康熙《云南府志》《蒙化府志》,担任总裁。综上,汉军官在政务上担任要职,在修志中担任多部志书的总裁职位,可看出清廷对云南地区治理的重视,一方面需云南地方认同清廷的统治,另一方面,在满族统治者尚未融入汉文化时,需要派汉族的官员治理,云南有汉族文化的基础,故汉军官在当时是非常适合的选择。

2. 地方官员修志目的明显

地方官员是儒学的主动接收者,也是重要且有力的传播者。他们到地方上任后,多提倡儒学和开设学校,而儒学传播最直接的反映之一便是志书的修纂。从清初云南作者群体修志意识来看,多数府州县的方志是被动修志,一方面,官员迫于政治压力,为完成政绩考核,被动迎合,完成多地清朝建立之后的首次修志。另一方面,响应朝廷屡次诏令编修《一统志》,各知州、知县四处搜集修志资料,续补增修后上呈,若文献留存较少的地方,临时请士绅编修,以完成任务。此时期地方官、士绅、学人都属于被动修志群体,话语权则掌握在清廷手中。康熙十一年(1672),保和殿大学士卫周祚奏请各省重修"通志",以便汇成《大清一统志》,康熙采纳提议,诏各省修辑省志、府州县志,互相证订,诚为千载之盛典。云南任职的官员未敢懈怠,积极纂修志书。云南省志由蔡毓荣主持初次编修,其发动当地士绅参与,为应对《一统志》之诏令,"追于期限",仓促成稿。

3. 地方士绅、学人参与度低

云南前明遗逸约分六派,一派:"三迤英贤,服官各省,闻甲申北京之变,乙酉南都之陷,悲愤填膺,弃官高蹈";二派:"在籍缙绅,或予告家居,或丁艰旋里,一闻国变,遂不作出山之想,膏肓泉石,耻事新朝";三派:"虽非达官,而或为孝廉,或为明经,或为诸生,或为布衣,蒿目沧桑,时怀故国河山之感";四派:"滇中循良,闻风解印,流连诗酒,啸傲林泉,作南荒之寓公,步西山之芳躅";五派:"翩翩公子,随宦来滇,值社稷之变迁,投岩穴以终老";六派:"中原鼎沸,避乱远游际,易姓代兴之时,抱国破家亡之痛,寄迹六诏,遗恨千秋"。[①] 此六种类型基本反映出明清交际云南各阶层知识分子的处事态度,以及对清初文化政策的反应。

清初云南方志在短时间内纂修完成,士绅、学人表现出两个特点:一是参与的人数少。具体说来,官员未广泛发动士绅、学人,仅以极少数人之力修成。如康熙《广西府志》于康熙五十三年成书,纂修者仅有赵弘任一人。赵弘任,辽阳人,荫生,时任广西知府。康熙《楚雄府志》,未专列出修志职衔名单,仅于卷首著录纂修者为同知张汝懔、楚

---

① 本段引文皆出自秦光玉辑:《明季滇南遗民录》自序,收入缪文远等编:《西南史地文献》第39卷,兰州大学出版社,2003年,第9—10页。

雄府知府张嘉颖、通判张道沛3人。另有康熙《元江府志》成书较为仓促,仅载4人参修,由元江知府章履成编著,经历司经历刘接武、儒学教授张凤鸣、训导陈同伯仝订而成。康熙《富民县志》,共7人参与修志,官职、身份是:知县、督捕厅、教谕、训导、岁贡生、廪生,分别担任七种职务:总裁、协理、校正、参订、纂修、编次、缮书,即一人任一职,可见其人数、规模都非常有限。

二是士绅、学人在修志活动中,多担任辅助性职务。如康熙《云南通志》,参修群体人数凡23人,士绅群体仅4名举人、4名生员,担任分修、校正职务,其余皆由地方官员担任,总督、巡抚担任总裁,布政使与按察使任讨论,知府、按察使司佥事任纂修等职。康熙《蒙化府志》参修者共30人,其中7人为士绅群体,仅担任参访、校订、缮录职务,其他皆为地方官及儒学教官。康熙《永昌府志》,参修人数27人,其中士绅、学人仅有7人,担任分修、采访之职。康熙《云南府志》参修人数为60人,仅有5人为士绅群体,担任参订、分修职务。康熙《澄江府志》中参修人数为33人,仅有生员5人担任分修、校阅,其余皆为地方官群体。康熙《武定府志》中,士绅姓名未著录,且仅负责修改工作。

三、康熙云南方志文本的承袭发展

(一)内容的沿革。如首部康熙《云南通志》有帝王、封建二编,似仿《湖广通志》;王继文等纂《云南通志》并未一味继承,而是结合云南的实际情况。如明代旧志中有"羁縻"目,蔡《志》则略,因"西南治乱,半由于土司",而清朝进行改土归流,"群彝效顺,此往代所未有也。纪其隶于职方者,并种人、贡道而载之,大一统之模于兹可见"。①

(二)顺时修志的理念。康熙、雍正时期是清廷在云南推行改土归流政策的高峰期,其间云南大部分地区逐渐完成改土归流,一方面使原来土官、土司管理的区域直接归属清朝管辖,强化了中央对地方尤其是边远少数民族地区的统治;另一方面,以汉族为主的儒家文化不

---

① 康熙《云南通志·凡例》,康熙三十年(1691)刻本,第4页。

断深入云南本地,为不同文化的交流提供契机。改土归流后编纂的云南地方志就是在此契机下产生,如康熙四年,景东府改流,同知胡向极于康熙十二年纂《景东府志草》;康熙四年,蒙化府改流,蒋旭于康熙三十七年纂成《蒙化府志》;康熙六年,朝廷在原来临安府所属的教化、王弄、安南3个长官司地区新设开化府改流官,并有清代在少数民族地区首次设立的学校,①该地于康熙九年左右由同知姚文燮纂《开化府志》等。这些地区在改设流官后顺时编纂方志,无疑是外来文化深入的一种方式。各地初修方志不一,意味着各地接受外来文化的程度因地、因时而异。改土归流后初修的府志很大程度上是地方官为了配合朝廷统治的需要,组织下属、学官、本地学人共同编修的成果,一方面在政治权力上强调了对土司地区的直接控制,另一方面客观上促进汉文化进入云南偏远之地。

以方志文本视角了解边疆地区对中原文化政策的反应是极为有趣的。康熙时期,云南经历初次被动修志的实践及作者群体间文化互动之后,汉文化影响更加深入,方志纂修越发普遍。有的地区展开数次修志,群体方志编纂意识从被动迎合到主动参与,并逐渐向主动修志思想过渡,其为研究清代中后期方志文本及文化互动特点提供更为广阔的空间。

(毛丽娟:云南师范大学史政学院)

---

① 林超民主编:《滇云文化》,内蒙古教育出版社,2003年,第449页。

档案工作与方志编修的关系研究

耿崇桑

档案工作与地方志编修工作紧密相连。档案是编修地方志的第一手资料,在方志编修中具有重要的地位和价值,利用档案编史修志是地方志编纂的优良传统,而编修志书能够促使档案部门发现档案工作中的不足,对档案工作的发展有着积极的影响。笔者在部门档案管理机构工作多年,全程参与了上海市第二轮新编地方志的编纂工作,结合工作实践,对档案工作与方志编修的关系做初步探讨。

一、档案与方志的概念及渊源

目前学术界关于档案的定义并不统一,据不完全统计,国内外已有上百种。一般而言,档案是指人们在各项社会活动中直接形成的各种形式的具有保存价值的原始记录。我国古代的档案,在各个朝代有着不同的称谓,商代称为"册",周代叫做"中",秦汉称作"典籍",汉魏以后谓之"文书""文案""案牍""案卷""簿书",清代以后多用"档案",现统一称作"档案"。《中华人民共和国档案法》中称:"档案,是指过去和现在的国家机关、社会组织以及个人从事政治、军事、经济、科学、技术、文化、宗教等活动直接形成的对国家和社会有保存价值的各种文字、图表、声像等不同形式的历史记录。"依据一定的标准,按照档案来源、时间、内容和形式特征的异同点,对档案可以有多种不同的分类。文书档案是机关、团体、企事业单位在行政管理事务活动中产生的,由通用文书转化而来的那一部分档案的习惯称谓,包括命令、指示、决定、布告、请示、报告、批复、通知、信函、简报、会议记录、计划和总结等。

方志一词起源甚早,来自《周礼》卷26《宗伯礼官之职》:"外史掌四方之志。"清代学者章学诚说:"取周官外史掌志之义,名曰方志。"(《文史通义》补编)①方志,顾名思义,"方"是指地方、方域,"志"在这里是"记"(载)或记述的意思。方志是记述一定地域的自然和社会、历史和现状的资料性著述。有关方志的最早记载出现在春秋时期。春秋战国时期的诸侯国史同地理著作的汇合,衍生出方志这种综合性的记述体裁。尽管"方志"记述体裁,在我国不同的历史时期有着不同的发展和演变,但"官修志书""盛世修志"作为中华民族的优良传统,一代代绵延不绝,不断传承。以新中国成立为时间坐标,之前的方志称"旧方志",之后为"新方志",本文所叙述的"方志编修"专指中华人民共和国成立后的新方志编修。2006年5月18日国务院颁布的《地方志工作条例》中称,"地方志书,是指全面系统地记述本行政区域自然、政治、经济、文化和社会的历史与现状的资料性文献"。

从档案与方志的概念来看,二者既有相似之处,又有着区别之处。档案和方志是同属历史文化范畴的事物,都是对已发生的史实的记录和记载。而它们的区别在于:档案是社会组织、个人在社会活动中形成的原始记录,原始记录性是档案的本质属性;而方志,是人们在研究一方情况的基础上把各种史料有机组织起来,用方志特有的横排竖写的体例撰写的综合性、资料性著述,②资料性是地方志最基本的特征和本质属性。尽管它们同为文献,但一属于档案文献,一属于地方性图书文献。

档案与方志有着悠久的历史渊源。在我国古代,它们都由国家统一掌管,属同一官职(史官)的两项工作任务。即史官的职责范围要涉及档案与史志,他们既负责掌管帝王活动的文字记录、档案的整理管理,又主事史志的编修。历史上的各种档案机构天府、兰台、东观既是

---

① 莫杰:《新旧方志的比较研究和社会主义新方志的基本特征》,《广西地方志》,1982年第1期。
② 于建民:《档案与方志》,《新疆地方志》,1992年02期。

档案保管机构,又是编史修志机构。① 纵观我国历史,历朝历代编史修志都把官方文书档案作为基本资料。如,孔子既是办"私学"的开创者,也是利用档案编修史书的开创者。据史书记载,隋唐以后,全国性志书无一不是在官府秘阁所藏档案基础上修撰而成。随着社会发展与不同时期政府部门的需要,档案与方志的关系更加密切。唐代史学家刘知几认为档案与修志是"相须而成"的关系,修志必须利用档案才能完成,只有史料丰富,才能写出完备的历史。档案是方志的源泉、方志之骨,是修志的基础和志书质量的保障,方志是档案的缩形、传播媒介和辅助形式。档案一般都是原稿和孤本,不便于广泛地传播利用。编史修志把分散的、零星的档案文件,变成了带有综合性、资料性的"全书",它可以进一步丰富和充实档案内容,是保存档案资料的一种辅助形式。同时,方志的出版发行,可以方便、快速地将档案信息传播给广大利用者,使其作用得到发挥。②

二、档案工作与方志编修的关系

有档案,就有档案工作。档案工作是管理档案并提供档案信息为社会服务的一项事业。从广义上讲,档案工作包括档案室工作、档案馆工作、档案行政管理工作、档案科学技术研究工作、档案宣传出版工作等。从狭义的角度,档案工作指档案馆(室)所从事的具体的档案业务工作,即运用科学的原则和方法管理档案,提供档案为社会主义各项事业服务的一项工作。本文所称的"档案工作"是指狭义的档案工作。地方志是关于特定区域的自然现象、历史现象、社会现象的多方面的记录,是一门综合性的科学,它属于历史科学的一个门类。方志编修是一门学问,甚至可以说是一门"大学问",因为它涉及自然科学和社会科学的多种学科,需要各类学科共同协作,需要动员有关的业务部门组成一支"修志"队伍,去收集资料、调查研究和分工编写。档

---

① 于建民:《档案与方志》,《新疆地方志》,1992年02期。
② 王荣:《浅谈方志编修工作中档案资料的保管利用》,《今日中国论坛》,2013年08期。

案是方志编修的第一手资料,是最重要的资料来源,档案工作规范化、现代化为方志编修提供便利条件;反过来,方志编修也对档案管理工作产生积极影响,促进档案工作的发展和完善。

(一)档案工作在志书编纂中价值和作用

1. 档案是方志编修的第一手资料

方志是资料性著述。梁启超曾说:"夫方志之著述,……其最主要之工作,在调查事实,搜集资料。"社会主义新方志的倡修者之一胡乔木也曾说:"地方志的价值,在于它提供科学的资料。"①资料性是地方志的基本属性。地方志的编写必须依据丰富的资料才能完成。地方志编修是政府主持下的官职官责,其功能在于"资政、教化、存史",不同于普通的著述,它具有真实性、严肃性和权威性。因此,资料的搜集和整理,可以说是地方志的生命,是方志编修的一项基础工作。资料包括文字、口述、图片、实物等各种资料。用资料要根据资料性质区别对待。在各类资料中,档案是地方志编修的最基本资料,这是因为档案作为社会实践的历史活动的原始记录,它不仅反映党和国家上层机构的活动,也反映社会各个领域及基层单位的活动,具有凭证与参考价值。比如,从工作中产生的文件,可以反映这一工作的始末、实践者的思想以及工作得失、经验教训等,董必武在《题赠档案工作》中写道:"创业扩基,前轨可迹","察往知来,视兹故帙",对档案的参考作用作了高度的概括。档案、报刊、著作等都具有参考作用而且各有所长。档案的主要价值在于它的真实性、准确性和权威性,是令人信服的历史证据,是方志编修的第一手资料。

2. 档案工作的规范化、现代化为修志提供便利条件

档案是编修地方志的第一手史料,各级档案部门是编修地方志书最主要的取材之地。档案作用的发挥受到档案管理水平的限制,只有科学规范的管理,才能使档案得到有效利用,及时发挥出档案的价值。

---

① 上海市地方志办公室、上海市地方史志学会著:《上海方志研究综论》,上海社会科学院出版社,2008年第一版,第165页。

如果档案管理水平落后,保管杂乱无章,每次查找档案都要翻箱倒柜,花费许多时间,有时还查不到,势必影响了档案的利用效率。近年来,随着现代信息技术和网络技术飞速发展,各级档案部门正在加快档案信息数字化和档案信息利用的网络化建设,各级数字档案馆(室)的建立和发展使得档案管理工作更加规范化和现代化。

二轮修志与首轮相比,最突出的优势在于信息技术的进步。档案工作的规范化、管理的现代化为修志工作借阅利用档案提供了便利条件,加快了修志进程。档案部门利用现代网络技术,实施档案信息网上查找、咨询和直接提供利用,与传统的利用方式相比有着无可比拟的巨大优势。在修志过程中,我们尽力利用好这一优势,注重运用数字化、信息网络技术,探索数字化修志方式,提高修志工作效率。

3. 鼓励档案部门主动承担和参与方志编修

1949年后,党和国家三次布置编修地方志工作,最初由国家档案局主管修志工作,后由国家社会科学院主管,再后来成立专门的全国地方志管理机构(中国地方志指导小组)。至今,一些地区和单位仍由档案部门主管修志工作,部分省(市、区)档案局与地方志机构合署办公。① 近年来,随着学科分工向精细化和纵深化发展,档案管理各工作和方志编修有着较明显的分工,它们分属不同的行政管理部门,档案部门不需要也不可能承担编修方志的全部工作。但是,鉴于档案在志书编纂中的地位和价值,以及档案机构,特别是部门档案机构在编史修志中具有独特优势,我们应该鼓励档案部门主动承担和参与方志编修。档案部门积极参与编修方志工作,既是方志编修工作的需要,也是各级档案馆建设和发展的需要。行业系统行政机构、企事业单位所承担编纂地方志专业分志、分卷和专业志,如果可以依托行业系统档案部门开展编修,往往会起到事半功倍的作用。

总之,鼓励档案部门主动承担和参与方志编修,是地方志编纂工作和档案管理工作双赢的局面,这是因为档案部门工作人员参加编史

---

① 周春玲:《对编修地方志与档案工作关系的探讨》,《兰台内外》,2013年04期。

修志具有得天独厚的便利条件,可以发挥档案馆信息功能的优势,可直接从库存档案信息中查找、摘录和收集有关史料,既方便,又快速,加快方志编修资料搜集工作的进程;另一方面,档案工作人员,特别是本身就从事档案编研的工作人员通过参与方志编修可以了解和掌握所在档案馆(室)馆藏情况,对所藏档案资源有全面和系统摸底,不仅可以提高档案工作业务能力和水平,也为档案的收集、整理、利用、识别理解和后续编研产品的开发创造条件。

(二)方志编修对档案工作的积极影响

在地方志编纂中,档案工作者或主动参与地方志编纂工作,成为修志队伍中的一员,或不参与。不管是哪种情况,方志编修都离不开档案查阅。而在查阅、利用档案过程中,修志人员往往会发现档案工作中存在的问题,从而促使档案工作管理者对档案工作的现状进行反思,不断改进和完善档案管理工作。特别是修志人员本身就是档案工作人员的情况下,他们对档案工作中存在的问题认识更加透彻,方志编修对档案工作的影响也更加直接。多年来,笔者在从事档案管理、档案编研工作的同时,也参加了上海市第二轮新编地方志中一个分卷的编纂工作,在志书编纂对档案的利用过程中,也发现了档案管理工作中存在的一些问题,并不断思考和探索所在档案部门在档案管理工作中需要努力的方向和路径。方志编修对档案工作的积极影响,可以概括为以下几个方面:

1. 有利于规范档案收集工作,丰富馆藏档案资源

方志编修中大量利用档案资料是对档案馆(室)作为一个地区、一个部门档案资料基地的一次检验。在档案利用中,工作人员会发现一些馆藏档案缺失和档案馆(室)现行归档范围的不合理以及归档不全等问题。这就促使档案部门不断反思,努力改进和加强档案收集工作,通过规范档案收集工作,不断丰富馆藏档案资源。

以笔者所参与编修的《上海市志・城乡建设分志・房地产业卷(1978—2010)》(以下称《房地产业卷》)为例。《房地产业卷》是"城乡建设分志"的一卷,全卷真实全面地反映1978年到2010年间上海房

地产业发展的历史和现状,展现上海房地产业发展的时代特色、地域特色、行业特色。改革开放以来,上海房地产业发生了巨大的变化,如土地制度改革、住房制度改革不断深化,房地产市场日趋活跃,住房解困、住房保障工作迅速推进,可以说大事多、要事多、变化大、成就大,既关系上海国民经济和社会发展,又与民生工作密切相关,编纂内容量大面广,全面、准确地记录这一时期上海房地产业的改革和发展成果必须依托于大量的档案等一手资料。在大量查阅和调取档案过程中,档案管理工作中的一些问题也逐渐暴露:行政管理机构历经多次变革,档案移交不规范,出现一些文件资料应归档但实际未归档的问题,使得馆藏档案数量不足,成分不全,内容不完整,一些重要档案资料散失,给后续档案研究利用造成不便。又如,一些记录重大变革性事件研究讨论过程的相关文件资料,在当时的归档范围中并没有明确说明是否应予归档,在机关工作人员归档意识淡薄的情况下,处理起来往往带有随意性,认为对自己有利用价值的资料据为己有,认为不重要的就随手处理掉了,而事实上,这部分资料对于还原事件发展过程的价值很大,理应归档或做特殊处理。对于一个单位或者行业系统部门的档案馆(室)来说,它所保存的档案,不仅是本单位、本部门的档案,也是国家档案中的一部分,因此不能因为对本单位、本部门无用而随意毁弃,也不能因为只考虑本单位、本部门使用而将重要的需要永久保存的档案封锁起来,长期滞留在本单位、本部门,影响社会利用。归档不全问题导致了一些关键性、具有重大意义的文件和记录缺失或查找困难,不仅仅给修志工作资料搜集造成困难,影响修志进度和志稿内容的全面性,更是档案信息资源的一种损失。方志编修的资料来源是多样的,档案资料缺失的情况下,可以寻求报刊、著述,或是采用口述史料,但是档案是一种宝贵的信息资源,归档不全造成的信息资源的缺失,其损失是无价的。此外,目前,各级档案馆(室)因条件限制,对录音、录像、照片档案的管理较为薄弱,客观上收集到的数量少,利用率低。

上面所列举的一些问题在各级档案部门档案管理工作实践中具

有普遍性。面对以上问题,笔者认为档案部门一方面需要进一步细化明确归档范围,规范档案收集工作,确保不出现档案"应归未归"现象;另一方面,针对一些过程文件、会议材料等重要资料,尽管它们不属于档案的归档范围,但是对其中科学研究、编史修志等仍有史料参考价值的部分,档案部门可以进行短期保管,以便研究利用。此外,针对第二轮修志利用音像档案的特点,建议加强音像档案的现代化管理,加强音像档案的收集和信息化保管。

2. 有利于加快档案信息化进程,提高档案利用效率

便于社会各方面的利用,是档案工作的最终目的,是检验档案工作好坏的主要标准,是档案工作各项业务建设的出发点,它支配着档案工作全过程。方志篇目内容是按照"横排竖写"设置,在查阅档案资料时,往往按照内容设置板块进行检索,不同种类的志书在检索档案时所提出的个性化要求各有差别。例如,编写一个地区综合性方志与编写在该地区某个行业专业志所需查阅的档案资料所提出的查档要求是不同的。不同的个性化需求促使档案资料的检索工具向适应性广、专题性强方面发展。检索是档案工作的基本环节之一,它的好坏直接关系到案卷利用的质量。编史修志人员利用检索工具查找档案可以检验检索工作是否适应工作的需要,能否满足快速专题检索的需求以及检索工具的编制是否完备,检索手段是否先进。[1]

众所周知,照片是历史瞬间的真实记录,是在特定的历史环境下,特定的时间里,对当时的情景和场面的定格。历史照片的珍贵,在于它的真实性,在于它在特定的历史条件与特定的历史环境下所产生、具有文字表达所无法比拟的优越性。在方志编修中,修志人员都尽可能多地加入了大量珍贵的历史照片或图片。这些照片,既准确、真实地反映了历史,又丰富志书的内容,实现图文并茂,相互补充,从而使志书更加完善。[2] 然而,照片资料的搜集和查找却十分困难。正如上

---

[1] 黄夏基:《建国以来编史修志对档案事业的积极影响——当代中国档案事业发展文化探源之一》,《黑龙江史志》,2009年17期。

[2] 李照南:《档案资料已成为编修志书的重要来源》,《兰台世界》,2005年第10期。

文所提到的由于某些历史和现实的原因,各级档案馆(室)对照片资料收集、管理、利用都比较薄弱。因此,档案部门要重视照片档案资源收集、保管和利用,加强信息技术在照片档案管理诸多环节的运用,提高照片档案的利用率。

随着大数据时代的到来以及民众对档案利用要求的提高,新时期的档案工作,面临着复杂的形势与挑战,只有不断加快档案信息化进程,加强档案资源信息化建设、不断发展和完善档案资料利用检索系统,更新档案检索工具才能促进档案工作更好地满足社会各方面的需求,提高档案利用效率。

3. 有利于促进档案编研深入开展,深挖档案文化价值

编研工作是档案利用工作的一个重要组成部分,是档案部门系统、广泛地向社会提供利用服务的一项重要的基础性工作。通过档案编研把档案转化为档案文化产品,扩大档案的服务领域,使档案价值进一步增强,传播了档案文化,是档案利用最高级形式。有了编研工作,才能通过主动提供档案的编研成果,直接服务于社会各项事业,有助于推动和促进地方人文历史、社会科学的研究。

编史修志需要查阅利用档案,参与方志编修的档案工作人员查找和利用档案的过程,实际上也是对档案管理各方面工作全面自查的过程,是对馆藏档案摸底和全面熟悉的过程。在参与编史修志前,有些档案部门虽然也开展档案编研工作,但主要是编纂一些档案全宗介绍、档案汇报、统计数字汇总、文件汇集等比较简单、浅层次的编研产品。通过参与地方志编修,档案编研人员对档案库存进行了梳理,对馆藏档案资源有了宏观了解,拓宽视野,更新观念,有利于发现档案编研中存在的诸如编研面不广、编研深度不够等问题,这就迫使编研工作在分析、考证鉴别档案史料、扩大编研范围、改进选材等方面下功夫,从而使编研工作走向深入。

事实上,编史修志本身就是档案编研工作内容之一,属于深层次的档案编研。档案部门通过编史修志既可达"出编研成果,为社会服务"的目的,又可使所编史料传承后人,发挥其史鉴作用。志之重要,

在于资料。志书以"存史"为目的,资料又是存史的基础。档案资料的价值并不是单一的,而是多方面、多层次的,有的资料现在有用,有的资料现在看来无用但将来有用。为确保第二轮上海市级志书的编纂质量,上海市地方志办公室要求二轮修志中各分志、分卷都要编写与志书内容相对应的资料长编。资料长编是积累材料的较高级的形式,是对原始资料依类按时编排加工的产物。它不仅能为志书编纂提供素材,而且志书用不上的资料也可作为行业研究的材料,用资料长编把史料保存起来是一举多得的好事。① 资料长编为后续开发档案编研副产品提供了便利。

　　档案部门可以把档案编研与志书编修相结合,主动开发档案信息资源,开发诸多副产品,从而使档案资源的状态由静止变成流动,努力开创档案工作的服务领域,为社会提供全面、系统、翔实的资料服务。② 例如,在上海市第一轮新编地方志志书编纂过程中,原上海市房屋土地资源管理局承编《上海房地产志》的编纂工作,在志书收集资料过程中,修志人员在原上海市房屋土地资源管理局档案馆发现大量珍贵的道契档案。这批道契档案十分系统,保存较全面和完整,具有开发研究的可能性。于是,原上海市房屋土地资源管理局决定由档案馆会同有关专家、学者整理开发这批道契档案,经过近十四年的时间,一部广谱性的历史档案资料集《上海道契》最终出版于2005年,该书在国内外引起广泛的反响。

（耿崇桑：上海市住房保障和房屋管理局档案管理中心）

---

　　① 上海市地方志办公室、上海市地方史志学会著:《上海方志研究综论》,上海社会科学院出版社,2008年第一版,第170页。
　　② 周春玲:《对编修地方志与档案工作关系的探讨》,《兰台内外》,2013年04期。

第四辑
地方志与年鉴关系研究

地方综合年鉴组稿面临的
困难与对策

俞富江

30多年来,地方综合年鉴一直沿用"多家撰稿,一家组稿"的工作模式,但各单位撰稿者自身的写作水平和对年鉴编写工作的思想认识、编写要求不同,所提供稿件的质量差异也较大。作为地方综合年鉴,如果没有高质量的稿件,是不可能成为精品的。那么,如何才能使年鉴成为精品?多年的编纂实践证明:必须从源头抓起,注重撰稿员和编辑队伍建设,认真研究组稿方式的新问题,树立组稿新意识,大胆探索科学组稿新途径,积极探索创新,才能提高稿件质量,把年鉴真正办成精品,年鉴事业才能实现科学发展、可持续发展。本文以《桐乡年鉴》为例,探讨下地方综合年鉴组稿问题。

一、研究组稿方式新问题

《桐乡年鉴》是中共桐乡市委员会、桐乡市人民政府主编,桐乡市地方志编纂委员会组织编纂的年度资料性文献。自1998年创办以来,基本上以行政手段组稿为主,辅之以约稿方式。每年年初,由桐乡市地方志办公室编写年鉴纲目,调整、充实内容,召开座谈会征求相关单位撰稿员意见,经过编辑人员反复修改、讨论,提交政府分管领导审定,形成编写大纲,而后由"两办"(市委办、市府办)以文件的形式,下发至各相关单位执行。与此同时,各撰稿单位上报分管领导和撰稿员名单,各栏目的责任编辑按照分工,与部门撰稿员取得联系,明确撰稿要求和完成时限。稿件上来后,编辑根据年鉴编纂体例要求对稿件进行修改,提出补充意见,反复核对内容和数据。近几年来,随着社会经济的发展变化,年鉴组稿的方式方法也随之发生了变化,开始向一些民间组织、中介机构等组稿约稿,不断摸索新的组稿方式。目前,组稿难的问题主要表现在以下四个方面:

（一）依靠行政手段组稿渠道单一。随着体制改革的深化、政府职能的转换,新兴三产不断拓展,服务业延伸到社会的各个方面,许多工作转移到民间组织、中介机构等,政府有些职能部门的信息渠道难以畅通,给年鉴提供资料带来困难。早在2004年度桐乡市的物资流通业就出现了这样的问题,随着全市第三产业的快速发展,尤其是各种流通业态相继出现,桐乡市物资局(2005年下半年已并入国企办)对其下属公司运转情况掌握不多,年鉴中一个物资分目下的概况只用300个文字表述,显然反映不出全市物资系统的面貌。要如实反映全市物资流通业的情况,单纯依靠物资局提供资料是不全面的。类似这种在10多年前的商业流通业中暴露出来的问题也相当突出。

（二）撰稿员队伍不稳定。年鉴是一门独立的新兴学科,其体例独特,不同于常规写作。从桐乡的实际情况看,每年撰稿员调整频繁,撰稿队伍极不稳定,直接影响年鉴编纂质量和进度。通常来说年鉴撰稿员一般由部门办公室人员和乡镇党委秘书兼任,但由于工作的需要,每年都有一定数量的变动。变动后,有些同志由于对单位上年度工作不熟悉,文字功底差,他们只好以任务观点来完成一年一度的撰稿任务,加上有的编辑也不能及时指导,因而提供的年鉴稿件质量不尽如人意。

（三）编辑与撰稿员缺少沟通。编辑年初只是发通知、提要求,坐在办公室等稿。日常工作中,编辑与撰稿员联系较少,加之每年分工的调整,编辑缺乏对部门年度工作的系统了解,难以提出指导性意见,也很少听到对年鉴编纂的反馈意见,根本无法确定条目选题,更无法挖掘好的条目,只好不加选择,根据上报的稿件略做修改,一编了事,致使稿件质量不高。市委办、市府办关于年鉴编纂文件下发后,有些编辑仓促催稿,只要稿件一到手,就开始编辑稿件,撰稿员提供多少信息就编多少信息,表面看上去好像很主动,实际上完全处于被动状态。

（四）撰稿内容不全。年鉴"知往鉴来"的史料性功能势必对稿件的全面性有所要求。然而，一些稿件存在内容缺漏、记述含糊、资料不完整、数据不准确的现象。如有的部门有几个下属单位，若撰稿员平时不掌握情况，所写稿件只是反映本部门的年度情况，极易出现内容上的缺漏。有一年桐乡市交通局提供的稿件中，记述港航处、运管所、公路段的内容相对薄弱。同时，一些新成立不久或无主管部门的单位也容易被遗漏，导致年鉴内容出现缺项，如果责任编辑又不能及时发觉，补充相关内容，造成部门提供内容与客观现实不符，必然影响年鉴质量。

二、树立组稿方式新意识

年鉴的组稿方式指的是年鉴采用何种形式收集稿源信息。作为由政府主编的官书，地方综合年鉴一直以行政发文、政府部门供稿的方式进行信息收集。在政府行政管理力度较强的计划经济体制下，通过这种组稿方式所征得的信息基本可涵盖社会生活的各个领域。但是随着社会主义市场经济的建立和完善，社会分工越来越细，新的产业、新的事物不断涌现。同时随着政治体制改革的配套实施，政府职能已由原来的管理型逐步过渡到服务型。一些政府职能部门已经无法对所辖行业实施宏观统揽。依靠政府部门供稿已远不能满足年鉴记述全面性、综合性的要求，面对新情况，许多地方综合年鉴做了积极探索，比如聘请特约撰稿员、收集媒体信息、开展专项调查等，这些措施的采取在一定程度上充实了年鉴的内容，但与全面、综合的要求还有距离。在继续采用行政发文、政府部门供稿作为主渠道的同时，必须建立新的组稿方式，这已成为年鉴编辑工作者的一种共识。

首先，建立合作机制发动社会力量供稿。平时要注重加强与政府部门所不能涵盖的社会经济信息的行业、协会、新闻媒体、民间组织、互联网络等的合作，同时要发挥社会上专家、学者、资深记者等的专业优势和学识，把向其约稿作为一种组稿新途径。工作中要与这些社会力量建立起合作机制,构建信息交流的新平台,以实现信息的资源共享,还可以在重要信息点设立专门的信息联络员。另外通过多种方式在一些大公司、大商场、企业集团进行约稿,建立固定供稿渠道,这样既可减轻年鉴编辑部的工作压力,又能及时地收集到基层信息。通过发动社会力量供稿,既能丰富年鉴的内容,增加年鉴的看点,又可扩大年鉴的知名度、增强影响力,这符合市场发展规律,也符合年鉴创新与社会发展的要求。

其次,实现编辑人员记者化。年鉴编辑人员由于工作性质和自身身份等方面的原因,大多已形成"守株待兔"式的工作思维。等稿来编,要稿来编。很少有编辑人员走出办公室,主动深入基层获取年鉴信息。这就使一些极有价值的信息由于没有供稿者而缺失,使得年鉴的全面性、综合性大打折扣。对此,要克服"等稿上门"的惯性,针对地方综合年鉴特点,年鉴编辑部编纂人员要主动联系,深入各供稿部门(单位),就条目分类(综合性、专题性、资料性)是否合理,条目选题是否体现"项目齐全、精炼、准确可信、检索方便,以及新情况、新成绩、新发展、新经验和面临的新问题,是否具有借鉴作用、实用价值"等方面进行面对面指导。目前,年鉴组稿采取采访方式的单位不多,编辑应做到被动变为主动,达到主动性与被动性的统一。一个地方年鉴编辑首先必须是一个乡土研究方面的行家,对在市场经济中占重要地位的单位,如律师事务所、审计事务所等,特别是改革开放中的新事物,如私营企业、信息业、广告业、咨询业、家政服务业、电子商务等,应设法使之入鉴。总之,编辑人员的记者化是新时期新形势下年鉴信息获取对编辑人员提出的新要求,是组稿方式创新的必然。

三、探索组稿方式新途径

从年鉴编纂的实际情况看,如果全部推翻传统的行政组稿渠道是不现实的,也是不科学的。地方综合年鉴大多是政府主办,属政府行为,需要政府各部门的大力支持和配合。目前具有可操作性的就是采取以行政手段组稿为主,多元化组稿为辅,从而达到保持地方特色、提高年

鉴质量之目的。我们在实际操作中,要坚持做到以下五个结合:

(一)提供稿件与征集信息相结合。地方政府职能部门作为年鉴供稿的主要渠道,具有便捷、可靠的特点。尽管社会客观情况发生较大变化,但是,由政府职能部门供稿的核心作用依然没有变,不能淡化,仍需加强。我国正处在各项改革和社会主义市场经济体制建立和完善时期,如果仅仅依靠政府职能部门提供稿件,势必会造成年鉴内容的残缺不全,影响年鉴信息的权威性。为此,我们在年鉴组稿时,做到了两者有机结合,既从政府职能部门获取资料,又从市场、行业协会等获取信息。如《桐乡年鉴》(2005)将濮院羊毛衫市场从"市场"和"工业经济"栏目中分离出来,升格后单独设置"毛衫"栏目,起初考虑由濮院羊毛衫市场管委会提供稿件,但反映不出全市毛衫行业的总体情况,所传递的信息不够准确,会失去年鉴的参考价值,为了客观、全面反映毛衫行业的整体情况,在濮院羊毛衫市场管委会供稿的基础上,再从市经贸局、毛衫协会征集信息,将几个单位材料综合,弥补了单一市场提供信息的不足,使信息渠道更加畅通,反映情况更加全面,将毛衫协会纳入年鉴组稿范围理所当然。同时,组稿期间编辑加强与撰稿单位和撰稿员的联系,努力搜集尽可能多的信息,才能变被动为主动。多年来我们在编写《桐乡年鉴》时,经常碰到少数乡镇、部门报送的专题性条目较少,但由于编辑及时征集撰稿单位年度总结、简报以及从相关网站搜集资料、查阅报刊等,比较熟悉撰稿单位的基本情况,编辑对年度工作特点的把握也比较客观、准确,再与撰稿员共同商定,从而增加专题性条目和信息量。

(二)静态信息与动态信息相结合。客观事物具有辩证统一性,这就要求在条目撰写时把握好两者之间关系。年鉴既要突出动态性,体现年度特色,也要动静结合,扩大信息量,加强资料性。特别是栏目的综述、分目的概况等综合性内容,更要加强对基本情况中不变部分的记述。动态资料和静态资料相比较而存在,是辩证的统一。在静态资料的映衬下,动态资料方能显示其动态;在与动态资料的对比中,静态资料更能显示其价值。在实际工作中,要变静态为动态,达到静态编撰与动态编撰的有机统一。因为事物都是发展的,如果把编辑对稿件的修改看作静态的话,那么编辑不断地收集资料、信息的过程应是动态的。这里分两个方面来看,第一,收集资料是动态的。编辑在日常工作中,对重要信息要随时收录。多年来,我们在编纂《桐乡年鉴》时,就不断地加大平时收录信息的比例。桐乡市地方志办公室规定编辑人员应将《桐乡通讯》《嘉兴日报·桐乡新闻》以及政府文件和政务动态的有关信息随时录入电脑中,形成编辑自己的"资料数据库"。在《桐乡年鉴》编纂过程中,如旅游栏目市场开发分目中"丰同裕成为全国首批工农业示范点"、城建部类城乡规划与管理分目中"基础测绘实现信息化""创建水乡绿都"等条目,都是编辑从自己的"资料数据库"中提炼出来、经撰稿单位认可形成条目的。如果编辑在日常工作中,都能增强信息意识,重视信息收集,那么就可以改变每年二三月份坐在办公室里等着接收稿件的状况。第二,编辑与撰稿员随时沟通,动态联系。不应仅每年催稿件时和撰稿员联系一次,而是及时互通信息,督促撰稿员将本单位年度内发生的重大事件、上报的典型材料和工作简报等随时提供给相关编辑,譬如《桐乡年鉴》中提供的"崇福镇荣获'中国皮草名镇'荣誉称号""海华村获评省级'全面小康建设示范村'""组团参展上海国际家纺博览会""乌镇入选'中国十大魅力名镇'"等可入鉴材料,都是编辑随手加工出来的年鉴稿件,不必等到稿件集中上来时再编。这样年鉴编纂过程本身就成为动态录入的过程,不但有利于编好年鉴、提高质量,而且可以减轻突击编辑稿件的压力,使编辑人员能够腾出时间编好其他稿件。

(三)特约稿件与媒体信息相结合。特约稿件是年鉴编辑为防止一些新兴行业的缺漏,而物色非撰稿单位编写的稿件,是有目的地约稿,一定要用的稿件。因此,要选择的撰稿员必须具有较强的写作基本功,对所要撰写内容的前后经历和年度情况比较熟悉,资料来源渠道可靠、真实,同时所撰写的稿件要符合年鉴的体例和文风,编辑人员更要加强与撰稿单位的联系,上门加强指导,提出撰稿要求,避免推倒重来现象的发生。《桐乡年鉴》(2006)组稿过程中发现作为桐乡市政府2005年度重点形象工程之一、被评为"浙江省十大特色楼盘"的"润丰商业步行街"内容未被编入年鉴，在充分了解情况的基础上我们与该栏目的责任编辑一起，主动上门与单位负责人共同商量，达成共识，确定撰稿员在较快时间内提供了1 000多字的稿件。在此基础上经过编辑的加工而形成的内容比较客观地反映2005年度步行街的发展状况，成为《桐乡年鉴》的一大亮点。同时我们根据近年来的编辑经验，发现最简单又具有可操作性的就是要在新兴行业和闪光的区位选定撰稿员，如高新技术产业、重点民营企业、新兴服务业、民办教育和医疗单位等，定点定向约稿。除此之外，年鉴编辑应充分利用报刊、广播、电视、政府网、部门网等资源，及时下载相关信息，也是编辑获取年鉴信息的一种有效手段。在编辑过程中，发现某单位缺少什么就从资料中补充什么，真正做到有备无患。这种征集采编方式，既能防止漏项、保证质量，又能锻炼编辑、提高素质。

（四）报送稿件与网络传递相结合。20世纪90年代后期，随着计算机的应用和办公条件的逐步改善，1998年《桐乡年鉴》就实现电脑改稿，供稿单位在报送打印稿件的同时，附带报送一张软盘，编辑、审改稿件可以直接在电脑上完成，最后形成电子文稿交杭州美迪图文设计有限公司设计排版，减少出版环节的文字录入，编辑效率和质量得到相应提升。进入21世纪，随着办公自动化和信息通讯技术的高速发展，《桐乡年鉴》编纂基本实现信息网络传输和电脑编辑，电子邮件、即时通讯工具普遍应用，编辑效率极大提高，出版时间明显缩短。近年来，随着市场经济体制的建立，新兴的流通业、服务业不断涌现，它们不属政府部门序列，无法在政府网上传递年鉴信息，如果不利用互联网发送电子邮件，需要向编辑报送书面材料和软盘。目前大多数党政部门可依托政府网站，发挥资源共享的信息平台作用，还可以通过互联网电子邮件或QQ的提交方式传送信息稿件，实现撰稿员—编辑—供稿单位之间的文稿传递，使年鉴编辑加工处理原稿、撰稿员校对和单位审核更为快捷方便，实现年鉴编辑工作的现代化。与此同时，从年鉴编纂模式的演变可以看出，年鉴的编纂运作方式在从传统向办公自动化、内部局域网、互联网的演进过程中,每前进一步都使年鉴的编纂速度提高更快。年鉴编纂模式直接影响着年鉴的编辑速度和出版时限,一定程度上也关乎年鉴的编纂质量。因此关注和探讨年鉴编纂模式的改革创新至关重要。

(五)撰稿队伍与自身建设相结合。要提高年鉴稿件质量,必须加强撰稿员培训。多年来我们根据撰稿员变动情况,采取办培训班、召开座谈会和与会代训等,对上一年的稿件编写质量加以讲评,下发编写规范,指导年鉴初稿的撰写。编辑人员与撰稿员保持联系,熟悉撰稿单位的工作情况和职责,注重培养撰稿员的信息意识,责任编辑实施跟踪辅导,针对撰稿员提供的年度工作总结、简报等,指导他们搜集信息,努力提高年鉴初稿的撰写质量。组稿工作开始后,每位责任编辑主动上门,与撰稿员面对面交流,有时将就近的几个单位召集到一起,加以年鉴初稿的编写指导,明确撰写条目必须具备六个要素,在文字表述上加以规范。条目选题时,我们在强调"全"的前提下,做好"大""新""特""要"文章,加大对行业协会、学会、商业流通业的组稿力度,扩大信息来源。这一层面的组稿不同于政府部门的组稿,其稿件信息面广量大,涌现出来的新经验、新成果较多,以后将成为年鉴稿源的重要渠道之一。同时加强调查研究,调整框架结构设计,栏目该合并的合并,该增加的增加。如桐乡乌镇是世界互联网大会的永久会址,每年承办世界互联网大会是桐乡市委、市政府的一项重要工作。我们精心策划和设计互联网大会的专门板块。此外,为了提高编辑质量,近几年来我们除组织编辑人员分期分批参加上级举办的各类业务培训,努力提高他们的业务水平外,平时结合自身工作实际,对组稿、编辑中遇到的一些难题,每年拟出题目以理论研讨会的形式展开探讨。

组稿难是目前地方综合年鉴编辑面临的一个现实问题。只有从提高撰稿员队伍和责任编辑素质抓起,认真研究组稿方式的新问题,树立组稿方式的新意识,大胆探索科学组稿方式的新途径,才能提高年鉴编纂质量。

(俞富江:浙江省桐乡市史志办)

试述年鉴编纂创新思考
——以《普洱年鉴》为例

龙 麟

2015年国务院办公厅印发《全国地方志事业发展规划纲要（2015—2020年）》，明确提出要重视"民族地方志"的编纂工作和"支持民族地区做好地方志编纂工作""加大对民族地区地方志工作的支持力度"。《地方志工作条例》将年鉴定位为"年度资料性文献"，还规定：地方志既要记述"历史"，也要记述"现状"。综合年鉴编纂同样是各级方志机构的重要职责。为此《条例》将地方综合年鉴的"统筹规划、组织协调、督促指导"等职能正式划归各级地方志机构。云南省普洱市是典型的民族地区，少数民族人口占总人口数的60%以上，经济社会欠发达，文献资料较匮乏，通过年鉴资料了解和认识地域情况的需求显得尤为重要。普洱的经济社会发展需要优秀传统文化与现代先进文化相结合，也需要民族文化与外围文化相交融。普洱年鉴地域化，办出普洱特色、普洱气派、普洱风格，是一个循序渐进的质量提升过程，更是一个不断规范、不断创新的过程，也是《普洱年鉴》走向成熟、走出普洱、推介普洱的重要途径。而年鉴工作如何在民族地区更好地开展，更好地从实践认知中助推方志法治建设，进而更好地服务于当地经济社会发展，值得思考。

一、新时期年鉴编纂创新的重要意义

年鉴汇集了地域内一年中大量的自然、政治、经济、文化、民族等的第一手资料，这些基础性的资料在学术研究中具有很高的利用价值。就普洱情况而言，随着普洱声誉的逐渐扩大，年鉴资料不应只有

"资政"的功用,更应在边疆文化、民族文化、普洱茶文化等相关问题的研究中贡献丰富的资料。特别要强调的是,《规划纲要》为全国方志系统所规定的"两全"目标("两全"目标是指全国各地到2018年基本完成、2020年全面完成省市县三级志书编纂任务,实现三级综合年鉴编纂出版全覆盖),综合年鉴编纂在其中同样占有重要位置。

(一)有利于继承传统文化

21世纪后,普洱市发生了巨大变化,中国特色社会主义建设在普洱地区的经济、政治、文化、社会生活等方面取得辉煌成果,这就向记述发展历史轨迹的地方志工作者提出更高更新的要求。人们的物质生活有了较大的发展,必然会追求更高、更丰富的精神文化生活,地方志这一中国独有的传统文化逐渐被各级政府和广大民众重视,从某种程度上也迫使政府加大对地方志工作的投入。年鉴编纂具有其地方志书记述的特点,为收集地方志资料作准备,志书编纂周期较长,而年鉴将上一年度发生的事物完整记录,也为读者提供较快信息渠道来源。各级政府将年鉴编纂列入工作日程,过程中还特别强调用中国传统文化维系和传承中国人民特有的凝聚力和向心力,爱祖国、爱家乡,从普洱地方志、年鉴记载中寻求体现中华民族优良传统文化的人和事,教育和引导人们积极向上、不断进取的精神追求。读地方志书、年鉴不仅是决策者必备,也成为更多的人了解和认知地域历史文化的重要途径。另外,普洱地区的地方志和年鉴是普洱地区独特的文化,一直担负着传承普洱文化、弘扬普洱历史传统的重任,具有普洱独具特色的历史文化价值,也有着推动普洱各项事业不断发展的经世致用的价值。

(二)有利于开发文化资源

普洱已有的年鉴也与全国年鉴一样,一直为"官书",一般来说服务对象的主体是政府。随着社会发展,除了政府以外的科研、基础建设等部门和个人也对地情资料的需求越来越迫切,地方志书和年鉴服务逐步形成为公共文化的一个重要的部分,年鉴功能如何更好地体现也成为今后地方志工作需要考虑的。不断优化管理模式,促进地方志书和年鉴对地域文化资源的开发和利用,在科学管理的最优配置下,才能编纂出优秀的地方志书和年鉴。年鉴记述的内容是地域文化资源的重要载体,年鉴编纂的信息是要对外提供服务,过程中还要依靠现代先进技术手段,从而编纂出适应社会需求的地情信息资料,为服务对象提供更为迅捷、方便、准确而全面的地情信息资料,更好地为经济社会提供资料文献的保障。

(三)有利于地方志法规实施

年鉴编纂一年一本,而地方志书编纂周期相对而言是比较长的。保证地方志办公室日常工作正常化,从很大程度上来讲,还是得以一年一本的年鉴编纂工作来维系。一年一本既是工作体现,也是工作成果。因此,在市场经济的今天,原有的多年才出一本地方志书的管理模式已经不能满足现有地方志工作发展的需要,更大程度上我们要以年鉴工作来宣传和推动地方志整体工作,从上层建筑到普通读者经常感觉到地方志工作的存在,看到地方志工作的成果。年鉴编纂过程中,从组织发动到编辑、出版、发行不过几个月,参与编纂的也需要上百人,再到相关领导、部门查阅进入相关图书馆等等一系列工作完成也已经是几百人参与或认知此项工作。因此年鉴工作要列入地方志的日常工作中,用年鉴编纂证明地方志工作常规性与重要性是很有必要的。从地方志相关规定看,就是要求地方志工作提高到在法律保障下开展,一般的提法是地方志工作"一纳入,八到位",即把地方志工作纳入国民经济和社会发展规划、各级政府工作任务之中,做到认识到位、领导到位、机构到位、编制到位、经费到位、设施到位、规划到位、工作到位。具体到普洱地方志工作中,就是要建立健全和完善普洱地方志工作管理机构,使地方志工作列入政府日常工作的制度化,并能依据相应的法律法规履行工作职责,确保地方志工作持续健康发展,进而提高本地区地方志书、年鉴编纂质量,加强资料库建设,推进旧志整理,强化地方志"资政、存史、教化"的公共服务功能。

二、《普洱年鉴》编纂的现状

普洱的年鉴组织编修工作同全国各地一样,也是在第一轮修志结束后逐步开展起来的,到目前也只有30年左右的时间,还处于初级阶段。1997年,《普洱年鉴》创刊,随后每年编纂出版一卷,至2017年,已经编纂出版20卷,主要记载上年普洱自然、政治、经济、文化和社会等方面的基本情况,反映普洱经济社会新发展、新思路、新成绩。地方志事业与其他事业相比较有其特殊性,地方志编修在普洱地区虽然有上百年的历史,但与近现代社会发展起来的其他事业相比较而言,地方志工作还处于被动的工作局面。因此长期以来地方志工作中的年鉴编纂还是被作为地方志工作中的一个单一的任务来看,没有当作一项长足发展的工作,普洱10县区中,只有市级和少数几个县有年鉴出版,出版的县区中有的还做不到每年一本,年鉴编纂工作中常受行政领导的主观意志控制,《条例》贯彻落实明显不强,自身发展能力也被弱化。

普洱由于地处祖国边陲之地,设建制相比中原地区较晚。普洱的政治、经济、文化发展长期落后于中原地区,地方志的编修对于全国范围总体情况来讲也相对滞后。近年来,尽管云南地方志工作力度有所加强,但相关的理论研究也不多。黄桂枢的《思普区明清以来地方志修纂史考说》(2000)一文中用纪实的方式将普洱自明朝到民国时期编纂的地方志成果作简要介绍,主要包括志书编写时间、编纂者、志书各分卷的标题、原书现在保存的状况等。施约峰的《普洱旧志编纂述略》主要记述普洱清代到民国时期每部志书的各分志的内容。龙麟、李昳华《普洱方志史料研究》(2014)一书运用综合研究、比较研究相结合的方法,对普洱历代方志发展背景、修志组织、志书体例、志书结构等方面进行基本理论的研究,并就正在开展的普洱市二轮修志提出了思考。以上都只是地方志研究,没有具体到民族地区年鉴编纂研究。从针对普洱年鉴编纂的文件要求来看,目前对普洱年鉴编纂的研究主要目的是为了鉴别其真伪和判断其价值,对年鉴编纂本身以及管理方法的探讨尚有不足。随着对地方志管理方面的研究,以及地方志工作的推进,史志界逐渐对年鉴编纂工作的制度化、规范化、法治化愈来愈重视,普洱年鉴编纂进入诸多史志管理者和研究者的视野。普洱年鉴编纂在地方志相关法律法规管理之下也不断规范化发展,促使依法修志成为共识,相关的法律法规也成为目前民族地区年鉴编纂的重要依据和理论基础。

三、转型时期年鉴编纂存在的问题及原因分析

年鉴作为地情资料信息库,在当今的信息社会和社会主义市场经济条件下,理应发挥出很大的资料性作用。然而从现实来看,笔者认为很多年鉴在某种程度上来看,它的热量只在很局限的空间发挥,而没有热在整个社会。探究其根源是没有清醒地认识到年鉴其自身存在、发展的基础,没有及时、准确、全面地反映既为"官书"、更为"民书"的本质,同时也没有清醒地认识到年鉴自身发展所要具备的全部信息内容。

(一)年鉴结构与社会需要不相适应

21世纪后,为更好地发展社会主义市场经济,党和国家及社会各个层面从制度、体制上进行了一系列系统的、全面的改革,在改革的过程中对原有的部门(单位)或者工作职责进行调整,有的归并、有的分流,而且这样的改革是经常性的,是根据不同时期的需要来进行的,涉及面也较为广泛,不是指一个或两个经济部门,而是针对政治、经济、文化等诸多部门,第一时间把握住改革的信息,这是我们从事年鉴编纂工作者需要具备的能力。地方综合年鉴编纂结构就是能不能顺应改革的主要体现。也有的人认为年鉴只不过是地方志资料收集的一种方式,只要里面有资料可查就行,无需更多地去追求什么与时俱进。这样一来导致多年的年鉴篇目设计一成不变,结构上大的类目不变,所有相关内容都往里面放,有的时候想从年鉴里找一点资料,不是按目录去找,而是看有没有可能从相关目录中去找。比如人民防空办公室已经归并到住建局,而年鉴分类还是单列人民防空办公室;卫生与计划生育合并,而年鉴类目还是分开的。还有,当地的一些知名企业,年鉴中由于没有单位提供或种种原因,也没有收录其中;年鉴特载一直以收录领导讲话为主,没有新的思路去改进;统计社会经济资料也

还停留在统计公报上,没有更多的内容补充。以上这些只是在设计年鉴框架结构时容易疏忽的几个小例子。笔者认为,我们在设计年鉴结构上没有做到与时俱进,没有结合和跟进党委政府的改革步伐,这样的年鉴是很难引起人们的关注,作为地方志书资料收集也存在很大不足之处。

(二)年鉴信息与读者需求不相适应

随着社会发展,年鉴也逐步成为政府行为之下的公共产品,服务范围不应当局限于政府,而是包括政府在内的广大读者,年鉴也应成为摆在市场上的产品。所以我们的年鉴就要贴近广大读者的生活,拉近与社会普通群体的距离,服务于社会大众。年鉴所记述的信息既包括与普洱大众息息相关的衣、食、住、行,如市场日常生活用品、农产品等生活必需品的价格走向,也包括特定人群需要的信息,如做科研的人员需要的人口变动、经济数据等,还包括具有地方特色的民族经济发展情况、精准扶贫工程投资数据等。还应当包括一些当地的社会热点问题政策及措施,也可以适当对某些社会矛盾问题给予阐述,记述问题产生的原因背景,相关部门解决的措施、方法及最后的效果,也还可以作些相关跟踪记述等。以上这些内容是可以作为年鉴记述的内容,但现状是仅停留在撰稿单位(部门)提供的资料上,没有从广大的读者中需要什么来组织年鉴编纂内容,脱离了广大群众的年鉴资料,也与建设服务型政府不相符合。因此年鉴应当做到与广大群众息息相关,得到更多读者的肯定,作为政府工作信息与广大群众联系的一个桥梁和纽带。

(三)年鉴信息与地域特点不相适应

年鉴记述一个地方的情况,有着地域性,特别针对当地特殊地理位置、名优特新产品、区位优势等要花很大篇幅记述,要从这个特点上展现当地年鉴的时代特色和亮点。比如云南普洱地处边远地区,经济欠发达,但有着美丽的原始自然风光,有着潜在的旅游资源,但如何合理开发相关资源,在年鉴中我们收录了普洱市在旅游开发方面的工作,但就具体旅游资源配置、规划、发展目标,或者相关部门在这方面所做的工作还是没有详细的记录，或者所收录的内容没有归纳到一个部类中集中记述，这对读者，特别是需要得到全面准确信息的部门和个人十分不便。另外普洱的旅游资源也没有系统地、全面地逐年以图文方式使用一定篇幅给予记述，如旅游需要提供的服务项目、服务范围等。另外边境文化、民族文化、绿色经济等特点，这些内容的收集归纳，作统一记述也是很有必要的，这也是让更多的外商了解普洱、投资普洱的重要资料保障，如何全面体现普洱地域特色，这些方面都还有待于思考。

四、年鉴编纂创新补益依法治志的对策

（一）创新的源泉是思想意识

任何事物都是不断变化和发展的，年鉴编纂创新首先应当是从上层建筑到普通编纂者的思想意识问题的创新，其实也就是一个认识事物的过程。年鉴编纂创新从具体的工作实践看，这是一个理论与实践相互关系的问题。从现有的资料来看，国内年鉴创新的理性思考大致始于20世纪90年代初，由于处于年鉴编纂探索与全面开展时期，也正是一轮修志基本结束的时间点，如何将地方志书转到年鉴编纂阶段，如何跳出地方志书思维模式，转到年鉴编纂体例风格上是当时思考最多的。因此刚开始讨论的热点大多放在"年鉴规范化"问题上，希望通过深入探讨年鉴编纂和各种体例规范，用于指导经验尚不足的编纂工作，以此提高年鉴编纂出版质量。也可以说这个时期年鉴编纂还处于初级阶段，从"创新"的角度探讨年鉴发展问题的不占多数。进入21世纪后，年鉴"创新"的呼声反复响起，这也是基于多年以来年鉴编纂实践经验总结，针对年鉴功能体现等方面提出来的，年鉴界很多专家在论述中阐明，创新是年鉴发展的生命力，要使年鉴保持旺盛的生命力，必须在品种、形式、内容、机制和思想理论等方面创新。在诸多创新思想阐述中，笔者认为最为首要的还是思想意识的创新。在意识问题上，归根结底是一个思想上的认识问题，其核心还是要制定相应的法律法规，现在看来这个方面与以前相比有了很大突破，但为什么

还是有许多规定和要求落实不了呢？其问题的根源还是在这些地方的领导层认识不到位，也就是没有纳入政府日常工作。

从工作本身实践看，一是要加强高层推动，制定更为具体的措施，也就是从中央到省、省到市、市到县都应当制定具体细化考核方案，最终还得纳入当地党委、政府的经济社会发展目标考核，这样才能保证高位推动年鉴编纂工作，真正做到领导到位。只有做到领导到位，也才能实现其他七个到位。二是年鉴工作者要树立常编常新思想意识，工作做得不好，不能全部归咎为领导不重视，也要从自身查找原因，要有责任意识和担当精神，多思考怎样提高年鉴编纂质量，作为编辑就要加强年鉴业务知识的学习，注重年鉴编纂实用性，经常听取广大读者的意见和建议，不断改进年鉴编纂结构，使年鉴实用性不断得到加强，得到广大读者的认可。三是加强年鉴编纂工作的宣传，让更多单位或个人认识编纂工作的重要性，让更多的年鉴知识得以发挥作用。思想理论的创新是全部行动创新的导向，因此显得尤为关键。只有认识到创新在年鉴中的重要性和必要性，才会积极树立创新思维意识。实践中善于应用新理念、新思维，并能与实际情况很好地结合在一起，过程中注重总结得失，并不断寻求理论来解决出现的新问题，进而达到理论与实践的相互作用，使我们的年鉴在创新中不断发展。

（二）创新的突破点是地域特色

随着年鉴编纂日趋成熟，年鉴编纂的地域特色越来越被得到重视和认可。年鉴的地域特色是指所表现出的本地域范围内的独特品质和风格。特色具有很强的针对性和排他性。这就要求年鉴内容必须特点鲜明，亮点突出。年鉴从框架设计、栏目设置到内容选择和安排要具有自己的特点，地方年鉴要具有浓郁的地方味。就普洱实际情况看，《普洱年鉴》除普遍存在的内容外，还必须有反映民族文化、边境文化、普洱茶文化、生态建设、绿色发展、旅游开发等内容，并且应是记述的重点。为了做好以上反映特色的资料记述，在实际过程中就得使年鉴建立在当地传统文化的基础上，要与实际情况相结合。

同时年鉴特色化应当是一个开放而包容的特色化过程，只有这样我们的特色化才会具有更加长久的生命力。年鉴应当具备地方志书应有的增强历史责任感的功能,真实记录本地区特有的各行各业的工作亮点,汇集本地区特色,过程中注重提高内容选择的严肃性,反映真实情况,记录时代特征,彰显团结向上的朝气与拼搏精神。年鉴编纂还要学习现代传媒增强时代感,提高内容资料的实效性,强调资料完整性,以最快的时间与读者见面,让读者感到资料来得及时有效。年鉴编纂还要遵循工具书严谨性的原则,提高内容资料的易检索性,强调年鉴工具书的资料性作用,方便读者查找所需要的资料和内容。一本年鉴的编纂出版,如果具有其地域特点,又具备时代特征,这就是一本内在特色和外在特色的融合体的年鉴,从这个角度来说,这就是一本好的年鉴。

(三)创新的平台是网络化

随着科学技术的发展与运用,人们对信息索取方式呈扩大化和多样化趋势,对年鉴编纂出版方式也有了更高更新的要求。因此年鉴编纂要实现网络化,如果把年鉴工作大致分为编纂和发行两个步骤的话,就是在这两个环节实现网络化。创新年鉴的编纂方式,也就是实现年鉴编纂工作程序及内容的数字化,这是促进年鉴信息化建设的基础工作。

年鉴编纂工作应当广泛应用计算机网络技术。年鉴编纂与组稿、撰稿等环节均可利用计算机和互联网操作,并通过电子邮箱、办公室自动化平台等网络手段收集相关资料,在过程中还可通过网络搜寻、相关链接等方式不断拓展稿源,实现组稿渠道网络化与多元化。另外在年鉴编辑过程中,也要充分利用计算机辅助编辑,通过局域网在电脑上逐步完成对文稿的编辑加工和审核,还可利用计算机辅助编制目录、索引和图表,辅助装帧设计和版式设计,实现编辑过程无纸化;利用计算机管理、储存、复制和传递文字、图片等资料信息,最终实现编务管理网络化和现代化。以上这些是年鉴数字化、网络化的重要基础工作,也是我们希望年鉴工作者在实际工作中自觉顺应信息化趋势,广泛应用计算机和网络技术创新编纂方式。

其次，年鉴出版应当实现印刷出版和电子出版。印刷出版是传统方式，是需要保证的，在印刷出版的同时，要向电子出版发展。电子出版是年鉴数字化、网络化的重要步骤。信息要通过一定的载体才能传输给需要者，传统的依赖印刷信息的方式已经远远不能满足读者需要。电子出版对于传统的纸介质出版是一次重大革命，但它并没有完全否定纸介质。年鉴编纂完全可以根据需求，在编纂出版印刷年鉴的同时，制作出版电子版并在网络上推出和传播，可以通过网络传送的方式最大程度地传送信息，让读者以最便捷的方式、最快的渠道获得信息，这是促进年鉴信息化建设的关键环节。

从编纂年鉴出版周期性和年鉴资料发挥作用的时间性来看，我们在工作中还要强调年鉴信息化资料库的建设。如何建设年鉴信息化资料库，从以上来看，一是资料库中体现的是实物，逐年年鉴收集整理备查，这主要是纸介质的年鉴文献资料；二是资料库中以数字式存储的资料，这是网络方式备用的文献资料。以上两个内容不应当只体现于年鉴，而应体现于地域自然、政治、经济、社会、文化等包括地方志书在内的地情文献资料。这是一个系统的信息化建设目标，里面所包括的内容应当随时得以充实；是一个长期更新和坚持的工作，就某个地区来说，目的就是要建立一个具有现代化的文献资料信息库。

（龙麟：云南省普洱市地方志办公室）

年鉴编纂规范与年鉴学范式的构建

齐迎春

2017年11月17日,《地方综合年鉴编纂出版规定(试行)》修订讨论会议在京召开。这是"中国地方志指导小组"(以下简称"中指组")在全国地方志事业转型升级的关键时期,在强化年鉴质量建设顶层设计方面的一项重要举措,对引领、规范全国年鉴编纂质量具有非常重要的意义。① 这也是中指组继《全国年鉴事业发展规划(2016—2020年)》后印发的又一个重要文件,这两个文件的发布不仅对我国年鉴事业的发展起到引领和规范的作用,还将对年鉴(地方志)学科体系建设②起到历史性的推动作用。

一、年鉴规范与年鉴学范式

规意为尺规,范意为模具。这两者分别是对物、料的约束器具,合称为"规范"。名词意义上即明文规定或约定俗成的标准。动词意义上是指按照既定标准、规范的要求进行操作,使某一行为或活动达到或超越规定的标准。

2006年《地方志工作条例》的出台是我国年鉴工作走向规范化发展第一个具有里程碑意义的举措,《条例》首次将地方综合年鉴纳入地方志概念之中,指明地方志书和地方综合年鉴的性质以及二者之间不

---

① 李登科:《推进地方综合年鉴规范体系的建设》,精品年鉴与年鉴编纂创新研讨会论文汇编,2017年。
② 笔者《浅谈地方史研究与地方综合年鉴编纂》一文中提出:地方志、地方综合年鉴、地方史共同组成了地方志事业的三大主业,或者说共同构成了地方志学科建设的基础。

可分割的关系,明确了地方综合年鉴的编纂主体为各级地方志机构。近年来中国地方志指导小组又陆续出台一系列年鉴事业的顶层设计文件,这些文件密切关联、互为补充,从各方面为年鉴事业的走向指明方向、划定标准,共同组成年鉴(地方志)学科建设的坚实基础。

"范式"作为科学学中的一个概念,最早由美国科学哲学家托马斯·库恩提出,是指某一学科的理论根基、第一原理,其范例性地指出某一学科领域的研究方向、程序、方法、标准等。在一个范式指导下的研究就是范式研究,代表着一种学术传统和学术形象,是一门学科成为独立学科的必要条件和成熟标志。

一门学科发展到一定程度,对其进行学科"范式"的研究是学科发展的必然走向。随着我国年鉴事业逐渐走向规范化轨道,年鉴学的范式研究必然也会提上日程,从而才能进一步构建起年鉴学学科体系。

中国年鉴学的范式是指年鉴被引入中国以来,中国年鉴工作者在思考、研究、构建年鉴学问题时所遵循、秉持的基本思想方法。这种思想方法导引着年鉴工作者遵循的编纂路向,构建解决年鉴编纂问题的思维框架,并规定着年鉴学的发展方向。可以说年鉴范式学是年鉴工作者共有的经验研究、理论研究、方法论和世界观的总和。

二、年鉴学范式在中国的发展

年鉴自20世纪初由西方引进我国之后,至今已有百余年历史。百余年间我国年鉴事业发展经历了两次高峰:第一次是20世纪30年代,以《世界知识年鉴》为代表,各地出版发行数十种地方综合年鉴和专业年鉴,并且在具体的编纂工作中,对年鉴的定义、分类、功能、应用以及年鉴与史志的关系等做出初步探索,积累了一些编纂方法与经验,年鉴学思想开始萌芽。但是其后因历史原因,年鉴事业发展一度中断。第二次发展高峰出现在20世纪80年代。从《统计年鉴》开始,各地涌现出编纂出版各类年鉴的热潮,各种年鉴研究学术团体随之先后成立,年鉴学术会议逐渐定期召开。年鉴学界亦有人提出:"应联合有志于年鉴理论研究的专家学者,通过科研攻关和协作,陆续推出一批年鉴学论著,逐步构建起年鉴学的学科体系。"

从20世纪80年代至今,经过30余年长足发展,我国年鉴不仅在数量、种类上已超过其他国家,在年鉴学科基础理论研究上也走在世界前列。纵观我国年鉴事业百年发展历程,在年鉴学思想方法上,概括来说,主要产生过以下三种倾向和争议:

(一)年鉴的规范与创新

"中国年鉴蓬勃发展的前20年里,规范化一直是年鉴探讨的主题"。① "2000年以前,中国年鉴编纂者注重的是年鉴的规范性问题"。② 但是从2001年开始,年鉴编纂者们开始不断呼吁"创新"研究。近年来发表的论文在百度学术网上以"年鉴创新"为主题词可搜索到20 000多篇相关论文,而以"年鉴规范"为主题词只搜索到8 000余篇,不足前者的一半。年鉴发展的前期,因其新生事物的属性,各级各类年鉴编纂者均缺乏经验,因此互相模仿,形成"千鉴一面"的现象。为扭转年鉴编纂日渐僵化的局面,很多年鉴编纂者开始提出借鉴西方范式,或者借鉴其他学科范式,在年鉴的学科定位、研究方法以及编纂技术(如年鉴的体例、结构、篇目、内容)等各方面尝试创新。特别是近些年来,呼吁效仿西方范式的声音渐多,甚至有些地区已经将西方范式套用在具体编纂当中,但是在模仿的实践中又完全忽略了中西年鉴在本质属性、种类及受众群体等方面的差异。例如笔者在参加全国第四届地方志优秀成果(年鉴类)评奖中,翻阅到某地区综合年鉴时发现,该年鉴收录了很多抓眼球的社会新闻,甚至是娱乐新闻,从这类条目的标题就可看出是照搬了当地媒体的新闻报道。这类内容是否具有收录在本地最具权威性的年度资料性工具书中的价值是值得商榷的。笔者认为年鉴创新要时刻警惕不能背离年鉴的两个基本属性:一是地方综合年鉴的"官书"性质,即编纂地方综合年鉴是一种政府行为;

---

① 李登科:《推进地方综合年鉴规范体系的建设》,精品年鉴与年鉴编纂创新研讨会论文汇编,2017年。

② 阳晓儒:《规范与创新:年鉴事业发展的永恒主题》,《年鉴论坛》第一辑,中国林业出版社,2010年。

二是地方综合年鉴从属于地方志事业范畴,是地方志工作的一部分。因此在年鉴创新热潮不断高涨的当下,年鉴编纂者们有必要先冷静下来,重新思考下创新的走向,不要盲目地为了创新而创新,要在年鉴两个基本属性的范围下,形成独具中国特色的年鉴学范式,进而构建起一级地方志学科理论体系。

(二)年鉴的服务对象

地方综合年鉴的根本属性是"官书"。《地方志工作条例》明确规定了年鉴的编纂主体:"以县级以上行政区域名称冠名的地方志书、地方综合年鉴,分别由本级人民政府负责地方志工作的机构按照规划组织编纂,其他组织和个人不得编纂。"年鉴编纂经费由政府财政拨款,编纂内容具有政府公报性质,规定"以县级以上行政区域名称冠名的地方综合年鉴,经本级人民政府或者其确定的部门批准,方可以公开出版"。《地方志工作条例》明确地方综合年鉴归属地方志范畴。编纂地方综合年鉴如同编纂地方志书一样,是"官办""官修",是一种政府行为,坚持年鉴"官书"本质,有助于我们形成自身的年鉴理论基础与发展规律。

但是其"官书"性质不代表年鉴编纂就是为"官",即为各级领导服务的,为领导决策提供依据只是年鉴的功能之一。年鉴资料的来源是同级党委、政府各单位、部门以及有邻属关系的企事业单位、群团组织,并经相应的分管领导审阅把关,出版时还要经过保密部门和上级政府确定的地方志机构审定。因此年鉴"官书"性质只是体现了年鉴的权威性,其服务对象并未将普通民众排斥在外,只是与西方一些专门性年鉴不同,它并不是一部专为某一群体提供"便民服务"的指南。若为了将年鉴推向市场,便一味照搬西方范式,就背离了我国年鉴的本质属性,也丢失了年鉴"存史、资政、育人"的功能、丢失了我们自己的传统。

在中国年鉴学的发展历程中,我们要警惕将年鉴学科的发展寄托在模仿上,不要被西方范式所困扰,要形成属于自己的独立的年鉴学范式;要警惕中国年鉴学发展过程中,因缺乏文化自信和本土情怀所引发的走向偏差性发展轨道,从而构建起具有中国特色的新时代的年鉴学科体系。

(三)年鉴的编纂方法

年鉴在我国自诞生之日起,就承担着为志书编纂提供资料的作用。从20世纪90年代年鉴编纂出版工作在全国各地全面铺开至今,相当一部分地区的二轮、三轮修志工作,已经将年鉴列为志书的重要资料来源。然而近来从修志实践中发现,年鉴在为修志提供资料方面出现一些共性的、不容忽视的缺陷,主要表现在:一是年鉴提供给志书的内容往往比较单薄。表面上看,年鉴内容比较翔实、全面、系统,但实际上记述的深度、广度还很不够,重复性和事务性的工作总结较多,缺乏对事物发展规律的归纳概括,特别是深层次思考很难见到。为志书提供的资料通常只是罗列年度数据。二是事物记述的发展缺乏连续性。因为部分地区对年鉴编纂规范性的执行不力,年鉴内容的收录标准随意性较大,一些内容,有的年度做了详细记述,有的年度却完全遗漏掉。这些问题导致很多年鉴实际上变成一本年度资料手册,各年度缺乏整合,并未形成一个完整的资料体系,不同程度地背离了地方综合年鉴辑存史料的初衷。

当然,出现这种问题,是因为有些年鉴编纂者自身对年鉴学科理解的偏差或能力不足,而导致年鉴成为一部工作总结化的资料手册。但毋庸置疑的是,这个问题已然严重影响了年鉴为志书提供资料的基本功能。

三、构建年鉴学范式的制约因素

目前而言制约构建年鉴学范式的两个主要因素:

(一)年鉴编纂者对年鉴学科内涵的认识不够清晰

全国第四届地方志优秀成果(年鉴类)进行评奖时,众评委争议较多的问题主要还是因为对年鉴的定位、原理、功能、应用等方面分歧较大所致,对年鉴学学科内涵的认识难以达成一致。因此年鉴学的范式研究具有重大意义,如可以结束学派纷争,停止理论移植与嫁接,从而使后继研究者不再从零开始研究。

当前,年鉴学处于前范式时期,年鉴学共有的核心理论并未形成。要建立年鉴学的范式,需要年鉴编纂者共同遵循一整套规定,即年鉴编纂者所共同秉持的信念、价值标准、理论背景、研究方法和技术路线。共有的经验研究是基础,共有的理论对年鉴学范式形成起着决定作用,方法论和世界观则是形而上的部分。

当前年鉴学研究方面虽出版有一些论著及数量颇丰的论文,但研究角度多以年鉴编纂的经验方法为主,较少涉及抽象概念和对理性规律的探讨,尚未形成年鉴编纂者一致认可的科学内涵。如以年鉴学的视野观察事物,进而形成统一的学科理论和研究取向,形成一致的应用方式和评价体系等。

中国地方志指导小组秘书长,中国地方志指导小组办公室党组书记、主任冀祥德在2017年中国人民大学人文社会科学学术成果评价发布论坛历史分论坛上的讲话中提出方志学科的发展方向:"方志学是集政治学、经济学、历史学、法学、社会学、文学、考古学、民族学、文化学、统计学等多学科知识为一体的综合学科,是一个蕴含无限生机的新兴学科,能否从这样一个角度,推动方志学向一个独立的学科发展,是我们这些年一直探索与思考的问题。"这段论述同样适用于年鉴学研究。

年鉴编纂者要对新时代中国特色的年鉴学范式有清晰的认知,充分领会年鉴学的学科内涵,这是构建起中国特色年鉴学范式的思想基础。

(二)对年鉴理论研究人才的培养出现断层

关于修志人才,胡乔木曾提到"过去修志是一些很有学问的人去做的,它本身是一项学术性的工作","志书中任何一个门类都是一门专门的学问","从事方志工作,还要搞学问,要把它作为学术工作来抓","搞地方志还要靠学者"。

多年来修志编鉴的实践证明,虽然地方志(年鉴)工作不是每一个门类都需要研究型人才来做,但修志编鉴写史的质量要求和地方志

(年鉴)学科体系的构建,却亟须在地方志机构培养一些有志于此的学术研究型人才,建立起一个相对稳定的、有较高学术素养的专家队伍。从目前年鉴学科专著出版方面考察,近些年并未出现更多更新的年鉴学术成果,与这些年一些地区地方志系统重行政管理、轻学术指导的趋势不无关系,年鉴学术研究人才即将面临断层。

年鉴编纂的主体直接决定着年鉴的质量,要求所有参与编撰年鉴的人员都是专家是不现实的,但是作为年鉴工作的组织者和年鉴文本的主编,却十分需要具备一定的管理和学术方面的资质。近些年,一些市县志鉴编纂机构,因为自己无力承担修志编鉴工作,将其承包给没有任何资质的外聘人员,许多质量不合格的年鉴纷纷出版,对年鉴事业发展造成不利影响。而在志鉴编纂机构里,因长期不接触修志编鉴工作,很多人业务能力不断萎缩,在自己的工作领域里成了门外汉。长此以往,极不利于年鉴事业的健康发展,更遑论建设年鉴学科体系。

另外一个问题是年鉴理论研究者和实践者处于隔离的状态。年鉴理论者通常并不直接参与编鉴,而年鉴编纂者却得不到理论的滋养。一门学科理论范式的危机根源就是理论与实践脱节的问题,正是因为本应相互滋养的理论和实践严重脱节,我们才会照搬西方范式或其他学科范式,导致年鉴理论对年鉴实践的诠释能力和指导能力弱化。

在众多年鉴编纂实践者中,不乏对年鉴理论的热爱者与思考者,若能将他们的经验及时进行转化与升华,就可以为年鉴学科体系建设添砖加瓦。这就需要为他们提供一个提高学术素养的平台。例如可以利用高校或研究所提供一些非学历化的教育培训;鼓励年鉴研究者申请社会科学课题项目;增加年鉴研究者学术交流的机会。

为推进地方志事业的转型升级,中指组在促进年鉴学术交流与进步方面做了大量有益的尝试。各类学术会议"以文与会"的方式不但激发了很多年鉴编纂者的研究热情,更为年鉴热爱者们提供一个表达观点、交流思想的平台,开拓年鉴研究者的视野,一支年鉴学科研究的专家队伍也正在形成。

四、结　语

如何通过年鉴的规范性研究逐步完成年鉴学范式的构建,揭示各种年鉴现象的运动规律,形成统一的年鉴基本学科理论,进而构建独立的年鉴学科体系,仍有很长的路要走,需要年鉴同仁共同努力,不断求索。"在新的历史条件下,在全国范围内实现全面推动地方志从一项工作向一项事业转型升级,需要全国方志人,勠力同心,弘扬精神,奋力发掘弘扬方志文化。新时代,是方志文化引领中华文化日益走向世界文化舞台中央,向世界贡献中国智慧和中国方案的时代。"[①]

(齐迎春:内蒙古自治区地方志办公室)

[①] 中国地方志指导小组秘书长,中指办党组书记、主任冀祥德在中指办、国家方志馆、方志出版社举办党的十九大精神宣讲报告会上的讲话,2017年。

新时代的年鉴发展研究

杨光华

年鉴具有重要作用。"年鉴以年度为单位。记载和反映的情况一般限于一年之中。但它又逐年编辑,连年出版,可供人们从历史的角度了解事物发生、发展、变化的情况,获得系统的连续性资料。""年鉴以记事为主,述而不作,它所记录和反映的各种情况真实可靠,朴实自然。此外,年鉴还汇录各种数字、表格、图片、照片等资料,具有突出的资料性特点,既可向读者及时提供大量新消息,又可为社会的发展积累、流传翔实的文献史料。""全面完整是各类年鉴的共同特征。""年鉴大都由有关党政机关、业务主管机关、新闻单位、学术团体以及档案馆、图书馆、博物馆等具有某一方面权威或较高信誉的机构编辑,不同于一般私家著述。年鉴的资料来源一般以档案、文件、公报、统计报表等为主,真实可靠性远非其他资料可比。年鉴编者的权威性以及资料的可靠性,构成了年鉴本身的权威性。"[①]

一、中国年鉴发展概况

(一)传入

中国年鉴是从欧洲传入的。近代中国随着西方列强的入侵,逐步沦为半殖民地半封建的国家,内政外交受到干预,海关也由外国人把持。在此背景下,1864 年,由殖民者主导的《海关中外贸易年刊》创刊,这是西方年鉴传入中国的重要节点,该刊一直延续到 1948 年,对中国的影响很大。之后,一些出版社看到年鉴的价值,开始出版相关书籍,

---

[①] 杨汝鉴:《档案工作岗位培训教程》,云南民族出版社,2008 年版,第 372 页。

如奉天出版我国第一部年鉴《新编世界统计年鉴》，上海神州编译社1913年出版第一部中文年鉴《世界年鉴》等。

（二）内化

我国借助西方传入的年鉴知识，由国人编写自己的年鉴，始于20世纪前期。1924年，商务印书馆和申报印书馆分别出版了《中国年鉴》《申报年鉴》，即是其始。

年鉴内化的动力在于，我国引进西方年鉴后，它的优点使人们进一步认识到它的价值，但是通过实践发现与中国实际情况也有不相符的地方，具有一定的局限性，如只注重文字资料，忽视数据资料；缺乏采用资料的来源，使用者对资料价值的权威性无法作出准确的判断；体裁单一，主要有统计图表，没有总论、名录、概况、大事记、专载、附录、照片，给读者带来一定的困惑。经过吸收、消化，结合我国情况，形成有中国特色的年鉴。

（三）发展

中华人民共和国成立后，总体上处于和平的环境中，年鉴工作得到发展，特别改革开放后，成果显著。孙关龙在1999年第七届全国年鉴学术大会上总结说，"20世纪80年代初至90年代末的20年，中国年鉴发展经历了第一次辉煌，主要表现为数量型的增长"，但是质量不高。在此情况下，学术界呼吁年鉴创新，2001—2009年，业界经过改革，颠覆了原先的年鉴规范体系，但这一阶段将创新和规范对立，割裂两者辩证统一的关系，忽视它们之间相互促进的一面，导致年鉴的创新发展仍然任重而道远。

二、新时代发展要求

（一）社会发展

唯物辩证法认为，世界上一切事物都处在永不停息的变化之中，世界是永恒发展的。发展的实质是事物的前进和上升，要求我们坚持发展的观点看问题。中华人民共和国成立后，我国发生了翻天覆地的变化，建立新的社会制度，人民成为国家的主人，经济健康发展，人民生活水平提高,文化越来越自信,人与自然和谐发展。

辩证唯物主义认为,社会存在决定社会意识,社会意识是社会存在的反映,社会存在的性质和变化决定社会意识的性质和变化。社会意识对社会存在具有能动的反作用。先进的、革命的、科学的社会意识对社会存在的发展产生巨大的促进作用;落后的、反动的、不科学的社会意识对社会存在的发展起着阻碍作用。要求我们正确认识二者的关系,既要认识到社会存在的决定作用是从社会实际出发;又要认识到社会意识具有相对独立性,对社会存在具有能动的反作用,树立正确的社会意识,克服错误的社会意识。反对割裂二者关系,既反对片面夸大社会意识能动作用,否认社会存在决定作用的唯心主义,又反对否认社会意识能动性的形而上学。

年鉴属于社会意识的范畴,我国不同的发展阶段决定了年鉴内容的不断发展。新民主主义革命时期主要是围绕站起来进行奋斗,中华人民共和国建立后,社会主义革命、建设时期和改革开放新时期的前一阶段主要是围绕富起来进行建设,中国特色社会主义新时代则主要是在长期努力的基础上围绕强起来进行建设,年鉴记载的内容,各个时期也不同,新时代背景下年鉴记载的内容自然也与之前有所不同。

(二)新时代的年鉴

1. 社会存在的发展决定社会意识的发展,年鉴为促进社会发展服务

2014年2月25日,习近平总书记考察首都博物馆指出,重视修史修志,让文物说话、把历史智慧告诉人们,激发我们的民族自豪感和自信心,坚定全体人民振兴中华、实现中国梦的信心和决心。2014年4月19日至20日第五次全国地方志工作会议在京,会议要求,为全国建成小康社会作出新的更大的贡献。大会讨论修改并通过《中国地方志事业发展规划纲要(2014—2020)》。会议期间,李克强批示,要史志工作者"为弘扬优秀传统文化、服务经济社会发展作出新的贡献"。年鉴属于地方志范畴,这也决定了年鉴的主要内容同样必须为促进社会发展服务。

2. 完善年鉴总体设计

遵循年鉴编纂规律,建立科学合理的总体设计。年鉴有自己的体例和结构,经过多年的发展增加了一些栏目,现在主要有文献(包括文件和法规)、概况、文选和文摘、大事记、专论专著、人物志、机构简介、统计资料、附录等。随着时代的变迁,又出现新的内容,而原有的年鉴常规主体栏目不够用,新增的东西作为附属内容放在"附录""指南""摘编"等框架内。"附录""指南""摘编"是个筐,什么东西都可往里装,且附属内容越来越多,成为年鉴的重要组成部分。在"以人民为中心""全心全意为人民服务"的理念下,各地年鉴从本地出发,关注社会热点、关注国计民生、关注人民利益成为重要内容,并显示一定特色。但这种体例和结构只是暂时的,作为长远发展,基本框架应有所调整,不断完善,形成科学合理的结构体系。

打造多媒体式年鉴。随着信息技术的发展,网络改变了人们的生活,现在电子书籍、电子出版物越来越多,它们有文字、图像和声音等组成的新的表达方式。多媒体式年鉴以图文并茂、声文相映、动静结合、丰富多彩的新形态展示给人民大众,吸引广大的人群,受到人们的喜爱,大大提高年鉴的功效,成为年鉴未来发展的一种新形式。

条目是年鉴主要表现手段。年鉴的主要内容是以条目形式记述和说明,从而把事物的发展、变化过程和事物的特点及人物的经历表述出来,使大家了解事物的发生、发展、特征、形状、结构、程序、功用、影响等。要使读者认真研读条目,准确把握,必须有一定语言表达艺术,有特色。

3. 年鉴发展要求

要发挥年鉴的"资政、存史、教化之功能",就要吸引人们去读,去研究,否则,不管你花多少工夫,耗费多少人、财、物,只能算是无用之物。年鉴未来发展要求我们:一要选择人民群众关心和喜欢的内容。二要通俗易懂。三要具备人无我有的特点。四要传播知识性,让读者有受益,引导人民群众向前发展。五要提供有用信息,为大众服务。

六要生动有趣,激发人民群众积极性。七要有可读性。八要可听、可看,借助多媒体技术进行人机交流。九要有价值,对人民群众有用。

反对年鉴只记录新成就、新发展、新变化、新经验,忽视回避新困难、新问题,要实事求是,坚持"两点论",成绩和失误都要有,才能达到"资政"的目的,不能让年鉴成为记载各级领导和部门日常活动的"记事本""功劳簿",成为歌功颂德的英雄史观新八股。

4. 年鉴服务对象

人民群众是历史创造者,是社会的主体,是党的力量源泉,是党的利益的归宿,因此,我们党把为人民服务作为宗旨。为人民服务的思想是长期实践中形成的。在新时代,在决策部署、政策的制定和实施方面,要树立服务的理念,拉近和人民的距离。关注群众的诉求,让年鉴编纂为人民群众谋福利、谋幸福,为新时代的发展创造注入不竭的动力。

① 了解人民的需要

社会的发展需要年鉴。1979年11月26日,邓小平接见美国不列颠百科全书出版公司编委会副主席吉布尔时,对陪同接见的中国大百科全书出版社第一任总编辑姜椿芳说:"编辑出版年鉴,很有必要,这是国家的需要,四化建设的需要。"人民群众是历史的创造者,也是推动我国全面建成社会主义现代化强国的主力军,他们的积极性、主动性和创造性,对实现中国梦具有决定意义。人民群众的利益能否实现,决定了他们积极性、主动性和创造性能否充分发挥。所以,年鉴编纂以实现好、维护好、发展好最广大人民群众的切身利益为立足点、出发点,要将他们的积极性引导好、保护好、发挥好。

年鉴具有重要作用。1. 依据和参考作用。年鉴把大量丰富翔实的资料,加工成为系统、科学、权威的综合信息,可以供领导机关作为处理与解决问题的参考,作为决定政策、制订规划、进行管理的根据。它记述了上年度(或几年)的工作情况,包括功过、是非、成败、得失和经验教训,可为人们总结过去、分析现状提供有益的借鉴。2. 传播信息的作用。年鉴为人们进行对内横向联系和对外开放活动提供大量信息,是对外交流的一种重要工具。3. 教化作用。年鉴所刊载的社会主义两个文明建设的丰富资料,可作为生动的乡土教材,能激励人民爱国爱乡的思想感情;年鉴使人们了解地情,是教育干部群众的好工具。4. 存史、借鉴、研究作用。"年鉴把一年内本地的各种信息作系统整理,具有存史作用,同时也有借鉴与研究作用。"①通过年鉴存史、资政、育人的功效,促进社会健康发展,为人民服务。

② 利用网络

年鉴作为地方政府组织编纂的工具书,"以县级以上行政区域名称冠名的地方志书、地方综合年鉴,分别由本级人民政府负责地方志工作的机构按照规划组织编纂,其他组织和个人不得编纂。"(《地方志工例条例》第八条),年鉴为人民群众服务,为方便人民大众检索使用,利用互联网,将年鉴推向大众,使年鉴及时、准确、便捷服务人民群众。

③ 共享

史志部门积极与公共服务部门合作,推动年鉴成果社会共享。马列主义共享理念最早出现在《1857—1858年经济学手稿》一文中,马克思在文中指出:"当工人群众自己占有自己的剩余劳动时……社会生产力的发展将如此迅速,以致尽管生产将以所有人的富裕为目的,但所有的人可以自由支配的时间还是会增加。因为真正的财富就是所有个人的发达的生产力",就是"所有人"共享"生产"成果。中国共产党成立后,将发展成果由人民共享作为根本追求,"我们要随时随地倾听人民呼声、回应人民期待,保证人民平等参与、平等发展的权利,维护社会公平正义,在学有所教、劳有所得、病有所医、老有所养、住有所居上持续取得新进展,不断实现好、维护好、发展好最广大人民根本利益,使发展成果更多更公平惠及全体人民,在经济社会不断发展的基础上,朝着共同富裕方向稳步前进。"②在这里共享的是改革和发展所

---

① 黄勋拔:《方志编纂学论纲》,广东人民出版社,2000.07,第289页。
② 中共中央文献研究室:《十八大以来重要文献选编(上)》,中央文献出版社,2014年。

带来的经济、政治、思想、文化等各方面的一切成果,从文化生活的方面看,人民群众合理公平分享先进文化产品,不断满足日益增长的身心需要、促进人的全面发展的精神追求。

年鉴编纂的成果理应由人民共享,必须满足人民发展的需要,让人人共享、普遍受益成为现实。因此,年鉴编纂要以人民为对象,使其具有可读性,提供人民群众更易接受的年鉴;向图书馆、文化馆、学校、研究机构赠送年鉴书籍资料;同网站合作,提高年鉴成果社会共享的程度。充分利用年鉴为党委、政府中心工作服务功能、为修志工作、社会各界服务。

5. 评价的标准

以人民高兴不高兴、满意不满意、答应不答应作为评价标准。究其原因:

① 历史唯物主义认为:生产力与生产关系的矛盾是社会的基本矛盾之一,在这一矛盾中,生产力起决定性的因素,而劳动者又是生产力中的决定性因素,它主要由人民群众构成,所以人民群众是历史的创造者,是推动历史发展的真正动力。

② 人民是国家的主人。宪法确定人民是国家的主人。在我国现行宪法中,第一章总纲第一条明确我国国家性质:"中华人民共和国是工人阶级领导的、以工农联盟为基础的人民民主专政的社会主义国家。"明确人民是国家的主人。第二条规定:"中华人民共和国的一切权力属于人民。""人民依照法律规定,通过各种途径和形式,管理国家事务,管理经济和文化事业,管理社会事务。"表明人民是国家的主人。习近平强调:"坚持党的群众路线,坚持人民主体地位,时刻把群众安危冷暖放在心上,及时准确了解群众所思、所盼、所忧、所急,把群众工作做实、做深、做细、做透。"[1]年鉴编纂要立足于为人民服务。

---

① 习近平:《全面贯彻落实党的十八大精神要突出抓好六个方面工作》,《求是》2013年第1期,第6页。

三、组建稳定的编纂队伍

年鉴编纂队伍专业要求高,他们的中坚力量应由愿意从事这一工作的人员组成,尽可能避免或减少人员的频繁流动。现在县、旗的年鉴编纂部门没有专门固定的编纂人员,更换频繁,流动性大,新来的编纂人员需要应急式培训。由于新人居多,对于年鉴编纂的把握并不到位,多为总结式材料,并且大部分未经仔细推敲和审校,与年鉴的要求相差甚远。面对这种情况,必须组建稳定的年鉴编纂队伍,以适应人民和社会的需要,以便准确把握上一年度的基本情况、重要工作和重大事件,对当地改革和发展中的突出成绩和基本经验等重要的原始档案和资料,进行分类、整合、梳理、提炼,从而编纂出权威性的工具书,起到存史、借鉴、研究的作用,为人民服务,促进当地的发展。

四、提高年鉴编纂人员素养

要写好人民需要的年鉴,必须要有一支稳定的过硬的编纂队伍,而地区、州、盟以下的县、旗的年鉴编纂人员基本上是半路出家、专业不对口,部门单位甚至有文化水平不高的人员充数,或者临时抽调人员的现象。由于自身素质不能胜任工作,部分编纂人员在年鉴编写中难以把握尺度,导致出现了低质量的产品。因此,提高年鉴编纂人员素养成为县、旗史志部门亟待解决的问题。

(一)道德

年鉴编纂人员应具备基本的职业道德。由于这一职业枯燥,晋升机会少,福利待遇低,必须选拔热爱本职工作,具有高度责任感,对人民负责,喜爱历史,乐于从事档案文字工作、甘于清贫、淡泊名利的人员。

热爱自己从事的事业,也是可以大有作为的,"一个干部,无论处在什么岗位,只要心系群众,都可以做出一番事业来。"[①]年鉴编纂人员

---

① 习近平:《不求"官"有多大,但求无愧于民》,《西部大开发》,2013年第1期。

要具有高度的责任感,以对历史负责的精神,认真审稿校稿;年鉴编纂人员要积极主动,由于年鉴内容涉及面广,牵涉到当地的经济、政治、社会、文化、生态各方面,这就要求编纂人员知识面广,主动去了解熟悉情况,虚心请教,准确撰写,避免误解和歧义的产生。

(二)学习

年鉴编纂人员不断通过学习提高素养。年鉴涉及各个方面,起着存史、资政、宣传等作用,为经济社会发展发挥重要价值,因此对年鉴编纂人员要求高,他们只有不断学习,才能提高专业知识水平;通过不断学习,掌握年鉴的功能、性质、体例、种类、条目的选择和编辑、框架结构设置、版式设计等;通过不断学习,具备年鉴编纂所需的基本文字功力,掌握符号、校对符号和用法、标点符号的用法、数字的用法、国际单位制的用法和有关出版编辑工作的法规、规章、规定等基础知识。

(三)培训

注重培训编纂人员。培训可以学到理论知识,学到编写实践中总结的各种实际经验,对提高年鉴编写质量具有指导性作用。通过编纂人员专业岗位培训,具备基本的专业知识和学术水平,能够保证年鉴编纂质量。培训形式则可以多样化,可以借助互联网在线学习,可以开办业务专题培训班,可以到外地参加各类培训会、研讨会、评审会,可以采取以老带新,边工作边培训等方式,使编纂人员在实践中不断接受新事物,创新年鉴业务,提高组织能力和业务水平。

(四)保密

编纂人员要有保密意识。编纂人员在编写年鉴过程中,会接触到一些需要保密的资料,要对人民负责,对国家负责,必须守口如瓶,不该说的坚决不说,不能做的坚决不做,不随处摆放还未解密的文件、资料。

(杨光华:贵州省贵定档案史志局)

论年鉴价值与编纂信息化

方利宏

年鉴起源于西方,有 Almanac、Yearbook、Annual 三种称谓。Almanac 源于古阿拉伯语 al-manakh,公元前即在中东地区出现,其意为"天气",记录天文、气象、祭祀等信息,为农业社会人们生产、生活提供支持;Yearbook 作为年鉴的代名词,据美国《语源词典》记载,最初出现在 1588 年,本意是"年"和"书"的意思;Annual,有一年一度的、一年生植物、年刊、年鉴等之意,该词作为年鉴的代名词出现频率较低。

一、年鉴的源流及方向分析

现代年鉴,作为每年出版的综合性资料,于 16 世纪起源于欧洲,随着欧美各国经济、文化和科学的发展,其发行量及价值一度与《圣经》齐名,为人们生产、生活决策提供数据及方法借鉴。20 世纪 30 年代,吕西安·费弗尔和马尔克·布洛克等创立了年鉴学派,并综合各家学术,提倡历史学的综合研究方法和学科间的协作,这种主张也是年鉴学派以后几十年一贯坚持的方向,同时,年鉴内容逐步发展到自然、政治、经济、文化、艺术等众多领域。

18 世纪初开始的科技大革命推动了工业革命的进程,第一次工业革命是蒸汽机为标志,英法美俄德相继在 18 世纪 60 年代到 19 世纪 50 年代发生了这一变革;之后到 20 世纪初,发生了以电力、内燃机为标志的第二次工业革命。其时,美国等工业发达国家中,工人与企业主之间利益分配的矛盾日益尖锐,美国人弗雷德里克·温斯洛·泰勒从工资、员工能力、计划、激励等方面进行管理实践和研究,于 1912 年出版了《科学管理原理》。随后,法国企业家法约尔于 1916 年首次发表了《工业管理与一般管理》,他把企业的活动分为技术、商业、财务、安全、会计和管理六大活动,管理活动居于核心地位。管理活动由计划、组织、指挥(领导)、协调等职能构成。控制(变革)职能在此基础上得到了进一步发展。

计划和控制是管理活动中处于首尾的两大职能,其履行强烈依赖于宏观环境(政治、经济、技术、人口、社会和自然)、竞争环境等信息。人们可利用年鉴中的信息,评判组织面临的危机、优势和劣势,为计划编制及变革提供输入,由此可见年鉴被管理倚重的理由。

工业革命之后,20世纪40年代中期计算机问世,在全世界范围内兴起了第一次信息革命,人类迈向信息社会,人们利用网络信息评估股票的投资价值,利用人才网寻求就业机会,利用电商网站比选产品,诸如此类等。人们可以瞬间知晓刚刚发生的信息,也可瞬间决定未来的行动,正如管理学之父德鲁克所言"预测未来最好的方法,就是去创造未来"。

到了21世纪,大数据时代到来。大数据及应用就是支持我们更好地创造未来的利器。如需要了解未来农业发展趋势,可通过大数据技术快速汇集与农业相关的信息:农业结构与食品消费、农业产量与气象灾害、农产品结构与疾病特点等信息,为绘制农业发展轨迹提供数据支持,支持人们快速、正确预估未来(见图1)。年鉴作为区域及行

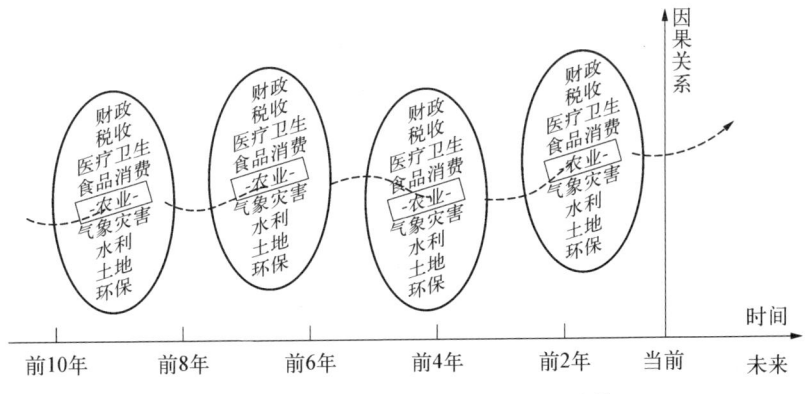

图1 (基于大数据支持)农业轨迹及趋势

业某一时期的宏观环境概述,通过科学的信息结构规划和大数据技术处理,同样能为研究、评判区域综合发展趋势,决策未来提供有力的支持。

二、现时期年鉴价值定位及塑造思考

(一)利用导向的年鉴问题分析

上文提出了年鉴应决策而诞生,本章节分析年鉴被谁用、何时用、怎样用三个问题。

年鉴被谁用?当前,方志界对年鉴用户类型尚无权威的定论,用户类型不确定,则年鉴的价值就难以衡量,理清年鉴用户类型,是归纳年鉴价值的前提条件。笔者依据人们对决策效用时长不同,将用户划分为五类(见图2)。

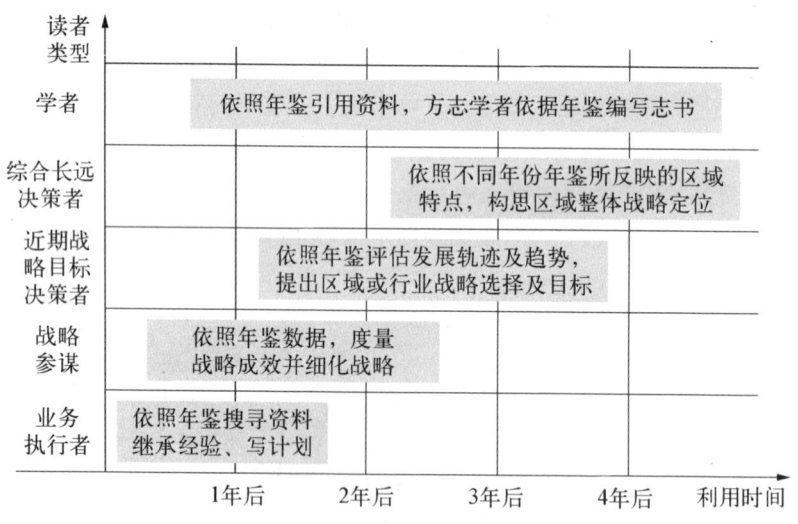

读者类型	1年后	2年后	3年后	4年后	利用时间
学者	依照年鉴引用资料,方志学者依据年鉴编写志书				
综合长远决策者			依照不同年份年鉴所反映的区域特点,构思区域整体战略定位		
近期战略目标决策者		依照年鉴评估发展轨迹及趋势,提出区域或行业战略选择及目标			
战略参谋	依照年鉴数据,度量战略成效并细化战略				
业务执行者	依照年鉴搜寻资料继承经验、写计划				

图2 年鉴用户类型及需求分析

第一类是业务执行者,如工商界、政府业务人员,他们希望从中获得行业最新信息,继用施政、生产、生活的经验;第二类是战略参谋,如企业、政府决策者副官,他们使用近1—2年的年鉴,去评价当期战略的执行成效,或去编制决策备选方案,为高层决策者提供决策辅助;第三类是近期战略目标决策者,如中小企业主、政府各部门首长等,他们利用近三年的年鉴资料,为拟定中期战略方向或佐证战略成效提供支持;第四类是综合性决策者,如行业领导者、政府首长等,利用近五年的年鉴资料,分析自然、经济、社会、文化特色及其与政治之间的关系,为构思或评判产业、区域整体发展战略及趋势,提供有效的度量数据;第五类用户是学者,他们对年鉴的时效性要求不高,重视年鉴中一定时期内某一领域的完整资料的真实性,为其研究提供知识支持。

年鉴何时能用? 不同类型的年鉴用户,都需要快速取得时效性良好的年鉴资料,以支持其开展决策分析,如年鉴失去了时效性,那么至少对部分用户来说是失去价值,或者说缺乏时效性的年鉴,是为历史服务,而难以为当下服务。2011—2013年三年间,笔者对浙江杭州、宁波等多家单位的年鉴的出版月份进行了调查,9月份之前出版的为0家,10月、11月、12月及次年1月出版的比例分别为29%、14%、52%、5%。图3是年鉴内容生命过程(指年鉴中内容发生时、被纳入编纂、被出版利用的过程)。可见,用户看到的年鉴所反映的内容,至少是发生在1—2年前的,这样的时效性至少难以满足部分用户的需要。

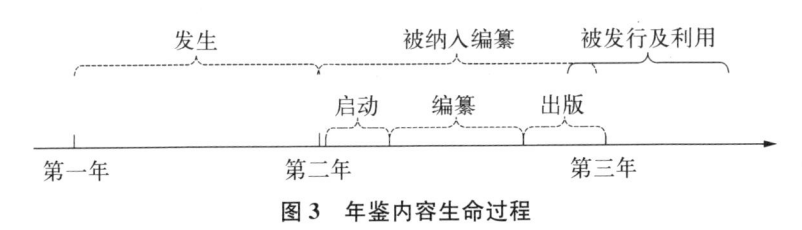

图3 年鉴内容生命过程

年鉴怎样用? 目前年鉴的利用模式,主要通过纸质出版物、光盘和网站等途径进行浏览,而采用移动浏览的方式较为鲜见。事实上,当前人们使用信息的时间、地点等方式已发生了改变,表现为通过网络随时使用,而不是先购买纸质出版物再开始研读;表现为移动中使用,如游客、商务人士、应急公关的公务员等,更习惯利用智能手机查阅年鉴数据。随着大数据信息利用模式的出现,用户对信息的关联性要求日益提高,如农业研究的人员,需要与农业关联的地质环境、水源规划、土地利用规划等信息,为其综合决策提供尽可能完整、正确的信息,图4是信息关联性需求模型图。由此可知,目前年鉴的利用方式难以满足用户利用习惯的需要。

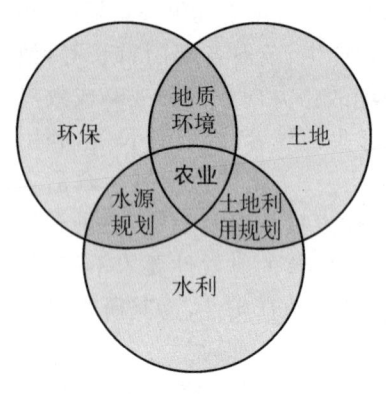

图4 信息关联性需求模型图

（二）年鉴价值维度及权重分析

笔者认为年鉴的价值,可从以下几个维度去衡量年鉴的价值：衡量主题规划合理的正确性、衡量内容覆盖范围的完整性、衡量内容可行的实证性、衡量体例质量的可读性、衡量年鉴出版速度的时效性、衡量排版及设计的美观性、衡量内容及材料关联的可追溯性、衡量满足多种媒体利用的易用性八个维度。不同类型的用户,对这八个价值维度的敏感性也是不同的,图5显示了年鉴用户类型及其价值关注度。理清了价值维度及用户对价值的敏感度,可以为年鉴规划、编纂、利用等工作的决策,提供评审条件。

（三）年鉴价值链及价值实现构想

通过上述的分析,笔者认为：年鉴工作应该以用户类型及其价值需求为出发点,以决策利用为导向,结合时代信息技术特点,形成良好工作体系以保障年鉴工作的科学性,这一工作体系可参照美国哈佛大学商学院迈克尔·波特教授提出的"价值链"来绘制(见图6)。价值链包括年鉴八大价值维度,需要通过基层业务活动和高层管理活动中的职能履行去实现。

信息化技术可以为整个"年鉴价值链"提供支撑,将与年鉴价值对应的各类职能,以流程、规程和模版等形式,融入信息系统中,实现年

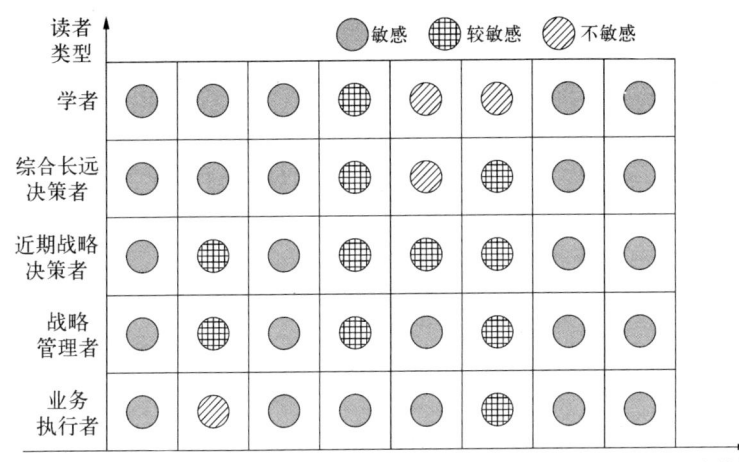

图 5　年鉴读者类型及价值关注纬度

图 6　年鉴价值链

鉴工作信息化，进而确保地方志价值的实现。实现思路概述如下：

1. 年鉴价值的正确性、完整性这两个维度，需要决策者通过年鉴的框架设计来落实，在框架设计时，依照国民经济分类、重大宏观环境、区域特色及发展规划等共性及个性因素，来确定年鉴内容为决策提供信息的广度和深度。利用信息化手段，还可以通过用户对数字化年鉴的利用习惯的分析，得出不同时间点各类用户的使用习惯，从而为年鉴框架和编纂策略提供有用的信息。

2. 年鉴价值的实证性及可读性这两个维度，可以用过当代信息化的使用和普及，从而得到技术支撑。实证性依赖于年鉴供稿时是否能将稿件所关联的原始资料如文件、报表、标准等一并上报，并借鉴志书编纂方法，先资料摘录，后长编编辑及志稿编写，如此则年鉴的实证性将得到资料支撑；可读性需要在总纂过程中，通过把握内容正确性、贯彻年鉴体例、动态优化框架、动态补充稿件材料等手段来实现。通过信息化，可将流程及规程内置到信息系统中，确保过程质量，并以电子知识库和案例库的形式，为编纂人员提供便利的在线培训。

3. 时效性价值维度，一方面需要在总纂过程通过清晰的流程、明确的分工，实现稿件的智能化配送；同时，围绕年鉴目录追溯所有的过程稿件及资料，提升总纂的效率；另一方面，通过信息系统实现各类工作表单、目标进度报表的自动生成。通过这两种方法，可以大大减少编辑部人员在沟通协调、文件交互、进度统计等任务管理性工作耗费的时间，让编辑部人员腾出更多的精力去进行编辑工作，从而提升供稿、总纂的进度。即通过组织及技术创新，支撑编辑部提升年鉴编纂的时效性。

4. 年鉴价值的美观性、可追溯性及易用性这三个纬度，需要后期工作阶段实现：通过出版过程的排版设计提升年鉴美观性；通过多索引设计及开发，实现不同类目下内容的关联，为读者提供良好的内容追溯；通过对年鉴内容的（数据）结构设计，确保年鉴的内容便捷发布到网站、微信、手机等多种媒体中，提升年鉴的易用性。要实现这三个维度的价值，一方面需要依靠年鉴出版部门提升现代化的服务意识，加大对年鉴技术创新的财务支持力度；另一方面，在年鉴编纂过程及成果数据化的基础上，结合大数据应用思想，实现年鉴利用的移动化、网络化。

三、年鉴信息化战略规划及实现思路

前述论及年鉴价值链及通过信息化提升价值的构想，其执行思路尚未提及。如要实现年鉴工作信息化，还需要从年鉴编辑部门实际出发，规划信息化的总体战略和执行步骤。

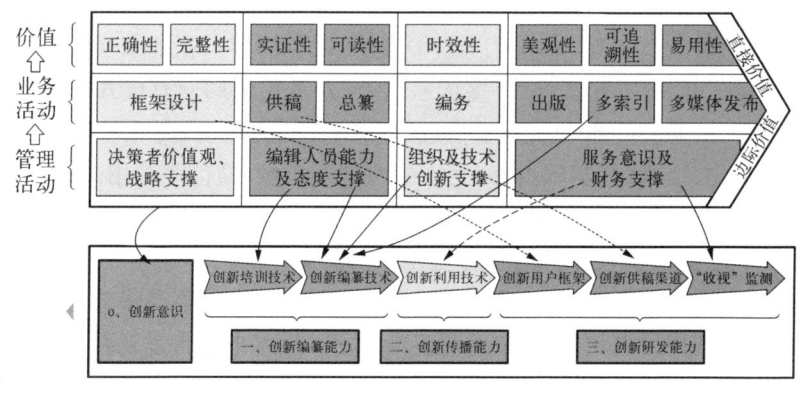

（一）年鉴信息化战略步骤

年鉴信息化战略规划的目的,是获得一套与价值链一致的可反复使用、可扩展的体系结构,这一结构就是被战略及信息化管理研究者备受推崇的"企业架构",即以信息化所涉及的高层、中层、基层等直接或间接用户的需求为导向,提出信息化的需求分析及系统设计思路、整体信息化战略步骤。本文从战略定位和战略选择的角度,以价值链为导向,由易及难为取舍原则,提出年鉴信息化的战略步骤(见图7):

图7　年鉴信息化战略步骤

首先,建立创新意识,选择年鉴时代价值方向。这是年鉴信息化是否能推行的先决条件。当前,业内有识之士提出了年鉴价值上的危机:按官书定位的年鉴,多数编纂者并不是首先考虑读者的(需要),而是当作一种部门工作的需要,"其编纂宗旨将被'窄化'……年鉴不是主要为政府官员、专家学者以及企事业单位高层人员服务,(难以)为这部分人员(提供)决策、研究时所需要的信息","……(在)社会主义市场经济体制已经确立的今天,再以'官修'自诩,已经明显不合时宜。"因此,年鉴编纂决策人员,迫切需要思考信息革命及市场经济时代背景下年鉴的价值方向,只有树立正确的服务及技术创新意识,年鉴信息化战略规划才有被执行的条件。

创新意识的提高近期在于创新编纂能力,让用户能信赖年鉴。年鉴的实证性依赖于有足够资料支撑的内容,可读性依赖于编纂人员的编纂能力,时效性依赖于出版的速度,可追溯性依赖于主题词在年鉴中检索的便捷程度,这四个维度的价值,可通过网络信息技术,实现在线的案例化的培训、供稿、总纂、编务管理等在线协同。在信息化支撑下提升年鉴编辑人员的编纂能力之后,一方面,实现了年鉴用户所重视的实证性、可读性、时效性和追溯性的能力支撑;另一方面,能大幅度提升年鉴编辑部的工作效率,从而让编辑部人员有更充裕的时间去思考如何提升年鉴发行(传播)能力。

中期在于创新传播能力,让用户能随时用年鉴。在基于互联网的"移动阅读"技术背景下,年鉴依靠纸质、光盘出版的旧有模式已不合时宜。年鉴编辑部建立基于信息化的编纂能力之后,可在年鉴内容"数字化、结构化"基础上,建立手机阅读客户端、微信等利用渠道,以易用性为目标,创新年鉴传播的能力,为不同类型的用户,提供精确的、个性化的数字内容,扩大年鉴用户群及发行量。

远期在于创新研发能力,让用户倚重年鉴。当年鉴编辑部建立了编纂和利用信息化能力之后,年鉴编辑部可以像电视台重视收视率调查一样,去重视读者偏好的调查,即通过用户阅读习惯分析,发现用户类型与年鉴内容结构(框架)之间的组合关系,为年鉴编辑部设计产品组合(如政务类产品、经济类产品、文化类产品)提供可靠的依据;年鉴产品(框架)设计的精准化,会推动年鉴供稿渠道创新,年鉴编辑部与社会之间的黏度、广度和深度会发生质的变化,如此,年鉴编辑部就建立了(年鉴)产品的研发能力,用户(含当地政府领导)因得到了合适的信息产品提升了决策的效率,就会日益倚重年鉴。这时,年鉴的价值(或宗旨)就能被社会、市场广泛认可,年鉴从业人员的职业前景也会更加广阔。

(二)年鉴信息化编纂能力的建设思路

限于篇幅,本文仅对上述的近期战略(创新编纂能力)提出信息化的实现思路。

当前,市县级年鉴编辑部在信息化方面的设施、人才、经验等方面普遍存在不足,年鉴编纂规范化体系化程度偏低,这就需要一个清晰的建设思路,确保能以较少的资金和人力投入较快地取得成效,并为当地政府酝酿信息化总体规划与地方志信息化之间的融合提供借鉴。基于此现状认识,笔者提出了"两段法"的年鉴编纂信息化能力建设过程(见图8)。

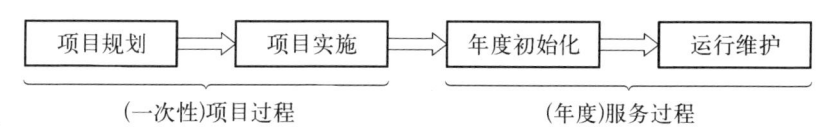

```
项目规划 → 项目实施 → 年度初始化 → 运行维护
   (一次性)项目过程        (年度)服务过程
```

图8 年鉴编纂信息化能力建设过程

1. 一次性建设过程,分为项目规划和项目实施两个阶段。项目规划中很重要的一点是软件获得方式的决策,笔者认为年鉴编纂软件的获取方式,可采用当前政府所倡导的SAAS(软件即服务)模式,即客户可以根据需求向厂商定购所需的应用软件服务,按定购的服务类型和时长向厂商支付费用,用户不用再购买软件,免除了软件购买、构建和自主维护的麻烦;在技术方案定位上,主要是对年鉴编纂职能、流程(见图9)及规程的再设计,如果采用SAAS模式,购买方可以在技术服务商提供的共性的解决方案基础上,开展个性的增量需求设计即实现。项目实施是将经购买方认可的解决方案部署到年鉴编纂信息系统中,再对编纂人员进行系统管理及业务操作培训,编辑部人员操练少量的、典型的试题即可快速获得编纂信息化能力。

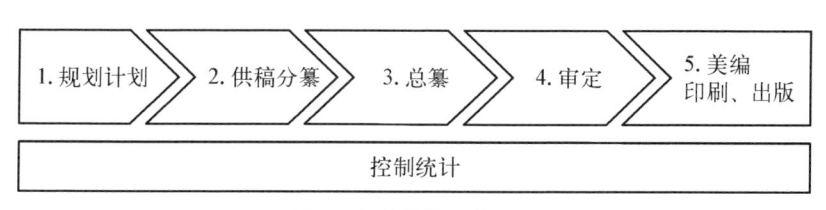

```
1.规划计划 → 2.供稿分纂 → 3.总纂 → 4.审定 → 5.美编印刷、出版
                    控制统计
```

图9 年鉴编纂总体流程

2. 年度服务过程,是指每年年鉴编纂启动及编纂两个阶段的信息技术服务。在技术服务商提供的软件、网络通信、存储设备及客服支

持下,在编纂启动阶段,系统管理人员可将年鉴编纂实施方案中的框架、组织分工等要求,部署到编纂系统中,让编纂系统去解决任务调度及协同、监督监测,技术人员则通过在线操作支持,为上百人的编纂系统用户提供操作咨询;同时,开展数据备份及其他网络安全巡检,确保系统稳健运行。

(三)编纂信息化的收益

一是降低组稿难度,提升组稿效率。系统可自动告知干系人承担供稿、退稿、补稿的数量及方式,干系人可参照"年鉴模板库"中同类稿件的最佳案例,获得能力支持,显著提升组稿效率。

二是智能响应编辑意图,提升编纂效率。供稿可自动分发到指定框架下,多个框架下的确定稿可自动返回到供稿单位;编辑可便捷比照关联稿子及其修改痕迹;编辑在授权范围内可自行对框架再次调整,框架下原有的稿子、任务分工、确认稿返回途径等可智能适配;系统能自动理清待编、在编、已编、退回、完结等不同状态的稿件数量,工作流程能自动告知稿子下一步应该发给谁。通过编纂信息化,之前繁重的稿件版本控制及协同沟通工作均由系统替代,减轻了编辑人员的工作压力。

三是降低编务劳动强度,提升编务效率。编纂系统可告知用户在系统中做什么,编务人员无需再对干系人一一解释;上百次的来稿分发、确认稿归拢及邮递等工作由系统自动执行;数百张流水单、审稿单由系统自动生成;排版设计单位可自行到系统中,了解有哪些稿子要设计;供稿、编纂、出稿等进度实时统计。总之,繁琐的编务工作可由系统去承担。

四是有助于创新年鉴利用模式。体系结构化存储的年鉴内容,通过合适的年鉴数据交互接口,可以将年鉴的内容快速、同步发布到网站、微信、手机等多种媒体中,为读者利用新型年鉴利用模式——"即时查阅轨迹、即时启迪未来"——做了有效的铺垫。

四、总 结

"欲知大道,必先为史",这是清代学者龚自珍发出的声音。道即方向,欲知方向即为决策。"史"是决策的基础,年鉴作为当前的历史也是如此。随着信息时代的到来,人们对决策的准确性和敏捷性提出了更高的要求,同样也对决策的基础——史料(含年鉴)的准确性、完整性、时效性、可利用性等价值特性提出了更高的要求。信息技术,可以实现通过分析读者阅读习惯,提升年鉴框架规划的准确性和完整性;通过提升信息化编纂技术提升年鉴的时效性;通过多种信息媒体提升年鉴的可利用性。在时代背景下,新的技术创新观念已箭在弦上,需从年鉴编纂信息化入手,逐步扩展多种信息化应用,让包括年鉴在内的方志事业,更好地迸发出"以史鉴今、启迪后人"的广阔价值。

(方利宏:浙江志库信息科技有限公司)

图书在版编目(CIP)数据

当代上海研究论丛. 第 5 辑 / 当代上海研究所编. ——上海：文汇出版社，2022.4
ISBN 978-7-5496-3750-8

Ⅰ.①当… Ⅱ.①当… Ⅲ.①上海—地方史—文集 Ⅳ.①K295.1-53

中国版本图书馆 CIP 数据核字(2022)第 043563 号

当代上海研究论丛(第 5 辑)

编　　者 / 当代上海研究所
责任编辑 / 张　涛
封面装帧 / 薛　冰

出 版 人 / 周伯军
出版发行 / 文匯出版社
　　　　　上海市威海路 755 号（邮政编码：200041）
经　　销 / 全国新华书店
排　　版 / 南京展望文化发展有限公司
印刷装订 / 上海颛辉印刷厂有限公司

版　　次 / 2022 年 4 月第 1 版
印　　次 / 2022 年 4 月第 1 次印刷
开　　本 / 890×1240　1/32
字　　数 / 333 千字
印　　张 / 12.5

ISBN 978-7-5496-3750-8
定　　价 / 65.00 元

·版权所有　侵权必究·